Wolf D. Gruner

Die deutsche Frage in Europa 1800–1990

W03369797

SERIE PIPER
Band 1680

Zu diesem Buch

Seit der Auflösung des DDR-Staates ist die deutsche Frage wieder in den Mittelpunkt des Interesses gerückt, mit ihrer Binnenproblematik sowohl wie der Art und Weise der Einordnung Deutschlands in das europäische Staatensystem. Der so emotional besetzten Diskussion stellt Wolf D. Gruners grundlegendes Werk die historische Analyse entgegen, denn »die deutsche Frage (ist) nicht erst als Ergebnis des Zweiten Weltkriegs entstanden. Vielmehr war sie in der Geschichte des 19. und 20. Jahrhunderts stets ein Kernproblem Europas, das nicht allein die Deutschen berührte. Die deutsche Frage, die Frage nach dem Band der Nation, nach dem gemeinsamen Verfassungsdach für Deutschland, stand immer in unauflöslichem Zusammenhang mit dem internationalen System, mit der europäischen Gleichgewichtsordnung und mit der europäischen Sicherheit.«

Wolf D. Gruner, geboren 1944, ist seit 1982 Professor für Neuere Europäische Geschichte an der Universität Hamburg. Seit 1991 hält er an derselben Universität auch die Jean-Monnet-Professur für Europäische Geschichte und Europastudien.

Wolf D. Gruner

Die deutsche Frage in Europa 1800–1990

Piper
München Zürich

Eine frühere Fassung dieses Textes erschien 1985
unter dem Titel »Die deutsche Frage«
im C. H. Beck Verlag, München

Für Heide
zum
25. Februar 1993

ISBN 3-492-11680-9
Originalausgabe
Januar 1993
© R. Piper GmbH & Co. KG, München 1993
Umschlag: Federico Luci
Gesamtherstellung: Clausen & Bosse, Leck
Printed in Germany

Inhalt

Vorwort

Ist das Kapitel über die deutsche Frage im Buch der Weltgeschichte endgültig geschlossen, oder wird das deutsche Problem mit neuer Qualität und unter veränderten Rahmenbedingungen erneut zu einer Belastung für das europäische Regionalsystem werden und die internationale Ordnung belasten? Wird das wiedervereinigte Deutschland sich auf sich selbst zurückziehen und zu einem neuen Nationalismus zurückkehren? Welche Rolle wird das 1990 wiedervereinigte, von alliierten Vorbehalten befreite, souveräne und demokratische Deutschland in der internationalen und in der europäischen Politik spielen? Bleibt es »machtvergessen«, oder entwickelt es »machtversessen« einen »neuen Größenwahn«? Wird Deutschland, wie vielfach befürchtet, erneut den Griff nach der Weltmacht versuchen und damit die Erwartung der Vorurteile bestätigen, oder wird es, zusammen mit seinen Partnern in der Europäischen Gemeinschaft, die Rolle des verantwortungsvollen Föderators für ganz Europa übernehmen, d.h. nicht ein deutsches Europa als Ziel seiner Politik anstreben, sondern ein europäisches Deutschland in einem vereinten Europa? Wie lange wird der komplexe Anpassungsprozeß an die neuen gesamtpolitischen Strukturen am Ende des Kalten Krieges, der Bipolarität und am Ende einer 1919 begonnenen Epoche der deutschen, europäischen und internationalen Geschichte für Deutschland, aber auch für die anderen Europäer dauern? Wir wissen es nicht.

Wir können nur hoffen, daß die oft als integrationsfeindlich charakterisierten Hypotheken der europäischen Geschichte abgetragen und durch ein gemeinsames europäisches Geschichtsbewußtsein, eine die nationale und regionale Identität einbeziehende politische und kulturelle europäische Identität abgelöst werden. Hierzu gehört auch eine Europäisierung der europäischen Geschichte.

Die Europäer haben heute die Chance, durch ihr Verhalten zu beweisen, daß auch die jüngst wieder geäußerte These, Europa könne nur bei Gefahr und unter äußerem Druck vereint werden, am Ende des 20. Jahrhunderts überholt ist. Die Beendigung der Teilung Deutschlands 1990 bedeutete zugleich das Ende der Teilung Europas. Die Lösung der deutschen Frage als einem von Anbeginn europäischen Kernproblem kann somit auch die europäische Einigungsfrage lösen. Der Integrationsprozeß an der früheren Schnittstelle unterschiedlicher politisch-ideologischer Systeme im Herzen Europas, zwischen West und Ost, kann eine Katalysatorfunktion für den gesamteuropäischen Integrationsprozeß erhalten. Das Deutschland im letzten Jahrzehnt des 20. Jahrhunderts muß sich der Aufgabe der »doppelten Integration« auf der deutschen und europäischen Ebene stellen. Eine Politik des selbstbewußten Augenmaßes und der Verantwortung ohne Anmaßung und Arroganz auf allen Politikfeldern wird dabei von zentraler Bedeutung sein, soll die deutsche Frage in Europa für die Deutschen und Europäer auf Dauer positiv ausgehen.

Die deutsche Geschichte hat den Deutschen, dem im Herzen Europas lebenden Volk, nie alleine gehört. Ebenso wie die deutsche Geschichte stets eine europäische Dimension besaß und besitzt, enthält die europäische Geschichte immer auch eine deutsche Qualität. Ein Volk, das seine Geschichte vergißt oder verdrängt, kann in der Gegenwart leicht straucheln und die Perspektive für den Bau der Zukunft verlieren. Die Deutschen müssen sich wieder stärker ihrer historischen Wurzeln in Europa bewußt werden. Hierzu gehört auch die nüchterne und emotionslose Analyse unserer Vergangenheit. Zu dieser zählen neben der Vielfalt der Landschaft, der regionalen Kulturen, Baudenkmäler, Trachten, Lebens- und Eßgewohnheiten und Mentalitäten Frauen und Männer wie Arminius, Kaiser Barbarossa, Rudolf von Habsburg, Ludwig der Bayer, Friedrich der Große, Liselotte von der Pfalz, Friedrich Schiller, Hardenberg, Montgelas, Spitzweg, Friedrich Nietzsche, Ludwig II., Bismarck, Jacob Grimm, Arnold Schönberg, Samuel Pufendorf, Friedrich Ebert, Gustav Stresemann, Adolf Hitler und Albert Einstein ebenso wie Albrecht Dürer, Wolfgang Amadeus Mozart, Bertha von Suttner, Immanuel Kant, Johann Wolfgang Goethe, Ludwig Feuerbach, Metternich, Hoffmann von Fallersleben, George Grosz, Bert Brecht, Hans Sachs, Eva Braun, Konrad Adenauer, Martin Luther, Joseph Goebbels, Kurt Schumacher, Thomas Dehler und Walter Ulbricht. Mit allen ihren Höhen und Tiefen ist die deutsche Geschichte in Europa und die europäische Geschichte in

Deutschland unsere ureigenste Geschichte, zu der wir stehen müssen, aus der wir uns nicht ausklinken können.

Von grundlegender Bedeutung für das Verständnis unserer eigenen Geschichte in Vergangenheit und Gegenwart ist die Geschichte der deutschen Frage, die als Phänomen der europäischen Geschichte weit über das Ende des Zweiten Weltkrieges zurückgeht. Die Diskussion über die deutsche Frage vor und nach der Wiedervereinigung Deutschlands 1990 im In- und Ausland, aber auch die Erörterungen zu diesem Thema seit dem Ende des Zweiten Weltkrieges verdeutlichen, daß in den Stellungnahmen von Politik und Wissenschaft die politische Dimension der deutschen Frage deren historische Wurzeln im Bewußtsein der Menschen verdrängt hat. Die Realität von zwei Staaten in Deutschland zwischen 1949 und 1990, die teilweise unreflektiert-romantische wie auch »nüchtern-realistische« Diskussion seit 1945/49 und die weltpolitische Wiederkehr der deutschen Frage seit dem Ende der 1970er Jahre, die Debatten im Vorfeld der Wiedervereinigung 1989/90 sowie die Wiederherstellung der deutschen Einheit am 3. Oktober 1990 sind nur vor dem Hintergrund der historischen Erfahrungen mit dem europäischen Volk der Mitte seit dem 19. Jahrhundert und darüber hinaus richtig zu verstehen und einzuordnen. Mit schnell geschriebenen Bewertungen kommen wir nicht sehr weit. Um die deutsche Frage und die Bedingungen ihrer Lösbarkeit seit mehr als zweihundert Jahren zu begreifen, müssen wir ihre historischen Wurzeln offenlegen.

Leitgedanke des ganzen Buches ist daher die Frage, wie das Spannungsverhältnis zwischen dem anerkannten Wunsch der Deutschen nach einem gemeinsamen Verfassungsdach und den Bedürfnissen der europäischen Nachbarn nach Stabilität, Sicherheit und Wohlergehen des europäischen Staatensystems durch die politisch-territoriale und gesellschaftliche Organisationsform Mitteleuropas für die Deutschen und ihre Nachbarn auf Dauer befriedigend gelöst werden kann. Die historische Analyse vermag Anregungen für die künftige Struktur des neu zu bauenden und zu einenden Europa zu vermitteln. Dies gilt nicht allein für die historischen Traditionen des Föderalismus in Deutschland.

Ursprünglich konzipiert war eine ergänzte Neuauflage meiner 1985 im C.H. Beck Verlag erschienenen Studie über die deutsche Frage als einem Kernproblem der europäischen Geschichte seit 1800. Die nun vorliegende Arbeit ist praktisch ein neues Buch. Es entstand auf der Grundlage des Befundes von 1985, als noch niemand ahnen konnte, daß die Wiedervereinigung wenige Jahre später Realität sein würde. Eingeflossen sind dabei auch Gedanken, Ideen und Überlegungen zur historischen Situation Deutschlands mitten in Europa, die ihren Niederschlag in einem noch stärkeren europäischen Akzent finden. Damit soll u. a. auf die stete europäische Einbindung der deutschen Frage und die sich daraus ergebenden Chancen verwiesen werden. Ich hoffe, mit meiner neuen deutschen Frage den Interessierten in verständlicher und übersichtlicher Form an die Problematik der deutschen Frage seit dem Westfälischen Frieden heranzuführen und zentrale Informationen zur historischen Dimension eines komplexen Themas der deutschen und europäischen Geschichte zu vermitteln.

Wenn dieses Buch jetzt der Öffentlichkeit übergeben werden kann, so haben hieran viele großen Anteil. Zunächst gilt mein herzlicher Dank Herrn Wank vom Piper Verlag, der mein Ansinnen, die deutsche Frage neu herauszubringen, sofort positiv und unbürokratisch aufgenommen hat, viel Geduld aufbrachte, ermutigte und schließlich ein sehr viel umfangreicher gewordenes Manuskript akzeptierte und im Hause vertreten hat.

Dank gilt auch meiner Sekretärin, Frau Angelika Adam, die, erfahren in der deutschen Frage, große Teile des Manuskriptes geschrieben und das Gesamtmanuskript in druckfertigen Zustand gebracht hat. Zu danken habe ich auch den Mitarbeitern im Bereich des Jean-Monnet-Lehrstuhls für Europäische Geschichte und Europastudien, Detlef Rogosch, Marco Lange, Wolfgang Macht und Matthias Schulz, die mir auf vielfältige Weise, über das Korrekturlesen hinaus, geholfen haben.

Ein besonderer Dank gilt meiner Frau Heide und meinen Töchtern Sibylle und Gisela, die die Entstehung des Manuskriptes mit konstruktiv-kritischen Kommentaren begleitet haben.

Hamburg, im Sommer 1992 *Wolf D. Gruner*

1. Die deutsche Frage – Aktualität und historische Dimension

1.1. Die deutsche Frage heute

»In wenigen Minuten erreichen wir Hannover Hauptbahnhof. Sie haben Anschluß an den D-Zug nach Berlin über Wolfsburg, Oebisfelde, Gardelegen, Stendal und Rathenow, Abfahrt 13.38 Uhr von Gleis 8«, tönt es aus dem Zuglautsprecher des IC 783 *Albrecht Dürer* auf der Fahrt von Hamburg nach München. Wir haben den 30. Januar 1992, 13.25 Uhr.

Diese Ansage, die auch Stationen in der ehemaligen DDR nennt, gehört für uns heute schon zur Normalität, auch daß Intercity-Züge nach Berlin Hbf., Leipzig, Magdeburg, Dresden und Rostock verkehren, ist fast schon selbstverständlich. Vor drei Jahren noch hätte niemand von dieser Normalität zu träumen gewagt, war für eine Mehrheit der Westdeutschen die DDR doch aus dem Bezugsfeld Bundesrepublik Deutschland ausgegrenzt.

Für viele Politiker, Wissenschaftler und Kommentatoren in den in- und ausländischen Medien war die deutsche Frage am Ende der achtziger Jahre erledigt, endgültig gelöst. Sie hatten sich resigniert oder freudig mit einer deutschen Zweistaatlichkeit abgefunden und sie als positives, den Frieden in Europa sicherndes Ergebnis der Nachkriegsentwicklung eingestuft.[1] Bei einem Teil der nachwachsenden Generation, insbesondere der politischen Linken, die in den siebziger Jahren langsam in die politische Verantwortung hineindrängte, wurde die Teilung Deutschlands auf Dauer als eine gerechte Buße für die Verbrechen Hitler-Deutschlands angesehen:

---

1 Zum Stellenwert der deutschen Frage und der Deutschlandpolitik sowie ihrer Bewertung in den politischen Parteien, in der Publizistik und in der Fachwissenschaft zwischen 1949 und 1989 vgl. neuerdings das provozierende Buch von Jens *Hacker*, Deutsche Irrtümer 1949–1989. Berlin 1992.

»Das Bild von der Vergangenheit bestimmte das Bild von der Zukunft: Wenn der deutsche Nationalstaat im Nationalsozialismus gegipfelt war, durfte Deutschland erstens nicht mehr vereinigt sein und mußte zweitens ein Staat, der vorgab, alle Traditionslinien gekappt zu haben [d. h. die DDR], zu Ansehen kommen.«[2] Mit Recht wurde jüngst angemerkt, daß es bei diesem Einstellungswandel zur nationalen Frage nur schwer auszumachen sei, »wo das Schuldbewußtsein aufhört und die eigene Bequemlichkeit und die Flucht vor der Verantwortung anfangen«.[3] Wäre dieser zweite deutsche Staat ein »rechter oder faschistischer Staat gewesen«, hätte diese Generation in der Einheitsfrage sicher vollkommen anders reagiert und nicht verdrängt, daß 16 Millionen Deutsche unter einem Herrschaftssystem leben mußten, das sich nur mit Hilfe der militärischen Präsenz und Schlagkraft seiner »Schutzmacht« an der Macht behaupten konnte.[4]

Mit dem Fall der Mauer am 9. November 1989 konnte niemand rechnen, auch die kühnsten Optimisten nicht. Niemand hatte ihn prognostiziert. Hätte der Zusammenbruch der DDR vorhergesehen werden können? Diese Frage wird die Forschung noch auf längere Zeit beschäftigen. Am 9./10. November 1989 jedenfalls mußte mancher politische und wissenschaftliche Experte plötzlich erkennen, daß die als abgeschlossen angesehene deutsche Frage kein »dead issue«, kein totes Thema war, sondern lebendig und dynamisch. Das Kapitel zur deutschen Frage im Buch der Weltgeschichte war nie »geschlossen«. Urplötzlich und mit gewaltiger Dynamik trat sie wieder in das Rampenlicht der Weltpolitik. Die deutsche Frage war wieder da!

Schon seit dem Ende der siebziger Jahre erfuhr sie im Zusammenhang mit der Stationierungsdebatte im Vorfeld des NATO-Doppelbeschlusses eine Renaissance und stieß in der politischen Öffentlichkeit wieder zunehmend auf Interesse. Damals wie 1989/90 erhielt die deutsche Frage scheinbar unvermittelt eine »beträchtliche Bri-

---

2 Brigitte *Seebacher-Brandt*, Die Linke und die Einheit. Berlin 1991, S. 62.

3 Brigitte *Seebacher-Brandt*, in: *Forschungsinstitut der Friedrich-Ebert-Stiftung* (Hrsg.), Dr. Brigitte Seebacher-Brandt und Dr. Peter Glotz, MdB: Die deutsche Linke und die Vereinigung, 12. November 1991. Bonn 1991, S. 6. Vgl. auch *Dies.*, Die Linke und die Einheit, bes. S. 59 ff.

4 Vgl. *ebda.*, S. 4 ff.

sanz«, eine nachhaltige politische Tiefendimension. Schlaglichtartig wurde wieder deutlich, daß es einen unauflöslichen Zusammenhang zwischen der deutschen Frage und der Frage nach der europäischen Ordnung und der Sicherheit Europas gab. Gerade die europäische Dimension und die globalen Implikationen waren es, die sie immer wieder aus dem weltpolitischen Abseits zurückgeholt hatten, in das die deutsche Frage, trotz aller politischen, bildungspolitischen und publizistischen Bemühungen der Deutschen, seit 1959/61 geraten war. Ihre ›Wiedergeburt‹ war daher weder zu Beginn noch am Ende der achtziger Jahre zufällig. Dennoch äußerte beispielsweise Sebastian Haffner 1982 im Bayerischen Rundfunk die Ansicht, daß es gute »Aussichten für eine Wiedervereinigung..., nachdem die Teilung einmal vollzogen war und sich in so vielfacher Hinsicht bewährt hatte – auch für die Mehrheit der Deutschen bewährt hatte –, eigentlich nie mehr gegeben« habe.[5] Schon 1972 hatte er den Segen der Zweistaatlichkeit gepriesen und die Frage gestellt, ob denn für Deutschland schlecht sein könne, was für Europa gut sei:[6] »Es geht auch so: Die Deutschen können in zwei kleinen Staaten besser und sicherer leben als in einem großen.«[7] Noch im Sommer 1989 hatte der amerikanische Deutschlandexperte George Kennan gesagt, daß »die Vereinigung dieses Landes, Deutschland, einfach keine Option« sei, und hatte dies wenige Tage nach dem Fall der Mauer wiederholt.[8]

Am Ende der fünfziger Jahre wurde die deutsche Frage aus sicherheitspolitischen Erwägungen von der weltpolitischen Tagesordnung abgesetzt. Das atomare Patt der neuen Weltmächte und der »Sputnikschock« verringerten das Interesse der Westmächte USA, Großbritannien und Frankreich, die sich noch im Deutschlandvertrag von 1954 verpflichtet hatten, für die Wiedervereinigung Deutschlands in Frieden und Freiheit zu wirken, an einer aktiven Wiedervereinigungspolitik. Abrüstung und Entspannung erhielten

---

5 Sebastian *Haffner*, Deutschland zwischen den Supermächten, in: *Ders.*, Im Schatten der Geschichte. Historisch-politische Variationen aus zwanzig Jahren. München 1987 (1985), S. 177–188, S. 181.

6 Sebastian *Haffner*, Über den Segen der Zweistaatlichkeit, in: *Der Stern* 46/1972.

7 *Ebda.*

8 George *Kennan*, The German Question. A Personal View. Washington, D.C. 1989, S. 5 und *The Guardian* vom 13.11.1989.

Priorität. Die Staatsräson der USA gebot es, angesichts der unkalkulierbaren Risiken eines Atomkrieges die nach 1945 in Europa entstandene politisch-soziale Ordnung abzusichern. Das europäische Regionalsystem sollte als ein wichtiger Baustein der globalen internationalen Ordnung stabilisiert werden. Aus dieser Sicht war es logisch und sinnvoll, von den Deutschen ein Opfer zu verlangen. Sie sollten, an der Schnittstelle zwischen Ost und West, an der politisch-ideologischen und wirtschaftlichen Demarkationslinie lebend, im Interesse von Sicherheit und Gleichgewicht in Europa ihr Recht auf nationale Selbstbestimmung aufgeben, die Teilung ihres Landes auf Dauer hinnehmen. Die Bundesrepublik Deutschland und die DDR schienen sich mit dieser Situation abzufinden und wurden als Musterschüler in das jeweilige Bündnissystem integriert.

Spätestens zu Beginn der 1980er Jahre zeigte sich, daß die europäischen Sicherheitsfragen durch den Versuch der Festschreibung der Teilung Deutschlands kaum gelöst werden konnten. Es war irrig anzunehmen – und ein Blick in die Geschichtsbücher hätte dies unterstrichen –, daß ein einmal festgelegtes Gleichgewicht statisch bleiben und keinem Veränderungsprozeß unterworfen sein könnte.[9] Hinzu kam, daß das Fehlen eines Friedensvertrages den Siegermächten des Zweiten Weltkrieges die am 5. Juni 1945 übernommene Verantwortung für ganz Deutschland beließ. Die alliierten Vorbehaltsrechte mit Bezug auf Deutschland als Ganzes hatten sie daher in Mitteleuropa auch militärisch gebunden.

1959/61 ließ die atomare Bedrohung die deutsche Frage aus dem Rampenlicht der Weltpolitik verschwinden. Zu Beginn der 1980er Jahre waren es gerade die schwer abschätzbaren Folgen eines atomaren Schlagabtausches der Supermächte, die Diskussionen über die Führung von begrenzten Atomkriegen, die Sorge, Europa könne dann zum Schlachtfeld werden, und die daraus resultierende existenzielle Angst angesichts der Raketenarsenale auf beiden Seiten der politisch-ideologischen Demarkationslinie, die dazu beitrugen, der deutschen Frage eine neue politische Brisanz zu verleihen. Die vor diesem Hintergrund geführte Nachrüstungsdebatte hatte auch die Diskussion um die deutsche Frage verändert. Von unseren Nachbarn kritisch beobachtet, wurden in der westdeutschen Öffent-

9 Vgl. hierzu u. a. Wolf D. *Gruner* (Hrsg.), Gleichgewicht in Geschichte und Gegenwart. Hamburg 1989.

lichkeit wieder »nationale Zungenschläge« vernehmbar. Gefordert wurde ein neuer Patriotismus, dessen primäre Aufgabe es sein sollte, die nationalen Interessen Deutschlands zu verfolgen. Ausgelöst durch die Auseinandersetzungen über die Stationierung amerikanischer Mittelstreckenraketen auf dem Territorium der Bundesrepublik Deutschland, wurde von deutschen Patrioten aus dem linken und rechten politischen Spektrum der Bundesrepublik der Austritt beider Staaten in Deutschland aus NATO bzw. Warschauer Pakt und eine Neutralisierung Mitteleuropas verlangt. Auf diesem Wege würde Deutschland durch Neutralisierung und Blockfreiheit wiedervereinigt. Es würde aufhören, ein besetztes Land zu sein. Aus der Perspektive einer primär national orientierten Politik hatten diese Überlegungen bis in die Wiedervereinigungsphase 1989/90 zweifellos eine große Faszination. Vor allem in der deutschen Friedensbewegung diskutiert, wurden sie zu einem sichtbaren Bestandteil der deutschlandpolitischen Diskussion.[10] Neutralismusmodelle wurden bereits zu Beginn der fünfziger Jahre im Rahmen der Auseinandersetzungen um die Wiederbewaffnung und die Stalinnote von 1952 diskutiert. Sicherlich besaß eine Neutralisierung als Alternative zur Teilung Deutschlands bis zur Wiedervereinigung Deutschlands am 3. Oktober 1990 große Anziehungskraft. In den Diskussionen blieb jedoch meistens unklar, welche Neutralität angestrebt werden sollte, eine freiwillige oder eine auferlegte. Eine Deutschland von außen auferlegte Neutralität hätte Interventionsmöglichkeiten Tür und Tor geöffnet. Für die Mehrheit der Westdeutschen wäre diese Lösung unannehmbar gewesen und wurde aufgrund der historischen Erfahrungen als höchst problematisch angesehen. Eine frei-

---

10 Vgl. hierzu Wolf D. *Gruner*, Die deutsche Frage – ein Problem der europäischen Geschichte?, in: Irma *Hanke*/Hannemor *Keidel* (Hrsg.), Unruhe ist die erste Bürgerpflicht. Baden-Baden 1988, S. 31–53; Wolfgang *Venohr* (Hrsg.), Die deutsche Einheit kommt bestimmt. Bergisch-Gladbach 1982; Günter *Kießling*, Neutralität ist kein Verrat. Entwurf einer europäischen Friedensordnung. Erlangen 1989; Peter *Brandt*/Herbert *Ammon*, Die Linke und die nationale Frage. Dokumente zur deutschen Einheit seit 1945. Reinbek 1981; Herbert *Ammon*/Theodor *Schweißfurth*, Friedensvertrag, deutsche Konföderation, Europäisches Sicherheitssystem. Denkschrift zur Verwirklichung einer europäischen Friedensordnung. Mit einem Vorwort von Alfred Mechtersheimer. Starnberg 1985. Vgl. auch unten Kap. 7.3 und 7.4.

willige Neutralität, wie sie die Niederlande zwischen 1840 und 1940 verfolgt hatten und sie Schweden seit den Napoleonischen Kriegen zur Basis seiner Außenpolitik machte, klang bis in das Vorfeld der »Zwei-Plus-Vier«-Gespräche 1990 wie ein machbares und faszinierendes Patentrezept für eine dauerhafte Regelung des Deutschlandproblems. Doch die geographische Lage Deutschlands mitten in Europa, das Deutschland zur Verfügung stehende Gesamtpotential an Menschen und Ressourcen und die historischen Erfahrungen der Nachbarn mit dem europäischen Volk der Mitte seit der zweiten Hälfte des 19. Jahrhunderts bedingten deren natürliches Interesse an gemeinsamer Sicherung vor Deutschland, um zu verhindern, daß Deutschland möglicherweise erneut zu einer »kritischen Größenordnung« für Europa werden könnte.[11] In seinem Bericht zur Lage der Nation 1983 verwies Bundeskanzler Helmut Kohl auf die verdrängte oder falsch verstandene historische Dimension der deutschen Frage, die »zu jeder Zeit auch eine existentielle Frage des europäischen Gleichgewichts [war]. Dies wird immer so sein. Wer dies verkennt, wer einen neutralistischen Sonderweg in der Mitte Europas für möglich hält, der steigt aus geschichtlicher Erfahrung aus. Er erliegt einem unseligen nationalistischen Irrtum. Wir brauchen die Einigung Europas, wie die Völker Europas die Überwindung der deutschen Teilung nötig haben.«[12] Ähnlich argumentierte die Mehrheit in der SPD. Die Formel von der »Verantwortungsgemeinschaft« beider deutscher Staaten sei nicht mehr und nicht weniger als die spezifische Form der Sicherheitspartnerschaft zwischen der Bundesrepublik und der DDR. Dieses Konzept könne nur funktionieren, wenn die deutschen Staaten nicht den »Sonderweg in die Neutralität« anstreben. Dieser Weg wurde einmal treffend als »ein vielleicht rührender, aber illusionärer und am Ende gefährlicher Versuch [charakterisiert], den wachsenden Bedrohungen durch Gründung eines politischen Naturschutzparks zu entgehen«.[13] Die

---

11 Kurt Georg *Kiesinger*, Rede anläßlich des Staatsaktes zum Tag der deutschen Einheit im Plenarsaal des Deutschen Bundestages am 17. Juni 1967, in: Texte zur Deutschlandpolitik. Serie I Bd. I. Bonn 1968, S. 77–83, S. 81.

12 Bericht der Bundesregierung zur Lage der Nation im geteilten Deutschland vom 23. 6. 1983; in: Texte D. P. III/1, S. 131–143, S. 143.

13 Gerhard *Heimann*, Die beiden deutschen Staaten und die europäische

deutsche Frage ließ sich durch die Deutschen nie *allein* in einem politischen Naturschutzpark regeln. Sie war stets nur mit, nie gegen Europa und das internationale Umfeld lösbar. Die Behandlung der Deutschlandfrage seit dem Zweiten Weltkrieg als »Privatangelegenheit« der Deutschen, unabhängig davon, ob dies aus Gründen des internationalen Rechtes überhaupt möglich gewesen wäre, hätte in einen gefährlichen Provinzialismus geführt. Für die Lösung der deutschen Frage in Frieden und Freiheit mußten die Deutschen versuchen, dieses Thema zu einem Eigeninteresse der europäischen und internationalen Ordnung werden zu lassen.

Die national-romantischen Strömungen, die immer wieder Eingang in die öffentliche Diskussion über die deutsche Frage fanden, aber auch der Versuch der Bundesrepublik und der DDR, den ihnen zur Verfügung stehenden Handlungsspielraum zu nutzen, das Gespräch nicht abreißen zu lassen, den Ost-West-Konflikt zu »entdramatisieren« und ihre Sonderbeziehungen auch durch vertragliche Vereinbarungen deutlich werden zu lassen, führten im Ausland seit dem Ende der sechziger Jahre immer wieder zu Besorgnissen. Diese deutschlandpolitischen Irritationen, durch national eingefärbte neutralistische Tendenzen besonders gefördert, resultierten sicherlich in einem hohen Maße auch aus einem »Stück kultureller Fremdheit«.[14] Sehr oft werden nur die sich aus der geographischen Mittellage ergebenden negativen historischen Erfahrungen gesehen. Dies wurde im Prozeß der Vereinigung von DDR und Bundesrepublik 1989/90 deutlich, schlug sich in Berichten, Kommentaren und in Karikaturen nieder.[15] Die Besorgnisse der Nachbarn wirken auch nach der Vereinigung Deutschlands noch nach. Die *historischen Erfahrungen* erschweren es, das »alte Mißtrauen« gegen unkalkulierbare Aktionen und hegemoniale Ambitionen der Deutschen abzulegen.[16] Der in Deutschland geborene amerikani-

---

Sicherheit. Vortrag vor der Friedrich-Ebert-Stiftung in Bonn am 22.5.1985. Manuskript S. 8.

14 Werner *Weidenfeld*, Ratloses Nationalgefühl? Fragen an die Deutsche Frage, in: *Deutschland Archiv* 17/1984, S. 586–590, S. 589.

15 Vgl. hierzu auch *Wolf D. Gruner*, Die wilden Deutschen? Mythos oder Wirklichkeit?, in: *Ders.*, Deutschland mitten in Europa. Hamburg 1992, S. 385–414.

16 Vgl. hierzu Günter *Trautmann* (Hrsg.), Die häßlichen Deutschen? Darmstadt 1991.

sche Historiker Peter Gay hatte bereits zu Beginn der achtziger Jahre diese Stimmungslage treffend charakterisiert, als er meinte, daß es »politisch notwendig, emotional jedoch ungemein schwierig ist, die deutsche Frage neu zu überdenken«. Hieran hat sich leider bisher kaum etwas geändert. Die Gründe hierfür dürften vor allem darin zu suchen sein, daß die deutsche Frage im Ausland eine erstaunliche, aus der nationalgeschichtlichen Erfahrung mit Deutschland resultierende *historische Tiefendimension* besitzt. Dies gilt neben Großbritannien und Frankreich auch für andere europäische Länder, vor allem für die Staaten Osteuropas und die Nachfolgestaaten der früheren Sowjetunion. Aus dieser Sehweise folgte, daß die deutsche Frage bei unseren Nachbarn mehr unter Stabilitäts- und Sicherheitsgesichtspunkten als unter dem Blickwinkel des Selbstbestimmungsrechtes der Völker begriffen wurde. Sicherheit vor Selbstbestimmung wurde zur Maxime. Von dieser Perspektive der Deutschlandfrage ausgehend, erhielten die beiden Staaten in Deutschland funktionale Aufgaben für das seit dem Zweiten Weltkrieg entstandene europäisch-regionale und globale bipolare Gleichgewicht. Aus dieser Sicht mußte jede Veränderung der Stellung Deutschlands in Europa destabilisierend wirken und war daher, trotz aller Lippenbekenntnisse, unerwünscht. Nach dem Fall der Mauer zeigte sich dies beispielsweise deutlich an der Haltung der Regierungen in Paris und London, die sich zunächst schwer taten, dem EG- und NATO-Partner Bundesrepublik zuzugestehen, daß eine Vereinigung von Bundesrepublik Deutschland und DDR in Frieden und Freiheit einer Demokratie von anderen Demokratien nicht verwehrt werden könne, zumal dann, wenn die Bevölkerung der DDR eine Vereinigung mit der Bundesrepublik wünschte. Bei den Vorbehalten der Nachbarn Deutschlands in West und Ost, in Süd und Nord zeigte sich ein entscheidender Unterschied im historischen Bewußtsein, der in hohem Maße die divergierenden Zielvorstellungen für die Lösung der Deutschlandfrage nach dem Zweiten Weltkrieg mitbedingt hat. Trotz *amtlicher* Unterstützung der Wiedervereinigungspolitik durch die westlichen Partner und alliierten Vorbehaltsmächte, trotz der vereinbarten gemeinsamen Ziele ihrer Politik, festgeschrieben im Deutschlandvertrag von 1954, eine »zwischen Deutschland und seinen ehemaligen Gegnern frei vereinbarte friedensvertragliche Regelung für ganz Deutschland« zu schaffen, »welche die Grundlage für einen dauerhaften

Frieden bilden soll«,[17] sahen die Nachbarn mehrheitlich die auf beiden Seiten der ideologisch-militärischen Demarkationslinie in Zentraleuropa entstandenen deutschen Nachfolgestaaten als endgültig an. Als zentrale Daten galten der Beitritt der DDR zum Warschauer Pakt und der der Bundesrepublik zur NATO im Jahre 1955 sowie der Bau der Berliner Mauer am 13. August 1961. Die Deutschen selbst erkannten spätestens zu Beginn der achtziger Jahre, daß der Handlungsspielraum deutsch-deutscher Politik begrenzt war und daß die nationale Frage der Deutschen, nicht nur wegen der politischen, wirtschaftlichen und militärischen Vernetzung der DDR und der Bundesrepublik in ihren jeweiligen Bündnissystemen, nicht im Alleingang geregelt werden konnte. Sie hatten sich endgültig mit dem Gedanken vertraut gemacht, daß eine Lösung der deutschen Frage, wenn überhaupt, mit Rücksicht auf das europäische und internationale Umfeld der deutschen Staaten nur europäisch, in einem größeren Rahmen, zu regeln sein würde. Realistisch betrachtet, schien vor dem plötzlichen Fall der Mauer eine Einheitslösung in den traditionellen Bahnen des klassischen Nationalstaates höchst unwahrscheinlich. Andere, bündische Formen von Staatlichkeit zum Erhalt des Bandes der deutschen Nation in Europa wurden erörtert. Möglicherweise konnte dies für die Deutschen auch eine Chance sein, denn die »deutsche Teilung könnte dabei geradezu zur Voraussetzung des größeren, freieren Europa werden« (Theo Sommer). Wegen der Komplexität der deutschen Frage wurde eine rasche Lösung als unwahrscheinlich angesehen. Noch in seinem letzten Bericht zur Lage der Nation im geteilten Deutschland, vor der stillen Revolution in der DDR, hatte Bundeskanzler Kohl im Dezember 1988 im Deutschen Bundestag festgestellt: Eine »verantwortungsvolle Deutschlandpolitik [muß] immer zwei Ziele gleichzeitig im Auge behalten: die Teilung zu überwinden und bis dahin den Zusammenhalt der Nation zu bewahren. Wir haben nach wie vor keinen Grund zu der Annahme, daß eine Lösung der deutschen Frage nahegerückt ist. Ich kann vor

---

17 Vertrag über die Beziehungen zwischen der Bundesrepublik Deutschland und den Drei Mächten (Generalvertrag) vom 26. Mai 1952 in der Fassung vom 23. Oktober 1954, Art. 7 (1), abgedruckt in: Ingo *von Münch* (Hrsg.), Dokumente des geteilten Deutschland. Stuttgart 1968, S. 229–234, S. 232.

solchen, gelegentlich bei uns zu hörenden Illusionen nur warnen.«[18] Es wäre sehr unredlich, heute zu behaupten, daß Form und Zeitpunkt der Wiedervereinigung Deutschlands, zudem noch ohne förmlichen Friedensvertrag, der ja von allen Bundesregierungen stets gefordert wurde, vorhersehbar waren.

1.2. Die »deutsche Frage« als politischer und historischer Begriff

Der Begriff deutsche Frage wurde im Sprachgebrauch und im politischen Alltag zu einem häufig benutzten, parteipolitisch vielfach vermarkteten und auch mißbrauchten Terminus. Somit unterlag er – und unterliegt noch immer – ständig der Gefahr inhaltlicher Ausweitung und Verwässerung sowie einer oft unkritischen Verwendung als Schlagwort. Eine genauere Analyse des Begriffs *deutsche Frage* als eines politischen und historischen Begriffs verdeutlicht, daß das Ausland und die Deutschen mit ihr weitgehend unterschiedliche Inhalte verbinden. Eine klare, verständliche Begriffsdefinition erscheint daher nützlich und zur richtigen historischen Einordnung dringend erforderlich.

1.2.1. Die »deutsche Frage« als Politikbegriff

Mit dem Terminus *deutsche Frage* als Politikbegriff verbinden sich seit dem Ende des Zweiten Weltkrieges in Europa *alle* mit Deutschland zusammenhängenden Fragen und Probleme. Dabei müssen wir zwischen einer *nationalen* deutschen und einer *europäisch-internationalen* Ebene in der politischen Bewertung der deutschen Frage unterscheiden.

Auf *nationaler* Ebene bedeutet die deutsche Frage für die Deutschen zunächst einmal zwischen der Doppelkapitulation des Deutschen Reiches am 7./8. Mai 1945 und der Gründung von zwei Staaten in Deutschland 1948/49 die Frage nach der Erhaltung der politi-

---

18 Helmut *Kohl*, Bericht der Bundesregierung zur Lage der Nation im geteilten Deutschland am 1. 12. 1988 vor dem Deutschen Bundestag, abgedruckt in: *Presse und Informationsamt der Bundesregierung, Bulletin* Nr. 169 vom 2. 12. 1988, S. 1501–1507, S. 1501 f.

schen, wirtschaftlichen und rechtlichen sowie nationalen Einheit Deutschlands.

Seit 1949 gilt das politische Ziel, die Teilung durch Wiedervereinigung zu überwinden.

Die Bundesrepublik Deutschland und, trotz aller Abgrenzungsversuche bis zu ihrer Auflösung, die DDR verstanden die 1949 geschaffene Staatlichkeit als Provisorium. Beide betrachteten sich als alleinige und legitime Sprecher und Interessenvertreter für das gesamte deutsche Volk. Dieses wollten sie auf der Grundlage der demokratisch-föderativen bzw. sozialistisch-zentralistischen Verfassungs- und Gesellschaftsordnung mit sozialer Marktwirtschaft bzw. sozialistischer Planwirtschaft wiedervereinigen.

Im politischen Bereich waren diese Momente jedoch nur ein Aspekt der Gesamtproblematik.

Neben die Frage nach dem Verhältnis zwischen Bundesrepublik Deutschland und DDR traten als weitere »deutsche Fragen« hinzu:

- die Berlinproblematik, die Grenzproblematik (Oder-Neiße, Grenzen des Deutschen Reiches vom 31. 12. 1937),
- die Reparationsfrage,
- die Problematik der Rechtsnachfolge des Deutschen Reiches (Fortexistenz des Reiches als Subjekt des Völkerrechtes, das derzeit nicht handlungsfähig ist, oder nicht),
- die Wiedergutmachungsfrage und auch
- die *Flüchtlings- und Vertriebenenfrage*.

Auf *internationaler Ebene* war die Frage nach der Zukunft Deutschlands in der europäischen und internationalen Staatengesellschaft wesentlich komplexer, aber gleichzeitig auch eindeutiger. Die »deutsche Frage« bzw. das »deutsche Problem« bedeutete beispielsweise:

- die Frage nach der Eingliederung Deutschlands oder seiner Teilstaaten in die europäisch-regionale und international-globale Staatenordnung nach dem Zweiten Weltkrieg;
- die Frage nach der Festlegung der künftigen politischen, wirtschaftlichen und gesellschaftlichen Ordnung Nachkriegsdeutschlands oder seiner Nachfolgestaaten/Teilstaaten;
- die Festlegung der Grenzen des Deutschen Reiches oder seines bzw. seiner Rechtsnachfolger in einem Friedensvertrag;
- die Regelung der Art bzw. des Umfangs der von Deutschland/den Deutschländern zu erbringenden Reparationsleistungen;
- die Einbindung und Integration der seit 1949 bestehenden Bun-

desrepublik bzw. DDR in das westliche bzw. östliche Bündnis- und Vertragssystem;
- die spätestens seit dem Bau der Mauer 1961 auch im Westen anerkannte Realität von zwei Staaten in Deutschland;
- die Rolle und Funktion der DDR und der Bundesrepublik im Entspannungsprozeß sowie bei der Sicherung von Stabilität und friedlicher Fortentwicklung im Regional- und Globalsystem;
- das Selbstverständnis, die Stellung und die Politik des wiedervereinigten Deutschland in Europa und auf internationaler Ebene.

Während sich also für die meisten Deutschen die deutsche Frage bis heute als ein Thema der Nachkriegszeit darstellt, das mit der Vereinigung Deutschlands durch den Beitritt der DDR zur Bundesrepublik Deutschland gemäß Artikel 23 des Grundgesetzes (und die Pariser Konvention vom 18. November 1990 als Abschluß der Zwei-Plus-Vier-Gespräche) erledigt ist, verbinden unsere Nachbarn in Ost und West, in Süd und Nord hiermit von Anbeginn einen Komplex, der ihre eigene Nationalgeschichte und ihre Stellung innerhalb der internationalen Ordnung in Geschichte und Gegenwart nachhaltig beeinflußte und weit über das Ende des Zweiten Weltkrieges 1945 zurückreicht. Die »Deutschlandfrage« als Problem der Nachkriegsordnung beginnt für sie spätestens bei den deutschlandpolitischen Nachkriegsplanungen der Verbündeten der Antihitlerkoalition, bei den Überlegungen der europäischen und deutschen Widerstandsgruppen, der Exilpolitiker und der Nationalregierungen im Exil. Dabei spielen gleichermaßen die Erfahrungen mit dem nationalsozialistischen Deutschland eine gewichtige Rolle wie auch die Erkenntnisse aus den Friedensverträgen von 1919/20 und der Friedensordnung der Pariser Vororteverträge. Gerade deswegen hatten vor allem die Mitglieder der älteren Generation in unseren Nachbarvölkern Vorbehalte gegen eine Wiedervereinigung Deutschlands und wollten an der Tatsache von zwei deutschen Staaten nichts ändern. Die publizistische Begleitung des Vereinigungsprozesses von den Botschaftsbesetzungen im Sommer 1989 bis zur Wiedervereinigung am 3. Oktober 1990 hat dies unterstrichen. Hier stoßen wir auf die historische Dimension der deutschen Frage, die bei unseren Nachbarn tiefer und nachhaltiger als bei uns Deutschen ausgeprägt ist. Sie spielte und spielt, wie wir immer wieder vor Augen geführt bekommen, vor allem im Entscheidungsprozeß der politischen Eliten eine herausragende Rolle.

1.2.2. Die historische Dimension der »deutschen Frage«

Die Analyse der historischen Dimension der deutschen Frage verdeutlicht, daß diese gerade auf der internationalen Betrachtungsebene in Vergangenheit und Gegenwart eine gewichtige Rolle spielte und spielt. Sie zeigt, daß die deutsche Frage von Anfang an ein Thema der europäischen Geschichte war. Wie beim politischen Begriff der deutschen Frage müssen wir auch beim historischen zwischen einer deutschen und europäischen, seit dem 20. Jahrhundert zunehmend globalen Ebene unterscheiden. Die deutsche Frage umfaßt als historischer Begriff seit dem Zweiten Weltkrieg mehr als die Teilung, die Wiedervereinigungsbemühungen und die schließlich überraschende und schnelle Vereinigung Deutschlands. Historisch müssen wir auch differenzieren zwischen der deutschen Frage seit dem Westfälischen Frieden von 1648 und dem Zeitalter der Glaubenskämpfe oder spätestens seit der Französischen Revolution von 1789 und dem Zweiten Weltkrieg sowie ihrer Entwicklung im Spannungsfeld von Machtpolitik, Sicherheitsinteressen, Ideologien und dem Selbstbestimmungsrecht der Völker seither. Der qualitative Unterschied zwischen einem historischen, deutschen Verständnis der deutschen Frage und dem der anderen verdeutlicht bereits die Begrifflichkeit. So sprechen die Nachbarn nicht von der »deutschen Frage«, sondern vom »deutschen Problem«. In der Regel sind auch die Inhalte unterschiedlich, die von den Deutschen und ihren Nachbarn mit der deutschen Frage verbunden werden. Dabei spielt die Erfahrung der Nachbarn mit den Deutschen seit der zweiten Hälfte des 19. Jahrhunderts noch immer eine entscheidende, vielfach handlungsleitende Rolle. Bei den Deutschen scheint dagegen die deutsche Frage in ihrer historischen Tiefendimension zumindest lange verdrängt worden zu sein. Die Ursachen hierfür sind komplex. Beklagt wird der fortdauernde »Zustand der Geschichtslosigkeit« (Hermann Heimpel), und es schien lange Zeit schwierig zu sein, die »Brücke des Bewußtseins« (Margarete Mitscherlich) über die vermeintliche »Stunde Null« des Jahres 1945 zurückzuschlagen. Viele Anzeichen in Deutschland scheinen jedoch dafür zu sprechen, daß das Interesse an der eigenen Geschichte wächst. Haben wir den Punkt überwunden, an dem den Deutschen vorgeworfen wurde, ihre Geschichte zu vergessen, in der Verherrlichung der »Deutschen Mark« ihre gemeinsame Identität zu finden und die für die seelische Ökonomie eines Volkes so wichtige »Zeitperspektive« verloren zu haben? Gerade wegen der historischen Dimension der deutschen Frage und der sie bedingenden Einflußgrößen war diese, vor allem seit der Politisierung des Nationsbegriffes nach 1789 und der Ablösung des dynastischen Nationalstaates durch den politischen Nationalstaat, nicht mehr allein deutschen Rahmenbedingungen und Einflüssen unterworfen. Wegen der Lage des Siedlungsraumes der Deutschen mitten in Europa konnte sie nicht deutsche »Privatangelegenheit« sein und wurde nachhaltig auch durch ihr europäisches bzw. europäisch-internationales Umfeld geprägt und bestimmt.

Normalerweise spricht der Historiker von einer Frage im Hinblick auf eine Nationalität oder Nation, wenn diese eine nationale Selbstverwirklichung in einer unabhängigen, von außen nicht gefährdeten staatlichen Organisationsform anstrebt. Das Nationale als erstrangiges politisches Gestaltungsprinzip in Europa entwikkelte sich in Europa seit der Französischen Revolution von 1789. Um die Mitte des 19. Jahrhunderts, von einer Eliten- zu einer Massenbewegung geworden, wurde es zu einem dynamischen und konfliktträchtigen Element der internationalen Politik. Die Nation wurde zur vorherrschenden Form für das Zusammenleben von Großgruppen, die alle anderen an Bedeutung übertraf.[19] Sie verdrängte alle Bemühungen und Forderungen, die Einheit Europas durch einen europäischen Völkerbund oder eine Europäische Föderation herzustellen, den Nationalstaat zu überwinden und die internationalen Beziehungen auf neue Grundlagen zu stellen.[20]

Im 19. Jahrhundert sprechen wir beispielsweise von einer griechischen Frage, einer polnischen Frage und einer irischen Frage. Mit Ausnahme – Irland – lagen deren Wurzeln im ausgehenden 18. Jahrhundert, belasteten immer wieder die europäische Politik im 19. Jahrhundert und wurden erst nach dem Ersten Weltkrieg ganz oder teilweise geregelt. Es ist bezeichnend, daß sich die Beispiele auf relativ kleine Nationen beziehen, die in einer europäischen

---

19 Vgl. hierzu Max *Scheler*, Mensch und Geschichte, in: *Ders.*, Philosophische Weltanschauung. Bonn 1929, S. 15–47.

20 Vgl. u. a. hierzu Wolf D. *Gruner*, Völkerbund, Europäische Föderation oder internationales Schiedsgericht? Die Diskussion über neue Formen der europäischen und internationalen Beziehungen im 19. und 20. Jahrhundert, in: *Ders.*, Deutschland mitten in Europa. Aspekte und Perspektiven der deutschen Frage in Geschichte und Gegenwart. Hamburg 1992, S. 173–224.

Randlage leben. Dies galt und gilt nicht für die Deutschen. Ihr Siedlungsraum liegt im Herzen Europas. Doch auch für den deutschen Raum gewann das Nationale als politisches Gestaltungsprinzip seit der Napoleonischen Zeit und insbesondere seit den sog. Befreiungskriegen zunehmend an Bedeutung. Es wurde zu einem zentralen Bestimmungselement, ja zu einem integralen Bestandteil der deutschen Frage bis zum heutigen Tag.

Wie definieren wir die deutsche Frage als historisches Phänomen?

1.2.2.1. Definitionsversuche

Ein Blick auf die zahlreichen deutschen und ausländischen Bemühungen,die deutsche Frage bzw. das deutsche Problem als ein historisches Phänomen inhaltlich zu bestimmen, verdeutlicht, daß die Akzente unterschiedlich gesetzt werden.

In einem 1987 erschienenen, vielbenutzten deutschen Konversationslexikon wird die deutsche Frage mehr historisch-chronologisch definiert. Sie wird zunächst verstanden als »die Probleme der territorialen, politischen, wirtschaftlichen und gesellschaftlichen Organisation der bis 1806 im Heiligen Römischen Reich verbundenen Territorien; abhängig nicht nur von innerdeutschen Gegensätzen, sondern auch von den europäischen Mächtebeziehungen«.[21] Den zweiten Schwerpunkt sieht der Verfasser im sich zuspitzenden preußisch-österreichischen Dualismus und der Einigung Deutschlands durch die stärkste deutsche Militär- und Wirtschaftsmacht in drei Kriegen und der vorläufigen Lösung der deutschen Frage im »unvollendeten Nationalstaat« von 1871. Im 20. Jahrhundert zeigt sich die deutsche Frage nach dem Ersten Weltkrieg als »Problem der österreichischen Anschlußbewegung«, die 1938 mit dem Anschluß Österreichs und des Sudetenlandes als Vorstufe für die Eroberungspolitik Hitlers abgeschlossen wird. Seit dem Zweiten Weltkrieg »wurde die deutsche Frage als Problem der nationalen und politisch-sozialen Organisation Deutschlands wieder primär zur internationa-

---

21 »Deutsche Frage«, in: *Meyers Großes Taschenlexikon* in 24 Bänden. Mannheim ^{2}1987, Bd. 5, S. 159. Inhaltlich identisch mit *Meyers Taschenlexikon Geschichte* in 6 Bänden. Mannheim 1982, Bd. 2, S. 20. Die Abkürzungen wurden im Zitat aufgelöst.

len Frage«,[22] die sich im Ost-West-Konflikt mit der West- und Ostintegration der beiden deutschen Staaten verfestigte. »Die Forderung der Bundesrepublik Deutschland nach Wiedervereinigung wurde mit der Vertragspolitik seit 1969 modifiziert, die auf ein geregeltes Nebeneinander (möglichst: Miteinander) der beiden deutschen Staaten zielt.«[23]

Diese bewertende Definition ist ein gutes Beispiel für eine beschreibende, nicht strukturierende Definition des historischen Phänomens deutsche Frage, die zwar wesentliche Elemente enthält, dem Leser aber die schwierige nationale und internationale Vernetzung der deutschen Frage in Geschichte und Gegenwart kaum bewußt werden läßt.

Für Theodor Schieder umfaßt die deutsche Frage zunächst die Frage »nach der deutschen Geschichte in ihrer Gesamtheit mit allen ihren Wendungen, Epochen und Widersprüchen«,[24] enger gefaßt, die »Frage nach den Besonderheiten, die die deutsche Geschichte von der der übrigen europäischen Nationen unterscheidet, und den Folgerungen, die aus diesen Besonderheiten zu ziehen sind. Diese Folgerungen treten im 19. Jahrhundert hervor, in dem Jahrhundert, in dem die Resultate einer vielhundertjährigen Entwicklung während der Übergänge der europäischen Nationen in das Zeitalter ›nationaler‹ Staatlichkeit, wirtschaftlicher und industrieller Revolution und sozialer Umbrüche deutlich werden. Jetzt erst erscheint eine deutsche Frage im engsten Sinne: als Frage der politischen Gestalt Deutschlands in einem System bürgerlich bestimmter und wirtschaftlich sich entfaltender und politisch expandierender Nationalstaaten.«[25]

In dem hier zu behandelnden Zeitraum stellte sich die Frage nach der verfassungsrechtlichen Organisationsform, dem territorialen Umfang und der Art des Fortbestandes einer nationalen Gesamtordnung der Deutschen unter grundverschiedenen politisch-historischen Rahmenbedingungen mindestens sechsmal: 1648 – 1806/1814 – 1866 – 1918/19 – 1945 und schließlich 1989/90. Die damit zusam-

---

22 *Ebda.*

23 *Ebda.*

24 Theodor *Schieder*, Die deutsche Frage, in: *Meyers Enzyklopädisches Lexikon* in 25 Bänden. Mannheim 1978, Bd. 6, S. 521–527, S. 521.

25 *Ebda.*, S. 521.

menhängenden Probleme waren stets auch gleichzeitig zentrale europäische und zunehmend auch internationale Fragen. Ihre Lösung unterlag daher stärker europäischen und internationalen Bedingungen.

In der Geschichtswissenschaft bestehen, je nach Betrachtungswinkel, recht unterschiedliche Bewertungen der »historischen Inhalte« der deutschen Frage. Kontrovers ist dabei nicht allein der politische Deutschlandbegriff im Spannungsfeld von Bedeutungsüberdehnung und Bedeutungsschrumpfung. Eine wesentliche Ursache der Kontroverse liegt darin, daß es eine deutsche Frage »gleichsam im subjektiven und im objektiven Sinne gibt, nämlich als Frage, die die Deutschen an sich selbst und an das Verständnis ihrer Geschichte stellen, und eine Frage, die die anderen an die Deutschen stellen«.[26] Für beide Bedeutungen aber ist »die deutsche Frage im weitesten Verstande die Frage nach der Rolle, die die Deutschen und Deutschland in der Geschichte gespielt haben und spielen, nach ihrem Beitrag zu den großen Kulturleistungen, aber auch nach den spezifischen Lebensformen vom Geistig-Kulturellen bis zum Wirtschaftlich-Politischen, die sie entwickelt haben, schließlich nach dem Heil und Unheil, das sie angerichtet, worüber nur in seltenen Fällen ein Einverständnis herzustellen war und ist«.[27]

Schieder versucht uns ein Deutungsraster für deutsche und ausländische Interpretationen der deutschen Frage zu geben, das sehr viel problemorientierter als die eingangs zitierte Definition ist. Seine Begriffsbestimmung bleibt dennoch weitgehend germanozentrisch ausgerichtet. Überhaupt setzen die zahlreichen Definitionsversuche zur historischen Dimension der deutschen Frage unterschiedliche Schwerpunkte. Diese sind zum Teil generationsbedingt, zum Teil Ergebnis des politisch-kulturellen Umfeldes, lassen sich aber auch auf den methodischen Zugriff des Betrachters zurückführen. Nachhaltig geprägt wird jeder Interpretations- und Definitionsversuch durch das Eigenbild bzw. durch das Fremdbild von Deutschland.

So verband Gerhard Ritter, aufgewachsen im Wilhelminischen Deutschland und durch dieses geprägt, mit deutscher Frage die

---

26 *Ebda.*, S. 521.
27 *Ebda.*, S. 521.

Frage, »wie es gekommen ist, daß zwischen Westeuropa und uns in der Neuzeit ein stark empfundener Gegensatz politischen Denkens und politischer Lebensformen entstanden ist: ein Gegensatz, der Deutschland für die Westeuropäer erst recht eigentlich zum Problem hat werden lassen«.[28] Er sieht den Ausgangspunkt für den »deutschen Sonderweg« in der Geschichte Europas bereits in der Epoche der Konfessionskämpfe angelegt. Für das Langzeitverständnis von deutscher Frage ist dies sicherlich ein wichtiger Gesichtspunkt, denn die deutsche Frage reicht, mit unterschiedlicher Qualität, weit über das Jahr 1945 und die europäische Epochenschwelle von 1800 zurück. Inhaltlich ist Ritters Definition zu wenig konkret.

Mehr gegenwartsbezogen dagegen ist Walther Hubatschs Deutung: »Wie kann das zahlenmäßig stärkste Volk Europas zu einer gemeinsamen politischen Willensbildung, mithin zu einer Nation kommen – wie sie in Frankreich, England, Rußland, Polen, Italien, den iberischen und skandinavischen Staaten vollzogen ist –, ohne daß Frieden und Freiheit der übrigen europäischen Nationen dadurch gefährdet zu werden brauchen?«[29] Hier wird die Wechselbeziehung zwischen deutscher und europäischer Entwicklung betont und auf ein zentrales Problem für die historische Analyse des Phänomens deutsche Frage hingewiesen: Sind das Recht der Deutschen auf nationale Selbstbestimmung und die Sicherheitsinteressen ihrer Nachbarn auf einen gemeinsamen Nenner zu bringen? Was hat Priorität?

Umfassender definierte 1971 Lothar Gall die historische Dimension der deutschen Frage. Für ihn ist sie »immer zugleich ein soziales, ein außenpolitisches und auch ein wirtschaftliches und kulturpolitisches Problem gewesen..., wobei diese Probleme in sehr wechselnder und sich in unterschiedlichster Form überlagernder Beziehung zueinander standen: daß es sich also nicht nur um das isolierte Problem und Ziel der politischen Einigung der Mehrheit der Deutschen in einem Staat handelte«.[30]

---

28 Gerhard *Ritter*, Das deutsche Problem. Grundfragen deutschen Staatslebens gestern und heute. München 1962, S. 11.

29 Walther *Hubatsch*, Die Deutsche Frage. Würzburg 1961, S. V.

30 Lothar *Gall*, Die ›Deutsche Frage‹ im 19. Jahrhundert, in: 1871 – Fragen an die deutsche Geschichte. Berlin, Bonn 1971, S. 19–52, S. 19f.

Zusätzlich müssen noch eigengewichtige Faktoren in die historische Analyse einbezogen werden. Hierzu zählen u. a. die Eigendynamik der bestehenden internationalen Ordnung sowie die Rückwirkungen gesamtpolitischer Rahmenbedingungen in anderen europäischen und auch außereuropäischen Ländern auf die Entwicklung in Deutschland. Gerade die Einbeziehung der »internationalen Umwelt« als wichtige Dimension der deutschen Frage öffnet den Blick über eine vorwiegend deutschlandbezogene Betrachtungsweise hinaus, die bei dieser Thematik national und international noch dominiert. Bei der deutschen Frage seit der frühen Neuzeit geht es zudem auch darum, wie die mitteleuropäische Geschichtslandschaft politisch gestaltet wird. Dabei sind folgende Problemkreise bei der Analyse zu bedenken:

- die politische, wirtschaftliche und staatsrechtliche Gliederung des von den Deutschen besiedelten Raumes in Mitteleuropa. Hiermit verbindet sich die Frage nach dem politisch-sozialen System für die Deutschen;
- die Grenzen, die diese Großgruppe mit ihren Nachbarn besitzt;
- das Verhalten und Wollen der Deutschen und ihr Verhältnis zu den europäischen und außereuropäischen Nationen;
- die Beziehung der Deutschen zu den epochalen Leitideen und, hiermit verknüpft, die Frage nach der politischen Kultur;
- die Rückwirkungen der geopolitischen und geostrategischen Lage des Siedlungsraumes der Deutschen.

Die aufgezeigten Problemkreise verdeutlichen, daß die deutsche Frage, verglichen mit anderen europäischen Fragen, zwangsläufig – und das nicht erst seit dem Zweiten Weltkrieg – zu einem Schlüsselproblem der europäischen Politik werden mußte. Nach 1945 war die Deutschlandfrage, wie Carlo Schmid rückblickend mit Recht betonte, zu einem zentralen Element der internationalen Politik geworden und in »das Geflecht des Koordinatensystems der Weltpolitik« gerückt.[31] Von der Lösung des Deutschlandproblems werde es vielleicht am meisten abhängen, ob unser Planet auf Dauer befriedet werden könne. Hierzu gehöre auch, daß die Deutschen die vier Besatzungsmächte und die anderen Europäer davon überzeugen, »daß ein wiedervereinigtes Deutschland ihnen keinen Nachteil bringen wird und auch keine Bedrohung ihrer Sicherheit darstellt... So

---

31 Carlo *Schmid*, Erinnerungen. Bern, München, Wien 1979, S. 296.

gilt es denn, sich allen Staaten gegenüber so zu verhalten, daß ihre Befürchtungen, ein wiedervereinigtes Deutschland könne ihnen gefährlich werden, schwindet und an die Stelle von Furcht ein Interesse an der Herstellung eines wiedervereinigten Deutschlands treten kann.«[32] Eine umfassende historische Begriffsanalyse sollte daher auch die neue, durch die Rolle Deutschlands im weltpolitischen Gefüge der Nachkriegszeit bestimmte historische Qualität einbeziehen. Denn noch stärker als vor 1945 beeinflussen die weltpolitischen und europäischen Rahmenbedingungen die deutsche Frage und ihre endgültige Regelung als Frage von Politik und Geschichte.

Die ausländische Geschichtsschreibung und Publizistik verbindet in der Regel bei der historischen Beschäftigung mit dem deutschen Problem andere Inhalte als die deutsche. Dies gilt unabhängig davon, ob sie den Deutschen und der deutschen Geschichte feindselig-ablehnend, selbstgefällig oder kritisch-wohlwollend gegenübersteht. Der Tenor von deutschen Emigranten und westeuropäischen Historikern vor und im Zweiten Weltkrieg – in hohem Maße beeinflußt durch die Erfahrungen mit dem nationalsozialistischen Deutschland – ging dahin, die deutsche Geschichte als einen »Sonderweg« anzusehen, ja die Deutschen als einen »hoffnungslosen Fall« einzustufen. Ausgehend von einem negativen Psychogramm der Deutschen, erachteten sie diese als Gefahr für den Weltfrieden. Die Deutschen müßten daher unter dauernder Bevormundung und Kontrolle gehalten werden. Ein Exponent dieser Richtung, der britische Historiker A. J. P. Taylor, sah im deutschen Problem in erster Linie die Frage: »Wie können die Völker Europas gegen wiederholte Ausfälle deutscher Aggression gesichert werden, und wie können die Deutschen eine ruhige, friedliche Form politischer Existenz finden?«[33]

Neue deutsche Aggressionen in Europa würden nur dann erfolgversprechend verhindert, wenn es den Westmächten gelänge, der Versuchung zu widerstehen, Deutschland als Bündnispartner gegen die Sowjetunion erneut Großmacht werden zu lassen, und wenn sich die Verbündeten der Antihitlerkoalition über Sicherungsmechanis-

---

32 *Ebda.*, S. 295f.

33 Alan John Percivale *Taylor*, The Course of German History. London (1945) 1971, S. IX.

men verständigten, die eine Wiedervereinigung auf Dauer in das Reich der Utopie verlegen würden; denn allein ein »geteiltes Deutschland kann ein freies Deutschland sein. Ein wiedervereinigtes Deutschland hörte auf, frei zu sein: Es würde entweder ein militaristischer Staat werden, mit dem Ziel, sich erneut eine europäische Hegemoniestellung aufzubauen, oder aber seine Macht würde durch eine dann erzwungene Intervention zerschlagen, sofern die früheren Kriegsverbündeten so klug sein werden, rechtzeitig gemeinsame Maßnahmen zu ergreifen.«[34] Viele sehen den deutschen Volkscharakter als die Hauptursache für das deutsche Problem an.[35] Für sie ist die deutsche Geschichte eine »Geschichte der Extreme«, die keine »Normalität« und keine »Mäßigung« kenne:

»In tausend Jahren haben die Deutschen alles außer Normalität erlebt. Sie beherrschten Europa und waren das hilflose Opfer der Beherrschung durch andere; sie erfreuten sich einer in Europa seinesgleichen suchenden Freiheit und wurden auch die Opfer von Despotismus, der in Europa keine Parallele fand; sie brachten vortreffliche Philosophen, hochgeistige Komponisten und die rücksichtslosesten und skrupellosesten Politiker hervor; zuweilen verband sich mit ›Deutscher‹ die Vorstellung von einem Wesen, das so empfindsam, so vertrauenerweckend und so fromm war, daß es zu edel für diese Welt war, dann aber wieder entpuppte er sich zu einem Wesen, das so brutal, so prinzipienlos und so verderbt war, daß es diesen Planeten besser nicht bevölkern sollte; beide Beschreibungen sind zutreffend: Beide Typen des Deutschen haben nicht allein in ein und derselben Zeit, sondern in ein und derselben Person existiert. Nur der normale Deutsche, nicht besonders gut, nicht besonders schlecht, mit gesundem Körper und Geist und maßvoll – er hat der deutschen Geschichte nie seinen Stempel aufgedrückt. Geographisch gesehen das Volk der Mitte, haben sie jedoch in ihrem Denken und Handeln nie einen Mittelweg gefunden.«[36]

Ähnlich einseitig-negative Definitionen zur deutschen Frage aus historischer Perspektive ließen sich noch fortführen. Auch Deutsch-

---

34 *Ebda.*

35 Vgl. hierzu Wolf D. *Gruner*, Die wilden Deutschen? Mythos oder Wirklichkeit?, in: *Ders.*, Deutschland mitten in Europa, S. 385–414.

36 *Taylor,* German History, S. 1.

land wohlgewogene Historiker wie James Joll[37] oder Geoffrey Barraclough[38] lehnen aufgrund ihrer aus der historischen Analyse gewonnenen Erkenntnisse eine nationalstaatliche Lösung des deutschen Problems entschieden ab. Es bestehe hierfür keine Notwendigkeit. Der deutsche Nationalstaat habe nur 75 Jahre bestanden. Eine Wiedervereinigung würde die Zukunft der EG in Frage stellen und das europäische Gleichgewicht stören. Zutiefst steckte und steckt im Bewußtsein unserer Nachbarn die Furcht, ein wieder- oder neuvereinigtes Deutschland könnte erneut eine europäische Hegemoniestellung erreichen bzw. den Griff nach der Weltmacht über eine europäische Hegemonie anstreben. Damit würde zumindest das europäische Regionalsystem in Frage gestellt. Mit der deutschen Vereinigung von 1990 sehen viele Beobachter in unseren Nachbarländern weniger das Ende der Nachkriegszeit, sondern das Ende der durch die Pariser Vororteverträge 1918/19 geschaffenen Ordnung, zumal der Beitrittsantrag Österreichs zur EG aus diesem Blickwinkel häufig als Anschluß bewertet wird. Das »Rapallo«-Trauma wurde durch ein neues ersetzt. Diese Bewertungen und Befürchtungen illustrieren, daß im Deutschlandverständnis vieler anderer Europäer hier historisches und gegenwartsbezogenes Bewußtsein verschmelzen.

Es läßt sich somit feststellen, daß die Bewertung des »deutschen Problems« in Vergangenheit und Gegenwart charakterisiert wird durch die Betonung

- der machtpolitischen Komponente, insbesondere seit 1870/71,
- der »kritischen Größenordnung« eines unitarisch organisierten deutschen Nationalstaates, der für seine internationale Umwelt ein Sicherheitsrisiko darstelle, sowie
- eines »deutschen Sonderweges« in der europäischen Geschichte.

Die These vom deutschen Sonderweg, zunächst von den Deutschen in den ideologisch-propagandistischen Auseinandersetzungen des Ersten Weltkrieges als Kampfmittel in die Diskussion eingeführt, und vom deutschen Hegemoniestreben wurde durch die vorherrschende deutschlandzentrische Sicht des »Deutschlandproblems« und das tiefverwurzelte, seit Generationen durch Vorurteile

---

37 James *Joll*, Europe. A Historian's View. Leeds 1969, S. 20.

38 Geoffrey *Barraclough*, Das Ende der Illusionspolitik, in: *Blätter für deutsche und internationale Politik* VI/1961, S. 811–817.

und Erfahrungen geprägte Deutschlandbild nie in Frage gestellt und auch in der deutschen Geschichtsforschung seit 1945 gepflegt.

Erst vor einigen Jahren versuchte der amerikanische Historiker David Calleo von einer auf Deutschland fixierten Sicht abzugehen, die deutsche Geschichte aus sich selbst heraus zu verstehen und sie in den Gesamtzusammenhang einer »sich entwickelnden europäischen und weltweiten Ordnung« einzubeziehen. Aus einer gesamthistorischen Perspektive werden die »Konsolidierung Deutschlands und die daraus resultierenden Konflikte nur [als] die natürlichen Folgen der nationalstaatlichen Evolution Europas«[39] angesehen. Nach den Versuchen mit imperialen und föderalen Modellen seit dem Mittelalter schien im 19. Jahrhundert allein der Nationalstaat »die einzig effektive politische Formel für die Errichtung einer stabilen Regierung über moderne Gesellschaften zu sein«.[40] Gerade aber die Beschränkung auf »nationale Einheiten« habe zu Konflikten innerhalb des internationalen Systems geführt, die nach dem Übergang zu einer globalen internationalen Ordnung »unkalkulierbare Folgen« gehabt hätten. Wegen seiner geographischen Lage besaß Deutschland mehr Reibungspunkte mit seinen Nachbarn. Es konnte nicht, wie die USA oder Rußland, in das kontinentale Hinterland expandieren und auch wegen der späten Nationalstaatsgründung schwer nach Übersee ausgreifen. Calleo kam daher zu dem Schluß, daß sich die »Aggressivität« Deutschlands ebenso überzeugend aus der Beschaffenheit der internationalen Ordnung erklären lasse »wie aus einer der besonderen Eigenschaften der Deutschen«.[41] Ferner betont er: »Geographie und Geschichte hatten sich verschworen, Deutschland zu einem späten, raschen, anfechtbaren und umkämpften Aufstieg zu verhelfen. Die übrige Welt reagierte darauf, indem sie den Emporkömmling zermalmte. Wenn im Verlaufe dieses Prozesses dem deutschen Staat die guten Manieren abhanden kamen und er von einem bösen Dämon besessen wurde, lautet vielleicht die richtige Schlußfolgerung nicht so sehr, daß die Kultur in Deutschland auf extrem schwachen Füßen stand, sondern

---

39 David *Calleo*, Legende und Wirklichkeit der deutschen Gefahr. Neue Aspekte zur Rolle Deutschlands in der Weltgeschichte von Bismarck bis heute. Bonn 1980, S. 19.

40 *Ebda.*, S. 19f.

41 *Ebda.*, S. 23.

daß sie überall zerbrechlich ist. Und die richtige Lehre, die daraus zu ziehen ist, könnte lauten, daß man nicht nur gegenüber Aggressoren wachsam sein muß, sondern noch viel mehr die ruinösen Konsequenzen bedenken sollte, die eintreten, wenn man einem Neuling gerechte Chancen verweigert.«[42]

Calleo regte daher an, die in der Forschung mit Worten oft anerkannte Wechselwirkung zwischen innerstaatlicher Entwicklung, äußerer Politik und internationalem Umfeld ernst zu nehmen.

Das Zusammenwirken zwischen äußerem und innerem Bedingungsrahmen ist besonders für das Verständnis der deutschen Frage bzw. des »historischen deutschen Problems« wichtig. Daher sollten bei der Analyse der historischen Entwicklung Deutschlands Einflußgrößen der internationalen Politik und der internationalen Ordnung als Elemente der deutschen Frage stärker berücksichtigt werden, ohne allerdings, wie bei Calleo, den innenpolitischen und ökonomischen Bereich weitestgehend zu vernachlässigen. Nur aus der Wechselwirkung der nationalen und internationalen Ebene läßt sich das Problem deutscher Staatlichkeit als ein zentrales Moment der deutschen Frage – und damit der europäischen Ordnung – hinreichend erklären. Weil die historische Dimension der deutschen Frage stets eine deutsche und eine europäische Komponente besitzt, bedeutet dies, daß deutsche Geschichte immer zugleich ein untrennbarer Teil der europäischen Geschichte ist und europäische Geschichte stets eine unübersehbare deutsche Qualität hat. Besonders deutlich wird diese Tatsache, wenn wir die nationale Optik durch eine europäische ersetzen. Wenn wir uns unter diesem Blickwinkel fragen, welche Faktoren das Zusammenleben der Deutschen und ihrer Nachbarn in Vergangenheit und Gegenwart beeinflussen und beeinflußten, die wir als tragende Elemente der europäisch-historischen Dimension der deutschen Frage ausmachen können, so stoßen wir vor allem auf sechs Gesichtspunkte. Sie tauchen in der aktuellen Diskussion immer wieder auf und sind aus der Sicht des Historikers die Hauptbestimmungsfaktoren, die in einer brauchbaren und verständlichen Definition der deutschen Frage enthalten sein sollten, um ihre Komplexität und historische Dimension erfassen zu können. Sie werden in der nachfolgenden historischen Darstellung der deutschen Frage in Geschichte und Gegenwart ebenso

42 *Ebda.*, S. 23f.

immer wieder als Elemente auftauchen wie in der Erörterung der politisch-historischen Rahmenbedingungen für die Entwicklung Deutschlands in seiner europäisch-internationalen Umwelt. Es sind dies:

1. Das *Deutschlandbild: Fremdbild – Eigenbild*, d.h. das Selbstverständnis der Deutschen und das Bild der Nachbarn von den Deutschen. Hierunter fallen auch die allmähliche Ausbildung eines politischen Nationalgefühls der Deutschen seit dem ausgehenden 18. Jahrhundert, das Eigenverständnis der deutschen Nationalbewegung, die im Laufe des 19. Jahrhunderts häufiger auftretende politisch-kulturelle Selbstüberschätzung der Deutschen und die damit verbundene Veränderung des Deutschlandbildes, der überbordende Nationalismus im Wilhelminischen Deutschland, die Ideologisierung des Bildes vom anderen durch den Ersten Weltkrieg und die historischen Erfahrungen der Nachbarn mit den Deutschen seit den Pariser Friedensverträgen von 1919/20. Sie förderten Teilungsgedanken vor und im Zweiten Weltkrieg und prägen bis in die Gegenwart das Deutschlandbild des Auslandes. Gleich an dieser Stelle sei jedoch darauf verwiesen, daß das Bild vom anderen auch immer eine innenpolitische Dimension besitzt und daß sich auch in Deutschland nationale Vorurteile gegenüber anderen Völkern ausgebildet haben, wie z. B. das »perfide Albion«. Wir müssen uns zudem stets vor Augen halten, daß es auch in anderen Ländern, gerade um die Jahrhundertwende, einen übersteigerten Nationalismus (Chauvinismus, Jingoismus) gegeben hat, gepaart mit nationaler Arroganz, die zu Fehleinschätzungen führten.
2. Die *geographische Lage Deutschlands* mitten in Europa. Aufgrund der Geographie erhält Deutschland für jede europäische Ordnung eine Schlüsselrolle, liegt es doch als Herzland Europas im Schnittpunkt der politischen, militärischen, sicherheitspolitischen, kulturellen und wirtschaftlichen Kommunikationslinien des Kontinents. Es war *mit* die Geographie, die zu einer deutschen »Einkreisungsfurcht« und zu einem »Bedrohungssyndrom« der Nachbarn vor Deutschland beitrugen.
3. Das *deutsche Bevölkerungspotential*, d.h. die Deutschen sind, sieht man von den Russen ab, das bevölkerungsreichste Land Europas, das mit fast allen europäischen Nationen Grenzen besitzt. Das relative Übergewicht der Deutschen gegenüber ihren europäischen Nachbarn beunruhigt diese immer wieder.

4. Das *wirtschaftliche Potential Deutschlands*, d. h. mit der Beseitigung der Standortnachteile im Laufe des 19. Jahrhunderts erreichte Deutschland um 1900 eine Spitzenstellung in Wissenschaft und Technik und etablierte sich als eine führende Industrienation. Die nur geringe Rohstoffbasis (Kohle, Erz, Öl, Kali) sowie die starke Exportorientierung machten Deutschland abhängiger als andere Industrienationen von den Schwankungen im Welthandel und den Veränderungen des Weltmarktes. In diesem Rahmen bedeutete das verfügbare Wirtschaftspotential im politisch-sozialen Gefüge einer industriellen Gesellschaft gleichermaßen Stärke und Schwäche.
5. Die *europäische Sicherheit*, d. h. die Bestrebungen zu einer hegemonialen Machtkonzentration im europäischen Zentrum wirken ebenso destabilisierend wie die zu starke Dezentralisierung und machtpolitische Schwächung des »Centralstaates von Europa« (Heeren).
6. Der *verfassungsmäßige Organisationsrahmen für das Band der deutschen Nation*, d. h. die politisch-soziale Verfaßtheit Deutschlands. Die Konzepte pendeln zwischen unitarischem Einheitsstaat und Einheit in Vielfalt fördernden bündischen Verfassungsformen. Für eine funktionierende europäische Staatengesellschaft war und ist die politisch-soziale Organisationsform der von den Deutschen angestrebten Ordnung von grundlegender Bedeutung. Die Nachbarn haben ein vitales Interesse daran, daß die politische Form des Zusammenlebens der deutschen Nation die gesamteuropäische Ordnung nicht destabilisiert. Das Konzept des nationalen Einheitsstaates könnte diese Tendenz verfolgen. Die Lösung der nationalen Frage der Deutschen in einer föderativen Organisationsform dagegen vermag zu Stabilität und Frieden in Europa beizutragen. Im europäischen Rahmen könnten die föderativen Traditionen Deutschlands und die Erfahrungen mit einer Föderativordnung dem europäischen Einigungsprozeß wichtige Impulse geben und im europäischen Rahmen die Kooperation und das Zusammenwachsen Europas fördern.

Diese Bestimmungselemente für die deutsche Frage sind für die historische Bewertung und Einordnung der deutschen Frage von grundlegender Bedeutung. Sie sind eng miteinander verknüpft, wobei das Deutschlandbild vielfach eine Klammerfunktion erhält. Welche Rolle die sechs Hauptbestimmungselemente für das Verständnis der deutschen Frage in Deutschland und in anderen Ländern spielen, verdeutlichen uns die Diskussionen in Wort, Schrift und Bild seit dem Zweiten Weltkrieg und vor allem auch im Vorfeld der Wiedervereinigung 1989/90.

Wir stehen heute an einem Wendepunkt, einer Wasserscheide der europäischen Geschichte. Bei der Frage, wie die Zukunft Europas sich gestalten wird, wächst dem vereinigten Deutschland eine zentrale Aufgabe zu. Wird es zusammen mit seinen Partnern in der EG zum Föderator eines sich vereinigenden Europas, oder schlägt die lange gepflegte Machtvergessenheit der Deutschen in eine neue Machtversessenheit um? Stehen wir vor einem neuen Nationalismus, der Europa in das schon überwunden geglaubte Zeitalter des klassischen europäischen Nationalstaatsdenkens zurückwerfen wird? Für alle diese Zukunftfragen Europas und Deutschlands, aber auch für die Geschichte des von den Deutschen bewohnten historischen Raumes, ist es sinnvoll, um die Tragweite der derzeitigen Situation zu erfassen, sich die historischen Auslagslagen und Rahmenbedingungen und die zentralen Bestimmungselemente für das Deutschlandproblem in seinem höchst komplizierten historischen, europäischen Umfeld immer wieder in das Gedächtnis zurückzurufen und in die Analyse der Gegenwart einzubeziehen.

1.2.2.2. Die politisch-historischen Rahmenbedingungen für die Entwicklung Deutschlands in seiner europäisch-internationalen Umwelt

Um die deutsche Frage in ihrer Tiefe und Breite zu verstehen und politisch-historisch richtig einzuordnen, erscheint es sinnvoll, die Einflußfaktoren für die Entwicklung »Deutschlands« in der europäischen Geschichte zu erörtern. Es ist jedoch in diesem Zusammenhang wenig hilfreich, einen »deutschen Sonderweg« zu beschwören, da es aus der Sicht des Historikers kaum möglich sein dürfte, einen europäischen Normalweg für die historische Entwicklung unseres Kontinents zu bestimmen. Die nahezu ausschließliche Konzentration auf die Nationalgeschichte versperrt vielfach die Sicht auf gemeinsame und individuell-spezifische historische Phänomene in der Geschichte Europas. Aus dem Zusammenspiel der einzelnen Geschichtslandschaften und der ihren Charakter bestimmenden Rahmenbedingungen entsteht dann die der regionalen übergeordnete *europäische Geschichtslandschaft*. Unter Geschichtslandschaft versteht man abstrakt zunächst einmal einen funktionellen Raum, »der durch ein Mindestmaß gegenseitiger Bezogenheit der verschiedenen Teile geprägt ist«.[43]

Wenn wir bejahen, daß es Deutschland als Geschichtslandschaft gibt, so stellt sich die Frage, durch welche Elemente diese bestimmt wird und wie sie ihre individuelle Ausprägung erfährt.

Deutschland mitten in Europa – Anmerkungen zu einer europäischen Geschichtslandschaft

Die *Deutsche* Demokratische Republik von 1949–1990 wie auch frühere Formen deutscher Staatlichkeit, so das Heilige Römische Reich *deutscher* Nation, der *Deutsche* Bund von 1815–1866, der kleindeutsche Nationalstaat *Deutsches* Reich 1871–1918, die demokratische Republik von Weimar, das nationalsozialistische Deutsche Reich, benutzten das Adjektiv »deutsch« in ihrer Staatsbezeichnung. Die Bundesrepublik Deutschland ist der erste deutsche Staat, der die Bezeichnung »Deutschland« offiziell auch im Staatsnamen führt. Allerdings sprachen auch die Alliierten im Zweiten Weltkrieg in ihren amtlichen Dokumenten nicht vom »Deutschen Reich«, sondern von »Nazi-Deutschland«, »Hitler-Deutschland« oder nur von »Deutschland«. Es war die Rede vom »Protokoll über die Besatzungszonen in Deutschland«, von der »Kontrollkommission für Deutschland«, von den »Grenzen Deutschlands«, von den »Prinzipien für die Behandlung Deutschlands«, von »Deutschland als einer wirtschaftlichen Einheit«, aber auch, ob es nach dem Krieg »ein oder zwei Deutschlands« geben solle.[44]

Bis zur Vereinigung von Bundesrepublik Deutschland und DDR sprachen die Bürger im Westen oft von »Deutschland«, meinten aber die Bundesrepublik. Ähnliches läßt sich für das Deutsche Kaiserreich feststellen. Deutsche und Ausländer sprachen von

---

43 Heinz *Duchhardt*, Das Heilige Römische Reich, die Mitte Europas, als aktive und passive Geschichtslandschaft, in: *Ders.* (Hrsg.), In Europas Mitte. Deutschland und seine Nachbarn. Bonn 1988, S. 9–13, S. 9.

44 Vgl. hierzu die amtlichen amerikanischen, britischen, russischen und auch französischen Aktenpublikationen für diese Periode sowie z. B. im *Public Record Office London* das britische Delegationsarchiv für die Konferenzen in Jalta (Argonaut) und Potsdam (Terminal) (*PRO* F. O. 934) sowie die aufschlußreichen Protokolle des britischen Kriegskabinetts (*PRO* CAB 65).

»Deutschland« und verbanden damit den 1871 gegründeten preußisch-kleindeutschen Nationalstaat. Dieser »halbfertige Nationalstaat«, in dem zahlreiche nationale Minderheiten (z. B. Polen, Dänen) lebten, vereinte nicht alle Deutschen in einem Staat. In den letzten Dekaden vor der Jahrhundertwende wurde auch »made in Germany« als Herkunftsbezeichnung für deutsche Waren eingeführt. Was zunächst als Produktdiskriminierung geplant war, wurde im Laufe der Jahrzehnte zum Qualitätszeichen mit Welterfolg.

Damit stellt sich die Frage nach der inhaltlichen Bestimmung des Deutschlandbegriffes im Spannungsfeld von Geschichte, Politik und Geographie. Was verstehen wir unter Deutschland, wo liegt es? Im Vergleich zu anderen europäischen Ländern verbindet sich im Sprachgebrauch mit »Deutschland«, anders als beispielsweise in Falle Englands, Frankreichs, Rußlands, Italiens oder Japans, nicht unmittelbar ein politischer Begriff.

Wie schwierig die politisch-inhaltliche Bestimmung des Deutschlandbegriffs ist und in welcher Bandbreite dieser sich bewegen kann, demonstrieren die Beratungen der »Großen Drei« auf der Potsdamer Konferenz 1945. Während Truman und Churchill unter »Deutschland« das Territorium des Deutschen Reiches am 31. Dezember 1937, vor dem Anschluß Österreichs und des Sudetenlandes, verstanden wissen wollten – unabhängig davon, ob als Ergebnis eines Friedensvertrages *ein* Deutschland wiedererstehen oder mehrere Deutschlands geschaffen werden würden –, betonte Stalin, daß aus seiner Sicht »Deutschland« dasjenige sei, was aus ihm als Ergebnis des Krieges geworden sei. Ein anderes Deutschland existiere nicht mehr.[45]

---

45 *Department of State* (Hrsg.), Foreign Relations of the United States. Diplomatic Papers. The Conference of Berlin (The Potsdam Conference) 1945. 2 Bde. Washington, D. C. 1960 (in der Folge abgekürzt als *FRUS*), Bd. II, S. 88–98, S. 89 f. (2. Plenarsitzung vom 18. 7. 1945). *Ministerium für Auswärtige Angelegenheiten der UdSSR* (Hrsg.), Die Potsdamer (Berliner) Konferenz 1945, in: Die Sowjetunion auf internationalen Konferenzen während des Großen Vaterländischen Krieges 1941–1945. Bd. 6. Moskau, Berlin 1986, S. 50–58, S. 53 f. (in der Folge abgekürzt als *SU* Potsdam). Rohan *Butler* u. a. (Hrsg.), Documents on British Policy Overseas. Series I, Vol. I, The Conference at Potsdam 1945. London 1984, S. 377–386, S. 381 f. (in der Folge abgekürzt als *DBPO* I/I). Die Protokolle der einzelnen Konferenzmächte sind höchst unterschiedlich. Es gibt kein gemeinsames, verbindliches Protokoll.

Auf die Bemerkung Trumans, daß »Deutschland 1945 alles verloren habe«,[46] meinte Stalin:

»Deutschland ist, wie man bei uns sagt, ein geographischer Begriff. Fassen wir es erst einmal so auf. Man kann nicht von den Ergebnissen des Krieges abstrahieren.«[47] Unter Deutschland wollte er das von 1937 »minus dem, was Deutschland 1945 verloren hat« verstanden wissen. Ein anderes als das Deutschland von 1945 existiere nicht mehr. Nach längerer Debatte einigten sich die Regierungschefs schließlich darauf, als Ausgangspunkt für ihre Beratungen, als Arbeitshypothese, formal das Deutschland in den Grenzen von 1937 zu nehmen.[48]

Dieses Beispiel aus der unmittelbaren Nachkriegszeit in Europa verdeutlicht u. a., daß es *politisch* keinen *allgemein akzeptierten Deutschlandbegriff* gegeben hat, weder im Jahre 1945 noch in den Jahrhunderten davor. Deutschland als politischer Begriff war eher politisches Ziel oder Programm als politische Realität gewesen.

Die Begriffsgeschichte läßt sich mehr als 1000 Jahre zurückverfolgen. Es entwickelten sich verschiedene »Bedeutungskomponenten«, die in einzelnen Phasen dominierten. In gewisser Weise spiegelt die Wortgeschichte der Begriffe »Deutschland« und »deutsch« »die mentalitätsgeschichtliche Veränderung des Deutschlandbildes« wider.[49] Wegen eines nicht existierenden Staates namens Deutschland verband sich mit dem Deutschlandbegriff bis in die Zeit um die Wende vom 19. zum 20. Jahrhundert nie ein klarer, scharf umrissener staatlicher, geographischer, kultureller und sprachlicher Raum. Der politische, der kulturgeographische, der ethnische und der linguistische Begriff waren in ihrer räumlichen Ausdehnung nie deckungsgleich. Während sich »deutsch« als Bezeichnung für eine Sprache bis in das 8. Jahrhundert zurückverfolgen läßt, wird es als Beschreibung für einen Volksnamen, die

---

46 *FRUS*, Conference of Berlin II, S. 90. Zusatz im sowjetischen Protokoll: »Deutschland besteht heute faktisch nicht« (*SU* Potsdam, S. 53).

47 *SU* Potsdam, S. 53.

48 Vgl. *FRUS* Berlin II, S. 90.

49 Helmut *Berschin*, Deutschlandbegriff im sprachlichen Wandel, in: Handwörterbuch zur deutschen Einheit, hrsg. von Werner *Weidenfeld* und Karl-Rudolf *Korte*. Bonn 1992, S. 140–148, S. 140.

Stämme des ostfränkischen Reiches, seit dem 11. Jahrhundert benutzt. Bis in das Zeitalter des politischen Nationalismus bildet der Volksname, zusammen mit der »Sprach- und Ländernamenskomponente«, das vorherrschende Element für das Verständnis von »deutsch«, »nämlich: ›das Volk deutscher Sprache und dessen Siedlungsgebiet‹«.[50] Vor der Reformationszeit findet sich der Begriff »Deutschland« nur selten. Dies ist mit auf die regionale Orientierung und die föderative Tradition zurückzuführen. Verbreiteter war die Bezeichnung »deutsche Lande«. Bis in die Epoche der Französischen Revolution blieb der Deutschlandbegriff unpolitisch vage und bezog sich vor allem auf den von den Deutschen besiedelten geographischen Raum in der Mitte Europas. Als »Geschichtslandschaft«, ist das mittlere Europa, mit Ausnahme der Teile, die zum Römischen Imperium gehörten, erst relativ spät als aktiver Faktor in die europäische Geschichte eingetreten. Bis in die fränkische Zeit besaß es keine diesen Raum umfassende »übergeordnete politische Organisationsform«. In die Rolle einer Ordnungsmacht schlüpfte es erst, als es seit Karl dem Großen aus dem »langen Schlagschatten der mittelmeerischen Welt« heraustrat. Mit dem Auseinanderbrechen des Karolingerreiches und der Reichsteilung bildete sich seit dem 10. Jahrhundert unter den Sachsenkaisern ein die verschiedenen Stämme verbindendes Zusammengehörigkeitsgefühl heraus und wurde von den Nachbarn als das Reich der »deutsch« sprechenden »gentes« und »nationes« bezeichnet. Später nahm es offiziell den Namen Heiliges Römisches Reich deutscher Nation an. Äußeres Zeichen war die Übertragung der Kaiserwürde an die deutschen Könige. Die deutschen Kaiser wurden damit zur weltlichen Spitze der »christianitas«, übernahmen die Rolle der Beschützer des Abendlandes gegen die Heiden und wurden zum Motor der Christianisierung. Ihr politischer und ideologischer Anspruch und ihre reale Machtbasis klafften jedoch zunehmend auseinander. Seit dem 13. Jahrhundert wurde der »Superioritätsanspruch« des Kaisers, vor allem durch die Könige von Frankreich, zunehmend in Frage gestellt und zunächst publizistisch, dann politisch bekämpft. Es kam bis in das 17. Jahrhundert immer wieder zu Einmischungsversuchen ausländischer Interessen in die Angelegenheiten des Reiches, das in

---

50 *Ebda.*, S. 141. Eine gute, knappe Zusammenfassung der Wortgeschichte (S. 140–143).

verschiedenen Phasen zu sehr mit sich selbst und seinen inneren Problemen beschäftigt war.[51] Eine neue Qualität erhielt der Konflikt mit Frankreich seit der Vereinigung der Kaiserkrone des Reichs mit der Krone Spaniens unter dem Habsburger Karl V. Der sich verschärfende politisch-dynastische Antagonismus und seine Wirkung waren von »säkularer Bedeutung« (Heinz Duchhardt) und wurden bis zur Ausbildung einer neuen Gleichgewichtsordnung im 18. Jahrhundert zu einer Konstante der europäischen Mächtebeziehungen.

Wichtig für die Entwicklung der mitteleuropäischen Geschichtslandschaft sollte es werden, daß es den Kaisern nicht gelang, eine »nationale Monarchie« auszubilden. Während beispielsweise in Frankreich und in anderen europäischen Staaten die Herrscher konsequent den dynastischen Nationalstaat auf- und ausbauten, der zur eigenen Modernisierung fähig war, verharrte das Reich als lockerer lehensrechtlicher Verband mit dem Kaiser als Spitze. Die staatliche Verdichtung und Modernisierung vollzog sich hier nicht auf nationalstaatlicher Ebene, sondern auf der Ebene des Territoriums. Dieser Prozeß, beschleunigt durch die Reformation, fand seinen äußeren Abschluß nach dem Dreißigjährigen Krieg, als im Westfälischen Frieden die Stellung und Rolle der Landesfürsten im »Rechtsverwaltungsverband« des Reiches reichsverfassungsmäßig festgeschrieben wurde und die Fürsten des Reiches sichtbar zu politischen Faktoren in der europäischen Politik wurden. Bis zum Ende des Alten Reiches wird der Charakter dieses Raumes als einer passiven Geschichtslandschaft immer wieder sichtbar. Dies zeigte sich auch daran, daß Mitteleuropa im geistigen Austausch mit Westeuropa und dem Mittelmeerraum sich stärker in der Rolle des Nehmenden denn des Gebenden befand. Dies trifft für die Renaissance und den Humanismus zu, aber auch für das Zeitalter des Barocks und der Aufklärung. Zwar hat der deutsche Sprachraum seit dem Spätmittelalter wichtige Beiträge zur geistigen und kulturellen Entwicklung Europas geleistet, die Impulse kamen jedoch in der Regel von außen, wurden umgesetzt und fortentwickelt.

---

51 Vgl. in diesem Zusammenhang Hartmut *Boockmann*, Stauferzeit und spätes Mittelalter. Deutschland 1125–1517. Berlin 1987. *Ders.* et al., Mitten in Europa. Deutsche Geschichte. Berlin 1984, S. 48ff. Heinz *Schilling*, Aufbruch und Krise. Deutschland 1517–1648. Berlin 1988. *Duchhardt*, Das Heilige Römische Reich, S. 9ff.

In den Kriegen des ausgehenden 17. und des 18. Jahrhunderts wird Deutschland zur blutigen Spielwiese europäischer Großmachtinteressen. Gerade nach den Napoleonischen Kriegen sollte es daher im Interesse der deutschen Staaten, aber auch der europäischen Mächte liegen, Mitteleuropa aus seiner passiven Rolle herauszuführen, ein machtpolitisches Vakuum zu vermeiden und ihm eine moderne, zeitgemässe politische Struktur und Verfassungsordnung zu geben, die die traditionelle mitteleuropäische Föderativordnung auf neuer Grundlage bewahrte und zugleich verhindern sollte, daß Deutschland erneut zum Kampfplatz europäischer Machtinteressen werden konnte.

Erst mit der Politisierung des Nationsverständnisses im Zuge der Französischen Revolution von 1789 und des politischen Nationalstaatsgedankens erhielt auch der Terminus »Deutschland« zunehmend einen staatlichen und politischen Inhalt. »Deutschland« ist nun mehr als ein Begriff für einen geographischen Raum oder eine Kulturlandschaft, von Menschen bewohnt, die eine gemeinsame Sprache verband und die sich als Teil der deutschen Nation verstanden. Mit der Gründung des kleindeutschen Nationalstaates 1871 kam es zum Bruch zwischen dem unpolitischen, auf die Kulturnation ausgerichteten Deutschlandbegriff und dem politischen. Historisch bedingt hatte sich in Deutschland im Gegensatz zu den großen westeuropäischen Nationalstaaten im wesentlichen erst unter den Einwirkungen der Französischen Revolution von 1789 und der Napoleonischen Herrschaft ein »politisches Volksbewußtsein« herausgebildet. Von einem Teil der politischen und geistigen Elite wurde ein gemeinsamer nationaler Staat der Deutschen gefordert. Dieser Wunsch wurde jedoch von keiner Massenbewegung getragen.[52]

Zu dem Zeitpunkt, als sich in Westeuropa zentralistisch organisierte dynastische Nationalstaaten ausformten, d. h. der frühmoderne Staat auf der Grundlage eines großräumigen einheitlich orga-

---

52 Vgl. hierzu Wolf D. *Gruner*, Deutschland zwischen Revolution, Reform, Restauration. 1770–1830, in: *Tijdschrift voor geschiedenis* 102 (3/4) 1989, S. 368–400. *Sheehan*, German History, S. 324ff. Zur deutschen »Nationswerdung« im 19. Jahrhundert vgl. die gute Zusammenschau bei Dieter *Langewiesche*, Deutschland und Österreich: Nationswerdung und Staatsbildung in Mitteleuropa im 19. Jahrhundert, in: *Geschichte in Wissenschaft und Unterrricht* 42/1991, S. 754–766.

nisierten Territoriums, bewohnt von der Nation, geboren wurde, entwickelte sich als Lebensform für die Deutschen nicht der nationale, sondern der partikulare Staat. Er entwickelte, stärker als dies in im dynastischen Nationalstaat eingebundenen Regionen mit eigener historischer Tradition möglich war, eine partikulare, regionale Identität und partikulare Loyalitäten. Die den Territorialherren zugewachsene Macht war so groß, daß alle Versuche der deutschen Könige und Kaiser, durch Kompetenzerweiterung (politische Verfassung, Militärsystem, Reichsfinanzen) auf verschiedenen Ebenen eine den Frieden nach außen und innen sichernde effektivere politische Organisationsform durchzusetzen, scheiterten.

Deutschland wurde seit dem 16. Jahrhundert ein konfessionell geteiltes Land. Das Prinzip der »Confessio Augustana« von 1555 – die Religion des Landesherrn sei auch die Religion des Untertans – wurde zum wichtigsten Unterscheidungsmerkmal. In der Rangfolge der menschlichen Zugehörigkeit kam der konfessionellen Bindung größeres Gewicht zu als der politisch-herrschaftlichen, regionalen, ethnischen und sozialen. Das Faktum der Mehrkonfessionalität, das nach dem Dreißigjährigen Krieg im Westfälischen Frieden von 1648 festgeschrieben wurde, förderte die Fortexistenz des »bunten Flikkerlteppichs« Altes Reich in seiner territorialen und auch kulturellen und politischen Vielfalt, unterstützte die Einheit in der Vielheit. Konfessionelle Spaltung und Regionalisierung des Bewußtseins sollten für den Weg Deutschlands in die Moderne zentrale Bedeutung erhalten. Ihre Wirkungen sind noch in der Gegenwart spürbar.

Eine Konsequenz der Reformation war die scharfe Trennung von geistlichem und weltlichem Reich. Sie bedeutete den »Anfang von Säkularisierung und Rationalität«.[53] Die Kirche wurde von einer Priester- und Laienkirche zu einer von wissenschaftlich unterwiesenen und ausgebildeten Theologen. Für die Lebensorientierung gewannen daher das Buch, die Wissenschaft und die Universität, insbesondere seit dem 18. Jahrhundert, wegweisende Bedeutung. Der durch die territoriale Vielfalt geförderte Pluralismus erhielt modernisierungsförderndes Gewicht. Nirgendwo anders in Europa war das Prinzip der Konfrontation und Kooperation der Territorien so stark wie unter dem lockeren Verfassungsdach des Heiligen Römi-

53 Thomas *Nipperdey*, Probleme der Modernisierung in Deutschland, in: *Saeculum* 30/1979, S. 294–303, S. 294f.

schen Reiches deutscher Nation. Dies bedingte, wie Thomas Nipperdey hervorhob, einen »gewissen Wettbewerb der Territorien um Effektivität und Funktionsfähigkeit und einen gewissen Veränderungsdruck«,[54] der für das Individuum den institutionellen Druck verminderte. Für die »Epochenschwelle«, die der Übergang vom 18. zum 19. Jahrhundert für Europa bedeutete,[55] können wir für Deutschland eine »fortgeschrittene intellektuelle Modernisierung« (Nipperdey) feststellen; die konfessionelle und territoriale Herrschaftsstruktur bewirkte also,

1. daß der einzelne in einem gewissen Rahmen die Möglichkeit besaß, sich die Religion, den Staat und die Universität aussuchen zu können, und
2. daß es im Vergleich zu den zentralistisch organisierten Staaten Europas in der deutschen Staatenwelt eine stärkere Bereitschaft zu Wandel und Mobilität gab.

Neben den Faktoren Religion und territorial-regionale Vielfalt haben wir für die Modernisierung in Deutschland als weiteres Element den staatlichen Verwaltungsbereich zu berücksichtigen. Deutschland, das Alte Reich, wurde zu einem Beispiel für eine funktionierende staatliche Bürokratie. Gerade sie sollte zu einer wichtigen Triebkraft für die Modernisierung werden. Bereits vor der Französischen Revolution von 1789 leitete das Beamtentum, orientiert an der Lösung von Sachfragen mit Mitteln der Rationalität, in der nach 1770 einsetzenden Periode des aufgeklärten Absolutismus eine Reformpolitik ein, die das Tor zum 19. Jahrhundert aufstieß und das Ende des Alten Europa einläutete.[56] Aktionsfeld der Reformpolitik bildete aber in Deutschland das Territorium. Das den gesamten Siedlungsraum der Deutschen umspannende Band des Alten Reiches, das nicht nur symbolisch Einheit und Zusammenhalt stiftete, war, zumal im 18. Jahrhundert, zunehmend schwächer geworden. Der Überstaat für die quasisouveränen Territorialstaaten führte zunehmend ein Schattendasein. Unter den Schlägen der Napoleonischen Armeen und seiner deutschen Verbündeten ist er schließlich zerbrochen. Damit stellte sich nach dem politischen

---

54 *Ebda.*, S. 295.

55 Vgl. ausführlicher hierzu Eberhard *Weis*, Der Durchbruch des Bürgertums 1770–1847. Berlin 1978, S. 11 ff.

56 Vgl. *Weis*, Durchbruch des Bürgertums, S. 22 ff.

Untergang des Heiligen Römischen Reiches nach den Kriegen das Problem, wie dieses zerrissene Band der deutschen Nation wieder geknüpft werden könnte. Einigkeit bestand bei den unterschiedlichen Positionen vor allem darin, daß das Alte Reich in der Struktur von 1806 nicht wiedererstehen konnte und sollte. Allerdings bedingten die Kriege seit 1792 auch, daß die Frage nach der Einheit der Nation zu einem viel diskutierten Thema wurde.

Überlegungen zum deutschen Nationsverständnis und zum Charakter der deutschen Nationalbewegung

Zum Phänomen der mitteleuropäischen Geschichtslandschaft gehört auch der Charakter der deutschen Nationalbewegung. Wie auch andere europäische Nationalbewegungen bildete sich die deutsche in der Zeit der französischen Herrschaft über Europa aus. In ihr fanden sich unterschiedliche gesellschaftliche Gruppen zusammen. Von Anfang an verlief die Entwicklung in Deutschland, obwohl viel Gedankengut gemeinsam war, anders als in den europäischen Nachbarländern. Die »Andersartigkeit« der historischen Ausgangslage bedingte eine Verschiedenartigkeit der Probleme. Dies sollte sich beispielsweise im historisch-politischen und sozialen Denken zeigen. Hier wird deutlich, welche Einflüsse in einer eigenständigen Geschichtslandschaft wirksam werden. Bis heute dominiert in Deutschland die regionale Identität, ohne die nationale zu verleugnen. Das »partikulare Bewußtsein« wurde in einer an der Nationalstaatsgründung von 1871 orientierten Geschichtsschreibung als ein entscheidender Nachteil angesehen. Heute hat sich hier die Perspektive in einem zusammenwachsenden Europa deutlich verschoben. Wilhelm Mommsen hat die historisch bedingten Defizite der deutschen Nationalbewegung aus seiner Sicht beschrieben:

»Auch die Männer der Einheitsbewegung fühlten sich ... wesentlich stärker an den alten Einzelstaat gebunden, als man gemeinhin annimmt. Sie wollten die Einigkeit der alten deutschen Staatenwelt, nicht die Einheit des deutschen Volkes. Dabei vereinigten sich gelegentlich in merkwürdiger Mischung die Bindung an den alten Einzelstaat und radikaler Individualismus, Staatsfremdheit und Sehnsucht nach starker staatlicher Gewalt.«[57]

---

57 Wilhelm *Mommsen*, Stein, Ranke, Bismarck. Ein Beitrag zur politi-

Als weiteres kam hinzu, daß die Träger der deutschen Nationalbewegung – entstanden als Elitebewegung, die erst später zur Massenbewegung werden sollte – ihre regionalen Wurzeln nicht verleugnen konnten oder wollten und die tradierte deutsche Staatenwelt in den Grenzen des Alten Reiches als gegeben ansahen, »auch wenn man über sie die Einheit des gesamten Volkes stellte«.[58]

Wichtig ist ein weiterer Gesichtspunkt, auf den Wilhelm Mommsen aufmerksam gemacht hat: In der deutschen Nationalbewegung habe es im 19. Jahrhundert fast völlig an Plänen gefehlt, »die Einheit und Vielheit verbinden und eine echte und radikale Neugliederung erreichen wollten, die die alten staatlichen Grenzen überwand. Es war ein Schwächemoment der Einheitsbewegung, daß sie die Bindung an die alten staatlichen Gewalten nicht auflösen konnte. Alle Einheitspläne waren mehr oder weniger Kompromiß mit dem staatlich-dynastischen Zustand, der aus der Vergangenheit überkommen war. *Nur eine tiefgreifende Revolution hätte diesen Zustand beseitigen, deutsche Einheit und echte Neugliederung verbinden können.*«[59]

Dennoch verband sie so etwas wie der Wille zur Nation, zur nationalen Einheit aller Deutschen. Diese gemeinsame politische Zielsetzung hatte verschiedenartige Motive. Voraussetzung für die Verwirklichung ihrer jeweiligen nationalen Vorstellungen wurde die Beseitigung der napoleonischen Fremdherrschaft.

Bei aller Vielschichtigkeit und notwendigen Differenzierung sind in der deutschen Nationalbewegung zwei Hauptströmungen zu erkennen, die im 19. und 20. Jahrhundert charakteristisch für den »Doppelcharakter« dieser nationalen Sammelbewegung werden sollten:

1. die *rationale Komponente*: die deutsche Nationalbewegung als politisch-soziale Emanzipationsbewegung;
2. die stärker *irrationale Komponente*: Diese Richtung verherrlichte romantisierend, idealisierend und unkritisch die eigene Geschichte und Kultur.

Wir begegnen diesen unterschiedlichen Komponenten an den Schnitt- und Wendepunkten deutscher Geschichte immer wieder,

---

schen und sozialen Bewegung des 19. Jahrhunderts. München 1953, S. 263.

58 *Ebda.*, S. 265.

59 *Ebda.*, S. 278 (Hervorhebungen von WDG).

so 1814/15, 1848/49, 1870/71, 1918, 1933 und 1945. Was waren die Ursachen, die den besonderen Charakter der deutschen Nationalbewegung prägten?

Der Nationalismus wurde durch die Französische Revolution von 1789 entscheidend gefördert. Im Gegensatz zu anderen europäischen Ländern war es im Frankreich des Ancien Régime nicht zu Reformen im Sinne des aufgeklärten Absolutismus gekommen. Angesichts der Korruption und Funktionsunfähigkeit des Staates forderten die Untertanen des Königs von Frankreich Mitbeteiligung am politischen Entscheidungsprozeß. Sie wollten nicht länger Objekt politischer Herrschaft sein, sondern zum Subjekt werden. Die Untertanen des Königs verbanden sich zur »einen und unteilbaren Nation«. Die Nation wurde das dem einzelnen überlegene Gemeinsame. Die Nation konstituierte sich als »politischer Wille«. Sie wurde zum Ziel und zur Norm der Politik. Nation und Revolution verbanden sich. Die Selbstbestimmung nach außen offenbarte sich in dem Anspruch auf Bildung der Nation im politischen Bereich. Die innenpolitische Selbstbestimmung fand ihren Niederschlag in der Forderung nach tiefgreifenden Reformen und Veränderungen. Wichtig sollte auch werden, daß mit der Französischen Revolution das Prinzip des Selbstbestimmungsrechtes der Völker auf die Bühne der nationalen und internationalen Politik trat.

Die Französische Revolution gab die Initialzündung zu Nationalbewegungen mit dem Ziel der politisch-sozialen Emanzipation. Diese Form wurde zu einem gesamteuropäischen Phänomen. Als weitere Wirkungen der Französischen Revolution ergaben sich u. a.: Die Ideale der Revolution wurden übernommen und ideologisch überhöht. Der Erfolg der Revolution förderte die Vorstellung von der besonderen Sendung der französischen Nation und ihrer Verpflichtung, die Menschheit im Namen der Ideen von 1789 – Freiheit, Gleichheit, Brüderlichkeit – vom Joch der Tyrannei zu befreien. Durch die ideologische Komponente im Nationsgedanken ließen sich nicht allein die materiellen und personellen Ressourcen der Nation mobilisieren, sie hatte gleichzeitig eine integrative Wirkung auf die sich als Nation begreifende Großgruppe. Mit dem Sendungsbewußtsein, die Ideen von 1789 zu verbreiten, verknüpften sich auch machtpolitisch-expansive Ziele. Die französischen Armeen unterwarfen nahezu ganz Europa. Sie verbreiteten sowohl die »übernational-ideologischen als auch zivilisatorisch-modernisierenden Tendenzen der Französischen Revolution über den Kontinent... freilich ebenso ihre willkürlichen und gewalttätigen Merkmale: Annexionen, Zwangsbündnisse und Satellitenregime«.[60] Die Besatzungsherrschaft, die wirtschaftliche Benachteiligung der Deutschen, die finanziellen Folgen der zahlreichen Kriege Napoleons als auch die durch Bündnisverträge bedingte Verpflichtung der meisten deutschen Staaten, für die kaiserliche Armee Truppenkontingente abzustellen, führten in Deutschland zum »nationalen« Widerstand gegen das bedrückende Regime Napoleons.

Die unmittelbare Erfahrung der »Franzosenherrschaft« veränderte die Idee der Nation nachhaltig. Sie verlor ihren primär weltbürgerlich-kulturellen Charakter. Die Vorstellung von der Kulturnation, die der »politischen Einheit nicht bedurfte und so gerade weltbürgerlich bleiben konnte..., wurde nun entscheidend politisiert«.[61] Die Nation mußte nach innen und außen befreit werden. Es mußte eine zur nationalen und internationalen Existenzsicherung geeignete politische Organisationsform für Deutschland gefunden werden. Wie diese aussehen sollte, darüber bestanden innerhalb der Nationalbewegung unterschiedliche Vorstellungen. Gemeinsames Ziel der in der Nationalbewegung zusammengeschlossenen Strömungen war es jedoch, zunächst die französischen Eroberer von deutschem Boden zu vertreiben. Gerade diese Tatsache ermöglichte es, daß die Wortführer des nationalen Gedankens im Deutschland des beginnenden 19. Jahrhunderts, beispielsweise Ernst Moritz Arndt, Johann Gottlieb Fichte und der Freiherr vom Stein, von einer Geschichtsschreibung vereinnahmt werden konnten, die die deutsche Geschichte im 19. Jahrhundert vom Ergebnis der Reichsgründung als der einzig möglichen Form der Lösung der deutschen Frage im 19. Jahrhundert her betrachtete und vom Standpunkt nackter machtpolitischer Interessen deutete. Diese Darstellungsweise hat entscheidend dazu beigetragen, das Bild von der deutschen Geschichte im In- und Ausland zu verzerren. Vor allem im Ausland entstand ein Negativbild von den Deutschen und ihrer Geschichte, das sich unter dem Eindruck des Ersten Weltkrieges

---

60 Karl Dietrich *Bracher*, Europa in der Krise. Innengeschichte und Weltpolitik seit 1917. Berlin 1979, S. 22.

61 Thomas *Nipperdey*, Der lange Weg zum Einheitsstaat. Zur Vergangenheit der deutschen Frage. Funkskript Bayerischer Rundfunk vom 15. 11. 1979, S. 6.

und des Nationalsozialismus und seiner Politik verstärkte und verfestigte. Die einseitige Rezeption der rein machtstaatlichen Komponente der deutschen Nationalbewegung verdrängte die Tatsache, daß die deutsche Nationalbewegung keine homogene, in sich geschlossene Gruppe mit einheitlicher Konzeption darstellte. Vielmehr war sie ein Sammelbecken für die unterschiedlichsten, oftmals vor allem in innenpolitischen Zielsetzungen gegensätzlichen Strömungen.

Beide Pole der deutschen Nationalbewegung – wie die europäische Nationalbewegung überhaupt – kritisierten die Ergebnisse der europäischen und deutschen Neuordnung von 1814/15. Insbesondere die deutsche Nationalbewegung *überschätzte* dabei jedoch ihren eigenen Beitrag an der Befreiung Deutschlands und Europas vom Napoleonischen Joch. Sie verkannte die tatsächlichen, komplexen Zusammenhänge, die für den Prozeß einer friedenssichernden europäischen Neuordnung eine zentrale Rolle spielten. Weder war eine Rückkehr zum Alten Reich von vor 1806 mit Reformen im Sinne einer nationalstaatlichen Einheit noch eine radikale Umgestaltung im politisch-sozialen und ökonomischen Bereich unter Mißachtung gewachsener historischer Einheiten möglich.

In der deutschen Nationalbewegung entstand die Vorstellung, daß »ein grausames Geschick das deutsche Volk um die mühsam erkämpften großen Errungenschaften gebracht habe«.[62] Die Nationalbewegung wollte nicht einsehen, daß nach den Erfahrungen mit der Napoleonischen Universalmonarchie ein mächtiges Gravitationszentrum in der Mitte Europas in der Form einer nationalen deutschen »einzigen und unumschränkten Monarchie« (Heeren) für die internationale Ordnung untragbar gewesen wäre. Enttäuscht mußte sie daher 1815 auf das »Prinzip Hoffnung« setzen. Sicherlich wurde dadurch die Neigung zu Utopien, wie sie uns beispielsweise in den Territorialplänen der Paulskirche, und auch später, entgegentreten sollten, gefördert. In falscher Einschätzung der geopolitisch und geostrategisch neuralgischen Zentrallage und der sich für die europäischen Nachbarn hieraus ergebenden ordnungs- und sicherheitspolitischen Prioritäten überhörten sie die Mahnung des Histo-

---

62 James B. *Joll*, The Course of German History, in: Robert F. *Hopwood* (Hrsg.), Germany: People and Politics 1750–1945. Edinburgh, London 1968, S. 27–41, S. 30.

rikers Heeren, der 1816 bei der Eröffnung der Bundesversammlung des Deutschen Bundes in Frankfurt am Main die damals wie heute gültige Wahrheit aussprach, daß es den Nachbarn der Deutschen, ja der internationalen Ordnung insgesamt, »nicht gleichgültig seyn [kann], wie der Centralstaat von Europa geformt ist«.[63] Ein deutscher Einheitsstaat entspräche weder dem deutschen noch dem europäischen Interesse und würde »binnen kurzem das Grab der Freyheit von Europa«.[64]

Orientierungspunkt der deutschen Nationalbewegung wurde nicht die Maxime, daß die politische Organisationsform des mitteleuropäischen Raumes in Einklang mit den Bedürfnissen des europäischen Gesamtsystems stehen muß. Vielmehr vollzog sich die Entwicklung des deutschen nationalen Denkens »vom Weltbürgertum zum Nationalstaat im wesentlichen im Geistigen, staatsfremd und fern der politischen Realität. Dadurch blieb am deutschen Nationalgefühl ein utopischer Zug haften, der im ganzen 19. Jahrhundert zu verfolgen ist.«[65] Dies gilt ganz besonders für die nachhaltig romantisch geprägte Strömung innerhalb der Nationalbewegung. Zu ihren Wegbereitern zählte Johann Gottfried Herder. Die Rückbesinnung auf das deutsche Wesen, die Volkskultur und die historisch gewachsene kulturelle Identität der Deutschen bedeutet die universale Rechtfertigung für den Willen zur eigenen nationalen Identität, zur Nationalität. Kennzeichnend für diese Richtung innerhalb der deutschen Nationalbewegung war u. a. eine romantische, unkritische, irrationale Rückwendung auf die großen Epochen der deutschen Nationalgeschichte, insbesondere auf die Zeit des mächtigen mittelalterlichen deutschen Kaisertums, die Verherrlichung der eigenen Geschichte und Kultur. Die Nation wird aus dieser Perspektive nicht als Ausdruck und als Ergebnis des politischen Willens begriffen, sondern als etwas dem einzelnen durch Sprache und Geschichte Vorgegebenes, dem er durch Geburt zugeordnet ist. Ein besonderes Merkmal dieser Strömung innerhalb der

---

63 Arnold Ludwig Herrmann *Heeren*, Der Deutsche Bund in seinem Verhältnis zu dem europäischen Staatensystem. Göttingen 1816, S. 11.

64 *Ebda.*, S. 12.

65 Wilhelm Mommsen zit. nach: Wolfgang Justus *Mommsen*, Nation und Geschichte. Über die Deutschen und die deutsche Frage. München, Zürich 1990, S. 12.

Nationalbewegung ist die entschiedene Ablehnung der Ideen von 1789. Mit der Romantik wurde somit noch in der Napoleonischen Zeit ein antiaufklärerischer, antiindividualistischer Geist in die deutsche Nationalbewegung hineingetragen. Ganz verklärt und unkritisch wurde die Nation als eine gewachsene Schicksalsgemeinschaft, der der einzelne zu dienen und für die er sich notfalls zu opfern hatte, verstanden. Nationale Einheit und nationale Größe drohten somit bereits im frühen 19. Jahrhundert zu einem Wert an sich zu werden. Es sollte für diese Komponente der Nationalbewegung charakteristisch werden, daß sie alle Bestrebungen zu einer grundlegenden politischen, sozialen und auch ökonomischen Reform nachhaltig ablehnte. Bisweilen wurden »derartige Reformbestrebungen ... bereits als ›undeutsch‹, als dem Geist der geschichtlichen Entwicklung der Nation widerstrebend verdächtigt ... Hier zeigt sich erstmals, daß die nationale Idee, losgelöst aus ihrem ursprünglichen Zusammenhang, auch rückwärts gewandten, reaktionären Zielen dienstbar gemacht werden konnte.«[66]

Dieser Trend verstärkte sich nach der Revolution von 1848/49. Die reformerischen Kräfte innerhalb der Nationalbewegung wurden zunehmend zurückgedrängt, die Nationalidee mit der Idee des Machtstaats verknüpft.[67] Nur mit einer »Realpolitik« schien das Ziel der nationalen Einigung zu verwirklichen. Nach dem italienischen Krieg von 1859 und der nationalstaatlichen Einigung Italiens erwachte die Nationalbewegung aus dem Winterschlaf. Höhepunkt waren die Schillerfeiern 1859 und eine Welle von Vereinsgründungen, die sich in den folgenden Jahren zu Dachverbänden zusammenschlossen (u. a. 1859: Deutscher Nationalverein; 1861: Deutscher Schützenbund; 1862 Deutscher Sängerbund) und auf ihren Deutschlandtreffen die Massen mobilisierten. Die deutsche Nationalbewegung hatte sich von einer Elite- zur Massenbewegung gemausert. Und noch etwas wurde deutlich. Es zeigte sich, daß »Liberalismus und Nationalismus noch immer die beiden Seiten derselben Medaille waren, nunmehr zu einer breiten Volksbewegung ange-

---

66 Lothar *Gall*, Die ›Deutsche Frage‹ im 19. Jahrhundert, in: 1871 – Fragen an die deutsche Geschichte. Berlin, Bonn 1971, S. 19–52, S. 31.

67 Vgl. hierzu u. a. Hagen *Schulze*, Der Weg zum Nationalstaat. Die deutsche Nationalbewegung vom 18. Jahrhundert bis zur Reichsgründung. München 1985, S. 98 ff.

wachsen«.[68] Die Nationalbewegung blieb auch nach 1848 noch ein »schwer zu fassendes Konglomerat«, das sich beispielsweise verfassungspolitisch und in anderen Bereichen der nationalen Politik unterschied. Die Bandbreite ging von der liberalen Publizistik über das bürgerliche Vereinswesen und die parlamentarische Opposition zu den Initiativen des Wirtschaftsbürgertums. Gemeinsames Ziel war die Verwirklichung der deutschen Einheit. Mit der Proklamation des deutschen Kaiserreiches 1871 entstand im Rahmen der neuen europäischen Großmacht Preußen-Deutschland, dieses halbfertigen Nationalstaates mit seiner halbhegemonialen Stellung, dieser Großmacht ohne Staatsidee, durch die Umkehr der Werte und Normen ein wilhelminisch-neudeutsches Nationalbewußtsein. Die nationale Idee degenerierte »weitgehend zu einer Statusideologie«.[69] Sie entwickelte aber innerhalb zweier Generationen eine alle Gruppen der Bevölkerung erfassende Integrationskraft, ohne die regionale Identität abzulösen oder zu ersetzen. Das Deutsche Reich wurde um 1900 zu einem von der großen Mehrheit seiner Bürger bejahten Nationalstaat. Das Loyalitätsbewußtsein seiner Bürger orientierte sich nahezu ausschließlich an der kraftvollen Machtentfaltung des kaiserlichen Deutschlands. Für die gesellschaftliche Struktur hatte dies u. a. zur Folge, daß das Prinzip der Gleichheit durch eine gleichsam militärisch-hierarchische Ordnung auf der Grundlage von Befehl und Gehorsam verdrängt wurde. Der Reichsideologe Heinrich von Treitschke brachte diese dem damaligen Zeitgeist entsprechende Vorstellung 1864 auf die Formel: Das »Wesen des Staates ist Macht, Macht und nochmals Macht«.[70]

Die Verherrlichung des Machtstaates im Kaiserreich wirkte sich – ohne direkte Kontinuitätslinien zum Nationalsozialismus ziehen zu wollen – für den Gang der deutschen Geschichte im 20. Jahrhundert verhängnisvoll aus. Als Ergebnis eines übersteigerten machtpolitischen Denkens wurde die Reichsgründung nicht mehr als Endpunkt

---

68 *Schulze*, Weg zum Nationalstaat, S. 105.

69 Wolfgang Justus *Mommsen*, Nationalbewußtsein und Staatsverständnis der Deutschen, in: *Ders.*, Nation und Geschichte. Über die Deutschen und die deutsche Frage. München, Zürich 1990, S. 7–26, S. 13.

70 Heinrich *von Treitschke*, Bundesstaat und Einheitsstaat, in: *Ders.*, Historische und Politische Aufsätze. Leipzig [5]1886/Bd. 2: Die Einheitsbestrebungen zertheilter Völker, S. 71–241, S. 152.

einer Entwicklung angesehen, sondern als Ausgangspunkt für die machtvolle Entfaltung der deutschen Großmacht, die ihren »Platz an der Sonne« nicht allein als europäische Großmacht, sondern auch als Weltmacht beanspruchte. Der deutsche Nationalismus entartete unter dieser Zielsetzung auf dem Höhepunkt des Wilhelminischen Deutschland zu einem militanten Chauvinismus. Er wurde zur politischen Religion einer neuen, rastlosen Generation, die durch eine seltsam anmutende, ziellose Dynamik gekennzeichnet war.[71] Auf der Suche nach neuen politischen Zielen überschätzte diese »Gesellschaft ohne Selbstbewußtsein« (Christian Graf von Krockow) erneut die eigenen Kräfte und Möglichkeiten Deutschlands. Die in einer langen Periode von Frieden und zunehmendem Wohlstand aufgewachsene Generation verdrängte dabei die Erkenntnis, daß es eine auf Dauer gesicherte deutsche Staatlichkeit nur in Übereinstimmung mit der internationalen Ordnung geben könne.

Wie realitätsfern das Wilhelminische Nationalbewußtsein war, verdeutlichten dann die Kriegszielprojekte im Ersten Weltkrieg. Realitätsfern war es auch, daß sich die Deutschen nach der Niederlage und Revolution von 1918 mit der Niederlage nicht aussöhnten, einer Niederlage, die doch immerhin die deutsche Einheit im Nationalstaat erhalten hatte. Vor allem die »nationalen Kreise« waren es, die Stresemanns Außenpolitik erbittert bekämpften. Dem inhaltlosen Nationalismus Hitlers konnte es nicht schwerfallen, das »Wilhelminische Nationalbewußtsein« für seine Ziele zu mißbrauchen. Hitlers »biologischer Nationalismus« (Thomas Nipperdey), dem es nicht um die deutsche Nation und den deutschen Nationalstaat ging, rückte verständlicherweise die nationale deutsche Einheitsbewegung des frühen 19. Jahrhunderts in ein düsteres Licht.

Eine Betrachtungsweise, die ihr Augenmerk einzig und allein auf die machtstaatlich orientierte Strömung innerhalb der deutschen Nationalbewegung richtete und hieraus eine negative Kontinuität des deutschen »Volkscharakters«, d. h. ein negatives Psychogramm der Deutschen, konstruiert, berücksichtigt nur einen Teilaspekt der Nationalbewegung. In der äußerst heterogenen nationalen Samm-

71 Vgl. hierzu die lesenswerten Eingangskapitel in: Christian Graf *von Krockow*, Die Deutschen in ihrem Jahrhundert 1890–1990. Reinbek 1990, S. 17ff.

lungsbewegung gegen die Napoleonische Herrschaft gab es auch eine starke Reformbewegung. Sie verband das Nationale mit den Forderungen nach mehr politisch-sozialer Emanzipation und war ein integraler Bestandteil der europäischen Nationalbewegungen.[72] Es ist daher mit Recht hervorgehoben worden, daß bis zu den Revolutionen von 1848/49 die »nationale Frage« eine »europäische« war: »Befreiung aus den politischen, den wirtschaftlichen, den sozialen Fesseln der überlieferten Ordnung, Selbstbestimmung des einzelnen und der ›natürlichen‹ sozialen Gruppen, die alle anderen in einer neuen, überständischen Gemeinschaft zusammenfassen und ihre Freiheit schützen sollte: die Nation.«[73] Die deutsche nationale Reformbewegung in der ersten Hälfte des 19. Jahrhunderts hatte Gemeinsamkeiten in der Zielsetzung mit den anderen europäischen Nationalbewegungen. Sie bezog ihre Impulse u. a. aus den Reichsreformbestrebungen des 18. Jahrhunderts, den Reformen in den süddeutschen Rheinbundstaaten und Preußen, den Ideen von 1789 sowie aus dem englischen Vorbild, wo man versuchte, das politisch-soziale und ökonomische System auf dem Wege schrittweiser, friedlicher und zeitgemäßer Reformen hin zum parlamentarischen Verfassungsstaat zu entwickeln. Diese Strömung innerhalb der deutschen Nationalbewegung richtete ihr Augenmerk also nicht nur auf die Zusammenfassung aller Mitglieder der deutschen Sprach- und Kulturnation in einem einzigen politischen Gemeinwesen; sie wollte auch Veränderungen in innenpolitischen Fragen. Das Bekenntnis zur nationalen Bewegung und zum Kampf gegen das zunehmend als Fremdherrschaft empfundene Napoleonische Regime bedeutete damit zugleich ein Votum für eine grundlegende Reform an Haupt und Gliedern. Aus der Revolution von 1848/49 ging die nationale Reformpartei geschwächt hervor. Die Revolution war u. a. deswegen gescheitert, weil es aufgrund der divergierenden Strömungen innerhalb der Nationalbewegung zu keinem, von allen Richtungen getragenen Programm mit einem klaren Prioritätenkatalog gekommen war. So konkurrierten in der nationalen und terri-

---

72 Vgl. hierzu im größeren Zusammenhang Otto *Dann*/John *Dinwiddy* (Hrsg.), Nationalism in the Age of the French Revolution. London 1988 sowie John *Breuilly*, Nation and Nationalism in Modern German History, in: *The Historical Journal* 33 (3)/1990, S. 659–675.

73 *Gall*, Die deutsche Frage, S. 24.

torialen Zielsetzung großdeutsche und kleindeutsche Vorstellungen und Forderungen mit Forderungen zur politischen, sozialen, wirtschaftlichen und rechtlichen Ordnung sowie zur Verfassungsstruktur eines künftigen Nationalstaates Deutsches Reich. Einheit *und* Freiheit waren 1848/49 wie schon 1814/15 nicht gleichzeitig zu erreichen. Die zu regelnden Probleme waren schier unlösbar miteinander verknotet. Hinzu kommt noch ein Element, das uns im Verlaufe des 19. Jahrhunderts bei der Betrachtung der deutschen Entwicklung im Vergleich mit anderen europäischen Nationen immer wieder begegnen wird: Anderswo stellten sich Einheitsfrage und Freiheitsfrage nacheinander. Sie konnten unter besseren internationalen Rahmenbedingungen angegangen werden. Im deutschen Fall sollten beide gleichzeitig gelöst werden.

Bei der nationalen Reformbewegung führte die Ernüchterung über den Mißerfolg der Revolutionen von 1848/49 keineswegs zur Resignation. Allerdings trat eine Spaltung der Reformpartei ein. Ein Teil glaubte, daß ein Zusammengehen mit dem (preußischen) Machtstaat nicht ohne die Aufgabe von grundlegenden Prinzipien möglich sein würde, während eine starke Gruppe, die späteren Nationalliberalen, überzeugt war, durch begrenzte Kooperation eine Liberalisierung des monarchischen Obrigkeitsstaates nach der Gründung eines kleindeutschen Nationalstaates durchsetzen zu können. Diese Ziele der Nationalliberalen ließen sich nach der Reichsgründung 1871/78 nicht verwirklichen. Angesichts des sich entwickelnden neudeutsch-wilhelmischen Nationalbewußtseins verlor die nationale Reformbewegung zunehmend an Wirkungsmöglichkeiten, zumal das politische »Modernisierungsdefizit« des Deutschen Kaiserreiches das »Überleben« vormoderner sozialer Strukturen förderte. Diese sollten zu einer Belastung für die Gesellschaft im Deutschen Kaiserreich und in der Weimarer Republik werden.

Nach der Niederlage im Weltkrieg, nach der Revolution und der Ausrufung der Republik schien es 1918 zunächst, als habe sich mit dem Untergang der deutschen Dynastien auch das alte Deutschland zu Grabe getragen. Die demokratisch-reformerischen Kräfte in der deutschen Nationalbewegung glaubten, den Sieg errungen und für Deutschland »verspätet« doch noch einen Platz unter den europäischen Demokratien erkämpft zu haben. Würde sich die Weimarer Republik auch in den Herzen ihrer Bewohner festsetzen können, wie dies die Präambel der Verfassung von 1919 hoffnungsvoll aussprach: »Das deutsche Volk, einig in seinen Stämmen und von dem

Willen beseelt, sein Reich in *Freiheit und Gerechtigkeit* zu erneuern und zu festigen, dem inneren und dem äußeren Frieden zu dienen und den gesellschaftlichen Fortschritt zu fördern, hat sich diese Verfassung gegeben«?[74] Würde sich die Erwartung Eberts, die Republik solle den »Geist von Weimar, den Geist des wahren Menschentums« atmen, erfüllen?

Die Ideale und Hoffnungen des Aufbruchs waren bald verflogen. Der Alltag der Republik brachte für viele Enttäuschungen, bot den unversöhnlichen Gegnern des neuen demokratischen Deutschland Möglichkeiten der Verleumdung und Verunglimpfung. Den demokratischen Kräften gelang es nicht, die Deutschen mit der Niederlage im Weltkrieg zu versöhnen, die Republikgegner an den Staat heranzuführen, den Deutschen ein zeitgemäßes Nationalbewußtsein zu vermitteln und eigene Führungseliten für den demokratischen Staat in ausreichendem Umfang heranzubilden. Erst 1945 konnten sich die demokratischen Kräfte der Nationalbewegung, nach der zweiten und totalen Niederlage Deutschlands im Zweiten Weltkrieg, endgültig durchsetzen. Jetzt optierten auch diejenigen Gruppen für eine demokratische Staatsform, die der Republik von Weimar skeptisch bis ablehnend gegenübergestanden hatten.

Die Überlegungen verdeutlichen, daß der besondere Charakter der deutschen Nationalbewegung, nämlich ihre Zweipoligkeit, ein zentrales Moment der deutschen Frage seit der Wende vom 18. zum 19. Jahrhundert ist, ja daß ihr im Bezugsrahmen für die deutsche Geschichte in diesen zwei Jahrhunderten ein besonderes Gewicht zukommt. Die unterschiedlichen Strömungen in der Nationalbewegung warfen in der historischen Forschung immer wieder die Frage auf, ob die deutsche Geschichte seit 1800 anders verlaufen wäre, wenn sich die nationale Reformbewegung 1848 oder früher durchgesetzt hätte? Sicherlich hätte ein 1848 oder 1871 gegründeter liberaler deutscher Nationalstaat im innerstaatlichen Bereich durch den Weg der Parlamentarisierung Spannungen und Konflikte abbauen können. In den Außenbeziehungen wäre ein vom »preußischen Geist« befreites, liberales Deutschland in der zweiten Hälfte des

---

74 Die Verfassung des Deutschen Reiches (Weimarer Verfassung) vom 11.8.1919, abgedruckt in: Horst *Hildebrandt* (Hrsg.), Die deutschen Verfassungen des 19. und 20. Jahrhunderts. Paderborn, München, Wien, Zürich [12]1983, S. 69–115, S. 69.

19. Jahrhunderts wegen seines Gesamtpotentials wahrscheinlich ebenfalls zu einer »kritischen Größenordnung« und damit zu einem destabilisierenden Element für das internationale System geworden, sofern nicht schon früher Bestrebungen zu einer neuen Form der internationalen Beziehungen in der Gestalt von internationalen Organisationen, wie beispielsweise ein Völkerbund, oder supranationalen Verbindungen an Boden gewonnen hätten. Die Vision von einer »europäischen Nation« wurde in der zweiten Hälfte des 19. Jahrhunderts nicht allein von Victor Hugo formuliert.

Für den Bedingungsrahmen deutscher Geschichte seit dem ausgehenden 18. Jahrhundert, und damit für die deutsche Frage, müssen also noch weitere nationale und internationale Faktoren eine gewichtige Rolle gespielt haben. Zu berücksichtigen sind daher auch die geographische Lage und Gliederung des von den Deutschen besiedelten Raumes, die sie zu einem Volk der Mitte gemacht haben, die Bedingungen und Voraussetzungen der Wirtschaftsentwicklung und Industrialisierung sowie die Ausgangslagen für die gesellschaftliche Entwicklung.

Der geographische Raum

Geschichte im Sinne Johann Gottfried Herders ist in Bewegung gesetzte Geographie, d. h. für das Verständnis der Geschichte eines Volkes, eines historischen Raumes, ist die Kenntnis der geographischen Grundtatsachen von nachhaltiger Bedeutung. Generell gilt, daß »die Lage eines Landes in einem Großraum, sein geographisches Erscheinungsbild, seine Oberflächengestaltung und die Art seiner Grenzen«[75] für seine historische Entwicklung von erheblicher Bedeutung sind. Ein gutes Beispiel hierfür ist die Geschichte der Apenninenhalbinsel, aber eben auch Mitteleuropa. Franz Schnabel hat nach dem Ersten Weltkrieg in einer gewichtigen Studie darauf hingewiesen, daß von allen Kulturvölkern der Erde die Deutschen durch die geographischen Rahmenbedingungen ihres Siedlungsraums das »am schwersten belastete Volk« seien, ja daß die »besondere geographische Belastung«[76] gerade auf deutschem Boden

---

75 *Jüttner,* Deutsche Frage, S. 94.

76 Vgl. Franz *Schnabel*, Deutschland in den weltgeschichtlichen Wandlungen des letzten Jahrhunderts. Leipzig 1927, Einführung.

»in volle Wirkung« gekommen sei und eine Sondertradition begründe. Es wäre sicherlich falsch, die geographische Dimension der deutschen Frage überzubewerten, sie als *den* Schlüssel des »deutschen Problems« anzusehen. Eine genaue Analyse des die deutsche Frage inhaltlich ausmachenden Bedingungsbündels weist den durch die Natur geschaffenen Voraussetzungen für die Ausbildung politischer, wirtschaftlicher und staatlicher Strukturen in Mitteleuropa jedoch eine zentrale, mitbestimmende Funktion zu. Das von den Deutschen bewohnte Gebiet liegt im Herzen des europäischen Kontinents. Es bildet keine Insel oder Halbinsel, wie dies bei den meisten Völkern West-, Süd- und Nordeuropas zutrifft. Die europäische Zentrallage machte die Deutschen, deren Siedlungsgebiet an allen Seiten an das anderer Völker und Kulturen grenzt, zum natürlichen Vermittler zwischen der slawischen und romanischen Welt. Im Schnittpunkt der wichtigsten europäischen Ost-West- und Süd-Nord-Verbindungen gelegen, wurde dieser Raum auch zum wichtigsten Durchgangsland für Handel, Wirtschaft und Verkehr. Hinzu kam – und hieran hat sich bis heute wenig geändert –, daß auch die wichtigsten machtpolitischen und strategischen Kommunikationslinien durch Deutschland verliefen und damit die Frage nach der Kontrolle über diesen Raum zu einem wichtigen Faktor der Geschichte Europas wurde.

Carlo Schmid hat die geographischen Grundlagen dieses Landes, das »aller Vorstellung von Grenzen zu spotten« scheint, plastisch beschrieben, als er meinte:

»Dieses Deutschland ist Land der Mitte, doch nicht im Sinne eines ruhenden Pols. Es war zu allen Zeiten ein Land des Durchgangs und des Übergangs, brodelnder Schmelztiegel aller geistigen Bewegungen und Schlachtfeld mehr für fremde Heere denn für eigene. Was ist nicht alles in zwei Jahrtausenden in dieses Land eingezogen, von Osten und von Süden und von Westen, immer besitznehmend und unverwischbare Spuren hinterlassend, die jedes Mal neuen Reichtum brachten, nachdem die Trümmer aufgeräumt waren.«[77]

Das Fehlen natürlicher Grenzen brachte für die Deutschen Vor- und Nachteile. So wurde der Mangel klar umrissener, durch die Geographie vorgegebener Grenzen kulturell zu einer »Quelle der geisti-

---

77 Carlo *Schmid*, Deutschland – terra magica, in: *Ders.,* Europa und die Macht des Geistes. Gesammelte Werke in Einzelausgaben. München, Zürich 1976, S. 298–311, S. 299.

gen Erweiterung«. Franz Schnabel, einer der bedeutendsten deutschen Historiker des 20. Jahrhunderts, beschrieb diese Zusammenhänge anschaulich, als er betonte: Die kulturelle Vielfalt Europas mache den Reichtum des europäischen Lebens aus. Aber »die vielgestaltigen Glieder wurden erst durch die Anziehungskraft Mitteleuropas zu einer geographischen und geistigen Einheit zusammengeschlossen. Wie der Reiz der deutschen Landschaft zwischen der düsteren Großartigkeit des Nordens und der hellen Sonnigkeit des Südens liegt, so wiederholt sich überhaupt die Mannigfaltigkeit des Kontinents in seinem Kernlande zwischen Wasserkante und Alpenraum. Tiefland und Mittelgebirge ziehen sich vom Pariser Becken gegen Osten hin und verlaufen grenzenlos in die weite russische Ebene. Die Gliederung des Bodens kennt nicht Regel noch Anordnung und wiederholt auf dem engsten Raume alle geologischen Bildungen, die der formenreiche europäische Kontinent besitzt. Für Deutschland wurde die Tatsache entscheidend, daß keiner seiner Landschaften durch Lage und Natur ein Übergewicht gegeben war, welche die politische Einheit des Ganzen, seine Beherrschung von einem Punkte aus, sicherstellte.«[78] Während für die Entwicklung Frankreichs zu einem geschlossenen Nationalstaat Paris eine zentrale Funktion übernehmen sollte, konnte der Rhein für Deutschland aufgrund der Schwerpunktverlagerung nach Osten hin diese »historische Rolle« nicht spielen. Die »historische Funktion des Rheins« bestehe aber gerade darin, daß »er die einzige imperialistische Basis ist, die in Europa überhaupt denkbar ist«.[79] Aus der geographischen Lage Deutschlands mitten in Europa folgerte Schnabel für die neuere deutsche Geschichte, daß die »verwickelten Gebirgssysteme und die auseinanderirrenden Flüsse« der politischen Zersplitterung Vorschub geleistet hätten. Der »Mangel an natürlichen Grenzen ließ das deutsche Volk niemals zur Klarheit und Bestimmtheit eines staatlichen Ideals gelangen und die zentrale Lage des Landes verstärkte die Unselbständigkeit und Passivität des deutschen Menschen«.[80]

---

78 Franz *Schnabel*, Deutsche Geschichte im neunzehnten Jahrhundert, 4 Bde. München 1987 (1929), Bd. 1: Die Grundlagen, S. 80.

79 Franz *Schnabel*, Deutschland in den weltgeschichtlichen Wandlungen des letzten Jahrhunderts. Berlin 1925, S. 2.

80 *Schnabel*, Deutsche Geschichte I, S. 81.

Die geographischen Rahmenbedingungen, die für die historische Entwicklung der mitteleuropäischen Geschichtslandschaft bedeutsam sind und mit ihren positiven wie negativen Einflüssen Teil der historischen Analyse sein sollten, wurden im Ersten und Zweiten Weltkrieg bei der Suche nach den Ursachen für das negative Psychogramm der Deutschen ebenfalls herangezogen und als eine wesentliche Quelle für die negative Entwicklung der deutschen Geschichte angesehen. Für den britischen Historiker A. J. P. Taylor spielte gerade die Geographie unter den Einflußfaktoren für den Gang der deutschen Geschichte eine zentrale Rolle. Im Fehlen natürlicher Grenzen sah er einen Nachteil, da er die Deutschen weder untereinander noch nach außen abgrenzte. Es gebe daher weder für die »Ausdehnung« noch für die »Kontraktion« einen natürlichen geographischen Fixpunkt. Im Zeitraum von 1000 Jahren habe sich das »geographische Deutschland« wie eine Ziehharmonika verhalten. Einmal war es auf das Gebiet zwischen Rhein und Elbe eingeengt, dann aber wieder dehnte es sich bis zu den Pyrenäen und zum Kaukasus aus. Hieraus folgerte Taylor: »Jede deutsche Grenze ist künstlich und daher nicht dauerhaft. Dies ist die Permanenz der deutschen Geographie.«[81]

Die Geographie müssen wir als *ein* wichtiges Bestimmungselement der deutschen Frage ansehen. Sie blieb sicherlich auch nicht ohne Rückwirkungen auf die wirtschaftliche, gesellschaftliche und politisch-mentale Entwicklung Mitteleuropas. Am Ausgang des Mittelalters war der mitteleuropäische Raum zum wirtschaftlichen Herz Europas geworden. Er besaß eine ökonomisch fortgeschrittene Gesellschaft. Das städtische Bürgertum war entwickelt und ausgeprägt. Das Beispiel der »oberdeutschen« Reichsstädte, wie Augsburg, Nürnberg und Ulm, und die Stellung ihrer Kaufleute in der europäischen Finanzwelt verdeutlichten dies. Die europäische Zentrallage bedeutete für sie handelspolitisch einen Vorteil gegenüber der europäischen Randlage, in der sich zu Beginn des Zeitalters der Entdeckungen die Iberische Halbinsel und die Britischen Inseln befanden. Die teilweise oder gänzliche Blockade des Landweges für den Orient-Handel nach »Indien« und »China« durch die Bildung und den Vorstoß islamischer Reiche und das Interesse der Europäer, die Kontrolle über den ertragreichen Asienhandel selbst

---

81 *Taylor,* Course of German History, S. 2.

in der Hand zu behalten, förderte die Suche nach neuen Verbindungswegen zu Lande und zur See nach Asien, zu den Reichtümern Indiens und Chinas. Im Zuge dieser Bemühungen, gefördert durch Erfindungen zur besseren Navigation, wurden die Seewege nach »Westindien« und um Afrika herum nach Indien entdeckt. Als Ergebnis des Zeitalters der europäischen Expansion rückte seit dem 16. Jahrhundert der Westen Europas von einer Randlage in eine Zentrallage für den Welthandel. Überseeische Territorien kamen unter die Herrschaft westeuropäischer Dynastien. Parallel zur Übersee-Expansion und zum politischen Aufstieg Spaniens, Portugals und schließlich Englands zu europäischen Groß- und Kolonialmächten verlief der Niedergang des Süd-Nord-Handels von den oberitalienischen Seestädten über die Alpen, die oberdeutschen Städte, Flüsse und Handelsstraßen nach dem europäischen Norden, Osten und Westen und umgekehrt. Mitteleuropa büßte seine Bedeutung für den Welthandel ein und wurde zu einem »wirtschaftlichen Rückstandsgebiet«. Die über viele Generationen vorteilhafte kontinentale Mittellage wurde jetzt zum Hemmschuh für die Modernisierung des deutschen Raumes. Erst mit dem beginnenden Zeitalter der Eisenbahnen seit der ersten Hälfte des 19. Jahrhunderts vermochte Mitteleuropa seinen wirtschaftlichen Standortnachteil allmählich auszugleichen.

Die wirtschaftlichen und sozialen Rahmenbedingungen

Die Verlagerung der europäischen Handelsströme vom Mittelmeer und von Zentraleuropa zum und über den Atlantik bedingte den wirtschaftlichen Niedergang namentlich der oberdeutschen Städte. Der Dreißigjährige Krieg beschleunigte den ökonomischen Abstieg. Er hatte für die wirtschaftliche und demographische Entwicklung Mitteleuropas lange nachwirkende negative Konsequenzen. Als Ergebnis des Westfälischen Friedens von 1648 gelangte Schweden in den Besitz der Mündungen von Elbe, Weser und Oder, die Niederlande kontrollierten die Rheinmündung. Mit Ausnahme der Hansestädte Hamburg und Bremen war der deutsche Raum langfristig vom internationalen Fernhandel abgeschlossen. Hinzu kam, daß die politische Struktur des Reiches nach 1648 nicht nur ausländische Interventionen und Konfliktaustrag innerhalb der Grenzen des Reiches begünstigte, sondern auch die Ausbildung eines einheitlichen nationalen Wirtschaftsraums blockierte. Die Wirtschaft stagnierte. Ein Wirtschaftsbürgertum wie in den westeuropäischen Staaten konnte sich nur zögernd entwickeln, zumal sich die »gesamte Wirtschaftspolitik ausschließlich in der Hand der landesfürstlichen Regierungen der deutschen Einzelstaaten konzentrierte«.[82]

Der absolute Staat wollte in Deutschland, ebenso wie im Frankreich Colberts, die Unabhängigkeit des Landesherren nach außen fördern, die eigene Wirtschaft und die eigenen Finanzen stärken. Kennzeichen des Wirtschaftssystems im absoluten Staat, des Merkantilismus, war es, mit Hilfe einer protektionistischen und monopolistischen Politik die gewerbliche Produktion von exportfähigen Waren gezielt zu fördern. Voraussetzung war die Existenz politischer Einheiten, »die sich zugleich als Wirtschaftseinheiten verstanden und der Interdependenz von Bevölkerung, Beschäftigung, Wohlstand und Staatsfinanz Rechnung zu tragen entschlossen waren«.[83] Die politisch-territoriale Struktur des Reiches unterband jedoch in den meisten Fällen eine aggressiv-expansive merkantilistische Wirtschaftspolitik gegenüber den Nachbarn, wie dies sich die westeuropäischen Nationalstaaten erlauben konnten. Merkantilistische Politik war für die Reichsterritorien meistens eher eine Abwehrpolitik, um sich gegenüber der ausländischen Konkurrenz zu behaupten. Die kleineren Territorien waren zudem in höherem Maße auf gleichberechtigten Handel mit den Nachbarn angewiesen als beispielsweise Preußen oder Österreich. Überhaupt wies der deutsche Merkantilismus starke Unterschiede zu Westeuropa auf. Er wirkte weniger strukturverändernd, hat aber doch zahlreiche Konsequenzen gehabt, »die dem 19. Jahrhundert und der Industrialisierung vorgearbeitet haben«:[84]

1. Die wirtschaftliche Leistungsfähigkeit, Leistungsbereitschaft und Aktivität wurden durch den Merkantilismus und die Manufaktur gefördert.
2. Im bürgerlichen Denken konnte der Faktor Wirtschaft Priorität gegenüber der Politik gewinnen. Der Bürger glaubte, ohne Staat auskommen zu können, ja ohne staatliche Lenkung und Eingriffe in den Wirtschaftsprozeß bessere Ergebnisse zu erzielen.

---

82 *Weis,* Gesellschaftsstrukturen und Gesellschaftsentwicklung, S. 227.

83 Johannes *Kunisch*, Absolutismus. Europäische Geschichte vom Westfälischen Frieden bis zur Krise des Ancien Regime. Göttingen 1986, S. 97.

84 *Weis,* Gesellschaftsstrukturen und Gesellschaftsentwicklung, S. 228.

3. Die unmittelbaren gesellschaftlichen Auswirkungen des Merkantilismus blieben – im Gegensatz zum strukturverändernden Fabriksystem des 19. und 20. Jahrhunderts – jedoch relativ gering. Unter der Gesamtzahl der Erwerbstätigen machten die besitzlosen Manufakturarbeiter nur 1% aus und können daher kaum als Vorstufe für ein Industrieproletariat angesehen werden.
4. In der Zeit der größten Verbreitung der Manufaktur (1790 bis 1810) wurden neue Erkenntnisse vermittelt, die Erfinder- und Unternehmerinitiative gefördert und die Grundlagen für die Ausbildung der nötigen Fachkräfte geschaffen. Hinzu kamen neue Gesellschaftsformen für größere Betriebe und eine entscheidende Fortentwicklung des Finanz- und Geldwesens. Hierauf konnte in der Industrialisierungsphase aufgebaut werden.

In der Epoche des aufgeklärten Absolutismus hatte sich die überkommene alteuropäische Sozialordnung bereits nachhaltig verändert (Abbau von Privilegien, Rechten und Institutionen). Den Todesstoß erhielt das Ancien Régime in Deutschland jedoch erst in der Napoleonischen Zeit, in der Epoche der Reformen (1804/6 bis 1815) und des »bürokratischen Absolutismus«. Treibende Kraft für Reformen waren nicht mehr die Fürsten, sondern ihre aufgeklärten Minister und ihr Verwaltungsapparat. Im Vergleich zum aufgeklärten Absolutismus ging der »bürokratische Absolutismus« systematischer vor. Vorrang hatte für ihn das staatliche Gesamtinteresse. Es entwickelte sich der Typ des von sozialen Gruppen unabhängigen Berufspolitikers. Mit ihren Reformen wollten Minister wie Montgelas, Hardenberg oder Reitzenstein aus dem Freiheitswillen der erwachenden Völker neue Kräfte für das Wohl des Staates gewinnen. Um dieses Potential nutzbar zu machen, mußten die Bürger wieder an den Staat herangeführt, die Reformmaßnahmen in der Bevölkerung verankert werden. In der Schlußphase der Napoleonischen Kriege geriet jedoch die »Geschwindigkeit, mit der Reformen durchgeführt werden mußten, mit der Notwendigkeit der Beteiligung der Bevölkerung in Konflikt«.[85] Statt jedoch den eingeleiteten Reformprozeß im politischen, wirtschaftlichen und sozialen Bereich nach 1815 abzuschließen, stellten sich nun, nachdem der äußere Feind bezwungen war,

---

85 Karl Otmar Frhr. *von Aretin*, Vom Deutschen Reich zum Deutschen Bund. Göttingen 1980, S. 114.

zahlreiche Fürsten an die Spitze von Gruppierungen, die wenigstens Teile der Reformen rückgängig machen wollten.

In der gesellschafts- und verfassungsgeschichtlich für die europäische Entwicklung bis heute wichtigen Epoche des Umbruchs vom 18. zum 19. Jahrhundert wurden vielfältige Impulse für das Ende der alteuropäischen Gesellschaft durch Veränderungen im soziopolitischen und ökonomischen System gegeben, auch wenn die Reformen eigentlich überall unvollendet blieben.[86] In Deutschland wurde dieser Prozeß des Wandels und der Ablösung alter Strukturen in einzelnen Bundesstaaten erst im Vorfeld der Reichsgründung von 1871 abgeschlossen. Dies trifft beispielsweise für die endgültige Aufhebung der Zunftrechte und die Einführung der Gewerbefreiheit zu. Bewegende Kräfte für die Abschaffung der Zünfte und den allmählichen Übergang zur Gewerbefreiheit waren u. a.:

1. Im vorgegebenen Rahmen (Zunft, Handwerk) war eine gewerbliche Produktion nicht mehr entwicklungsfähig. Nur durch die Beseitigung von den Zünften gesetzten Grenzen schien der Übergang zu neuen Produktionstechniken (Industrialisierung) möglich.
2. In der Zunftfrage erwiesen sich die als »liberale Ideen« gekennzeichneten geistigen Strömungen für die entsprechende staatliche Gesetzgebung als wichtige Einflußgrößen.

In Deutschland bewirkte die Französische Revolution, daß die Zünfte immer mehr zugunsten der Gewerbefreiheit aus ihren überkommenen Positionen verdrängt wurden. Das preußische Allgemeine Landrecht von 1794 spricht erstmals von einer Neu- und Umbildung der Zünfte. Sie werden 1806 aufgelöst. Das Oktoberedikt von 1807 proklamierte dann die Gewerbefreiheit, die schließlich durch das Steueredikt vom 2. November 1810 verwirklicht wurde. Voraussetzung für die Eröffnung eines Gewerbebetriebes war nun der Erwerb eines Steuerscheins. Die von Frankreich annektierten linksrheinischen Territorien übernahmen die französische Gewerbegesetzgebung mit dem Zeitpunkt des Anschlusses. Vom Französischen Empire abhängige Satellitenstaaten, wie z. B. das Großher-

86 Vgl. hierzu mit weiterführender Literatur Wolf D. *Gruner*, Deutschland zwischen Revolution, Reform und Restauration 1770–1830, in: *Tijdschrift voor geschiedenis* 102 (3/4) 1989 (Sonderband Revolutie en Contrarevolutie), S. 368–400, S. 389ff.

zogtum Berg und das Königreich Westfalen, führten als Napoleonische Modellstaaten 1808/9 die Gewerbefreiheit ein. Die süddeutschen Mittelstaaten und Sachsen, Phasen der Liberalisierung und Stagnation durchlaufend, folgten bis 1861/68. Erst die uneingeschränkte Gewerbefreiheit schuf auch in Deutschland die notwendigen Voraussetzungen für den freien Wettbewerb und die Mobilität von Kapital und Arbeit. Sie ermöglichte es, daß sich die Wirtschaftsentwicklung Westeuropas in Deutschland fortsetzen konnte. Zwei Bemerkungen sind in diesem Zusammenhang noch wichtig:

1. Die Reformer bereiteten Deutschland für eine Zukunft vor, die dann seit der Mitte des 19. Jahrhunderts in der Form der industriellen Revolution in Deutschland mit »ungeahnter Intensität« einsetzte.
2. Das Deutschland an der Schwelle zum 19. Jahrhundert begab sich auf einen »Zukunftspfad«, der sich einer »defensiv-evolutionären, partiellen, bewahrenden Modernisierung verschrieb. Ihr inspirierender Organisator war die eigenstaatliche, vielfach bürgerliche, nicht selten kantianisch oder smithianisch oder physiokratisch geschulte Bürokratie«,[87] die wir in den süddeutschen Reformstaaten und in Preußen finden. Die unter dem Anpassungsdruck der Napoleonischen Epoche eingeleiteten Reformen, die Befreiung aus dem »Faradayischen Käfig« des Rechtsverbandes Altes Reich, bedeuteten für den mitteleuropäischen Raum »einen Wechsel auf die Zukunft« (Karl Otmar Frhr. von Aretin).

Auf den Britischen Inseln hatte sich der als Industrielle Revolution bezeichnete tiefgreifende und stürmisch verlaufende Strukturwandel von Gesellschaft und Wirtschaft seit der Mitte des 18. Jahrhunderts, der Übergangsprozeß von der handarbeitsorientierten zur maschinenarbeitsorientierten Tätigkeit mit seinen Auswirkungen auf die menschlichen Lebensbedingungen, die sozialen Bindungen und die Beziehungen zu anderen Völkern bereits weitgehend vollzogen. Die traditionellen Produktionsbedingungen der Agrargesellschaft waren durch die Einführung des Fabriksystems (u. a. ermöglicht durch neue Energiequellen, neue Methoden der

---

87 Hellmut *Seier*, Zum Hintergrund und Verlauf der Verfassungsberatungen in Kurhessen 1814–1820, in: *Ders.* (Hrsg.), Akten zur Entstehung und Bedeutung des kurhessischen Verfassungsentwurfs von 1815/16. Marburg 1985, S. XIX–LIX, S. XX.

Energieübermittlung und Energieverwendung) radikal verändert worden. Vom britischen Fabriksystem ging »ein Demonstrationseffekt aus, der die europäischen Nachbarländer für ein Jahrhundert zu Imitatoren des Erfolges gemacht hat«.[88] Die südlichen Niederlande (Belgien) und Frankreich wurden zu Vorreitern der industriellen Revolution auf dem Kontinent. Dort waren alle Voraussetzungen für eine erfolgreiche Imitation gegeben. Gleiches galt aber auch für den deutschen Raum, der trotz relativer wirtschaftlicher Rückständigkeit, bedingt durch die geographischen und politischen Rahmenbedingungen, die Voraussetzungen für eine Industrielle Revolution mit Hilfe der Staatsbürokratie schaffen konnte. Die Rohstoffe für den Industrialisierungsprozeß, vor allem Kohle, waren in ausreichendem Umfang vorhanden. Der industrielle Standortnachteil gegenüber Westeuropa, die schlechte verkehrsmäßige Infrastruktur zu Lande und zu Wasser, konnte im Zeitalter der Eisenbahn beträchtlich verringert werden. Deutschland konnte wieder in eine Drehscheibenfunktion für Handel und Verkehr hineinwachsen. Arbeitspotential und Investitionskapital waren vorhanden. Fachkräfte wurden anfangs »importiert«, technisches »know how« vielfach durch »Industriespionage« beschafft.

Von Bedeutung war allerdings, daß die Industrielle Revolution in Deutschland,[89] trotz der Schaffung eines großen Binnenmarktes durch den Zollverein und den Auf- und Ausbau eines Eisenbahnnetzes sowie einer industriellen Aufbauphase zwischen 1835 und 1848, mit voller Wucht erst nach 1850/51 einsetzte und vor allem bis 1873 eine *»große Aufschwungphase«* (Borchardt) erlebte. Der fortschreitende Prozeß der Industrialisierung, der Ausbau der Verkehrswege und die Beschleunigung des Warenverkehrs trugen entscheidend dazu bei, daß der Mensch von den Launen der Natur unabhängiger wurde, d. h. die Versorgung der Bevölkerung in Friedenszeiten gesichert werden konnte. Sie brachte aber auch einen Verlust an Orientierung, soziale Entwurzelung und soziale Konflikte mit sich. Zur Wahrung des inneren sozialen Friedens wurde es

88 Knut *Borchardt*, Grundriß der deutschen Wirtschaftsgeschichte. Göttingen 1978, S. 40.

89 Vgl. hierzu Herbert *Kiesewetter*, Industrielle Revolution in Deutschland 1815–1914. Frankfurt/M. 1989 und Knut *Borchardt*, Die Industrielle Revolution in Deutschland. München 1972.

zunehmend notwendig, eine ausreichende Versorgung der Bevölkerung sicherzustellen. Der ungehinderte Warenaustausch als wichtiges Element zur Sicherung des inneren Friedens wurde so in immer stärkerem Maße auch außenpolitisch zu einem wichtigen Motiv verstärkter Friedensbereitschaft.

Als erste ›entwickelte‹ Industrienation einer sich herausbildenden industriellen Massengesellschaft war wiederum Großbritannien europäischer Vorreiter. Auch in Deutschland bildete sich bis zum Ende des 19. Jahrhunderts, unter anderen Voraussetzungen im politisch-sozialen System, eine industrielle Massengesellschaft aus. Über das Mittel der Sozialgesetzgebung wurde u. a. versucht, die sozialen Spannungslagen abzubauen und die gesellschaftlichen Folgen eines rapiden industriellen Aufstiegs abzufedern. Ob von der Herrschaftselite im Deutschen Kaiserreich versucht wurde, die sozialen Verwerfungen in der Gesellschaft des Kaiserreiches mit sozialimperialistischen Mitteln zu lösen, ist in der historischen Forschung umstritten. Fest steht jedenfalls, daß nach der Reichsgründung der Weg zur Ausbildung eines parlamentarisch-demokratischen Gesellschaftssystems – ein Prozeß, der in den süddeutschen Verfassungsstaaten bereits eingeleitet worden war – blockiert wurde.

Wirtschaftlich versteht man unter Deutschland in einem historischen Bezugsrahmen zunächst einmal die Territorien des Heiligen Römischen Reiches deutscher Nation, in der Startphase der Industriellen Revolution in Deutschland die Staaten des Deutschen Bundes, nach seiner Zerschlagung 1866 die im Zollverein seit 1834 zusammengeschlossenen deutschen Staaten, dann das Deutsche Reich von 1870/71, schließlich nach dem Ersten Weltkrieg bis zum Ende des Zweiten Weltkrieges das Deutsche Reich in den Grenzen von 1937. Heute verbinden wir wirtschaftlich mit Deutschland zwischen 1949 und 1990 die Bundesrepublik Deutschland und die DDR und seit der Vereinigung das Deutschland in den Grenzen von 1990. Dieses so umschriebene Territorium besitzt, sieht man von der Kohle ab, nur geringe Rohstoffressourcen.

Bei der Frage, warum sich in Deutschland im 19. Jahrhundert eine, im Vergleich mit anderen europäischen Staaten, so rapide Industrialisierung vollzogen hat, stoßen wir erneut auf die besonderen historischen, politischen und geographischen Rahmenbedingungen dieser mitteleuropäischen Geschichtslandschaft. Der nach 1815 gescheiterte Versuch, den Deutschen Bund nicht nur als politischen Körper, sondern auch als einheitlichen Wirtschaftsraum zu schaffen, behinderte zunächst das gesamtwirtschaftliche Wachstum in Deutschland. Insgesamt gesehen bedeutete die Tatsache von Einzelwirtschaftsräumen jedoch einen Wettbewerbsdruck. Damit gewinnt der »regionale Wettbewerb« für den Prozeß der Industrialisierung große, bisher kaum in der historischen Analyse berücksichtigte Bedeutung. Es mußte im Interesse der größeren Bundesstaaten wie Bayern, Sachsen, Württemberg, Baden und Hessen liegen, im Wettbewerb mit den politischen Konkurrenten wirtschaftlich nicht zu stark zurückzufallen. Hiervon profitierten, darauf wurde jüngst hingewiesen, diese Staaten »bei ihrer eigenen, regionalen Industrialisierung, wie das Deutsche Reich als ganzes«.[90] In allen europäischen Staaten spielten im Prozeß der Industrialisierung »Sonderwege«, spezifische nationale Bedingungen und die regionalen Besonderheiten eine Rolle. Für die Industrialisierung waren Regionen, die politisch und ökonomisch relativ selbständig waren, ein Vorteil. Nachteilig erwies es sich für eine schnelle Industrialisierung, wenn es in den Regionen wenig Städte gab. So wurde dieser Prozeß beispielsweise in Frankreich und Rußland aufgrund dieser Tatsache behindert. Für Deutschland läßt sich unter der Perspektive einer »regionalvergleichenden«, nicht nur am Nationalstaat orientierten Industrialisierungsforschung als wichtiges Ergebnis festhalten:

»Das Besondere des deutschen Weges im 19. Jahrhundert, gemessen an seinen westlichen Nachbarn, war... [u. a. die] Dominanz regionaler Entwicklungen... Es ist die Ambivalenz oder das Paradox deutscher Industrialisierung im 19. Jahrhundert, daß sich Deutschland nach der Reichsgründung politisch und verfassungsrechtlich immer weiter vom Westen entfernte, während es ökonomisch von Jahrzehnt zu Jahrzehnt stärker in die Weltwirtschaft eingebunden wurde und gemessen an Größe, Bevölkerung, Kapital und Ressourcen weltweit die rapideste Industrialisierung durchführt.«[91]

Bis um 1900 hatte das Deutsche Reich weltweit in Wissenschaft und Technik eine Spitzenstellung erreicht, die dominierende Industrie- und Handelsmacht Großbritannien überholt und zählte zu den führenden Industrie- und Welthandelsnationen. Es wurde zunehmend in die Weltwirtschaft verflochten. Die geringe Rohstoffbasis sowie die dadurch bedingte, notwendigerweise starke Exportorien-

90 *Kiesewetter,* Industrielle Revolution in Deutschland, S. 312.
91 *Ebda.,* S. 313.

tierung machten Deutschland von den Schwankungen des Welthandels und den Veränderungen des Weltmarktes abhängiger als andere Industriestaaten. In diesem Rahmen bedeutete und bedeutet das verfügbare Wirtschaftspotential im politisch-sozialen Gefüge einer Industriegesellschaft Stärke und Schwäche zugleich.

Diese Zusammenhänge, sowie die spezifischen Bedingungen für den Industrialisierungsprozeß, sollten für den mitteleuropäischen Raum gesehen und berücksichtigt werden, wenn im Zusammenhang mit der deutschen Frage und der Wiedervereinigung Ängste über die »économie dominante«, die wirtschaftliche Dominanz und Dynamik Deutschlands geäußert werden und die These aufgestellt wird, Deutschland werde sich nun mit wirtschaftlichen Mitteln und dem »Scheckbuch« holen, was ihm militärisch zweimal versagt wurde, die Vorherrschaft in Europa.

Das Deutschlandbild: Fremdbild und Eigenbild

Von grundlegender, vielfach handlungsleitender Bedeutung für die aktuelle Diskussion der deutschen Frage und die deutschland- und europapolitischen Konzepte der Nachbarn ist das Deutschlandbild.[92] Hierzu haben die Deutschen seit der zweiten Hälfte des 19. Jahrhunderts entscheidend mit beigetragen. Für das Verständnis der deutschen Frage und der sie bedingenden Einflußgrößen besitzt es eine Scharnierfunktion. Dies wird in den darstellenden Kapiteln immer wieder deutlich werden. Als eine der Folgen der Politisierung des Nationsbegriffes seit der Französischen Revolution von 1789 bildete sich auch in Deutschland ein über das regionale oder landsmannschaftliche Bewußtsein hinausgehendes Nationalgefühl aus. Es führte, vor allem nach den Enttäuschungen über die gescheiterte Nationalstaatsgründung 1848/49, teilweise zur eigenen Selbstüberschätzung. So finden sich in zahlreichen Büchern, Liedern und Schriften seit der Mitte des 19. Jahrhunderts immer wieder Formulierungen wie:

---

92 Vgl. hierzu u. a. Wolf D. *Gruner*, L'image de l'autre: Das Deutschlandbild als zentrales Element der europäischen Dimension der deutschen Frage in Geschichte und Gegenwart, in: Günter *Trautmann* (Hrsg.), Die häßlichen Deutschen? Deutschland im Spiegel der westlichen und östlichen Nachbarn. Darmstadt 1991, S. 29–59.

Wir »Deutsche sind die Träger der menschlichen Kultur... Wir Deutsche sind die erste aller Nationen. Wir sind es durch unsere geistige Kraft, durch unser Wissen, unser Können; wir sind es durch die Sicherheit unserer Rechtszustände des Einen gegen den Andern; wir sind es durch die festen Grundlagen unseres Gesellschaftszustandes.«[93] Gleichzeitig wurde öffentlich über angemessene Grenzen für das Deutsche Reich diskutiert, das notfalls auch durch einen »Bruderbund aller zum Kampf vereinten Stämme« geschaffen werden sollte. Zahlreiche Beispiele finden sich hierfür in den Jahren 1848/49, nach 1859 und in der Reichsgründungszeit.

Das überwiegend positive Bild der Nachbarn von den »Deutschländern« wurde seit der Mitte des 19. Jahrhunderts, vor allem seit dem Krieg von 1870/71, allmählich negativ eingefärbt. Dies fand seinen Niederschlag in der Romanliteratur, in Gedichten, in der Publizistik und in Karikaturen. Das negative Deutschlandbild nach der »preußisch-militaristischen Reichsgründung«, die nun alle Deutschen dem »Kasernenstaat« Preußen unterwarf, war bereits im beginnenden 19. Jahrhundert angelegt. Das Bild vom brutalen, barbarischen und gewalttätigen Deutschen hatte sich bei den Nachbarn schon in der Revolutionsepoche ausgebildet. Seine militaristische Komponente war bereits im Preußenbild aufgetaucht, das ambivalent – Militarismus, Fleiß und Tüchtigkeit – war und blieb und nach 1871 das Bild von den Deutschländern zunächst überlagerte und schließlich ersetzen sollte. Das Wilhelminische Deutschland hatte bei den Nachbarn ein höchst negatives Image. Die Ursachen sind vielschichtig und reichten vom Revanchegedanken in Frankreich, über den »Handelsneid« der Briten bis zur Furcht der Niederländer vor dem Militär- und Wirtschaftspotential des säbelrasselnden Nachbarn und der von dort drohenden kulturellen Überfremdung. Im Ersten Weltkrieg wurde das Bild vom deutschen »Barbarenkrieger« mit dem Kaiser als »Kriegsgott« ebenso ideologisiert wie der Kampf der politischen Systeme – Kreuzzug für die Demokratie und Kreuzzug für den deutschen Konstitutionalismus, der dem Deutschen gemäßen Staatsform. Aus den historischen Erfahrungen mit dem europäischen Volk der Mitte in beiden Weltkriegen und mit dem Nationalsozialismus, die bis heute das Deutschlandbild unserer

---

93 [*Anonymus,* wohl Onno *Klopp*], Die deutsche Nation und der rechte deutsche Kaiser. Freiburg i. Br. 1862, S. 4, 7f.

Nachbarn prägen, bildete sich ein negatives Charakterbild vom Deutschen, dem hoffnungslosen Romantiker, Militaristen und Perfektionisten, der nicht kalkulierbar und immer für Überraschungen gut sei. Schon im Ersten Weltkrieg und insbesondere dann im Zweiten Weltkrieg beförderte das negative Deutschlandbild Teilungspläne bei den Kriegsgegnern des Deutschen Reiches. Ihre Lösungskonzepte für die deutsche Frage, basierend auf einem negativen Psychogramm des Deutschen seit Arminius dem Cherusker, waren in hohem Maße sicherheitspolitisch motiviert. Das Bild vom »häßlichen Deutschen« wurde *auch* durch die Kriegspropaganda in das Bewußtsein der Nachbarn eingebrannt. Nationale Vorurteile im Bild des anderen besitzen in Politik und Gesellschaft eines Landes eine herausragende Orientierungsfunktion. Sie sind zählebig und haben oft auch innenpolitische Funktionen zu erfüllen. Das tief im historischen Bewußtsein der Nachbarn verwurzelte Deutschlandbild ist ein auf dem politischen Massenmarkt jederzeit reaktivierbares, emotionalisierbares und operationalisierbares Konstrukt, das mit historischen Argumenten und Fallbeispielen untermauert werden kann. Das tradierte Deutschlandbild ist bis heute im wesentlichen das des Wilhelminischen Deutschland, nicht das des demokratischen Nachkriegsdeutschland. Ein Wandel ist nur auf lange Sicht vollziehbar, denn die Sicht von Denis Healey in seinen Erinnerungen, daß das heutige Deutschland »aus den Alpträumen eines George Grosz und Hitler erwacht und wieder als das Land Beethovens und Heines erkennbar ist«,[94] gehört noch nicht zum Allgemeingut der Europäer. Dies hat sich in verschiedenen Phasen der europäischen Nachkriegsgeschichte bis zur deutschen Vereinigung 1990 gezeigt. Wie sehr im Deutschlandbild der Nachbarn der »deutsche Charakter« und ein aus einer Mischung von historischer Erfahrung und Binnenideologisierung – durch Ausbildungsinstitutionen, Schulbücher und historische Textbücher, Print- und andere Medien – erwachsenes Mißtrauen eine Rolle spielen, zeigte sich in der Wiedervereinigungsdiskussion 1989/90 und bei der Frage nach der Rolle des neuen Deutschland in seinem europäisch-internationalen Umfeld. Das Deutschlandbild als zentraler Faktor der deutschen Frage taucht daher in den rationalen und irrationalen Diskussionen in unterschiedlichen Zusammenhängen immer wieder auf.

---

94 Denis *Healey*, The Time of my Life. London 1989, S. 165.

Die Deutschen sind und waren aufgrund ihrer Bevölkerungszahl das dominierende europäische Volk. Bezogen auf das jeweils aktuelle deutsche Staatsgebiet vermehrte sich die deutsche Bevölkerung von 22,3 Millionen Menschen (1816) über 54,4 Millionen (1900), 63,2 Millionen (1919), 69,5 Millionen (1937) und 77,6 Millionen (Bundesrepublik und DDR 1971) auf 78,1 Millionen Menschen im Jahre 1988. Der Siedlungsraum der Deutschen grenzt an nahezu alle europäischen Völker. Teilweise leben und lebten Deutsche auch in ethnischer Gemengelage in anderen europäischen Staaten, insbesondere in Ost- und Südosteuropa. Das deutsche Bevölkerungspotential wurde von keiner anderen europäischen Nation auch nur annähernd erreicht.

Einige Zahlen zur Bevölkerungsentwicklung verdeutlichen dies:

Die Bevölkerungszahl Frankreichs stieg von 20,5 Millionen Einwohnern (1826) über 38,4 Millionen (1901), 38,8 Millionen (1921), 41,2 Millionen (1936) und 49,7 Millionen (1968) auf 55,9 Millionen Einwohner im Jahre 1988.

In Großbritannien war das Bevölkerungswachstum im 19. Jahrhundert etwas stärker als in Deutschland. Die Einwohnerzahl stieg von 14,1 Millionen (1821) auf 37,0 Millionen (1901). Nach dem Ersten Weltkrieg entwickelte sich die Einwohnerzahl Großbritanniens über 42,8 Millionen (1921), 44,8 Millionen (1931) und 53,97 Millionen (1971) auf 56,7 Millionen im Jahre 1988.

Italien in den heutigen Grenzen hatte 1816 etwa 18,4 Millionen Einwohner. Um die Jahrhundertwende waren es 32,5 Millionen (1901), nach dem Ersten Weltkrieg 36,4 Millionen (1921) und 1936 42,9 Millionen Einwohner. Inzwischen hat Italien, nach der Bundesrepublik Deutschland der bevölkerungsreichste Staat innerhalb der EG, 57,4 Millionen Einwohner (1988).

Das nach dem Ersten Weltkrieg wiederbegründete Polen hatte 1921 eine Bevölkerung von 27,2 Millionen. In der Zwischenkriegszeit stieg die Einwohnerzahl auf 32 Millionen, die aufgrund der Kriegsverluste und der Gebietsabtretungen an die UdSSR 1946 auf knapp 24 Millionen zurückging. 1970 wurde der Vorkriegsbevölkerungsstand etwa wieder erreicht. Im Jahre 1988 lebten in Polen 37,7 Millionen Menschen.

Im Bevölkerungspotential der Deutschen sahen die Nachbarn ein beunruhigendes Element. Hierbei spielen über sicherheitspolitische

Überlegungen hinausgehende Momente eine Rolle. Bis heute hat sich an dieser Sehweise nur wenig geändert. Die immer wieder aufflammende Diskussion über die deutsche Frage bei den Nachbarn der Deutschen in Europa unterstreicht dies. Schon mit ihren 61 Millionen Einwohnern war die alte Bundesrepublik Deutschland das mit Abstand bevölkerungsreichste europäische Land, wenn wir das europäische Rußland nicht berücksichtigen. Mit der Vereinigung Deutschlands scheint das Wirtschafts- und Bevölkerungspotential Deutschlands sich rein zahlenmäßig beträchtlich zu vergrößern. Nach Berechnungen, die angestellt wurden, stiege das Bruttosozialprodukt Deutschlands von 1201 Milliarden US-$ (Bundesrepublik Deutschland 1988) durch den Beitritt der DDR (232 Milliarden US-$ 1988) auf 1433 Milliarden US-$. Unter dieser Doppelperspektive wurde die »Angst vor der Wiedervereinigung« bei den europäischen Nachbarn angesichts der Veränderungen in der DDR auch zu einer Furcht vor der »Übermacht der Deutschen«. Verstärkt wird dieser bevölkerungsmäßige und wirtschaftliche Aspekt durch die historische Erfahrung mit dem europäischen Volk der Mitte, die ihr Bild von Deutschland geprägt haben.

Die sicherheitspolitische Dimension:
Sicherheit für Deutschland und vor Deutschland

Aufgrund seiner geographischen Lage im Herzen Europas besitzt jede Organisationsform deutscher Staatlichkeit Grenzen mit nahezu allen anderen europäischen Staaten. Deutschland liegt im Schnittpunkt der Kommunikations- und Kraftlinien Europas. Ein machtpolitisches Vakuum in der Mitte Europas bietet den benachbarten Kraftfeldern im Westen, Osten, Süden oder Norden ständig einen Anreiz, das Vakuum in ihrem Interesse aufzufüllen. Wird die europäische Mitte selbst zu einem Gravitationszentrum, so kann sie möglicherweise das Staatensystem destabilisieren, das Gleichgewicht stören und so zu einem »Sicherheitsrisiko« für seine europäische Umwelt werden. In beiden geschilderten Szenarien würde das europäische Gleichgewicht zerstört oder zumindest gefährdet. Aktive Phasen und passive Phasen lösten sich im machtpolitischen Agieren der Mitte Europas über die Jahrhunderte ab. Seit dem Spätmittelalter wurde das Heilige Römische Reich immer wieder zum Schlachtfeld divergierender europäischer und deutscher dynastischer Interessen und konfessioneller Konflikte. Unter den

Marschstiefeln der Napoleonischen Armeen und seiner deutschen Verbündeten zerbrach schließlich das Alte Reich. Nach den Erfahrungen mit der Napoleonischen Hegemonie über Kontinentaleuropa wurde 1814/15 eine europäische Neuordnung geschaffen, die das europäische Gleichgewicht sichern und Mitteleuropa durch eine Föderativordnung Stabilität geben sollte. Dem Deutschen Bund als Nachfolgeorganisation des Alten Reiches und neuem Band der deutschen Nation wurde in der europäischen Staatenordnung eine friedenssichernde Rolle zugewiesen. Das europäische Zentrum konnte nicht mehr zum Opfer von Aggressionen der Nachbarn werden, sollte aber auch selbst nicht die europäische Ordnung destabilisieren und als Zentralstaat von Europa eine hegemoniale Rolle annehmen können. Mit der Zerschlagung der jahrhundertelangen mitteleuropäischen Föderativordnung 1866/71 und dem Aufstieg Preußen-Deutschlands zum politischen, wirtschaftlichen und militärischen Gravitationszentrum schien die »halbhegmoniale Großmacht« zunehmend für die Nachbarn zu einem »Sicherheitsrisiko« zu werden, zumal das Wilhelminische Deutschland über eine europäische Hegemoniestellung den Griff nach der Weltmacht versuchte. Der »Bedrohungsangst« der Nachbarn stand die »Einkreisungsfurcht« der Deutschen gegenüber. Seit dem ausgehenden 18. Jahrhundert finden wir in Mitteleuropa immer wieder Pläne, sichere Grenzen durch territoriale Expansion, Arrondierung und einen vom Zentrum abhängigen Staatengürtel zu erhalten. Im Gegensatz hierzu haben wir traditionell Bestrebungen, das europäische Zentrum nicht zu machtvoll werden zu lassen, um die friedliche Fortentwicklung der europäischen Staatengesellschaft nicht zu gefährden. Hier treffen im sicherheitspolitischen Bereich zwei gegensätzliche Konzeptionen zur dauerhaften Lösung der deutschen Frage aufeinander. Vor allem im 20. Jahrhundert sollte die deutsche Frage als Sicherheitsproblem eine Rolle spielen. Sie fanden im Ersten Weltkrieg ihren Niederschlag in deutschen Mitteleuropaplänen und alliierten Teilungsplänen. Der rasche Wiederaufstieg Deutschlands zur Groß- und Militärmacht trotz der territorialen, politischen, militärischen und finanziellen Maßnahmen von 1919 und die Erfahrungen mit dem nationalsozialistischen Deutschland vor und im Krieg ließen die Vorstellung von Deutschland als einem Sicherheitsrisiko für den Weltfrieden zurückkehren. Dies sollte seinen Niederschlag in Denkschriften während des Zweiten Weltkrieges finden und bei der Frage nach der Reintegration Deutschlands oder

der »Deutschländer« in die europäische Nachkriegsordnung sowie im Zusammenhang mit der sicherheitspolitischen Dimension der europäischen Integration in den Überlegungen der Nachbarn eine Rolle spielen. Wie bedeutsam die sicherheitspolitische Dimension für die Lösung der deutschen Frage ist, sollte sich 1989/90 zeigen. Das Problem »Sicherheit für Deutschland« und »Sicherheit vor Deutschland« läßt sich nur in einem europäischen Rahmen unter Berücksichtigung der beiderseitigen Sicherheitsbedürfnisse auf Dauer befriedigend lösen. Hierbei spielt neben der Überwindung des Bildes vom »häßlichen Deutschen« auch die politisch-soziale Organisationsform Deutschlands und seine europäische Einbindung eine zentrale Rolle.

Die politisch-soziale Organisationsform deutscher Staatlichkeit

Die verfassungsmäßige Organisationsform Deutschlands bzw. des mitteleuropäischen Raumes besitzt im Zusammenhang mit der deutschen Frage eine besondere Bedeutung. Traditionell bewegen sich die Konzepte deutscher Staatlichkeit im Spannungsfeld von einheitsstaatlicher Konzentration und der Breite bündischer Verfassungsformen, von der Konföderation und dem Staatenbund hin zum Bundesstaat des föderativen bzw. unitarischen Typs. Für die Struktur des europäischen Staatensystems und die internationale Ordnung besaß die Frage nach dem Verfassungsdach für die deutsche Nation von jeher grundlegende Bedeutung. Die europäische Umwelt Mitteleuropas hatte und hat ein vitales Interesse daran, daß das verfassungsmäßige Band für die deutsche Nation die europäische Gesamtordnung nicht destabilisiert, sondern sie festigt und zu einem konstitutiven Faktor für ihre Weiterentwicklung wird, d. h. ein nationaler Einheitsstaat könnte systemzerstörerische Tendenzen entwickeln, eine föderative Organisationsform dagegen die europäische Kooperation und Integration fördern. So gesehen erhält die deutsche Frage auch aufgrund der Verfassungsordnung von Anbeginn eine europäische Qualität. Dies ist keineswegs erst seit 1945 der Fall. Wir haben weitgehend verdrängt, daß der Einheitsstaat nicht den Regelfall, sondern die Ausnahme in der deutschen Geschichte darstellt. Dieses Wissen ist durch die Ablehnung föderativer Formen von Staatlichkeit in der Nationalbewegung und durch die Verengung der deutschen Geschichte auf die Reichseinigung und ihre preußische Vorgeschichte verschüttet worden. Es gilt heute, darauf hat der amerikanische Historiker James Sheehan aufmerksam gemacht, umzudenken und die Reichsgründung nicht mehr so sehr in den Mittelpunkt der deutschen Geschichte zu stellen. Dann »gewinnen wir nicht nur eine neue Sicht der deutschen Vergangenheit, sondern auch eine andere Perspektive, unter der wir die deutsche Gegenwart analysieren. Aus dieser Sicht erkennen wir, daß 1945 nicht das ›Ende der deutschen Geschichte‹ bedeutete... Es ist Zeit anzuerkennen, daß die gegenwärtige Epoche eine eigene Legitimität besitzt, die nicht aus ihrem Bezug zum Kaiserreich herrührt, sondern vielmehr aus ihrer Stellung innerhalb einer breiteren Tradition. Die deutsche Gegenwart ist nicht ein Postscriptum zur reichischen Vergangenheit; sie ist ein neues Kapitel in einer viel älteren Geschichte.«[95]

Spätestens seit dem 17. Jahrhundert spielte die Frage nach der Organisationsform Deutschlands im europäischen Rahmen eine gewichtige Rolle. Mit der politischen Nationalstaatsidee seit dem frühen 19. Jahrhundert erhält sie eine neue Qualität und Bedeutung. Dies zeigte sich 1648, 1815, 1848/49, 1871, 1918 und 1945. Aus europäischer Perspektive waren, auch aus sicherheitspolitischen Gesichtspunkten, weder ein deutscher Einheitsstaat, den vor allem die deutsche Nationalbewegung anstrebte, noch ein funktionsunfähiger Staatenbund für das europäische Zentrum erstrebenswert. Die Erfahrungen mit dem Deutschen Reich seit 1871, in dem Preußen aufgrund seiner Größe und seines Potentials die Föderativordnung außer Kraft setzte, und das Dritte Reich führten in den alliierten Kriegsplanungen zu Überlegungen, Deutschland in mehrere Staaten aufzugliedern bzw. durch die Aufgliederung Preußens in mehrere Nachfolgestaaten die Voraussetzungen für den Aufbau einer stabilen Demokratie auf föderativer Grundlage zu schaffen.

Zur Wiedergewinnung der deutschen Geschichte in ihrer ganzen Breite und Tiefe gehört auch die Rückbesinnung auf bündische Formen in der deutschen Geschichte und ihren Beitrag zur politisch-kulturellen Entwicklung Deutschlands. Sie vermag Impulse im deutschen und europäischen Rahmen zu vermitteln. Für die Bewältigung der Zukunftsaufgaben vermögen sie wichtige Einsichten zu

95 James J. *Sheehan*, What is German History? Reflections on the Role of the Nation in German History and Historiography, in: *Journal of Modern History* 53 (1)/1981, S. 1–23, S. 22f.

geben. Neben dem Deutschlandbild und der Sicherheitsproblematik wird die Frage nach der politisch-sozialen und verfassungsmäßigen Organisationsform Deutschlands zu einem gewichtigen Faktor nicht nur für das Verständnis der politisch-historischen Rahmenbedingungen Deutschlands in seiner europäisch-internationalen Umwelt, sondern auch für das Verständnis und die historische Einordnung der deutschen Frage in die europäische Geschichte seit dem ausgehenden Mittelalter und ihre Einbettung in einem zu bauenden vereinten Europa.

2. Die Neuordnung des europäischen Staatensystems 1814/15: Internationaler Friede durch multipolares Gleichgewicht

Das klassische System des Gleichgewichtes als Organisationsprinzip der europäischen Staatenwelt hatte sich bis zum frühen 18. Jahrhundert herausgebildet.[96] Grundidee war, die hegemoniale Stellung einer Großmacht durch den Zusammenschluß der anderen Großmächte zu verhindern und das Gleichgewicht durch Machtausgleich zu wahren. Die Revolution von 1789 und ihre europäischen Konsequenzen zerstörten das alte Gleichgewichtssystem auf Großmachtbasis. Die nationalpolitischen Ziele und die gemeinsamen Interessen hatten sich auseinanderentwickelt. Hinzu traten die Ideen von 1789, die von den französischen Revolutionsheeren durch kriegerische Expansion über ganz Europa verbreitet wurden. Die seit dem 16. Jahrhundert entstandene alteuropäische Staatenordnung sah sich mit einer politisch-gesellschaftlichen Ordnung konfrontiert, die »nicht mehr auf dem ständischen Privileg, sondern auf vernunftrechtlichen Normen beruhte«.[97] Die Kriege seit 1789 erschütterten die Staatenbeziehungen. Die militärischen Auseinandersetzungen nahmen einen ideologischen Charakter an. Innen- und Außenpolitik sollten künftighin in einem unauflöslichen Zusammenhang stehen. Nach den Kriegen war eine Rückkehr zum Status quo ante nicht mehr möglich und wurde auch nicht angestrebt. Die Folgen für die politische, soziale, wirtschaftliche und territoriale Struktur Europas waren nicht rückgängig zu machen. Wie mußte die Nachkriegsordnung, die diesen vielfach unerwünschten Vorgaben Rechnung tragen mußte, aussehen? Welche Friedenssicherungs- und

---

96 Vgl. hierzu Wolf D. *Gruner*, Deutschland und das europäische Gleichgewicht seit dem 18. Jahrhundert, in: *Ders.* (Hrsg.), Gleichgewicht in Geschichte und Gegenwart. Hamburg 1989, S. 60–133, S. 73 ff.

97 Elisabeth *Fehrenbach*, Vom Ancien Régime zum Wiener Kongreß. München 1981, S. 38.

Konfliktregulierungsinstrumente mußten den Akteuren im internationalen System der nachnapoleonischen Zeit verfügbar sein, damit die Stabilität und die friedliche Fortentwicklung des europäischen Staatensystems gewährleistet werden konnte?

2.1. Der Westfälische Friede als Modell? Deutschland und das europäische Gleichgewicht zwischen 1648 und 1789

Seit dem ausgehenden 16. Jahrhundert fand die Gleichgewichtsidee als Mittel der politisch-territorialen Sicherung von staatlicher Existenz zunehmend Eingang in die Sprache der Politik.[98] Mit ihr verband sich neben dem Wunsch nach Friedenssicherung auch auf der Ebene der politischen Akteure vielfach die Vorstellung, die seit dem Hochmittelalter zerbrochene Einheit des christlichen Abendlandes wiederherzustellen. Auf der Grundlage einer Gleichgewichtsordnung sollten eine Europäische Föderation oder ein Europäischer Völkerbund geschaffen werden.[99] Im Vordergrund aber standen angesichts der Entwicklung und Verbesserung der Waffentechnik und der Anarchie in den nationalstaatlichen Beziehungen Konzepte, die auf sicherheitspolitischen und friedenssichernden Überlegungen basierten und die sich ausbildende alteuropäische Staatengesellschaft durch die Schaffung einer völkerrechtlich abgesicherten Gleichgewichtsordnung bewahren sollten. Handlungsbedarf schien gegeben, denn das Heilige Römische Reich schickte sich am Ende des 16. Jahrhunderts an, erneut in eine aktive Rolle in der europäischen Politik zu schlüpfen.[100] Es gab Bestrebungen des habs-

---

98 Vgl. hierzu Wolfgang-Uwe *Friedrich*, Gleichgewichtsdenken und Gleichgewichtspolitik zur Zeit des Teutschen Krieges, in: Wolf D. *Gruner* (Hrsg.), Gleichgewicht in Geschichte und Gegenwart. Hamburg 1989, S. 18–59.

99 Vgl. hierzu *Gruner*, Deutschland und das europäische Gleichgewicht, S. 78ff. sowie Kurt von *Raumer* (Hrsg.), Ewiger Friede. Freiburg i. Br. 1953.

100 Eine sehr gute moderne Darstellung der deutschen Verfassungsgeschichte des Alten Reiches und der hier erörterten Fragen findet sich bei: Heinz *Duchhardt*, Deutsche Verfassungsgeschichte 1495–1806. Stuttgart, Berlin, Köln 1991, S. 143ff.

burgischen Kaisertums, den Reichsverband zu einem von Wien regierten Einheitsstaat umzugestalten. Die »Verstaatung« hatte sich in Mitteleuropa anders als in Westeuropa vollzogen. Die staatliche Verdichtung erfolgte im Alten Reich auf der Ebene des territorialen Staates. Die einzelnen deutschen Territorien wurden de jure nicht 1648, sondern erst mit dem Ende des Heiligen Römischen Reiches 1806 völlig souverän, sofern sie die Napoleonische Flurbereinigung überstanden.

Um 1600 kam es zum Kollaps der Reichsverfassung. Der daraus resultierende Konflikt schien zunächst nur die Binnenbeziehungen des Reiches zu berühren. Die politischen und militärischen Entwicklungen europäisierten zunehmend den Verfassungs- und Konfessionskonflikt im Heiligen Römischen Reich, der in den Dreißigjährigen Krieg münden sollte. Die politische Aktivierung der mitteleuropäischen Geschichtslandschaft Altes Reich, die ihren Niederschlag in dem Versuch des Hauses Habsburg fand, den Reichsverband in »einen ›reichsabsolutistisch‹ geprägten Einheitsstaat« umzuwandeln,[101] verdeutlichte, daß die politisch-territoriale Organisationsform des europäischen Zentralstaates nicht allein deutschen Bedingungen und Interessen unterworfen war, sondern daß bereits im Zeichen des Aufstiegs des dynastischen Nationalstaates die deutsche Frage nachhaltig eine europäisch-internationale Dimension erhielt. Ein vom Kaiser dominiertes einheitsstaatlich organisiertes Reich in der Mitte Europas hätte, aus der Sicht der Nachbarn, dem »Reich« eine Hegemoniestellung in Europa gegeben. Damit wäre über die Zerstörung der »Balance« im Heiligen Römischen Reich deutscher Nation auch die europäische nachhaltig gestört worden. Es lag daher im Interesse vor allem Frankreichs und Schwedens, sich in die verfassungspolitischen, machtpolitischen und konfessionellen Auseinandersetzungen im Reich einzumischen. So konnte ein habsburgisches Dominat, das auf Reichsebene zu einer Beschneidung der Rechte der Reichsstände und auf europäischer Ebene eine mögliche Blockade der Nationalstaats- und Großmachtbildung dieser Mächte bedeutet hätte, verhindert werden. In den geläufigen Denkfiguren zur Zeit des Dreißigjährigen Krieges »erschien die eigene Sicherheit, Status und Gedeihen des eigenen Territoriums, durch das Hegemonialstreben eines oder mehrerer Nach-

101 *Duchhardt,* Verfassungsgeschichte, S. 166.

barn bedroht... Das Souveränitätsdenken der Zeit führte zu einer extensiven Interpretation von Sicherheit und es reagierte auf jeden Machtzuwachs anderer sehr empfindlich.«[102] Aus dieser Perspektive erhielten der Dreißigjährige Krieg und der ihn beendende Westfälische Friede von 1648 eine über die Reichsebene hinausreichende Qualität und Bedeutung. Aus einer an der europäischen Geschichte orientierten Betrachtungsebene erhalten die Friedensinstrumente der Verträge von Münster und Osnabrück eine über eine deutschlandorientierte Sehweise hinausgehende Bedeutung. Die Friedensordnung von 1648 kann daher sicherlich nicht als der »Tiefpunkt der Reichsgeschichte« verstanden werden, die aufgrund der festgeschriebenen Fremdbestimmung Deutschlands »eine starke Reichspolitik völlig unmöglich« machte.[103] Durch die Brille einer nationalistischen und machtstaatlichen Sicht wurde der Frieden von 1648 als »Schmach« und »Diktat« interpretiert, denn damals hätten die »Randstaaten des alten Europas« (Alfred Rosenberg) erneut versucht, sich die Herrschaft über die Mitte Europas dauerhaft zu sichern. Auf dem Höhepunkt der kontinentaleuropäischen Dominanz des nationalsozialistischen Deutschlands zu Beginn der 1940er Jahre ging es in den politisch-ideologischen und propagandistischen Auseinandersetzungen über eine »neue europäische Ordnung«[104] mit dem Deutschen Reich als einer europäischen Ordnungsmacht nicht nur um eine Tilgung der Schmach von Versailles, sondern auch um eine späte Wiedergutmachung für die Zerschlagung Deutschlands 1648.[105]

Welche Bedeutung hat der Westfälische Friede für die deutsche und europäische Geschichte, warum ist er für das Verständnis der deutschen Frage in einem europäischen Zusammenhang wichtig?

Für die Geschichte des Alten Reiches bedeutete der Westfälische Frieden als völkerrechtlicher Vertrag einen wichtigen Einschnitt. Er blockierte den Weg zur Errichtung einer Erbmonarchie. Kaiser und

102 *Friedrich,* Gleichgewichtsdenken, S. 43.

103 Friedrich *Kopp*, 1648: Der Tiefstpunkt der Reichsgeschichte und seine Überwindung, in: Friedrich *Kopp*/Eduard *Schulte*, Der Westfälische Frieden. München ^{3}1943, S. 159–163, S. 159f.

104 Vgl. hierzu Kapitel 6.1.

105 Als Beispiel hierfür vgl. u. a. Helmut *Lüpke*, Die Zerschlagung Deutschlands. Verträge und Kriegsziele 1648, 1919 und 1940. Berlin 1940.

Reich standen sich fortan als gleichberechtigte Partner gegenüber. Die nach »Souveränität« strebenden Landesherren konnten mit der Verankerung des »ius territoriale et superioritatis« (Landeshoheit) und des »ius foederis« (Bündnisrecht) in der Reichsverfassung ihre »Libertät« reichsrechtlich absichern. Die föderative Struktur und Tradition des Reiches wurde gestärkt, unitarisch-einheitsstaatliche Bestrebungen wurden zurückgedrängt. Reichskriege, Reichslandfrieden und Reichsgesetze bedurften fortan der beiderseitigen Zustimmung. Die Landeshoheit bot in den einzelnen Territorien dem Landesherrn politische und rechtliche Handlungsspielräume für den Ausbau seiner Herrschaft. Die durch das »Fundamentalgesetz« von 1648 geschaffene Verfassungsordnung für das Reich beließ aber auch dem Kaiser Gestaltungsmöglichkeiten, die er nutzte. Der Westfälische Friede vermochte zudem das für die Reichsgeschichte seit dem 16. Jahrhundert typische Konfessionsproblem endgültig zu regeln. Damit wurde 1648 ein reichsrechtlicher Rahmen geschaffen, der die Überlegungen und Diskussionen über eine Auflösung des Reichsverbandes beendete. Als kultureller, rechtlicher und politischer Territorialverband ermöglichte und förderte das Alte Reich auf neuer Grundlage Einigkeit in Vielfalt.

Mit den Verträgen von 1648 wurde die »deutsche Frage« endgültig europäisiert. Das Bündnisrecht der Reichsstände, aber auch das Garantie- und Interventionsrecht Frankreichs und Schwedens waren Ausdruck einer »Internationalierung der Reichsverfassung«. Wie der Rheinbund von 1658 verdeutlichte, wurde zunehmend »die Konfession als politikstrukturierendes Merkmal von Faktoren wie Sicherheit und ›Staatsräson‹ überlagert«.[106] Der Reichsverband verfestigte sich nach 1648 durch den neuen verfassungsrechtlichen Rahmen. Er entwickelte sich zu einem Bund gleichberechtigter »Territorien«, die ein lockeres verfassungsrechtliches Band mit dem Kaiser als Spitze zusammenhielt.[107] Aufgrund seiner bündischen Verfassungsstruktur konnte sich das Reich als »Centralstaat von Europa« nicht zu einem destabilisierenden Faktor für die europäische Staatenordnung entwickeln. Es war keine dynastisch-nationalstaatliche

---

106 *Duchhardt,* Verfassungsgeschichte, S. 169.

107 Zu einem Organigramm der Reichsverfassung nach 1648 vgl. Wolf D. *Gruner*, Bündische Formen deutscher Staatlichkeit in Geschichte und Gegenwart. Duderstadt 1990, S. 55.

Erbmonarchie, die die Habsburger angestrebt hatten. Vielmehr bedeutete das Alte Reich für die Nachbarn eine als unverzichtbar angesehene »befriedete, aber entdynamisierte Mitte des Kontinents« und damit ein konstituierendes Element für das europäische Gleichgewicht.[108] Die unauflösliche Verknüpfung von reichischer und europäischer Ebene bedingten eine Maxime, die zum Strukturmerkmal europäischer Geschichte werden sollte: Das »deutsche« Gleichgewicht ist die Basis und Voraussetzung für das europäische.

Im 18. Jahrhundert veränderte sich das Koordinatensystem der internationalen Politik. Spanien, die Niederlande und Schweden schieden als europäische Großmächte aus. An ihre Stelle traten Rußland und Preußen. Der Aufstieg Preußens zur europäischen Großmacht entlud sich seit der ersten Hälfte des 18. Jahrhunderts offen im österreichisch-preußischen Dualismus, der auch mit militärischen Mitteln ausgetragen wurde. Der »deutsche Dualismus, d. h. das Nebeneinanderbestehen zweier europäischer Großmächte auf dem Boden des Reiches«,[109] sollte zu einem Sprengsatz für die Fortexistenz des Reiches werden. Der deutsche Dualismus beschleunigte den Auflösungsprozeß des Alten Reiches und hat den Gang der deutschen und europäischen Geschichte bis weit in unser Jahrhundert hinein nachhaltig beeinflußt. Wie konnte sich das Reich aus dem Konflikt zwischen seiner katholischen Führungsmacht und der neuen, protestantischen Großmacht heraushalten und das Auseinanderbrechen des Reiches verhindern? Eine Reichsreform und eine zeitgemäße Modernisierung der Reichsverfassung schienen der geeignete Weg zur Lösung dieses Konfliktes. Bis zum Ende des Reiches haben wir zahlreiche Reformversuche. Ihr Ziel war die Stärkung der kaiserlichen Zentralgewalt. Die angestrebten Reformen scheiterten (allgemeine Reichssteuern; militärische Kompetenzen) oder zeitigten nur Teilerfolge (Reichskammergericht; Reichskreise). Dennoch gab die Reichsreformbewegung des 18. Jahrhunderts wichtige Impulse für die Verfassungsentwicklung im 19. Jahrhundert. Bei den Überlegungen für die künftige Verfassungsordnung der Nachfolgeorganisation des Alten Reiches diente

---

108 *Duchhardt,* Verfassungsgeschichte, S. 170.

109 Hans *Schmidt*, Zerfall und Untergang des Alten Reiches (1648–1806), in: Martin *Vogt* (Hrsg.), Deutsche Geschichte, begründet von Peter Rassow. Stuttgart 1987, S. 218–297, S. 258.

lange Zeit eine reformierte und modernisierte Reichsverfassung auf der Basis des »Fundamentalgesetzes« von 1648 als Modell.[110] Es sollte sich aber 1814/15 zeigen, daß die scheinbar einfachste Lösung der deutschen Verfassungsfrage, die von einigen Reichsständen angestrebte Wiederherstellung der Reichsverfassung auf reformierter Grundlage, ebensowenig als Modell taugte wie ein nationaler unitarischer Einheitsstaat. Die notwendige Einbettung der Mitte Europas in die neu zu schaffende europäische Staatengesellschaft und eine auf deutscher und europäischer Ebene verträgliche Lösung der deutschen Frage ließ sich konfliktfrei am besten in einem föderativen Rahmen regeln. Die noch 1648 ansatzweise vorhandene Möglichkeit, »daß die Staatsbildung sich von den Territorialstaaten zurück ins Reich verlagerte«, bestand am Ende des Napoleonischen Umbruchs nicht mehr.

2.2. Die Bedürfnisse und Forderungen für eine neue europäische Friedensordnung nach den Kriegen

Die Interessengegensätze in der europäischen Politik waren zu Beginn der Revolutionskriege rein machtpolitischer Natur. Ihr Orientierungsrahmen war die absolutistische Staatsräson. Auch die Frankreichpolitik wurde aus dieser Perspektive gesehen. Die französischen Kriegserklärungen 1792/93 drängten die alten Monarchien in einen machtpolitischen Konflikt hinein. Er wurde von ihnen zunächst nicht als ideologischer Kreuzzug begriffen. Der Volkskrieg gegen die alliierte Invasion hatte in Frankreich alle Kräfte mobilisiert. Den erfolgreichen Verteidigungskrieg löste der Eroberungskrieg der »Sendboten der Revolution« ab. Das neu gewonnene Gefühl von nationaler Stärke und Unbesiegbarkeit verband sich mit aggressiver Ruhmsucht. Die Tradition holte die Revolution ein. Belgien, Savoyen, Nizza und die linksrheinischen Gebiete des Heiligen Römischen Reiches deutscher Nation wurden befreit und mit dem Hinweis auf die Wiedergewinnung der *natürlichen Grenzen* Frankreichs (Pyrenäen-Alpen–Rhein–Schelde) an-

110 Vgl. z. B. verschiedene Memoranden von Reichsjuristen aus den Jahren 1813–1814 im *Österreichischen Haus-, Hof- und Staatsarchiv (HHStA)* St. K. Karton 6.

nektiert, die expansiv-hegemonialen Ziele sicherheitspolitisch verschleiert.

Die ersten Friedensschlüsse mit der Revolution verdeutlichten das für das politische Selbstverständnis der Revolution und Napoleons Charakteristische: Machtpolitik und Ideologie waren eine Ehe eingegangen. Im Namen der Ideen von 1789 wurden die europäischen Nachbarvölker vom Joch der Tyrannen befreit und dem französischen Staat einverleibt bzw. als Satellitenstaat in ein Abhängigkeitsverhältnis gebracht. So konnte sich Frankreich die Ressourcen dieser Länder nutzbar machen. Im Grunde lag es im »Wesen der revolutionären Expansion, daß ein Ende des Krieges nicht abzusehen war«,[111] zumal die revolutionäre Dynamik auch aus innenpolitischen Gründen erhalten werden mußte. Friedensbereitschaft und diplomatische Verhandlungen wurden daher als Schwäche, als Verrat an der Revolution und ihren Prinzipien angesehen. Diese Linie verfolgten die Republik und auch Napoleon. Friedensschlüsse besaßen *funktionalen* Charakter, um eine Koalition zu zerbrechen, um die Kriegsbeute zu sichern, um neue Ressourcen zu erschließen oder um neue militärische Aktionen vorzubereiten. In diesem Verständnis bedeutete Frieden nicht mittel- und langfristigen Interessenausgleich, sondern eher Waffenstillstand, eine kurzfristige Verschnaufpause vor dem nächsten militärischen Schlag. Ehe ihnen dies bewußt wurde, mußten Napoleons Kriegsgegner erst einen Lernprozeß durchlaufen. Nachdem Rußland aus der 2. Koalition ausgeschieden war und einen Neutralitätsbund gebildet hatte und Österreich 1801 zum Frieden von Lunéville gezwungen wurde, griff England Napoleons Friedensangebot auf. Der 1802 geschlossene Friede von Amiens mußte zeigen, ob eine im wesentlichen bipolare Neuordnung des internationalen Systems geeignet war, die beiderseitigen Interessensphären zu wahren und Vertrauen zu bilden, die Grundvoraussetzung für eine dauerhafte und funktionierende Friedensordnung. Die britischen Erfahrungen mit Napoleon, die zum Bruch des Friedens von Amiens führten, sollten zur Leitlinie für die Formulierung der britischen Kriegsziele werden. Dies ist um so wichtiger, als Großbritannien im Kampf gegen Napoleon und im Prozeß der Friedensfindung eine Schlüsselrolle zufiel. Grundlage für die Neu- und Umverteilung der machtpolitischen Gewichte in

---

111 *Fehrenbach,* Vom Ancien Régime zum Wiener Kongreß, S. 42.

Europa mit dem Ziel eines »britischen Friedens« waren vor allem zwei Momente:

1. Großbritannien als führende See-, Wirtschafts- und Handelsmacht konnte sein politisches, wirtschaftliches, finanzielles und militärisches Gewicht als Druckmittel einsetzen.
2. Die britische Politik mußte Mittel und Wege finden, die verhindern konnten, daß Napoleon immer wieder Interessengegensätze unter den europäischen Mächten für seine Ziele auszunutzen vermochte.

Hieraus ergab sich für die britische Friedensstrategie:

1. Voraussetzung für eine erfolgreiche Allianz gegen Napoleon waren vertraglich fixierte gemeinsame Kriegsziele. Die Allianzpartner verpflichteten sich, keine Separatabkommen mit dem Gegner abzuschließen. Gemeinsame Verhandlungen bei Sieg und Niederlage würden die Position der Allianz verbessern.
2. Die antifranzösische Allianz sollte über das Kriegsende hinaus bestehen und als europäisches Friedenssicherungsorgan fungieren.

Die erste große Chance einer dauerhaften Allianz gegen Napoleon bot das russische Allianzangebot von 1804 an England. Die russischen Vorschläge zur Befreiung und Neuordnung Europas enthielten als Bauprinzip einer internationalen Staatenordnung:

1. die *nationale* Gleichberechtigung aller europäischer Völker,
2. die Einführung *konstitutioneller* Prinzipien als Grundlage der Verfassungsordnung.

Darüber hinaus sollte die politische Stabilität Europas durch ein von allen Staaten anerkanntes Völkerrecht, einen Bund der europäischen Völker und eine Schiedsinstanz gewährleistet werden.

Das internationale System würde von großen, mittleren und kleinen Staaten gebildet. Zur Sicherung einer stabilen Ordnung sollten in Italien, Deutschland und auf dem Balkan regionale Zusammenschlüsse geschaffen werden. Die regionalen Föderationen würden dann unter den Schutz einer benachbarten europäischen Großmacht gestellt werden. So ließ sich ein Machtvakuum vermeiden und ein »natürliches europäisches Gleichgewicht« schaffen.[112] Die

112 Vgl. zur britischen Friedenskonzeption *Gruner*, Struktur des europäischen Friedens I, S. 56ff.

russischen Überlegungen sollten bis zum Abschluß der europäischen Neuordnung 1814/15 in unterschiedlicher Akzentuierung immer wiederkehren und sich mit den Vorstellungen Großbritanniens und der beiden deutschen Großmächte zumindest in den zentralen Punkten decken. Das »konstitutionelle Modell« Rußlands, dem aufklärerischen Ideal von Gesetzlichkeit, politischer Freiheit und Moralität verpflichtet, hatte dem Wort »der Freiheit, bisher die Parole der Franzosen«,[113] bei den Völkern unter Napoleonischer Herrschaft einen neuen Klang gegeben. Es war am Beispiel der französischen Verfassung von 1791 und dem politischen System Großbritanniens entwickelt worden. Zwar versuchte Zar Alexander, dem konstitutionellen Prinzip europaweit Geltung zu verschaffen, doch erwies es sich als höchst problematisch, ein Verfassungsmodell für historisch unterschiedlich entwickelte Territorien verbindlich machen zu wollen.

Das britische Memorandum über die »Befreiung und Sicherheit Europas«[114] von Anfang 1805 diskutierte vor allem die notwendigen Voraussetzungen für eine wirkungsvolle und dauerhafte Zusammenarbeit. Für die zu bildende Allianz, die Österreich und Preußen einbeziehen sollte, sah Großbritannien vor allem drei Hauptziele:

1. Die seit der Revolution von Frankreich annektierten bzw. kontrollierten Gebiete sollten befreit und Frankreich in einem Frieden auf seine vorrevolutionären Grenzen zurückgeführt werden.
2. Die befreiten Territorien sollten eine für ihre Sicherheit und künftige Entwicklung sinnvolle Organisationsform erhalten. Ihre Einbindung in ein europäisches Sicherheitssystem gegen Frankreich würde ihnen Schutz vor künftigen expansiven Ambitionen dieses Landes bieten.
3. Der europäische Friedensschluß sollte durch eine allgemeine europäische Garantie und die Erneuerung des europäischen Völkerrechts ergänzt werden.

Die russisch-britische Allianz von 1805 hatte nur eine kurze Lebensdauer. Der britische Seesieg bei Trafalgar konnte den Siegeszug der Napoleonischen Armeen zur vollständigen Unterwerfung des Kontinents nicht stoppen.

---

113 *Von Aretin,* Vom Deutschen Reich zum Deutschen Bund, S. 112.

114 *PRO* F.O. 65/60 Memorandum on the »Deliverance and Security of Europe« vom 19.1.1805, abgedruckt bei Charles Kingsley *Webster*, British Diplomacy 1813–1815. London 1921, Appendix I, S. 389–394.

Im Frieden von Tilsit (1807) schuf sich Frankreich auch in Nord- und Nordosteuropa eine überragende Stellung. Rußland wurde zum Napoleonischen Verbündeten auf dem Kontinent, unter scheinbarer Absteckung der gemeinsamen Interessensphären auch in Mitteleuropa.

Seit 1810/11 hatten sich die französisch-russischen Beziehungen rapide verschlechtert und im Sommer 1812 zum Angriff Napoleons gegen Rußland geführt. Die Katastrophe der Napoleonischen Grande Armée in Rußland leitete die Kriegswende ein. Bereits im Frühjahr 1812 hatte sich eine neue antifranzösische Koalition durch Friedensverträge an der europäischen Peripherie (Ørebrod und Bukarest) gebildet. Damit wurden potentielle Konfliktzonen zwischen den beiden europäischen Flügelmächten in Nordeuropa, in der Levante und im Nahen Osten zunächst neutralisiert. Das neu formierte Bündnis konnte sich so vollständig auf die Niederringung Napoleons konzentrieren. Um Napoleon auf die Grenzen Frankreichs vor der Revolution zurückzudrängen, mußten auch die mitteleuropäischen Großmächte und die Rheinbundstaaten für eine Allianz gewonnen werden. Mit dem Vertrag von Tauroggen wechselte Preußen in das Lager der Gegner Napoleons. Österreich verhielt sich abwartend. Es hoffte auf Konstellationen, die ihm eine Führungsrolle im Friedensprozeß geben würden. Nach militärischen Rückschlägen erklärten sich Rußland und Preußen im Frühsommer 1813 bereit, ein österreichisches Vermittlungsangebot für einen Waffenstillstand anzunehmen und die Metternichschen Minimalforderungen für Friedensverhandlungen zu akzeptieren. Die britischen Forderungen blieben unberücksichtigt. Österreichs an Sonderinteressen orientierte Ziele ließen die britischen Befürchtungen über ein doppeltes Spiel Metternichs auch nach Österreichs Beitritt zur Allianz nur zu gerechtfertigt erscheinen. Eine feste Allianz mit klar definierten Zielen war daher notwendig, damit die Front gegen Napoleon nicht wegen Sonderinteressen erneut aufgeweicht werden könnte. Im Gegensatz zu Großbritannien verfolgten die anderen Großmächte im wesentlichen eine traditionelle Politik mit konventionell begrenzten Kriegszielen. Sie entsprachen den Interessen des Augenblicks. England als Weltmacht mit globalen politischen, wirtschaftlichen und strategischen Interessen, zum Zeitpunkt des britischen Vorschlages für eine Defensivallianz (18. September 1813) zusätzlich mit einem militärischen Konflikt in Nordamerika belastet, strebte dagegen aus massivem Eigeninteresse eine dauerhafte, möglichst konfliktfreie europäische Friedensordnung an. Als verbindliches Kriegsziel der Allianz forderte Großbritannien im Interesse Europas:

1. Die Vertragspartner setzen alle verfügbaren Ressourcen und Machtmittel ein, um Europa vom Napoleonischen Joch zu befreien. Dies werden sie nur gemeinsam tun.
2. Die Allianz sollte den Krieg nur gemeinsam beenden und Verhandlungen erst nach bündnisinterner Verständigung über die Ziele aufnehmen.
3. Die Allianz sollte auch nach dem Krieg zur Erhaltung und Sicherung des Friedens und zum gegenseitigen Schutz der Signatarstaaten weiterbestehen.

Über die begrenzten österreichisch-russisch-preußischen Ziele von Teplitz hinausgehend forderte Großbritannien eine gemeinsame Regelung der polnischen Frage *ohne* Frankreich. Die französische Herrschaft bzw. der französische Einfluß müßten in Nordeuropa, in Italien und auf der Iberischen Halbinsel beseitigt werden. Die Niederlande sollten, wenn die Kriegslage es zuließ, sichere Grenzen gegen Frankreich erhalten. Die in Frankfurt vorgeschlagene Rheingrenze als französische Ostgrenze war für Großbritannien unannehmbar.

Das Frankfurter Angebot an Napoleon entsprach der Interessenlage vor allem Österreichs. Metternich war zu diesem Zeitpunkt an einem frühen Frieden gelegen, weil neben der ungelösten polnischen Frage und der Gefahr einer weiteren Westverlagerung Rußlands sich seit der Völkerschlacht bei Leipzig durch die preußische Forderung, ganz Sachsen als territoriale Entschädigung zu erhalten, neuer Konfliktstoff in der Allianz angesammelt hatte. Die polnisch-sächsische Frage sollte bis zum Ende des Wiener Kongresses die Allianz gegen Frankreich immer neuen Belastungen aussetzen. In der kritischen Phase des Krieges übernahm der britische Außenminister schließlich selbst die Verhandlungsführung im Hauptquartier. In zähem Ringen mit Zar Alexander und Metternich wurde er zu einer Schlüsselfigur. Im März 1814 erreichte er den Abschluß des Allianzvertrages von Chaumont, der für die Entwicklung der internationalen Beziehungen im 19. Jahrhundert von grundsätzlicher Bedeutung werden sollte. In Chaumont hatte Außenminister Castlereagh alle wesentlichen britischen Interessen als gemeinsames Ziel der Allianz in Krieg und Frieden durchsetzen können. *Chaumont bedeutete mehr als nur die Festigung der Koali-*

tion oder die Sicherung britischer Interessen durch Subsidienzahlungen. *Erstmals war es gelungen, eine Allianz abzuschließen, deren Zweck nicht mit dem Kriegsende als erfüllt angesehen wurde. Die Bündnisverpflichtungen bezogen sich auch auf die fortdauernde Sicherung des allgemeinen europäischen Friedens.* Trotz der Konflikte und Meinungsverschiedenheiten, die bis zur endgültigen Schaffung einer europäischen Friedensordnung unter den Verbündeten auftreten sollten, wurden in Chaumont die Voraussetzungen für ein Konzert der europäischen Großmächte zur Garantie des Friedens geschaffen. Die Großmächte verstanden sich als Interessenvertreter Europas für die Schaffung und die Sicherung eines dauerhaften Friedens. Sie sahen auch ihre gemeinsame Verantwortung, Krisen und Konflikte durch Interessenausgleich oder gemeinsame Aktionen friedlich zu lösen. In dem für die Nachkriegsordnung angestrebten multipolaren internationalen System – dem neuen Gleichgewicht, gebildet aus den Großmächten, großen und kleinen Mittelmächten sowie den Kleinstaaten – würde ihnen eine Führungsrolle zufallen.

Das Bündnis der Großmächte mit antifranzösischer Spitze über das Kriegsende hinaus hatte den Vorteil, daß die Klein- und Mittelstaaten, beispielsweise am Rhein, hierin eine Garantie für ihre eigene Existenz und Sicherheit erblicken konnten und daher nicht länger zu einer pro-französischen Politik gezwungen sein würden. Allerdings sollten die europäischen Klein- und Mittelstaaten in einen größeren Organisationsrahmen einbezogen werden, wo dies im Interesse der europäischen Neuordnung lag. Mitbedingt durch den nachhaltigen britischen Einfluß auf die Entstehung des internationalen Systems der Nachkriegszeit erhielt dieses starke sicherheitspolitische Züge. Maßgebend waren hierbei vor allem zwei Überlegungen, die auch generell bei der Suche nach einer stabilen Friedensordnung immer wieder im Mittelpunkt stehen:

1. Ein Friede des Ausgleichs und der Verständigung baut mögliches Konfliktpotential in der geschaffenen Friedensordnung ab. 1814/15 sollte Frankreich als Großmacht erhalten und möglichst schnell in die Nachkriegsordnung reintegriert werden. Mit einem Siegfrieden war dies kaum zu verwirklichen.
2. Ein Sicherheitssystem, das die »natürlichen Interessen« seiner Mitglieder berücksichtigte, sollte künftig expansive Ambitionen des früheren Kriegsgegners eindämmen und ihm damit die Möglichkeit nehmen, die Friedensordnung zu destabilisieren, d. h.

die territoriale Neuordnung mußte unter sicherheitspolitischen Gesichtspunkten entlang der vorrevolutionären Grenzen Frankreichs erfolgen.

Für das zu schaffende multipolare Gleichgewicht nach dem Kriege spielte neben der Neuordnung Italiens vor allem die künftige Organisationsform Mitteleuropas eine zentrale Rolle.

2.3. Die Bedeutung der Neugliederung Mitteleuropas für die europäische Neuordnung

Der Reichskrieg gegen Frankreich hatte innerhalb des Reiches tiefgreifende Interessengegensätze aufbrechen lassen. Preußen schloß 1795 einen Separatfrieden in Basel. Andere Reichsstände folgten ihm in die Neutralität. Österreich mußte 1797 den Frieden von Campo Formio schließen. Beide deutsche Großmächte verspielten damals aus Eigeninteressen die reelle Chance, durch einen gemeinsamen Frieden das Reich zu einen und zu festigen. Das sich hier u. a. andeutende Hegemonieproblem sollte für die weitere deutsche Geschichte bedeutsam werden.

In Basel, Campo Formio und Lunéville (1801) billigten Preußen und Österreich Frankreich den Rhein als »natürliche Grenze« zu. Die hiermit zwangsläufig verbundene Entschädigungsfrage für linksrheinische Verluste der Reichsstände läutete den Auflösungsprozeß des hierarchisch gegliederten Reiches ein, den zu stoppen weder im preußischen noch im österreichischen Interesse lag. Zu Recht bemerkte daher der bayerische Gesandte in Wien: »Es kommt bloß auf Rußland, England und Frankreich an, welches Schicksal das Reich und höchstdero Staaten haben werden.«[115] Es zeigt sich hier erneut ein Strukturprinzip deutscher Geschichte, nämlich: Die Verfassungs- und Territorialfragen Deutschlands sind nicht allein deutschen Interessen und Bedingungen unterworfen. Der europäische Zentralstaat muß stets Rücksicht auf seine europäische Umwelt nehmen. Mitteleuropa liegt traditionell im Spannungsfeld divergierender Macht-, Wirtschafts- und Sicherheitsinteressen. Die deutsche Frage ist daher stets auch eine europäische Kernfrage geblieben.

---

115 *Von Aretin,* Vom Deutschen Reich zum Deutschen Bund, S. 79f.

Beide deutschen Großmächte versuchten zwischen 1792 und 1815 immer wieder, ihre machtpolitische Stellung in Deutschland auf Kosten anderer Territorien zu verbessern, um ihr Gewicht und ihren Einfluß in Europa zu erhöhen. Beide strebten daher nach einer Umgestaltung des Reiches im Sinne ihrer Interessen. Diskutiert wurde dabei immer wieder eine Aufteilung des Reiches in machtpolitische Interessenräume. Der Frieden von Lunéville (9. Februar 1801) gestand Frankreich und Rußland als Garantiemächten der Reichsverfassung in der Säkularisation geistlichen Besitzes im rechtsrheinischen Deutschland eine Mitsprache zu. Der Umfang der Entschädigung für linksrheinische Verluste war in Lunéville nicht festgelegt worden. Wenn es 1803 durch den Reichsdeputationshauptschluß (i. e. die Säkularisation *aller* geistlichen Fürstentümer) zum »Umsturz der Reichsverfassung«[116] kam, so spielten hier insbesondere folgende Aspekte eine Rolle:

1. Österreich versuchte in Überschätzung seiner Möglichkeiten die Entschädigungsfrage für sich zu nutzen und lehnte einen von Preußen akzeptierten russischen Vermittlungsvorschlag ab (Erhalt von wenigstens drei geistlichen Fürstentümern).
2. Preußen besetzte 1801, angeregt durch Frankreich und Rußland, das mit Großbritannien verbundene Kurfürstentum Hannover. Dies war der Startschuß für tiefgreifende territoriale Veränderungen in Mitteleuropa.
3. Die mittleren Territorien des Reiches (Bayern, Baden, Württemberg, Hessen) strebten zur Staatssouveränität, aus der Zwangsjacke des Reiches hinaus. Die Entstehung von geschlossenen sozialen Einheiten durch territoriale Arrondierung um einen Kern mußte zwangsläufig den hierarchisch gegliederten Charakter des Reiches zugunsten eines föderalistischen Bundes verändern.
4. Das Staatssouveränitätsprinzip der sich ausbildenden Territorien konnte aus wirtschaftspolitischen Überlegungen keine Enklaven dulden, d. h. auf die Säkularisation mußte bald die Mediatisierung der kleineren, weltlichen Reichsstände folgen (Reichsstädte, Reichsritter, Grafschaften, Fürstentümer kommen unter die Herrschaft eines Landesherren).

---

116 Karl Otmar Frhr. *von Aretin,* Das Reich. Friedensgarantie und europäisches Gleichgewicht 1648–1806. Stuttgart 1986, S. 48.

5. Säkularisation und Mediatisierung beraubten den Kaiser seines reichspolitischen Rückhalts. Eine Auflösung des Alten Reiches war vorprogrammiert. Preußen und Österreich mit ihrer relativen Modernität würden mit seiner Auflösung nicht mehr einer Masse von Reichsständen gegenüberstehen, sondern einer Anzahl von Mittel- und Kleinstaaten mit allen Voraussetzungen für eine moderne Staatsorganisation.
6. Zwischen Frankreich und Rußland kam es zu einer geheimen Interessenabstimmung in der deutschen Entschädigungsfrage. Unter vorläufiger Beibehaltung der Reichsverfassung lief sie auf eine Neuordnung der deutschen Staatenwelt hinaus. Das »Deutsche Reich, in Wahrheit in zwei Reiche aufgegliedert«,[120] schrieb Napoleon an Talleyrand, werde den traditionellen österreichisch-preußischen Gegensatz in Mitteleuropa wiedererstehen lassen, der im französischen Interesse liege. Diese bereits 1802 gefallenen Vorentscheidungen beließen der Reichsdeputation zur Abwicklung des »Entschädigungsgeschäftes« keinen Verhandlungsspielraum. Der Reichsdeputationshauptschluß vom 25. Februar 1803 entsprach so dem französisch-russischen Entschädigungsplan.

Großbritannien, über Hannover selbst Reichsstand, konnte in den Entschädigungsprozeß nicht eingreifen. Im französisch-russischen Vorgehen sah es eine Verletzung der Friedensverträge von Lunéville und Amiens, was bei der Wiederaufnahme des Krieges eine Rolle spielte. Nach den Ergebnissen von 1803 wollte Großbritannien eine Neuordnung des Alten Reiches unter britischer Mithilfe, unter Ausschluß Frankreichs. Die Organisationsform mußte dergestalt sein, daß Frankreich unzufriedene Reichstände, deren Interessen zu wenig berücksichtigt zu sein schienen, nicht gegeneinander ausspielen und seinen machtpolitischen Zielen dienstbar machen konnte. Für Mitteleuropa war ein Verfassungsrahmen zu finden, der ihm nach innen und außen mehr Sicherheit und politisches Gewicht geben würde. Ein funktionsfähiger staatlicher Körper im

---

120 Correspondance de Napoléon Ier, Publiée par ordre de l'Empereur Napoléon III. 32 Bde. Paris 1860–1869. Bd. 7: Nr. 6019 Napoléon – Citoyen Talleyrand. Paris 3. 4. 1802, S. 427f. *(»l'empire d'Allemagne se trouvera véritablement divisé en deux empires«)*. Vgl. auch *Gruner*, Struktur des europäischen Friedens I, S. 62 und *von Aretin*, Das Reich, S. 46f.

Herzen Europas lag im europäischen Gesamtinteresse, war wohl aber ohne eine österreichisch-preußische Zusammenarbeit nicht zu erreichen. In seinem Memorandum über die Befreiung und Sicherheit Europas von 1805 regte William Pitt der Jüngere daher ein gemeinsames Verteidigungssystem der deutschen wie der italienischen Staaten an. Eine Sondergarantie Großbritanniens und Rußlands sollte dieses grundsätzlich absichern. Durch eine Modernisierung und Reform der Reichsverfassung unter der Federführung Großbritanniens, Rußlands, Österreichs und Preußens hofften die Briten, die Funktionsfähigkeit des Alten Reiches wiederherzustellen. Georg III. und weite Teile der britischen Machtelite haben am Gedanken der Erneuerung des Reiches durch Reorganisation bis zum Wiener Kongreß festgehalten. Die nationalen und internationalen Rahmenbedingungen für diese Lösung waren jedoch bereits 1805 nicht mehr gegeben.

Die Parteigänger des Alten Reiches besaßen nach 1803 nicht die Kraft, oft auch kaum mehr den Willen zur Erneuerung. Politisches Prinzip der größeren Territorien wurde es, möglichst großen Territorialgewinn aus der »Konkursmasse« des Reiches für sich zu sichern. Reforminitiativen waren hier nicht zu erwarten. Angesichts der politischen und militärischen Konstellationen von 1805/06 hatte der Hardenbergsche Verfassungsplan zur Erneuerung des Reiches auf föderativer Grundlage keine Realisierungschancen. Von Interesse ist er aber vor allem auch deswegen, weil die Grundgedanken in unterschiedlichen Variationen bei den Verfassungsdiskussionen der Jahre 1812–1816 immer wieder auftauchen.[118]

Hardenberg schlug 1806 für das Reich einen aus drei Föderationen zusammengesetzten Staatenbund vor (die preußisch geführte norddeutsche, die bayerisch geführte süddeutsche und die österreichische Föderation). Der Kaiser sollte seine Vorrechte behalten.

Verwirklicht aber wurden 1806 Napoleons deutschlandpolitische Ordnungsvorstellungen. Der Preßburger Friede (26. Dezember 1805) stärkte auf Kosten Österreichs die mit Napoleon verbündeten süddeutschen Mittelstaaten. Damit war ein leistungsfähiges »Drittes Deutschland« entstanden. Im Konfliktfall konnte es eine Pufferfunktion zwischen Österreich und Frankreich übernehmen. Dar-

---

118 Zum Hardenbergplan von 1806 vgl. *von Aretin*, Vom Deutschen Reich zum Deutschen Bund, S. 95.

über hinaus besaß es ein den beiden deutschen Großmächten gleichwertiges Eigengewicht. Nach Preßburg war das Ende des Alten Reiches nur noch eine Frage des Zeitpunktes. Welche neue Organisationsform würde Mitteleuropa dann annehmen? 1805/06 gab es hierfür nur zwei Alternativen:

1. *Napoleon* erneuert und führt das »Reich Karls des Großen«.
2. Auflösung des Reiches und Bildung eines Süddeutschen Bundes.

Auf Initiative Talleyrands hatte sich Napoleon bereits für einen Fürstenbund unter französischem Protektorat entschieden. Die Mittelstaaten sträubten sich zunächst gegen eine vom Reich unabhängige, französisch kontrollierte Organisationsform. Ihnen wäre eine lockere, die eigene Souveränität kaum berührende Allianz sehr viel lieber gewesen. Nur unter massivem Druck unterzeichneten sie die Rheinbundakte (27. Juli 1806). Die Niederlegung der Kaiserkrone durch den Habsburger Kaiser (6. August 1806) beendete die 900jährige Existenz des Heiligen Römischen Reiches. Würde Deutschland nach dem Ende des Alten Reiches nur noch ein geographischer Begriff sein? Oder konnten sich im Krieg und aus dem Krieg neue Formen des Zusammenlebens der Deutschen unter einem Verfassungsdach entwickeln, die den Interessen der Deutschen entsprachen und gleichzeitig im Einklang mit den Bedürfnissen ihrer europäischen Umwelt standen? Dies wurde zu einer Kernfrage für die Geschichte Deutschlands und Europas.

Seit dem Westfälischen Frieden (1648) war Deutschland einen an der Reichsverfassung ausgerichteten Weg gegangen. Die territorialen Veränderungen und die politisch-militärischen Entwicklungen seit 1803 leiteten in Deutschland Reformen ein. Sie sollten innerhalb weniger Jahre Deutschland ein neues Gesicht geben und Strukturen schaffen, die noch heute vorhanden bzw. spürbar sind. Die Modernisierung wurde zu einem Mittel der Selbstbehauptung und der Absicherung der Souveränität. So galt es für die Rheinbundstaaten zu verhindern, daß aus dem Defensiv- und Offensivbündnis unter dem Protektor Napoleon ein Bund gleichgeschalteter Napoleonischer Modellstaaten wurde. Die Reformen der Jahre 1804/06–1815 bedeuteten einen entscheidenden Schritt auf dem Weg Deutschlands zum modernen Staat. Sie schufen darüber hinaus in den Kriegsjahren einen Rahmen, der 1814/15 eine Rückkehr zu den Strukturen des Alten Reiches unmöglich und damit die Neuordnung des mitteleuropäischen Raumes politisch und territorial erforderlich machte. Die territorial arrondierten und recht selbstbewußten deutschen Mittelstaaten waren in den Jahren des Napoleonischen Umbruchs zu einem neuen, gewichtigen Faktor für die deutsche Geschichte geworden. Ihr staatliches Selbstverständnis ließ sie, ähnlich wie Preußen und Österreich, das Interesse an der Wiederherstellung der Einheit des Reiches verlieren.

Als sich 1812 die Kriegswende abzeichnete, wurde auf den verschiedensten Ebenen die Frage der zukünftigen Organisationsform Mitteleuropas diskutiert, vor allem drei Grundformen:

1. Wiedererrichtung des Alten Reiches unter dem Erzhaus Österreich mit funktionsfähiger, reformierter Reichsverfassung;
2. Kondominium Österreichs und Preußens über Deutschland mit dem Main als Grenze der jeweiligen Einflußzone;
3. eine bündische Lösung der Verfassungsfrage, bei der verschiedene Modelle diskutiert wurden.

In seiner St. Petersburger Denkschrift (17. September 1812) diskutierte der Freiherr vom Stein die Frage der Deutschland »zu erteilende(n) Verfassung«. Wunschziel war ein einziger, kräftiger Staat, Alternative eine österreichisch-preußische Hegemonie in Deutschland. Voraussetzung für beide mußte die Auflösung des Rheinbundes sein. Im Grunde aber wollte Stein, das zeigen auch seine späteren Denkschriften, einen nationalen deutschen Staat mit monarchischer Spitze, unter Gewährung von Mitspracherechten an seine mündigen Bürger. Seine staatenbündischen Alternativen sind mehr Rücksichtnahme auf russische Wünsche als Überzeugung. In den Jahren 1812–1815 verfocht Stein, unterstützt von Humboldt und zahlreichen patriotischen Publizisten, den Gedanken einer nationalstaatlichen Lösung der deutschen Verfassungsfrage mit weitestgehend zentralistischer Exekutivgewalt und einer Nationalrepräsentation als Legislative. Deutschland sollte aus den Kriegen groß und stark hervorgehen, »um seine Selbständigkeit und Unabhängigkeit und Nationalität wieder zu erlangen und zu behaupten in seiner Lage zwischen Frankreich und Rußland – dieses ist das Interesse der Nation und ganz Europas, es kann auf dem Wege alter, zerfallener und verfaulter Formen nicht erhalten werden«.[119]

Steins Vorstellungen gingen auch in die Proklamation von Kalisch (25. März 1813) ein: Die Fürsten und Völker Deutschlands sollten

---

119 Walther *Hubatsch*/Erich *Botzenhardt* (Hrsg.), Freiherr vom Stein. Briefe und amtliche Schriften. Bd. III. Stuttgart 1961, S. 818.

gemeinsam die neue verfassungsmäßige Organisation Deutschlands erarbeiten. Auf die Kalischer Proklamation[120] beriefen sich später alle, die das Reich als Bundesstaat mit nationaler Repräsentation erneuern wollten. Eine derartige Verfassungsstruktur war nicht allein für deren deutsche Gegner unannehmbar. *Ein zentralistisch organisierter deutscher Nationalstaat und damit ein mächtiges europäisches Zentrum war aus der Sicht der Nachbarn der Deutschen unvereinbar mit einer Friedensordnung der Stabilität und des Gleichgewichtes. Diese Haltung entsprang dem Sicherheitsbedürfnis von Völkern, die gerade erst die Napoleonische Hegemonie über Europa erlebt hatten und daher an der Wiederherstellung einer funktionsfähigen europäischen Gleichgewichtsordnung interessiert waren. Sie richtete sich nicht gegen die deutsche Nation, sondern gegen das Sicherheitsrisiko, das hegemoniale Ordnungsstrukturen generell für die Staatenbeziehungen bedeuten.* Hieraus ergab sich der Wunsch, eine Organisationsform für das »Band der deutschen Nation« zu finden, die Deutschland als politischem Körper mehr Einheit, Stabilität und Gewicht geben konnte und direkte Einmischung der europäischen Nachbarn in die deutsche Politik verhindern würde. *Die neue Form deutscher Staatlichkeit sollte* somit *auch eine europäische Friedenssicherungsfunktion übernehmen.*

Die Deutschlandpläne Steins waren mit den politischen Rahmenbedingungen Europas in der Schlußphase der Napoleonischen Kriege unvereinbar. Er träumte von einem mächtigen deutschen »Reich«, das, wie auf dem Höhepunkt des mittelalterlichen Kaisertums, eine entscheidende Rolle in der europäischen Politik spielte. Der Einfluß fremder Mächte, wie Frankreichs, auf die deutsche Politik würde ausgeschaltet, die Gefahr eines russischen Expansionismus und europäischen Hegemonialstrebens gebannt. Expansiven Bestrebungen europäischer Mächte bereits durch die Friedensordnung einen Riegel vorzuschieben, entsprach durchaus auch den Vorstellungen der britischen Regierung und des hannoverschen Chefministers Graf Münster. Allerdings könnte ein zentralistisch organisiertes Deutschland seinerseits zum europäischen Gravitationszentrum werden, hegemoniale Tendenzen entwickeln und da-

---

120 Proklamation von Kalisch, abgedruckt in: Philipp Anton Guido *von Meyer* (Hrsg.), Corpus Iuris Confoederationis Germanicae. Frankfurt/M. ^{3}1858 (ND Aalen 1978), S. 146f.

durch das europäische System destabilisieren. Aus der Sicht seiner internationalen Umwelt durfte aber Deutschland als europäischer Zentralstaat nicht zu mächtig werden; jedoch mußte es in seiner politisch-militärischen Organisationsform stark genug sein, um einen Angriff auf Deutschland für den Angreifer zu einem Risiko werden zu lassen. Die Verfassungspläne Steins ließen sich ohne die Zustimmung der europäischen Großmächte nicht realisieren. Sie würden sich kaum vor einen Verfassungskarren spannen lassen, der ihrer eigenen Interessenlage widersprach. Eine Zustimmung wäre allenfalls von Österreich zu erhalten gewesen. Preußen als europäische Großmacht konnte und wollte keinen Souveränitätsverzicht zugunsten Österreichs leisten. Dies galt auch für die Mittelstaaten, die ihre erst wenige Jahre vorher gewonnene Unabhängigkeit nicht aufzugeben bereit waren. Sie widersetzten sich daher entschieden allen Kräften, die einen unitarisch organisierten deutschen Staat anstrebten.

Sehr viel größeres Gespür für das in der deutschen Verfassungsfrage als einer auch europäischen Problematik politisch Durchsetzbare hatte Münster. In einem Memorandum für Prinzregent Georg über die deutsche Verfassungsfrage (5. Januar 1813) diskutierte er Probleme der Wiederherstellung des Reiches unter österreichischer Führung, der Teilung Deutschlands zwischen Österreich und Preußen »nach dem Lauf des Mains« und eines »Kondominiums« der deutschen Vormächte auf föderativer Grundlage:

Eine österreichische »Oberherrschaft« in Deutschland sei nicht zu verwirklichen. Europa werde nicht zulassen, »Österreich mit ganz Deutschland zu bereichern«. Eine österreichisch-preußische Gemeinschaftsherrschaft über Deutschland erscheine ebenfalls nicht als zukunftsträchtige Lösung, werde es doch »gewiß Rußland, England und Schweden und alle Norddeutschen gegen sich haben«. Derartige Lösungsvorschläge für die Frage der deutschen Einheit könnten eher das Gegenteil bewirken. Sie würden dem europäischen Zentrum nicht die gewünschte politische Stabilität geben, sondern die Kräfte zersplittern und alte Gegensätze und Rivalitäten aus dem »Alten Reich« neu beleben. Diese Lösung könne daher nicht im Sinne einer dauerhaften Friedensordnung liegen.[121] Die Wiederherstellung des Reiches mit einem Kaiser an der Spitze er-

---

121 Niedersächsisches Hauptstaatsarchiv Hannover (*NHStA*) Dep. 110/A

schien Münster am besten und einfachsten. Allerdings könne das Reich seine Aufgabe in Europa »als Ruhepunkt seines Gleichgewichtes« erst dann erfüllen, wenn die gravierenden Mängel der alten Reichsverfassung beseitigt sein würden.

Die verfassungspolitischen Äußerungen Münsters in der Endphase der Napoleonischen Kriege sind vor allem deswegen bedeutsam, weil sie immer wieder den Gedanken der Stabilisierung Mitteleuropas und seiner Einbeziehung in das europäische Staatensystem aufgreifen. Dabei waren ihm zwei Dinge wichtig:

1. »Deutschland eine solche Verfassung zu geben, die dem *Volke Schutz gewähre* vor der *Unterdrückung der Fürsten*, und dem Oberhaupte eine genügend starke moralische und physische Macht verleihe, um das Gleichgewicht zwischen den deutschen Staaten zu erhalten, und ihm zugleich ausreichende Mittel biete zu ihrer Verteidigung gegen jedweden Angriff von außen«[122]
2. Das neue Reich sollte durch eine europäische Garantieleistung zusätzlich gesichert werden.

Wie auch der britische Außenminister, sah Münster in der Schaffung eines »deutschen Gleichgewichtes« die Voraussetzung für ein funktionierendes europäisches. Ein neues »Reich« als »größeres Österreich« ließ sich gegen Europa ebensowenig durchsetzen wie eine österreichisch-preußische Doppelhegemonie über Deutschland, die nach den Pariser Friedensverhandlungen und in der ersten Phase des Wiener Kongresses die beiden deutschen Großmächte in der Form einer bündischen Scheinlösung zeitweilig zu verwirklichen hofften. Die machtpolitischen Konstellationen in Europa und Deutschland verdeutlichten frühzeitig, daß aus deutschen und europäischen Rücksichten die deutsche Verfassungsfrage nur eine bündische Lösung zuließ. Die Deutschland als politischen Körper in Europa betreffenden Passagen des Allianzvertrages von Chaumont und des Friedensvertrages von Paris sprachen daher auch von einem »föderativen Band« (lien fédératif) als Charakteristikum für die deutsche Verfassungsordnung.

---

70 Memorandum Münsters »Sur l'Etat futur de l'Allemagne«. Vgl. auch *Gruner*, Struktur des europäischen Friedens I, S. 174 f.

122 Wilhelm Adolf *Schmidt*, Geschichte der deutschen Verfassungsfrage während der Befreiungskriege und des Wiener Kongresses. 1812 bis 1815. Stuttgart 1890, S. 45.

Es spricht für Münsters realpolitische Weitsicht, daß er im Gegensatz zu Stein schon in einem frühen Stadium (1813) den durch die europäischen und deutschen Konstellationen eingeengten verfassungspolitischen Spielraum richtig einschätzte.[123] Durch ein »Grobraster« für die verfassungsrechtliche Neuordnung Deutschlands hielt er sich Alternativen offen für eine bundesstaatliche, eine staatenbündische Lösung oder auch für eine Mischform. Preußen, Großbritannien und Hannover wollten aus unterschiedlichen Motiven eine stärker bundesstaatlich gefaßte Organisationsform. Österreich, die süddeutschen Mittelstaaten, aber auch Rußland und Frankreich sahen gleichfalls aus unterschiedlichen Überlegungen in einer staatenbündischen Struktur Deutschlands ihre Interessen am besten gewahrt. Ergebnis war der »Deutsche Bund« als Nachfolgeorganisation des Heiligen Römischen Reiches deutscher Nation. Er war eine Mischform zwischen einer staatenbündischen und einer bundesstaatlichen Organisationsform und ließ Entwicklungsmöglichkeiten in Richtung auf eine stärker bundesstaatliche Verfassung offen. Der Deutsche Bund als neues Band der deutschen Nation konnte aufgrund seiner Organisationssstruktur die ihm für das internationale System der nachnapoleonischen Zeit zugewiesene europäische Sicherungs- und Stabilisierungsfunktion ausfüllen.

2.4. Deutscher Bund und internationale Ordnung

Der Göttinger Historiker Heeren äußerte sich 1816 über das Wesen des europäischen Staatensystems und die Stellung und Aufgabe des Deutschen Bundes in dieser Ordnung: »Das Wesen dieses Staatensystems oder Inbegriffs unter einander verschlungener Staaten besteht darin, daß es ein *freyes* System, d. i. ein Inbegriff von Staaten ist, die sich bei aller äußern und innern Ungleichheit dennoch wechselseitig als frey und unabhängig von einander betrachten, und diese Freyheit und Unabhängigkeit aufrecht erhalten wollen. Dieß ist es, was die Kunstsprache der Politik sonst das *System des Gleichgewichts* nannte; dessen wahrer Werth sogleich in die Augen fällt... Europa hat den Versuch mit dem entgegengesetzten System, dem eines vorherrschenden Staats, oder, wie man es sonst nannte, einer

123 Vgl. *Gruner,* Struktur des europäischen Friedens I, S. 176ff.

Universalmonarchie, gemacht und wird ihn schwerlich erneuern wollen. Es giebt aber kein drittes; mithin geht klar daraus hervor: der deutsche Bundesstaat steht nur in so fern in Uebereinstimmung mit dem Wesen des allgemeinen Staatensystems von Europa, als er die Freyheit desselben aufrechterhalten hilft. Der deutsche Bundesstaat macht geographisch den Mittelpunct dieses Systems aus. Er berührt ganz oder beynahe, die Hauptstaaten des Westens und Ostens; und nicht leicht kann auf der einen oder anderen Seite unseres Welttheils sich etwas ereigenen, was ihm gleichgültig bleiben könnte. Aber in Wahrheit, auch den fremden Mächten kann es nicht gleichgültig sein, wie der Centralstaat von Europa geformt ist! Wäre dieser Staat eine große Monarchie mit strenger politischer Einheit; ausgerüstet mit allen den materiellen Staatskräften, die Deutschland besitzt – welcher sichere Ruhestand wäre für *sie* möglich... Ja! würde ein solcher Staat lange der Versuchung widerstehen können, die Vorherrschaft in Europa sich anzueignen, wozu seine Lage und seine Macht ihn zu berechtigen schienen?... Die Entstehung einer einzigen und unumschränkten Monarchie in Deutschland würde binnen kurzem das Grab der Freyheit von Europa.«[124]

Die Feststellungen Heerens verweisen auf ein Kernproblem, das sich jeder Form deutscher Staatlichkeit gegenüber seiner europäischen Umwelt immer wieder neu stellte und stellt. Sie verdeutlichen auch, warum die Frage nach der Organisationsform der deutschen Nation stets ein fundamentales historisch-politisches Schlüsselproblem für das internationale System gewesen und auch heute nicht zu einem antiquarischen Thema geworden ist. Darum hatte sie die Friedensstifter von 1814/15 so eingehend beschäftigt.

Die *Deutschlandfrage* und ihre Lösung war für die europäischen Großmächte eine *Sicherheitsfrage* ersten Ranges, d. h. die mitteleuropäische Neuordnung mußte ihnen das Gefühl vermitteln, daß die »Sicherung der fortwährenden, unabhängigen Existenz des je eigenen Staatsverbandes«[125] durch das neue »Reich« als Faktor der internationalen Ordnung nicht gefährdet werden konnte. Großbritan-

---

124 Adolf Ludwig Herrmann *Heeren*, Der Deutsche Bund in seinen Verhältnissen zu dem Europäischen Staatensystem. Göttingen 1816, S. 10ff.

125 Reinhard *Meyers*, Britische Sicherheitspolitik 1934–1936. Studien zum außen- und sicherheitspolitischen Entscheidungsprozeß. Düsseldorf 1976, S. 40.

nien, Rußland und auch Frankreich sahen in einem »deutschen Gleichgewicht« aus unterschiedlichen Motiven und mit divergierenden Vorstellungen über die innere Verfassung Deutschlands eine zentrale Voraussetzung zur Wahrung ihrer sicherheitspolitischen Interessen. Großbritannien hatte als europäische Großmacht ein unmittelbares Interesse an einer *deutschen Gleichgewichtsordnung*. Über Hannover konnte Großbritannien direkt in den Neuordnungsprozeß für die »deutschen Angelegenheiten« eingreifen. Als »dritte deutsche Großmacht« wurde es auch entsprechend aktiv. Die Kriege hatten verdeutlicht, daß Großbritannien kaum in der Lage war, seinen deutschen Besitz wirkungsvoll zu schützen. Also sollte Hannover in ein deutsches und europäisches Sicherheitssystem eingebunden werden, das ihm seine unabhängige Existenz gewährleisten konnte. Der mitteleuropäische Raum mußte daher eine Organisationsform erhalten, die ihn zusammenfaßte und ihm stärkeres politisches Eigengewicht geben konnte. Dies wurde zur Maxime britischer Deutschlandpolitik im 19. Jahrhundert.

Die Friedensordnung von 1814/15 sollte unter allen Umständen verhindern, daß diese Region erneut zum Schauplatz des Konfliktaustrages rivalisierender europäischer und deutscher Machtinteressen würde, die sie politisch instabil machen würden. Grundbedingung für ein »deutsches Gleichgewicht« war es daher, daß die beiden deutschen Großmächte zu tragenden Säulen des neuen deutschen »Empire« wurden, selbst aber – einzeln oder gemeinsam – keine hegemoniale Stellung in Deutschland erreichen durften. Sie mußten somit in ein bündisches (föderatives) System integriert werden, dem sie die erforderliche Stabilität geben sollten. Hier wird erneut sichtbar, daß die deutsche Frage bei der Formulierung der Kriegsziele und bei den Friedensverhandlungen von Anbeginn eine europäisch-internationale Problematik war. Die Entstehung des für die internationale Ordnung so wichtigen Deutschen Bundes als Band der deutschen Nation vollzog sich somit nicht im luftleeren Raum, sondern im Bezugsrahmen der Bedürfnisse einer europäischen Friedensordnung.

Für das internationale System der Nachkriegszeit hatte der Deutsche Bund drei Aufgaben zu erfüllen:

1. Er mußte das gemeinsame Band der Nachfolgestaaten des Heiligen Römischen Reiches deutscher Nation werden und durch seine Organisationsform den Klein- und Mittelstaaten dieses Raumes ihre staatliche Existenz garantieren.

2. Das europäische Zentrum sollte durch die Existenz des Bundes die für die Funktionsfähigkeit des europäischen Gesamtsystems und seiner friedlichen Fortentwicklung notwendige Stabilität erhalten, d. h. dem Bund wurde für die europäische Friedensordnung und das damals noch weitgehend eurozentrische internationale System die Aufgabe eines »Schlußsteins« zugewiesen. Das europäische Zentrum war somit politisch und territorial zu stärken, ohne seinerseits für die europäische Friedensordnung zum »Sicherheitsrisiko« zu werden.
3. Er sollte eine zentrale Funktion für das europäische Sicherheitssystem gegen Frankreich erfüllen. Hieran hatte insbesondere Großbritannien ein vitales Interesse, war dies doch für seine Sicherheitsinteressen und den ungehinderten Warenverkehr mit dem Kontinent von Bedeutung. Die Niederlande (Holland/Belgien) durften nicht im Besitz bzw. im direkten Einflußbereich einer europäischen Großmacht sein, um nicht zu einer ständigen Bedrohung – wie 1793 bis 1814 – für das Inselreich zu werden. Damit die Niederlande eine wirkungsvollere »Barriere«-Funktion gegen Frankreich erfüllen konnten als früher, mußten sie in sicheren Grenzen territorial gestärkt und zugleich in ein europäisches Sicherheitssystem mit antifranzösischer Spitze einbezogen werden. Eine Verbindung zwischen der zu schaffenden europäischen Mittelmacht Niederlande und dem Deutschen Bund bot sich daher an. Allerdings lag es weder im russischen noch im britischen Interesse, die Niederlande mit ihrem gesamten Territorium dem Deutschen Bund beitreten zu lassen, wie dies der Hardenbergplan von 1814 (Erneuerung des Burgundischen Reichskreises) vorgesehen hatte. Dies galt auch für die Schweiz. Für sie wurde als kleinster gemeinsamer Nenner, ähnlich wie 1831 für Belgien, die Neutralisierung auf Dauer gefunden. Der König der Niederlande trat daher für das Großherzogtum Luxemburg, das in Personalunion mit den Niederlanden verbunden war, dem Deutschen Bund bei.

Die dem Deutschen Bund in der neuen internationalen Ordnung zugewiesene funktionale Rolle – vielfach wurde und wird dies fälschlicherweise als machtpolitische Neutralisierung Mitteleuropas interpretiert – konnte er nur dann erfüllen, wenn ihm durch die territoriale und verfassungsmäßige Neuordnung die erforderliche innere und äußere Stabilität gegeben werden konnte.

2.5. Die Bedeutung der »Wiener Ordnung« für Deutschland und Europa

Trotz der schließlich im Juni 1815 wegen der Rückkehr Napoleons aus Elba überhastet zustande gekommenen Bundesakte als Grundgesetz für den Deutschen Bund, die zu einem integralen Bestandteil der Wiener Kongreßakte wurde, brachte die mehr staatenbündische Lösung der deutschen Frage, als Kernstück des europaorientierten internationalen Systems, eine entschiedene Verbesserung gegenüber der alten Reichsverfassung. Die Bundesakte von 1815 eröffnete darüber hinaus *alle* Möglichkeiten für eine Fortentwicklung des politischen Systems im Deutschen Bund und in seinen Mitgliedstaaten über eine konstitutionelle zu einer demokratisch-parlamentarischen Verfassungs- und Gesellschaftsordnung. Die Chancen wurden letztlich nicht genutzt. Eine Analyse der Entstehungsgeschichte des Deutschen Bundes zeigt, daß alle europäischen Großmächte die Einheit Deutschlands erhalten wissen wollten und so der Bund zum »Band der deutschen Nation« wurde. Sicherlich widersetzten sich Österreich, Rußland und Großbritannien einer *nationalstaatlichen* Einigung Deutschlands. Dies galt auch für Frankreich, soweit es an den Beratungen beteiligt wurde. Genauso sicher ist aber auch, daß Preußen, ebenso wie die ehemaligen Rheinbundstaaten, nicht bereit war, seine Souveränität für die nationalstaatliche Einigung zu opfern, wäre diese aufgrund der europäischen Rahmenbedingungen erreichbar gewesen. Die anderen europäischen Großmächte mußten also gar nicht durch ihre Politik die nationalstaatlichen Einigungsbestrebungen Preußens in Wien und Paris vereiteln, denn diese gab es nicht.

Welche Wirkungen hatte nun die in Wien geschaffene, mit starken sicherheitspolitischen Akzenten versehene Friedensordnung für die deutsche Staatlichkeit? Dabei müssen wir auch Konsequenzen mit in die Betrachtung einbeziehen, die von den Friedensstiftern in ihren langfristigen Folgen nicht abzusehen und auch *so* nicht gewollt waren. Es ist dies ein Phänomen, das bei der Betrachtung historischer Entwicklungen immer wieder auftaucht, insbesondere auch im Zusammenhang mit der deutschen Frage. Einige Wirkungszusammenhänge lassen sich aus den Ergebnissen der europäischen Neuordnung von 1814/15 zeigen:

1. Die 1814/15 für Mitteleuropa gefundene Neuordnung stimmte mit der Interessenlage der internationalen Ordnung überein und

sicherte Deutschland und Europa über ein halbes Jahrhundert den Frieden. Mit dem Deutschen Bund wurde 1814/15 die politisch-territoriale Einheit Deutschlands erhalten. Den verfassungsrechtlichen Rahmen bildete eine föderative staatliche Organisationsform. Im Gegensatz zu einer unitarischen Ordnung konnte sie die unterschiedlichen Modernisierungsstadien in den Mitgliedstaaten berücksichtigen, den historischen Entwicklungen der einzelnen Staaten Rechnung tragen. Darüber hinaus eröffnete die bündische Struktur einen allmählichen Angleichungsprozeß auf evolutionärem Wege ohne Belastung der internationalen Umwelt des Bundes.

2. Österreich, der Präsidialmacht des Bundes, wurde in der Wiener Friedensordnung die Rolle als Schutzmacht Italiens zugewiesen. Die europäischen Großmächte erachteten Piemont-Sardinien als militärisch zu schwach, um Italien wirkungsvoll gegen Frankreich verteidigen zu können. Seit der Französischen Revolution besaß Italien für die französische Außen- und Sicherheitspolitik hohe Priorität. Damit wurde bei einer möglichen Interessendivergenz der Träger des europäischen Sicherheitssystems gegen Frankreich ein lokaler Konflikt zwischen Österreich und Frankreich in Italien wahrscheinlich. Dies sollte sich bei verschiedenen Krisen in Italien in der ersten Hälfte des 19. Jahrhunderts zeigen (1821, 1831, 1848). Die Einigungsbestrebungen Italiens zogen Österreich zunehmend in die Auseinandersetzungen der italienischen Politik hinein, engten seinen Handlungsspielraum als Großmacht ein, schwächten es langfristig und sollten später eine vertrauensvolle Zusammenarbeit mit dem italienischen Nationalstaat erschweren. Die Österreich in Italien zugewiesenen europäischen Sicherungsaufgaben und die Erfordernisse der internationalen Ordnung bedingten den *territorialen Rückzug Österreichs aus Deutschland*. Dieser sollte sich negativ auf das österreichische Bundesengagement auswirken, die deutschsprachigen Elemente des Vielvölkerstaates Österreich zugunsten der anderen Nationalitäten zurückdrängen und dadurch u. a. seine Flexibilität und Regenerationsfähigkeit gegen Ende der Monarchie erschweren.
3. In Nordwesteuropa mußte Preußen die Hauptlast im europäischen Sicherheitssystem gegen Frankreich übernehmen. Die territoriale Westverschiebung verlagerte auch die »natürlichen Interessen«. Preußen wurde 1815 von einer ostmitteleuropäischen zu einer zentraleuropäischen Großmacht. Die territoriale

Neuordnung 1815 erweiterte den Besitzstand Preußens innerhalb der Grenzen des Alten Reiches, die auch – mit kleinen Korrekturen – die des Deutschen Bundes werden sollten. Es vergrößerte seinen deutschsprachigen Bevölkerungsanteil. Aus sicherheitspolitischen Erwägungen erhielt Preußen mit den Rheinprovinzen die industriell am weitesten entwickelten deutschen Territorien. Sie lagen zudem verkehrsgünstig zu den Häfen und im Schnittpunkt der europäischen Haupthandelswege. Durch die europäische Aufgabe der »Wacht am Rhein« verknüpfte Preußen zwangsläufig seine Sicherheitsinteressen mit denen ganz Deutschlands. Diese, verbunden mit Preußens Großmachtzielen, förderten die Tendenz, sich die Ressourcen ganz Deutschlands zu sichern, d. h. nach Deutschland hinein zu expandieren. Die Industrialisierung verschaffte Preußen ein ökonomisches, militärisches und politisches Übergewicht in Deutschland. Dieses sollte sich nach dem erzwungenen Austritt Österreichs aus Deutschland destabilisierend auf die bündische Verfassungsordnung auswirken. Das preußische Übergewicht im Kaiserreich von 1871 degradierte die bundesstaatliche Ordnung des Reiches zu einem Scheinföderalismus. Auch in der Weimarer Republik blieb das Übergewicht Preußens erhalten. Für die Alliierten im Zweiten Weltkrieg war Preußen, das bereits im Dritten Reich ein Schattendasein geführt hatte, der zu beseitigende Hort von Militarismus und Nazismus und erhielt psychologischen und symbolischen Charakter. Mit dem Kontrollratsgesetz vom 25. Februar 1947 beendeten sie daher *einmütig* die Existenz Preußens als Staat, denn weniger Deutschland als vielmehr Preußen galt als Sicherheitsrisiko für die künftige Friedensordnung. Aus verschiedensten Gründen hieß ihr Ziel in der Endphase des Krieges nicht mehr »dismemberment« Deutschlands, sondern Preußens. Preußen sollte in mehrere politische Einheiten aufgegliedert werden. In der Bildung von Nachfolgestaaten wurde die Voraussetzung für ein ausgewogenes Größenverhältnis der deutschen Staaten untereinander und für eine funktionsfähige bundesstaatliche Organisation Deutschlands gesehen. Diese erkannten die Alliierten als die der historischen Entwicklung und Geographie Deutschlands am besten entsprechende Verfassungsform, die darüber hinaus mit der Zustimmung der Bevölkerung rechnen konnte und auch die besten Chancen für den Aufbau einer Demokratie bot.

4. Aus Gründen des europäischen und deutschen Gleichgewichts wurde Preußen und Bayern, denen Sicherungsaufgaben am Rhein zugewiesen worden waren, die »Landbrücke« zwischen ihrem Kernland und den Landesteilen am Rhein versagt. Bis zur Gründung des deutschen Kaiserreiches versuchten beide mit politischen und ökonomischen Mitteln den Brückenschlag. In beiden Fällen schufen ihre hegemonialen Bestrebungen bei den Nachbarn ein Klima des Mißtrauens, das sich nachteilig auf die bundespolitische Zusammenarbeit auswirken sollte. Vor diesem Hintergrund muß auch der fehlgeschlagene Versuch, das »Dritte Deutschland« – die deutschen Staaten ohne Territorialbesitz außerhalb der Bundesgrenzen – als einen eigengewichtigen Faktor der Bundespolitik zu etablieren bzw. zwischen 1866 und 1870 einen völkerrechtlich eigenständigen »Süddeutschen Bund« zu bilden, gesehen werden.
5. Entwicklungshemmend für die politische, soziale und wirtschaftliche Verfassung des Deutschen Bundes sollte sich u. a. die aus macht-, sicherheits- und gleichgewichtspolitischen Gründen gefallene Entscheidung auswirken, die Großmächte Österreich und Preußen nur mit ihrem innerhalb der alten Reichsgrenzen gelegenen Territorium in den Bund aufzunehmen. Sie behinderten eine einheitliche Bundesgesetzgebung und die Ausbildung eines Großwirtschaftsraumes. Österreich und Preußen zeigten sich 1814/15 und 1818/19 aus Gründen der Wahrung ihrer europäischen Großmachtsouveränität und starker eigenstaatlicher Interessen nicht bereit, ihre außerhalb des Bundes gelegenen Provinzen enger mit diesem zu verbinden. Als sie 1850/51 diesen Schritt vollziehen wollten, ließ er sich gegen den Einspruch der westeuropäischen Großmächte nicht durchsetzen.

Trotz der skizzierten Vor- und Nachteile der Friedensordnung von 1815 für Deutschland bedeutete das in Paris und Wien geschaffene internationale System des multipolaren Gleichgewichtes eine staatsmännische Leistung von großer Wirkung und Tragweite. Dies gilt vor allem dann, wenn die »Epochenschwelle« vom 18. zum 19. Jahrhundert nicht nur aus der Perspektive der internationalen Beziehungen betrachtet, sondern ebenso unter dem Blickwinkel der tiefgreifenden politisch-sozialen und ökonomischen Veränderungen analysiert wird. Die Untersuchung der Wechselwirkung von außen- und innenpolitischen Einflußgrößen sowie der Eigendynamik des Staatensystems verdeutlicht, daß die Friedensordnung von 1815 *mehr* war als ein Produkt der klassischen Kabinettspolitik des 18. Jahrhunderts. Sie darf keinesfalls unreflektiert als Sieg der »Reaktion« bewertet werden. Spätestens seit 1789 waren die Beeinflussung der internationalen Politik durch die je nationalen Innenpolitiken sowie die Rückwirkungen des internationalen Systems, seines Charakters und seiner Veränderungen durch die je nationalen Innenpolitiken sichtbar geworden. Diese unauflösliche Wechselbeziehung läßt sich aus der Analyse historischer Phänomene und Prozesse nicht mehr wegdenken.

Drei Aspekte, die für die weltgeschichtliche Bedeutung der »Wiener Friedensordnung« wichtig wurden, seien abschließend genannt:

1. Die 1814/15 in Paris und Wien geschaffene europäische Ordnung hatte im wesentlichen bis zum Ersten Weltkrieg Bestand. Wäre sie ideologisch fixiert gewesen, d.h. hätte im Zentrum aller Überlegungen die Aufrechterhaltung des Legitimitätsprinzips gestanden, so hätte diese Ordnung nur wenige Jahre und nicht nahezu ein Jahrhundert überleben können.
2. Der Wiener Kongreß wurde zum ersten Kongreß der Neuzeit, bei dem es nicht um den Abschluß eines Friedens, sondern um die zusätzliche internationale Absicherung eines bereits vollzogenen Friedens ging. Der »Friedensvollzugskongreß« von Wien beschäftigte sich mit der »Ausfüllung, Präzisierung und Fortschreibung«[126] eines Friedenszustandes. Für künftige Friedenskonferenzen und internationale Verhandlungen wurde es bedeutsam, daß in Wien neue Wege der Verhandlungsführung beschritten wurden. Das großmächtliche Lenkungsgremium des Kongresses setzte Sonderkommissionen ein (u.a. Statistikkommission, Deutsches Komitée), in denen Experten entscheidungsreife Vorlagen ausarbeiteten. Die Plenarsitzungen der Großmächte wurden so entlastet. Auf dieser Ebene wurden dann vor allem politisch strittige Fragen entschieden.
3. Die Wiener Ordnung hatte versucht, die divergierenden Interessen und Ziele der Großmächte durch einen für alle tragbaren Kompromiß auszugleichen. In Paris und Wien entwickelte sich ein noch heute gültiger Grundzug der internationalen Politik: Das von den Großmächten dominierte internationale System

---

126 Heinz *Duchhardt*, Gleichgewicht der Kräfte, Convenance, Europäisches Konzert. Darmstadt 1976, S. 128.

zeigte 1814/15 und auch später seine Ausgleichfähigkeit und Flexibilität in Krisenlagen. In der multipolaren Ordnung von 1815 wurde die Entscheidung über Krieg und Frieden durch die zentrale Frage bestimmt, ob zwischen den Hauptakteuren der internationalen Ordnung ein Macht- und Interessenausgleich möglich ist. Voraussetzung hierfür war die Anerkennung bestimmter Regeln und Instrumente in den Staatenbeziehungen, die eine Lösung, Kontrolle und Lokalisierung von internationalen Konflikten ermöglichte. Die zunehmende Unfähigkeit der Großmächte zu erfolgreichem Krisenmanagement in einem sich verändernden internationalen System vor 1914 warf die Frage nach neuen, wirkungsvollen Mechanismen der Friedenserhaltung auf. Sie fanden nach dem Ersten Weltkrieg und erneut nach 1945 in der Suche nach einer zeitgemäßen, die Rahmenbedingungen hinreichend berücksichtigenden Friedensordnung mit den entsprechenden institutionellen Einrichtungen ihre Fortsetzung.

3. Der Deutsche Bund und Europa 1815–1866: Schlußstein des europäischen Friedens?

Die europäische Neuordnung von 1814/15 brachte eine für die große Mehrheit der Deutschen und Europa annehmbare Regelung der deutschen Frage in der Form des Deutschen Bundes. *Ein deutscher Nationalstaat mit einem zentralistisch ausgerichteten Organisationsaufbau*, wie ihn verschiedene Gruppen innerhalb der Nationalbewegung mit unterschiedlichen Zielsetzungen anstrebten, *hätte 1814/15 nur gegen Europa und gegen die souveränen deutschen Mittel- und Großmächte durchgesetzt werden können*. Der Drang zum Nationalstaat läßt sich nicht allein auf die Politisierung des Nationsbegriffes seit der Französischen Revolution zurückführen. Zu berücksichtigen sind auch die tiefgreifenden Veränderungen mit ihren politisch-territorialen und psychologisch-mentalen Wirkungen. Die Neuordnung Mitteleuropas hatte vielfach keine Rücksicht auf historisch gewachsene Einheiten sowie kulturelle, religiöse und ethnische Bindungen genommen. Zum neuen »Landesherren« bestand in der Regel keine emotionale Beziehung, eher ein »Feindbild«. Auf der Suche nach neuen Identitäten und Loyalitäten bot sich *die politische deutsche Nation als Ersatz* an. Die Regierungen der deutschen Mittel- und Großmächte erkannten die mögliche Sprengwirkung derartiger Bewußtseinslagen. In der Anfangsphase des Deutschen Bundes gaben sie daher einer aktiven Integrationspolitik höchste Priorität, mit dem Ziel, ein je eigenes »nationales« Staatsbewußtsein zu entwickeln.[127]

Die vom Ergebnis des Wiener Kongresses für Deutschland enttäuschte Nationalbewegung setzte auf das Prinzip Hoffnung. Statt

---

127 Vgl. *Gruner*, Die deutschen Einzelstaaten und der Deutsche Bund, in: Andreas *Kraus* (Hrsg.), Land und Reich, Stamm und Nation. Probleme und Perspektiven bayerischer Geschichte, Bd. III: Vom Vormärz bis zur Gegenwart. München 1984, S. 19–36.

sich in dem neuen Haus für die deutsche Nation – und dieses wollte und sollte der Deutsche Bund im Sinne der europäischen Friedensordnung sein – wohnlich einzurichten und an seinem Auf- und Ausbau mitzuarbeiten, wurden Utopien geboren und gepflegt.[128] Die Kritiker der deutschen Neuordnung übersahen (und übersehen), daß sie dem Deutschen Bund als einem tragenden Element des europäischen Staatensystems, als »Hauptgaranten für den Frieden auf dem europäischen Kontinent«,[129] als »Schlußstein für den Frieden in Europa« nicht gerecht werden, wenn sie ihn als innen- und außenpolitisches Zähmungsinstrument für die Deutschen in Europa bewerten. Der Deutsche Bund bedeutete weder eine Neutralisierung Mitteleuropas zugunsten der west- und osteuropäischen Flügelmächte, noch eine Pufferzone, die völkerrechtlich in der Wiener Ordnung festgeschrieben werden sollte. In dem halben Jahrhundert seiner Existenz wirkte er als zentraler Baustein des europäischen Sicherheitssystems. Durch seine immer wieder feststellbare durchaus aktive Rolle als Stabilisator des internationalen Systems erfüllte er bis in die 1850er Jahre seine europäische Aufgabe.

Der sich beschleunigende Übergang zu einem globalen internationalen System seit der Jahrhundertmitte, der Einfluß neuer, dynamischer und aggressiver Bewegungskräfte auf die nationale und internationale Politik, das sich seit der Wiederbegründung des Bundes 1851 rapide verschärfende österreichisch-preußische mitteleuropäische Hegemonieproblem mit seinen europäischen und deutschen Wirkungen, kurzsichtige partikulare Egoismen sowie, damit verknüpft, letztendlich der Fehlschlag aller Bundesreformbestrebungen erschwerten es dem Deutschen Bund zusehends, seiner internationalen Funktion und seinen nationalen Aufgaben gerecht zu werden. Seine Selbstauflösung 1866 nach der mißglückten Bundesexekution gegen Preußen war sicherlich nicht das zwangsläufige Ergebnis einer historischen Fehlentwicklung, das Ende einer europäischen Institution, die als das »schlimmste Vermächtnis Napoleons an Europa« angesehen werden muß.

---

128 Siehe oben Kap. 1.

129 *PRO* F. O. 30/10 Lamb–Hamilton private 5.3.1817.

3.1. Das europäische Gleichgewicht 1815–1848: Zwischen Legitimitätsprinzip und nationalem Interesse

Erste Belastungsproben für die Wiener Ordnung brachten die Verhandlungen zum Pariser Frieden von 1815. Mit sicherheitspolitischer Notwendigkeit begründet, forderten vor allem die beiden deutschen Großmächte und die kleineren Nachbarn Frankreichs eine Revision der französischen Grenzen von 1814 zu ihren Gunsten. Im Rausch des Sieges verloren viele der in Paris versammelten Bevollmächtigten den Blick für die Proportionen eines sicheren und dauerhaften Friedens. Sicherlich hätten es die Sieger in der Hand gehabt, wie dies Hardenbergs Denkschrift vorsah, Frankreich vollständig aufzuteilen (»Démembrement total de la France«).[130] Überzogene Forderungen, mit der Macht der Bajonette durchgesetzt, würden jedoch den Keim für neue Kriege, internationale Konflikte und Krisen in sich bergen. Nur massiver britisch-russischer Druck verhinderte 1815 einen Frieden der Rache und der Unvernunft. Beide Mächte hatten argumentiert, daß die Nachbarn Frankreichs sichere Grenzen auch ohne Annexionen erhalten könnten. Weitgehende Schonung des Gegners sei der eigenen Sicherheit dienlicher als beträchtliche territoriale Gewinne oder Kriegskontributionen, denn absolute Sicherheit könne kein Staat auf Dauer erreichen. Friedensschlüsse sollten daher, wie Castlereagh im August 1815 in einem Memorandum festhielt, für die zwischenstaatlichen Beziehungen und für das internationale System insgesamt nicht die Funktion haben, »Trophäen zu sammeln, sondern zu versuchen..., die Welt wieder zu friedlichen Gewohnheiten zurückzuführen«.[131] Eine solche Politik zeichne den Staatsmann aus, der für sein Land das Beste wolle.

Mit dem Frieden von Paris wurde auch der Allianzvertrag von Chaumont erneuert. In einem – auf dem Aachener Kongreß 1818 nochmals bestätigten – Geheimprotokoll verpflichteten sich die alli-

---

130 Vgl. *AAE* C. P. Allemagne 752, »Projet d'un Démembrement total de la France. Constaté par le témoignage public des apôtres du cabinet prussien, Paris 1815« (Paul Werner).

131 Vgl. Castlereaghs Memorandum vom 12.8.1815, abgedruckt in: Charles Kingsley *Webster* (Hrsg.), British Diplomacy 1813–1815. London 1921, S. 361 f.

ierten Großmächte zu gemeinsamen Aktionen gegen Frankreich, sollte von diesem erneut eine Gefahr für den europäischen Frieden ausgehen. Es war dies der Versuch, die geschaffene Ordnung durch ein kollektives Sicherheitssystem zu stabilisieren. Über die sich aus der erneuerten Viererallianz ergebenden Rechte und Verpflichtungen kam es zu tiefgreifenden Meinungsverschiedenheiten. Großbritannien verfocht einen »legalistischen« Standpunkt. Den Bündnisfall sah es nur gegeben, wenn tatsächlich von Frankreich eine schwere Bedrohung für den europäischen Frieden ausginge. Das Bündnis wurde rein defensiv verstanden. Mehr wäre auch innenpolitisch nicht durchsetzbar gewesen. Die kontinentalen Großmächte strebten jedoch – mit unterschiedlichen Abstufungen – mehr an; für sie bedeutete die Allianz mehr als nur eine »Notbremse«. Ihre Vertragsauslegung sah das Bündnis als Mittel zur Intervention schon bei der Gefahr eines revolutionären Umsturzes. Diese extreme Interpretation der Verträge von 1815/18 wurde von Österreich und Preußen nicht geteilt, zumal sie den Marsch russischer Armeen durch Mitteleuropa in andere europäische Länder oder nach Mitteleuropa selbst legitimiert hätten, sollten nach Auffassung des Zaren die bestehende politisch-territoriale Ordnung oder dynastische Strukturen gefährdet sein.

Zwar gelang es durch einen »Formelkompromiß«, vor der europäischen Öffentlichkeit nochmals Einheit zu demonstrieren, doch die tiefen Risse im Bündnis, der wachsende britisch-russische Gegensatz und eine Vertrauenskrise schienen auf einen Bruch hinzusteuern. Trotz Spannungen, Krisen und oftmals tiefgreifenden machtpolitisch und ideologisch motivierten Interessengegensätzen funktionierte das großmächtliche Krisenmanagement. Ihre Rolle als oberste europäische Entscheidungsinstanz konnten die Großmächte nur *gemeinsam* spielen. Damit bestand über alle divergierenden Macht-, Sicherheits- und Wirtschaftsinteressen und ideologischen Ziele hinweg ein Einigungszwang, denn die Grundstruktur der Wiener Ordnung zu bewahren, lag im Interesse aller Großmächte. Das internationale System belastende Konflikte wurden daher häufig auf Kosten kleinerer Mächte beigelegt oder durch gemeinsame bzw. stillschweigend geduldete Intervention (Neapel, Spanien, Griechenland, Belgien), durch lokal begrenzte Kriege oder aber durch Konferenzen und Kongresse, um über Verhandlungen den kleinsten gemeinsamen Nenner zu finden. Eine genaue Analyse der Mechanismen der Konfliktregulierung verdeutlicht, daß das vielbeschworene Legitimitätsprinzip bestenfalls Alibifunktion besaß. Es erlangte nie den Rang eines Dogmas. In der Argumentation wurde es nur benutzt, wenn so ideologische und/oder machtpolitische Ziele legitimiert werden sollten. Der Wunsch, eine »legitime Ordnung« zu erhalten, stieß nämlich da an seine Grenzen, wo er den nationalen Interessen entgegenstand bzw. mit den Bedürfnissen und Möglichkeiten einzelner Staaten nicht in Einklang gebracht werden konnte. Die Reaktion Europas auf die Julirevolution in Frankreich ist hierfür ein eindrucksvolles Beispiel.

In den Entscheidungsprozessen der europäischen Mächte spielten dabei, neben der völkerrechtsetzenden Wiener Ordnung von 1815, die allgemeine wirtschaftliche Rezession in Europa seit 1817 mit ihren vielfältigen Auswirkungen auf die Sozialbeziehungen, die Wirtschaftspolitik und die staatlichen Finanzen sowie die unmittelbare Wirkung der Julirevolution auf die internationale Umwelt Frankreichs (Belgien, Deutschland, Polen, Italien) eine gewichtige Rolle.

Die Vertreibung der Bourbonen und die Einsetzung des antilegitimistischen, revolutionären Königtums Louis-Philippes brachte die europäischen Großmächte in große Verlegenheit. Der Bündnisfall war eingetreten. Großbritannien, Österreich und Preußen dachten zunächst jedoch aus recht unterschiedlichen Überlegungen nicht an eine Einlösung ihrer Verpflichtungen zur Bewahrung des Legitimitätsprinzips. Nur Zar Nikolaus wollte vor dem polnischen Aufstand von 1830 marschieren. So lange das revolutionäre Regime in Paris die Grenzen von 1814/15 respektierte, tendierten London, Wien und Berlin zu einer Politik der »strikten, aufmerksamen Neutralität«. Unüberlegte Entscheidungen der europäischen Kabinette könnten in Frankreich eine Radikalisierung bewirken und zur Ausrufung der Republik führen, die wiederum Intervention und europäischen Krieg nach sich ziehen würden. Radikalisierung und Intervention könnten angesichts der Rezession, sozialer Spannungen, schlechter Ernährungslage, steigender Preise, fallender Löhne und zunehmender Arbeitslosigkeit in allen Wirtschaftsbereichen sowie lokaler Sondereinflüsse (Zölle, Steuern) von Agitatoren für ihre politischen Ziele ausgeschlachtet werden. Möglicherweise bliebe die Bewunderung der Revolution und ihrer Ziele nicht ohne Einfluß auf die innenpolitische Situation der europäischen Staaten.

Als erste Großmacht erkannte Großbritannien Ende August 1830 das Regime Louis Philippes an. Aus britischer Sicht waren die Verpflichtungen aus den Verträgen von 1815/18, soweit sie die europäische Sicherheit und die Funktionsfähigkeit des internationalen Systems betrafen, nach wie vor gegeben. Karl X. hatte jedoch nicht verfassungsgemäß regiert und daher den Anspruch auf europäische Unterstützung verwirkt. Von einer raschen Anerkennung Louis-Philippes versprach sich Großbritannien eine politische Stabilisierung in Frankreich, die Möglichkeit, friedenssichernd auf die französische Politik einzuwirken, und die Einhaltung des von Frankreich proklamierten Prinzips der Nichteinmischung für ganz Europa.

Im Laufe des September 1830, mit beeinflußt durch den Aufstand in Brüssel und die Unruhen in einigen deutschen Staaten (Hessen, Braunschweig), anerkannten auch Österreich und Preußen das neue Régime, und Zar Nikolaus tolerierte den »Barrikadenkönig« zumindest.

In der angespannten internationalen Lage des Herbstes 1830 und der folgenden Jahre gab das nationale Gesamtinteresse der europäischen Hauptstaaten der Bewahrung des Friedens höchste Priorität. Hinzu kam sicherlich, daß ein Waffengang mit einer Großmacht zur Durchsetzung des Legitimitätsprinzips immer problematisch, die Ergebnisse und Folgen unkalkulierbar und die Erinnerungen der politisch Verantwortlichen an die Napoleonischen Kriege noch zu frisch waren. Für die europäischen Mächte wurde dies zu einem wichtigen Motiv. Die Möglichkeit eines Krieges als Mittel der Politik, sollte Frankreich die bestehende internationale Ordnung bedrohen, blieb in den Überlegungen der Entscheidungsträger stets präsent. Frankreichs Europapolitik zwischen 1830 und 1841 war auch nicht dazu angetan, vor allem in den Jahren 1831/32, die Kriegsgefahr in Europa zu bannen. Die Julirevolution und ihre europäischen Wirkungen sind lange Zeit unterschätzt worden, sei es für die internationalen Beziehungen, sei es für die Innenpolitik der einzelnen Staaten.[132]

Die Julirevolution gab den radikalen Kräften, aber auch dem gemäßigten Liberalismus überall in Europa Auftrieb, so auch in Deutschland. In den nicht konstitutionellen Staaten wurden Repräsentativverfassungen gefordert und vielfach auch durchgesetzt (z. B. in Kurhessen 1831). In den süddeutschen Verfassungsstaaten, die

---

132 Vgl. Wolf D. *Gruner*, Großbritannien und die Julirevolution von 1830, in: *Francia* 9/1982, S. 369ff.

den wichtigen Schritt zur modernen Staatsbürgergesellschaft bereits 1818/20 vollzogen hatten, traten die Liberalen in den Parlamenten selbstbewußter auf. Sie verlangten konstitutionelle Zugeständnisse (Vereidigung der Armee auf die Verfassung, Ministerverantwortlichkeit, völlige Aufhebung der Pressezensur).[133] Die deutschen Großmächte, vor allem Österreich, verfolgten mit zunehmender Besorgnis die Entwicklung in den konstitutionellen Staaten. Die wachsende liberale Bewegung schien die Fortexistenz des Deutschen Bundes zu gefährden. Seit dem Herbst 1830 wurden auch immer wieder Allianz- und Föderationspläne der deutschen Verfassungsstaaten diskutiert, u. a. mit dem Ziel, Österreich aus dem Bund hinauszudrängen. Metternich seinerseits überlegte zeitweilig eine Auflösung des Bundes und eine Neutralisierung des »Dritten Deutschland« nach dem Beispiel Belgiens. Österreichs »Bundesmüdigkeit« war teilweise bedingt durch die Erkenntnis, daß sich der Bund nicht zu einem »größeren Österreich« machen lassen wollte. Gerade in den Jahren nach der Julirevolution widersetzten sich die konstitutionellen Mittelstaaten immer wieder einem Diktat der Großmächte in Fragen der inneren Sicherheit des Bundes und bei dessen Vertretung nach außen. Als in der belgisch-luxemburgischen Frage die Großmachtinteressen Österreichs und Preußens mit ihren Bundespflichten kollidierten, zwangen die Mittelstaaten sie, unter Wahrung der Rechte des Bundes friedenssichernd zu wirken.[134]

1831/32 verabschiedeten die Kammern verschiedener konstitutioneller Bundesstaaten Gesetze, die nach Meinung Metternichs im Widerspruch zu den Bundesgesetzen standen. Eine Bundeskommission erklärte Anfang Mai 1832 das badische »Gesetz über die Polizey der Presse«[135] als mit bundesrechtlichen Normen unvereinbar. Am badischen Beispiel gedachten die Vormächte ein Exempel zu statuieren, um den Einfluß des Liberalismus einzudämmen und über die Stärkung der Autorität des Bundes ihre eigene Stellung zu

---

133 Vgl. Wolf D. *Gruner*, Die deutsche Politik Ludwig I., in: *Zeitschrift für Bayerische Landesgeschichte* 49/1986, S. 449–507.

134 Wolf D. *Gruner*, Die belgisch-luxemburgische Frage im Spannungsfeld europäischer Politik 1830–1839, in: *Francia* 5/1978, S. 299–398, 370ff.

135 Wolf D. *Gruner*, Ludwig I., S. 494ff. und *Ders.*, Der Deutsche Bund, die deutschen Verfassungsstaaten und die Rheinkrise von 1840, in: *Zeitschrift für Bayerische Landesgeschichte* 53/1990, S. 51–78, S. 61.

festigen. Baden widersetzte sich den Bundesbeschlüssen. Das Hambacher Fest veränderte die bundespolitischen Konstellationen jedoch grundlegend. Die Hambacher Aufforderung an das Volk, sich gegen die bestehende Ordnung zu erheben, wertete nicht nur Metternich als Alarmzeichen. Um einem »revolutionären Flächenbrand« in Südwestdeutschland vorzubeugen, setzten Österreich und Preußen einen vorher abgestimmten Resolutionsentwurf in der Bundesversammlung durch (6 Artikel vom 28. Juni 1832). Die Annahme ist darauf zurückzuführen, daß Hambach und die französischen Juniwirren bei den Staaten des »Dritten Deutschland« die Furcht vor der »Hydra der Revolution« wachsen ließen. Ohne den Schutz des Bundes sahen sie ihre staatliche Existenz gefährdet. Die Akzente waren verschoben. »Es ist jetzt nicht mehr ein Kampf zwischen einem liberalen und einem absoluten System«, wie der britische Gesandte in Frankfurt berichtete, »es ist der Kampf mit einer revolutionären Partei, mit der die Verfechter einer gesunden liberalen Entwicklung nichts gemein haben ... Maßnahmen zur Erhaltung von Ruhe und Ordnung sind notwendig.«[136]

Dennoch glaubten Großbritannien und Frankreich, gegen die Resolution des Deutschen Bundes als »Garantiemächte« der Wiener Verträge von 1814/15 eingreifen zu müssen. In Wien und Berlin protestierten sie gegen den »unüberlegten Eifer« des Bundes und forderten die Rücknahme des Beschlusses. Der Gesamtbund wies die Proteste als Einmischung in die inneren Angelegenheiten des Bundes entschieden zurück. Die britisch-französische Intervention blieb jedoch nicht wirkungslos. Als die revolutionäre Gefahr in Deutschland gebannt schien, trugen die Proteste dazu bei, daß die Bundesmaßnahmen nicht voll zur Entfaltung kommen konnten, zumal sich Hannover auf Anraten des Londoner Kabinetts gegen den Vollzug der Beschlüsse stellte, die im Widerspruch zur neuen hannoverschen Verfassung stünden und die Monarchen in Wien und Berlin an ihr uneingelöstes Verfassungsversprechen von 1814/15 erinnerten. Hinzu kam, daß die deutschen Mittel- und Kleinstaaten ihre weitgehend oppositionelle Haltung gegen Österreich und Preußen in der Bundespolitik wieder aufnahmen, als die Ursachen für die Gefährdung ihrer staatlichen Existenz von innen und außen ge-

---

136 *Southampton University Library* Broadland Papers BP/GC/CA 535 vom 14. 6. 1832 (private & confidential).

bannt schienen. Den britisch-französischen Protest hatten u. a. außenpolitisch-ideologische Motive geleitet. Über den Deutschen Bund sollten die konservativen Ostmächte zur Aufgabe ihrer starren Haltung in der Belgien-Luxemburg-Frage gezwungen werden. In den konstititionellen Kräften in Deutschland sahen Großbritannien und Frankreich ihre natürlichen Verbündeten. Die Bundesbeschlüsse waren für sie der preußisch-österreichische Versuch, die Verfassungsstaaten in ein polizeistaatliches System zu zwingen. Damit schien die Entwicklung freier Institutionen gefährdet, die Sicherung des Weltfriedens in Frage gestellt, die mögliche Veränderung der bestehenden Staats- und Gesellschaftsverfassung mit friedlichen Mitteln blockiert, die föderative Struktur des Bundes in Gefahr.

Mit dem Protest der Westmächte im Herbst 1832 deutete sich bereits die ideologische Polarisierung im internationalen System an, die von beiden Seiten mit legalistischen, politischen, wirtschaftlichen und später auch wirtschaftspolitischen Mitteln geführt wurde.[143] Trotzdem fehlte es nicht an Warnungen vor den Gefahren einer Ideologisierung der Beziehungen zwischen Staaten. Damit würden die »Grundlagen für die Bewahrung des europäischen Friedens« zerstört. Es wäre falsch und gefährlich, die Unterschiede in den beiden politisch-sozialen Systemen zu leugnen. Der Friede als höchstes Gut und als Grundbedingung einer positiven Fortentwicklung von Wirtschaft, Gesellschaft und Staat erfordere das friedliche Nebeneinander unterschiedlicher Systeme und die stillschweigende Übereinkunft über von beiden Seiten anzuerkennende Spielregeln in der internationalen Politik. Diese 1832 geäußerte Überzeugung des britischen Botschafters in Wien hat auch heute noch uneingeschränkte Gültigkeit.[144]

In der für die Entstehung des Deutschen Zollvereins entscheidenden Phase 1829/32 waren die westeuropäischen Großmächte und Rußland durch nationale Probleme und schwelende internationale Konflikte von Mitteleuropa abgelenkt. Preußen nutzte diese Lage für seine handels- und machtpolitischen Ziele in Deutschland. Die handelspolitischen Initiativen Großbritanniens 1832/33, seine Ver-

---

143 Vgl. Heinz *Gollwitzer*, Ideologische Blockbildung als Bestandteil internationaler Politik im 19. Jahrhundert, in: *Historische Zeitschrift* 201/1965, S. 306–333.

144 *University of Southampton Library* BP/GC/BE 54 Lamb–Palmerston 12.9.1832.

suche, über Hannover auf die bundespolitische Handelspolitik Einfluß zu nehmen, um den unter seiner entscheidenden Mitwirkung entstandenen Mitteldeutschen Neutralitätszollverein vor dem Auseinanderbrechen zu bewahren, kamen zu spät. Sie konnten das Inkrafttreten des Zollvereinsvertrages zum 1. Januar 1834 nicht mehr verhindern.

Großbritannien setzte nun auf eine Politik des Arrangements und der »Eindämmung« mit dem preußisch dominierten Zollverein. Ebenso wie Frankreich sah es keine rechtliche Möglichkeit, sich »politisch« einzumischen. Wegen der höchst unterschiedlichen Wirtschaftsstruktur der Zollvereinsstaaten erwarteten die Briten eine gemäßigte Zollpolitik, die ihnen den neu formierten Großwirtschaftsraum als Markt weitgehend erhalten und für Investitionen interessant machen würde. Aus französischer Perspektive wäre es möglicherweise vorteilhaft, die Wirtschaftseinheit zu fördern, könnte diese doch von dem für die Interessen Frankreichs als gefährlich angesehenen politischen Einheitsstreben ablenken.

Es gab auch Bestrebungen, die politische Blockbildung in Westeuropa zollpolitisch zu ergänzen und als Waffe gegen die Autokratien einzusetzen. So wollte der Brite John Bowring das liberale Europa auch zollpolitisch zusammenführen. Eine Zollföderation der westeuropäischen Staaten (Frankreich, Italien, Belgien, Großbritannien, Spanien, Portugal) sollte das Schutzzollsystem der wirtschaftlich unterentwickelten Autokratien zerbrechen. Hierzu kam es jedoch nicht, da Frankreich im liberalen Westblock ideologische Gemeinsamkeiten macht- und wirtschaftspolitisch zu seinen Gunsten ausschlachten wollte. Die britisch-französischen Differenzen in der Orientalischen Frage und auf der Iberischen Halbinsel führten zum Bruch der »liberalen Allianz« und zur Wiederannäherung der Mächte der Viererallianz. Diese ermöglichte 1839 die endgültige Regelung der belgisch-luxemburgischen Frage und brachte Frankreich, wie die Rheinkrise 1840 zeigen sollte, in eine außenpolitische Isolierung und zwang es 1841, dem Vertrag der anderen Großmächte über die Orientalische Frage von 1840 beizutreten.

Die Rheinkrise und die französische Nahostpolitik bewirkten in Deutschland eine stark emotional geprägte antifranzösische Stimmung, aber auch Verbesserungen in der Bundeskriegsverfassung (jährliche Inspektionen der Bundeskontingente).

Die internationalen Krisen boten erneut die Möglichkeit, durch zeitgemäße Verbesserungen und Reformen dem Deutschen Bund als europäischem Zentralstaat mehr politisch-militärisches Gewicht zu geben, ohne ihn zu einer »kritischen Größenordnung« werden zu lassen. Die 1840 sich bietenden Möglichkeiten, auch im Bereich der Verstärkung des Einflusses der deutschen Verfassungsstaaten, wurden nicht oder nur ungenügend genutzt. Für die Zukunft sollte es aber von Bedeutung werden, daß in der Rheinkrise Österreich und Preußen sich ohne Einbeziehung des Gesamtbundes auf militärpolitische Maßnahmen verständigten. Sie liefen auf eine Zweiteilung des Bundesheeres zwischen den deutschen Großmächten hinaus. Österreich anerkannte somit militärpolitisch den preußischen Anspruch auf Alternat im Bund. Hierauf sollte Preußen in der Krimkriegskrise, 1859 und später immer wieder zurückkommen.

3.2. Die Revolutionen von 1848/49 in Deutschland und Europa: Ursachen, Ziele, Folgen

Anders als 1830 sprang 1848 der revolutionäre Funke, ausgehend von Italien, über die Pariser Februarrevolution unmittelbar auf Mitteleuropa und nahezu alle europäischen Staaten über. Was waren die Ursachen, Zielsetzungen und Folgen der Ereignisse von 1848/49 für Europa, Deutschland und die internationale Ordnung? Bedeuteten sie wirklich den »tiefsten Einschnitt in der deutschen und europäischen Geschichte zwischen der Französischen Revolution von 1789 und dem Ersten Weltkrieg 1914–1918«?[139] Wie vor der Julirevolution schufen eine europäische Absatzkrise und schlechte Ernten sozialen Sprengstoff (Hunger- und Gewerbekrise seit 1846, moderne Wachstumskrise 1847/48). Als Ursachen für die Revolutionen spielten neben sozio-ökonomischen Rahmenbedingungen auch verfassungsrechtliche und nationale Probleme eine zentrale Rolle. Die zuletzt genannten überdeckten sogar vielfach »soziale Gärungsvorgänge«. »Vorgefechte« als Anzeichen wachsender Unruhe gab es seit 1846.[140] Zwischen diesen Krisen und Konflikten gab

---

139 Michael *Stürmer*, Nationalstaat und Massendemokratie im Mächtesystem 1848 oder die Geburt eines Dilemmas, in: Josef *Becker* / Andreas *Hillgruber* (Hrsg.), Die Deutsche Frage im 19. und 20. Jahrhundert. München 1983, S. 37–50, S. 38.

140 Vgl. Theodor *Schieder*, Staatensystem als Vormacht der Welt

es jedoch keine erkennbaren Querverbindungen. Sie waren regional begrenzt und zeigten sich in innerstaatlichen Spannungen. Auffällig war, daß sie zunächst an der mitteleuropäischen Peripherie auftraten (Krakau, Schweizer Sonderbundskrieg, dänische Erbfolgefrage, Sizilien). Die Wurzeln waren ähnlich, die »sozialen Dimensionen« in jedem Land unterschiedlich.

Auch 1848 ging das »Signal« von Paris aus. Wegen der inneren Bereitschaft zur Revolution konnte diese sich wohl so schnell über Europa ausbreiten. Motive, Ziele und Ablauf waren je nach Land unterschiedlich. Sie sind nur schwer vergleichbar. Daher war die Revolution eigentlich nur »in ihrem äußeren Verlauf« ein europäisches Ereignis »und erst in dem Augenblick, in dem sie auf die Staaten des Deutschen Bundes, vor allem auf Österreich, übergriff; denn damit warf sie sowohl die deutsche Frage als nationale Frage wie auch die Verfassungsfrage im Sinne bürgerlich-liberaler Politik in den einzelnen deutschen Staaten und die Nationalitätenprobleme des Südostens, nicht zuletzt die italienische Frage, auf«.[141]

Die erfolgreiche Pariser Revolution entschied die Geschicke Frankreichs. Anders in Deutschland. Hier hatte die Märzrevolution mehrere Zentren des Geschehens. Für die Ausbreitung der Revolution war dies jedoch kein Hindernis, denn das liberale Bürgertum als Verfassungsbewegung in Deutschland hatte sich seit den frühen vierziger Jahren »zu einem einheitlichen Kraftfeld«[142] zusammengefunden. Für den mit den Revolutionen verbundenen politischen Prozeß müssen wir drei Betrachtungsebenen berücksichtigen, die in ihrer Wechselwirkung u. a. eine befriedigende Lösung der anstehenden Probleme erschwerten:

1. die Ebene der einzelnen deutschen Staaten,
2. die »Frankfurter Ebene« (Deutscher Bund, dann Vorparlament, Nationalversammlung, provisorische Reichsgewalt) und
3. die internationale Umwelt Mitteleuropas.

Erste Wirkungen zeigte die Revolution in Südwestdeutsch-

1848–1918. Frankfurt/M., Berlin, Wien 1977, S. 25ff. (= Propyläen Geschichte Europas Bd. 5).

141 *Schieder*, Staatensystem als Vormacht, S. 33.

142 *Schieder*, Staatensystem als Vormacht, S. 34.

land.[143] Ende Februar 1848 werden in Mannheim Programmpunkte beschlossen,die als »Märzforderungen« (Pressefreiheit, allgemeine Volksbewaffnung, konstitutionelle Verfassungen, Nationalparlament) später in allen deutschen Staaten erhoben werden. Damit sollte ein Grundzug des südwestdeutschen Liberalismus, die unauflösliche Verknüpfung von liberaler und nationaler Programmatik, gesamtdeutsch richtungsweisend werden.

In den meisten Mittel- und Kleinstaaten stieß die Revolution kaum auf Widerstand. Liberale Märzministerien wurden berufen, die Zweiten Kammern als Partner bei der Ausübung der Staatsgewalt im konstitutionellen Staat anerkannt. Die Preisgabe des »monarchischen Prinzips« bahnte den Übergang zum parlamentarischen Regierungssystem. In den Verfassungsstaaten wurden die bestehenden Verfassungen im liberalen Sinne ergänzt; in den anderen wurden Verfassungskommissionen eingesetzt. Ziel der »bürgerlichen Märzrevolution« waren Verfassungsrevision, Verwirklichung der Ideale der bürgerlichen Gesellschaft (Rechtsgleichheit, Meinungsfreiheit, politische Partizipation), nicht die Beseitigung der Staatsform. Die ihrem Charakter nach reformistischen Märzbewegungen machten vor den Thronen halt, agierten ohne »vorbedachten Plan«. Aufruhr und Gewalt hörten meistens auf, sobald der Fürst die Forderungen ganz oder teilweise anerkannte. Auch in Berlin und Wien wurden »Märzministerien« eingesetzt, nachdem alle Versuche, die Revolution militärisch niederzuschlagen, gescheitert waren. Für Preußen und Österreich griff die Revolution sofort über das »Ereignisfeld« Deutschland, über den engeren Bereich des Deutschen Bundes hinaus. Für Preußen stellte sich mit Posen gleichzeitig mit der deutschen auch die polnische Frage, für den Vielvölkerstaat Österreich neben der deutschen die ungarische, italienische und polnische Frage. In der Habsburger Monarchie traten das Problem der Stellung der Nationalitäten in der Monarchie sowie die Frage nach der Fortexistenz der Großmacht Österreich überhaupt hinzu. Die neue österreichische Regierung mußte zunächst

---

143 Vgl. zu diesem Komplex Dieter *Langewiesche* (Hrsg.), Die deutsche Revolution von 1848/49. Darmstadt 1983 sowie *Ders.*, Europa zwischen Restauration und Revolution 1815–1849. München 1985, S. 92ff. und Wolfram *Siemann*, Die deutsche Revolution von 1848/49. Frankfurt/M. 1985, S. 60ff.

ihre volle Aufmerksamkeit darauf richten, ein Auseinanderbrechen der Monarchie zu verhindern. Dies engte ihre Wirkungsmöglichkeit für eine sinnvolle gesamtdeutsche Politik empfindlich ein.

In Preußen versuchte Friedrich Wilhelm IV. durch das Bekenntnis zum nationalen Programm der Revolution die preußische Monarchie zu retten. Er optierte für ein einiges, freies Deutschland mit einer gemeinsamen Verfassung. Preußen sollte künftig in Deutschland aufgehen. Allerdings deutete die Formulierung im Aufruf des Königs »An mein Volk«, für Deutschland sei eine »Einheit in Verschiedenheit« anzustreben, an, daß er eine einheitsstaatliche Lösung der deutschen Frage ablehnte.

Welche Auswirkungen hatte nun der in den deutschen Einzelstaaten »mehr oder weniger gewaltsam herbeigeführte Systemwechsel«[144] auf die Bundesebene?

Gemeinsame nationalpolitische Forderung in zahlreichen Märzadressen war die Einsetzung eines deutschen Parlaments. Diese brachte sofort zahlreiche Bundesreforminitiativen auf »verschiedenen Ebenen des politischen Prozesses« hervor: Einführung konstitutioneller Prinzipien auf Bundesebene bzw. Bundesreform von oben. Beide Formen kehrten in der Bundesreformdiskussion der Jahre 1850–1866 immer wieder.

Anfang März 1848 reagierte der Deutsche Bund auf Bundesreformforderungen, setzte einen Vorbereitungsausschuß für eine Bundesreform ein (»Siebzehner Ausschuß«). Den Märzregierungen bot sich so die Chance, die deutsche Frage auf gesetzlichem Wege zu lösen und ihren Einfluß wirksam werden zu lassen. Sie signalisierten ihre Entschlossenheit, den liberalen deutschen Nationalstaat als Monarchie und nicht als Republik durch einen revolutionären Akt zu begründen. Die Bundesakte von 1815 bot den Rahmen für die notwendigen Veränderungen des politisch-sozialen Systems durch Verbesserungen und Reformen. Mit Ausnahme Bayerns wünschten die süddeutschen Mittelstaaten eine liberale, *kleindeutsche Lösung* der deutschen Frage. Die Berliner Ereignisse, verbunden mit der Schwächung Preußens durch die Revolution, warfen jedoch die Frage auf, ob Preußen für einen Herrschaftskompromiß

---

144 Karl Georg *Faber*, Deutsche Geschichte im 19. Jahrhundert. Restauration und Revolution von 1815 bis 1851. Wiesbaden 1979, S. 219 (= Leo *Just* (Hrsg.), Handbuch der Deutschen Geschichte 3/I Teil 2).

mit dem Bürgertum noch der geeignete Partner sein konnte. Eine republikanisch orientierte Minderheit im Vorparlament nutzte diese Situation innerhalb und außerhalb des Parlaments für ihre Ziele.[145]

Die aufgrund der Wahlrechtsempfehlung des Vorparlaments und des Bundesbeschlusses vom 7. April 1848 gewählte deutsche Nationalversammlung konstituierte sich am 18. Mai 1848 in der Frankfurter Paulskirche. Sie verstand sich als »Souverän der Nation«. Nach eingehenden Beratungen optierte die »Paulskirche« für einen nationalen deutschen Bundesstaat. Über die inhaltliche Ausgestaltung des »Bundesstaates« gab es jedoch unterschiedliche Vorstellungen. Neben den Verfechtern des nationalen Einheitsstaates fanden sich in der Nationalversammlung drei Spielarten von »Bundesstaat«, nämlich der »unitarische Bundesstaat«, der »Bundesstaat des föderativen Typs« und der »Bundesstaat mit starken föderativen Elementen« (Staatenverein, Staatenbund). Der Verfassungsausschuß der Nationalversammlung hatte am 20. Oktober 1848 für eine Bundesform plädiert, »die zwischen der Einheitsregierung und der bisherigen Form des Staatenbundes in der Mitte steht; die Form des Bundesstaates kann nach der allgemeinen Ansicht allein den Forderungen genügen, nur sie kann den bestehenden Verhältnissen und Interessen Deutschlands entsprechen«.[146] Kompliziert wurde die Verfassungsproblematik durch die Frage nach der künftigen Stellung Österreichs zum bzw. im deutschen Bundesstaat, kam hiermit doch auch die Frage nach der künftigen territorialen Ausdehnung Deutschlands ins Spiel. Mit der Wahl Erzherzog Johanns zum Reichsverweser und der Übertragung der Kompetenzen an ihn durch die Bundesversammlung des Deutschen Bundes schien eine großdeutsche Vorentscheidung gefallen. Der provisorischen Zentralgewalt fehlten jedoch die Machtmittel und der verwaltungsmäßige Unterbau, um Erlasse und Parlamentsbeschlüsse gegen die Einzelstaaten durchzusetzen. Es wird hier das »innenpolitische Grundproblem« der deutschen Frage deutlich, das die Beziehungen »Zentralgewalt–Einzelstaat« belastete: Kompetenzverteilung, Finanzausgleich, Einnahmeformen, Struktur der Ausgaben des

---

145 Vgl. Gunther *Hildebrandt*, Die Paulskirche. Parlament in der Revolution 1848/49. Berlin 1986, S. 163ff.

146 Zit. nach: Ernst *Deuerlein*, Föderalismus. München 1972, S. 81.

Bundes. 1848/49 sollte es nicht gelingen, »durch Entwicklung und Entfaltung des föderativen Prinzips die sich der Erhaltung einzelstaatlicher Gewalt und der Bildung einer gesamtstaatlichen Ordnung entgegenstehenden Schwierigkeiten zu überwinden«.[147] Der sich seit der Jahreswende 1848/49 verschärfende Konflikt Zentralgewalt–Einzelstaaten verdeutlichte dies. In einer Zirkulardepesche vom 23. Januar 1848 über die Lage in Deutschland schlug die preußische Regierung die Bildung eines engeren und weiteren Bundes unter einem gemeinsamen Verfassungsdach vor, unter Beibehaltung des Deutschen Bundes. Österreich, Dänemark und die Niederlande würden ihm weiterhin für ihre deutschen Territorien angehören. Diese verfassungsrechtliche Verbindung wäre vereinbar »mit dem Zusammentritt der übrigen deutschen Staaten zu einem engeren Vereine, zu einem Bundesstaate, innerhalb des Bundes«.[148] Der Zollverein habe gezeigt, daß »auch ein noch weitere Interessen umfassender Verein unter der Mehrzahl der Bundesglieder geschlossen werden und innerhalb des Bundes bestehen« könne.[149] Österreich lehnte die preußischen Vorschläge kategorisch ab. Damit rückte die Alternative »großdeutsch–kleindeutsch« in das Zentrum der Auseinandersetzungen. Die Frage nach den Grenzen eines neuen deutschen Staates wurde so zu einem machtpolitischen und verfassungspolitischen Konflikt, der die Entscheidungsfähigkeit nachhaltig belastete und lähmte. Er schränkte die aktive Handlungsfähigkeit der provisorischen Reichsgewalt in einer kritischen außen- und deutschlandpolitischen Phase empfindlich ein.

Zu Recht ist festgestellt worden, daß es den USA, die neben der Schweiz eine zentrale Rolle in der Verfassungsdiskussion spielten, in ihrer Gründungsphase bei der Verabschiedung ihrer Verfassung gelungen war, »durch Entwicklung und Entfaltung des föderativen Prinzips die sich der Erhaltung einzelstaatlicher Gewalt und der Bildung einer gesamtstaatlichen Ordnung entgegenstehenden Schwierigkeiten zu überwinden«.[150] Auch in der deutschen, einzelstaatlichen und europäischen Situation von 1848/49 schien das föde-

147 *Deuerlein*, Föderalismus, S. 84.
148 Ernst Rudolf *Huber* (Hrsg.), Dokumente zur deutschen Verfassungsgeschichte. Bd. 1. Stuttgart, Berlin, Mainz ^{3}1978, S. 363–366, S. 365.
149 *Ebda.*
150 *Deuerlein*, Föderalismus, S. 84.

rative Prinzip, ausgehend von der Bundesakte von 1815, wie die Diskussionen zeigten, in der Lage zu sein, alle an die Lösung der deutschen Frage nach innen und außen gestellten Forderungen, Erwartungen und Wünsche zufriedenstellend zu regeln und die sich wohl 1848/49 letztmalig bietende Chance zu ergreifen, eine Gestaltung des deutschen Mitteleuropa auf nationaler Grundlage herbeizuführen, die »innenpolitisch der Ersatzreligion des Nationalismus« genügen konnte [151] und außenpolitisch für das in eine Krise geratene europäische Mächtesystem erträglich war. Die Deutsche Nationalversammlung, die im Sommer 1848 das Gesetz des Handelns an sich gezogen hatte, war gefordert. In den Auseinandersetzungen, ob Deutschland künftig ein föderativer oder unitarischer Bundesstaat bzw. ein Staatenbund sein sollte, votierte schließlich eine Mehrheit der Nationalversammlung für einen unitarischen Bundesstaat. Die Reichsverfassung vom 28. März 1849 schrieb einen kleindeutschen unitarischen Bundesstaat fest, auch wenn formal die Beitrittstüre für Österreich noch nicht zugeschlagen wurde. In der Verfassung und in den Reichsinstitutionen wurde es bei der Repräsentation berücksichtigt. Bei der Entscheidung gegen eine großdeutsche Lösung der nationalen Frage spielten sicherlich die Vorgänge in der Habsburger Monarchie und die Vorschläge Schwarzenbergs von Anfang März 1849 eine zentrale Rolle.

Es lohnt sich, die starken unitarischen Züge der Paulskirchenverfassung, die mit zu ihrem Scheitern beigetragen haben, einmal genauer zu betrachten.[152] Im ersten Abschnitt über das »Reich« heißt es:

»Die einzelnen deutschen Staaten behalten ihre Selbständigkeit soweit dieselbe nicht durch die Reichsverfassung beschränkt ist; sie haben alle staatlichen Hoheiten und Rechte soweit diese der Reichsgewalt nicht übertragen sind.«[153]

Die einzelstaatliche Selbständigkeit wird hervorgehoben und im nächsten Satz wieder eingeschränkt und relativiert. Die Bestim-

---

151 *Stürmer*, Nationalstaat und Massendemokratie, S. 38.

152 Vgl. hierzu eingehender Wolf D. *Gruner*, Die Verfassungsordnung des Deutschen Bundes – Modell für die Wiedervereinigung?, in: *Politik und Kultur* 13/1986 (H. 4), S. 64–92, S. 65 ff.

153 Abgedruckt in: *Huber*, Dokumente I, S. 375–396 (Abschnitt I, Artikel I, §5).

mungen über die »Reichsgewalt«[154] verdeutlichen dann aber die starke Beschneidung der einzelstaatlichen Rechte. So beanspruchte das Reich das alleinige Entscheidungsrecht über Krieg und Frieden sowie die alleinige Verfügungsmacht über das Reichs-Heer, die Reichs-Marine und die Bundes/Reichs-Festungen. Unterstrichen wird der unitarische Zug der Verfassung auch in den Bestimmungen über den Fahneneid. Die Väter der Paulskirchenverfassung begnügten sich nicht damit, die seit 1818/19 in den Landtagen der konstitutionellen Verfassungsstaaten des Südens immer wieder erhobene Forderung nach einer Vereidigung der bewaffneten Macht auf die Verfassung aufzunehmen, sondern verpflichteten den Soldaten auch zu einem personenbezogenen Treue-Eid, d.h. Vereidigung auf die Reichsverfassung und den »Kaiser«/Reichsverweser und nicht mehr den einzelstaatlichen Souverän und die Landesverfassung. In der entsprechenden Passage der Verfassung heißt es:

»In den Fahneneid ist die Verpflichtung zur Treue gegen das Reichsoberhaupt und die Reichsverfassung an erster Stelle aufzunehmen.«[155]

Das Reichsoberhaupt sollte auch oberster Kriegsherr in Krieg und Frieden sein, eine Bestimmung, für die in der Reichsverfassung von 1871 Ausnahmen vorgenommen wurden.

Gerade aber der unitarische Tenor der Verfassung von 1849 beschwor den einzelstaatlichen Widerstand gegen die Reichsverfassung herauf. Eine ausgewogenere Föderativordnung im Sinne eines Bundesstaates des föderativen Typs, die der Bundesgewalt die zur Ausübung ihrer Aufgaben erforderlichen Kompetenzen gegeben und den Bundesstaaten größere Mitsprache gesichert hätte, wäre in der deutschen und europäischen Situation von 1848/49 chancenreicher gewesen.

Die Reichsverfassung warf neben starken bundesstaatlich-unitarischen Tendenzen ein Problem auf, das sie nicht zu lösen vermochte, das aber wegen des Modellcharakters dieser Verfassung für spätere Formen deutscher Staatlichkeit zu einer nachhaltigen Belastung, ja zu einer Schlüsselfrage der deutschen Geschichte werden sollte: Wie konnten bei einer »kleindeutschen« Lösung der deutschen Frage Preußen und sein Herrscher »zum Träger der Exeku-

---

154 *Ebda.*, Abschnitt II, S. 376–382.
155 *Ebda.*, S. 377 (II/III/§ 14).

tivgewalt« gemacht werden, »ohne daß das übrige Deutschland und die übrigen Staaten zu fürchten brauchten, von Preußen erdrückt zu werden, und ohne daß Preußen das Opfer seiner Auflösung zu bringen hatte«?[156]

Die erbkaiserliche Politik der Nationalversammlungsmehrheit scheiterte praktisch mit der Ablehnung der ihm angetragenen Kaiserkrone durch Friedrich Wilhelm IV. Zwar anerkannten 29 deutsche Regierungen im April 1849 die Reichsverfassung, doch die deutschen Großmächte und die größten deutschen Mittelstaaten (Bayern, Sachsen, Hannover) lehnten sie ab. So formulierte die bayerische Regierung in ihrer Note vom 28. April 1849 aus einzelstaatlicher Sicht zusammengefaßt die Vorbehalte gegen den unitarischen Bundesstaat. Sie sprach der Nationalversammlung das Recht ab, eine Verfassung ohne Zustimmung der Bundesstaaten zu erlassen.[157] Sie verwies auf die nachteiligen Folgen des Zentralismus für Sicherheit, Politik und Kultur in Deutschland und gab der Überzeugung Ausdruck, daß Deutschland sich als Gesamtstaat auch ohne eine Zentralregierung behaupten könne.

In diesem Zusammenhang wurde auch die Frage berührt, die bis heute in der deutschen Föderalismusdiskussion von grundlegender Bedeutung geblieben ist: die Frage des Finanzausgleichs zwischen dem Bundesstaat und seinen Gliedstaaten. Sie spielte in den Debatten von 1848/49 ebenso eine Rolle wie später zwischen 1871 und 1918 im Deutschen Kaiserreich. Das Problem kehrte in den Diskussionen um die Weimarer Verfassung und um eine Reichs(finanz)reform wieder und sollte auch die Beratungen des Parlamentarischen Rates beherrschen. Für Bayern war gerade die unbefriedigende Lösung des Finanzausgleichs der Grund für die Ablehnung des Grundgesetzes. Neben der Neugliederungsfrage steht auch heute wieder, nach der deutschen Vereinigung, die Verteilung der Finanzmittel zwischen dem Bund und den Ländern auf der Tagesordnung.

Alle Einigungsbemühungen scheiterten. Der Versuch der Zentralgewalt, die Verfassung durch einen Appell an das deutsche Volk in Kraft zu setzen, blieb ebenso erfolglos wie der außerparla-

---

156 Friedrich *Meinecke*, Weltbürgertum und Nationalstaat. München 1908, S. 469.

157 *BHStA* München MA 1389.

mentarische Versuch der Linken, die Verfassung auf revolutionärem Wege durch Bürgerkrieg zu erzwingen. Die Revolution in Deutschland war beendet. Die Frage nach der staatlichen Organisationsform Mitteleuropas stellte sich nun unter schwierigeren Rahmenbedingungen erneut, und damit die deutsche Frage als europäisches Kernproblem.

Aus der europäisch-internationalen Perspektive warfen die Revolution in Deutschland und die Versuche einer Nationalstaatsgründung für die Funktion Mitteleuropas als Stabilisator der internationalen Ordnung vor allem zwei Probleme auf:

1. Ein politisch und wirtschaftlich geeinter deutscher Nationalstaat, straff organisiert durch eine nach innen und außen handlungsfähige, mächtige Zentralgewalt, konnte zum neuen machtpolitischen Gravitationszentrum in Europa werden, mit möglicherweise destabilisierender Wirkung auf das Gesamtsystem.
2. Ein deutscher Bundesstaat auf der Basis des nationalen Prinzips warf die Frage nach seinen Grenzen auf, zwang zu Überlegungen hinsichtlich des Verhältnisses der nichtdeutschen Nationalitäten zu diesem Staat und erforderte Entscheidungen darüber, wie in diesem Staat die vitalen Interessen übernationaler Staatsgebilde (Österreich, Preußen) berücksichtigt werden konnten und sollten.

Die deutsche Revolution wurde so wegen der unauflöslichen Verknüpfung der »Grenz- und Nationalitätenfragen mit der machtpolitischen Seite der Nationalstaatsbildung... über die internationalen Zusammenhänge der ideologischen Parteiungen hinaus« von Anbeginn europäisiert.[158] Der internationalen Umwelt Mitteleuropas konnte und durfte es nicht gleichgültig sein, in welchen staatsrechtlichen und territorialen Formen die deutsche Revolution ihre Ziele verwirklichte. Für ihren Erfolg oder Mißerfolg waren daher nicht nur innerdeutsche Konstellationen von Bedeutung, sondern in hohem Maße auch die Haltung der Nachbarn zu der von der Mehrheit der Deutschen gewünschten verfassungsmäßigen Struktur des nationalen Staates. Besonderes Gewicht erhielt vor allem die Reaktion der Großmächte Großbritannien, Rußland und auch Frankreich. Unabhängig von ideologischen Überzeugungen und nationalen Interessen durfte aus ihrer Sicht der Gründungscharakter für das

158 *Faber*, Restauration und Revolution, S. 238.

»Band der deutschen Nation« von 1815 nicht angetastet werden, damit Mitteleuropa auch weiterhin seine Friedenssicherungsfunktion erfüllen konnte.

Mit Ausnahme Rußlands standen die europäischen Großmächte den deutschen Entwicklung zunächst freundlich-wohlwollend gegenüber. Allerdings gaben das Agieren Deutschlands in der Schleswig-Holstein-Frage und die »überschießende Energie«, die auf die Entstehung eines »machtvollen deutschen Nationalstaates« verwandt wurde, vielfältige Veranlassung zu Befürchtungen: Die Nationalversammlung »erstrebte nichts Geringeres als die Lösung der ›deutschen Frage‹ in einem Zuge mit ihren drei Wesenselementen: der Nationalstaats- und Großstaatsgründung, der Schaffung eines liberalen Verfassungsstaates und zugleich der sozialen Emanzipation, dies alles im Alleingang, d. h. faktisch in Konfrontation mit allen europäischen Großstaaten«.[159]

In Überschätzung der eigenen Möglichkeiten, oftmals ohne Gespür für Prioritäten und die Politik des Machbaren, versuchten starke Kräfte aus allen nationalpolitischen Lagern in einer vermeintlich günstigen Situation, einen kraftvollen deutschen Nationalstaat *gegen und nicht mit Europa* zu begründen.

Mit Aufmerksamkeit waren im Ausland deutsche Überlegungen zu den künftigen Grenzen dieses Nationalstaates registriert worden. Eine weitverbreitete österreichische Flugschrift verdeutlichte mit ihren Zielvorstellungen die potentiellen Gefahren für die europäischen Nachbarn der Deutschen:

»Durch Österreich gewinnt Deutschland die mittelländische Lage und die untere Donau, durch Preußen ... die Ostseelage und den unteren Rhein. Durch die übrigen Staatenglieder werden diese beiden Körper zu einem kompakten Ganzen vereinigt ... Das ist Großdeutschland! Das ist des deutschen Volkes würdiges Gebiet und gleichzeitig das in der Weltgeschichte ihm vorgezeichnete.«[160] Als »Herzschild Europas« sollte Deutschland als dynamischer Großstaat den europäischen Frieden machtvoll sichern.

Aus den territorialen Vorstellungen maßgebender politischer

---

159 Andreas *Hillgruber*, Die gescheiterte Großmacht. Düsseldorf ^{4}1984, S. 11.

160 Zit. nach Günter *Wollstein*, Das »Großdeutschland« der Paulskirche. Düsseldorf 1977, S. 304f.

Kräfte ergaben sich vor allem zwei Konfliktebenen zu den Westmächten und Rußland:

1. Das Ziel Großstaat an vier Meeren mit einer dominierenden Zentralstellung in Europa mußte – unabhängig von der ideologischen Orientierung – zu machtpolitischen Konflikten mit Rußland und Frankreich führen.
2. Verknüpft mit dem zu erwartenden politischen, wirtschaftlichen und militärischen Potential wurden seit der Rheinkrise von 1840 maritime Ziele (Seegeltung, Kolonien, Kriegsflotte). Diese Ambitionen mußten einen deutschen Nationalstaat in Interessengegensatz zu der Seemacht Großbritannien bringen.

Beide Konfliktebenen sollten im Vorfeld des Ersten Weltkrieges unter veränderten Rahmenbedingungen wiederkehren und zu einem belastenden Faktor für das internationale System werden.

War nun 1848/49 der tiefste Einschnitt für die deutsche und europäische Geschichte zwischen 1789 und 1917? Sicherlich nicht. Die von 1848 in die Gegenwart führenden Entwicklungslinien waren schon 1830 angelegt, insbesondere was die Bewußtseinslage der einzelnen europäischen Völker betraf. Das nationale Prinzip wurde nicht erst 1848/49 ein dynamischer Faktor der internationalen Beziehungen. Sicherlich wurde es aber seit 1848 stärker ideologisiert und vielfach machtpolitisch mißbraucht. Trotz der von Mitteleuropa ausgehenden gefährlichen Krisen wurde die Funktionsfähigkeit der internationalen Ordnung nicht sistiert. Die verstärkte Wirtschaftstätigkeit und die Industrialisierung vor allem in Deutschland können nicht als Folgeerscheinung der Ereignisse von 1848/49 bewertet werden. Die Anerkennung der provisorischen Zentralgewalt durch die USA verdeutlichte die zunehmend globale Dimension des internationalen Systems schlaglichtartig. Die Anfänge hierzu liegen in den 1820er Jahren. Die Revolutionen von 1848/49 bedeuteten somit sicherlich nicht den »tiefsten Einschnitt«, wohl aber eine wichtige Wegmarke für Europa und Deutschland, konnten doch ihre Ergebnisse nicht aufgehoben werden. Sie wirkten in die politischen Entscheidungen und in die politische Kultur der europäischen Länder hinein.

3.3. Auf dem Wege zu einem globalen internationalen System 1850–1870: Die Reichsgründung als Ergebnis der Krimkriegskonstellation?

Das internationale System von 1815 war noch weitestgehend eurozentrisch orientiert gewesen. Der militärische Konflikt in Nordamerika 1812–1814, der sich mit auf europäische Ursachen zurückführen ließ, hatte jedoch schon damals verdeutlicht:

1. Eine Globalisierung der internationalen Ordnung bahnt sich an,
2. das internationale System muß zunehmend mit überseeischen Akteuren rechnen, und
3. außereuropäische Faktoren würden immer stärker den Charakter und die Entwicklung des internationalen Systems beeinflussen.

Die endgültige Unabhängigkeit Lateinamerikas, die Verstärkung und Ausprägung transnationaler Beziehungen und Bewegungen (Ideen, Ideologien, Rechtsbeziehungen) und die Handelskontakte zu unabhängigen überseeischen politischen Einheiten gaben dem Staatensystem eine globale Qualität. Diese Tendenz verstärkte sich mit dem Ausgreifen vor allem der westeuropäischen Staaten nach Übersee auf der Suche nach neuen Märkten und Rohstoffquellen für ihre sich ausbildende oder bereits entwickelte Industriewirtschaft. Die Verlagerung europäischer Macht- und Wirtschaftsinteressen in den asiatischen Raum und nach Amerika bildete die Grundlage für spätere Konflikte, die in ihren Dimensionen um die Jahrhundertmitte noch nicht gesehen wurden – möglicherweise auch nicht erkannt werden konnten. In wichtigen Phasen der europäischen Politik im Vorfeld der Reichsgründung lenkten sie die europäischen Großmächte ab. Die potentiellen außereuropäischen Krisenzonen traten erst auf dem Höhepunkt des Imperialismus um 1900 zunehmend in das Blickfeld der internationalen Politik. Erst dann wurde vollends der Schritt von einem europäisch orientierten und dominierten zu einem globalen internationalen System mit mehreren weltpolitischen Großräumen vollzogen.

Stand eine frei vereinbarte neue Bundesakte der deutschen Staaten im Gegensatz zu den völkerrechtsetzenden Verträgen von 1814/15? Durften die Signatare der Wiener Kongreßakte, wie es Ende 1850 Prinzgemahl Albert formulierte, »in Beschlüsse und Maßnahmen eingreifen, durch die die deutschen Staaten selbst die Verfassungsordnung, die Grundgesetze und die Institutionen der

Bundesakte (von 1815) reorganisierten«?[161] Für London und Paris war der Bund 1848 de jure nicht aufgelöst worden. Damit sahen sie ihr Interventionsrecht – auch wenn der Bund 1832 und 1834 diese Rechtsauffassung abgelehnt hatte – weiterhin gegeben, sollten der Gründungscharakter bzw. die Fortexistenz des Bundes aus ihrer Sicht gefährdet sein. Folge wäre eine empfindliche Störung des europäischen Systems, sei es durch Ausfüllen des dann entstandenen machtpolitischen Vakuums durch *eine* europäische Großmacht, sei es durch die Bildung eines neuen mitteleuropäischen Machtzentrums. Die Westmächte protestierten daher 1851 gegen den völkerrechtswidrigen Schritt der deutschen Großmächte, dem restituierten Bund mit ihrem gesamten Territorium beizutreten.[162] Die Bundesversammlung lehnte den Protest als innere Einmischung ab. Zur territorialen Erweiterung des Bundes kam es schließlich doch nicht. Neben der mehr oder minder offenen Rivalität Österreichs und Preußens um die Führungsrolle im Bund dürfte das Votum der Mittelstaaten durch ein französisches Deutschlandmemorandum nachhaltig beeinflußt worden sein. Auch wenn Frankreich hier seine machtpolitischen Ziele hinter der Fassade völkerrechtlicher Argumente verschleierte, enthielt die Denkschrift[163] doch wichtige Einsichten für die deutsche Frage als europäisches Problem, die über das französische Eigeninteresse hinausreichten. Vor allem diese:

1. Bei Erweiterung des Bundes bestand die Gefahr, daß dieser zu einem »größeren Österreich«, zu dessen Rückenschild und Flankenschutz geworden wäre. Österreich hätte auf dieses Potential bei der Verfolgung seiner Großmachtinteressen zurückgreifen können, und Preußen wäre auf diesem Wege mitgerissen worden. Das verfügbare Potential hätte die Risikobereitschaft erhöht. Ein erweiterter Bund hätte Preußen und das »Dritte Deutschland« als Gegengewicht wirkungslos gemacht und damit die friedens-

---

161 *University of Southampton Library* BP/MM/GE 7 Memorandum vom 5.12.1850, zit. auch in: Wolf D. *Gruner*, Frankreich und der Deutsche Bund 1851–1866, in: Raymond *Poidevin* / Heinz-Otto *Sieburg* (Hrsg.), Deutsch-französische Beziehungen im Zeitalter des Second Empire 1851–1866. Metz 1982, S. 39–61, S. 46.

162 Vgl. *Gruner,* Frankreich und der Deutsche Bund, S. 46ff.

163 *BAF* BM I 39, französisches Memorandum vom 5.3.1851.

sichernde Rolle des Bundes für das europäische Gesamtsystem aufgehoben.
2. Der »Vielvölkerstaat« Deutscher Bund wäre zwangsläufig in Konflikt mit Frankreich geraten. Eine französische Intervention zugunsten *einer* der Nationalitäten im Deutschen Bund wäre eine Einmischung in die inneren Angelegenheiten des Bundes gewesen. Angesichts der Dynamik und Sprengkraft der politisierten Nationalbewegungen wäre Mitteleuropa zu einem Pulverfaß, zu einem Krisenherd ersten Ranges geworden, der die Kriegsschwelle gesenkt und somit die internationale Ordnung immer neuen Belastungen ausgesetzt hätte.

Wie verhielt sich nun der Gesamtbund in den internationalen Krisen der 1850er Jahre, in die seine Präsidialmacht verstrickt war? Welche Konsequenzen hatte dies für die Bundespolitik und die Haltung der Bundesstaaten?

Aus europa- und weltpolitischen Zielsetzungen hatte Napoleon III. bewußt einen Konflikt um die Heiligen Stätten in Palästina angezettelt. Er wünschte keinen militärischen Schlagabtausch, wohl aber eine machtpolitische Schwächung Rußlands. Wegen der in der Orientalischen Frage antirussischen Interessenlage Österreichs und Großbritanniens sowie des preußischen Desinteresses konnte Frankreich hoffen, die durch seine Politik der Drohungen (Belgien, Rheingrenze) wiederbelebte Bündnisformation von 1814/15 aufzubrechen. Für Zar Nikolaus bedeutete der Konflikt über eine nationale Prestigefrage hinausgreifend auch die Kraftprobe mit der Partei der Revolution, die zugunsten der konservativen Mächte entschieden werden mußte. Die Ablehnung der russischen Forderung durch das Osmanische Reich beantwortete Rußland mit der Besetzung der zum türkischen Reich gehörigen Donaufürstentümer (Moldau, Walachei).

Die russische Aktion bewerteten die anderen Großmächte als »kriegerischen Akt«, als Verletzung des Vertrages von 1841, der alle die Türkei betreffenden Angelegenheiten zur europäischen Frage erklärt hatte. Alle Versuche zur Konfliktregulierung durch Verhandlungen scheiterten u. a. an der zu geringen Kompromißbereitschaft auf beiden Seiten.

Im Vorfeld des Krimkrieges rechnete die Mehrzahl der Bundesstaaten damit, daß der Deutsche Bund in die Auseinandersetzungen im Nahen Osten hineingezogen werden würde. Zu einer Option war das »Dritte Deutschland« jedoch nicht bereit. Aus existentiellen

Gründen bevorzugte es die Neutralität des Gesamtbundes, zumal diese den Bestand des Deutschen Bundes und über ihn den europäischen Frieden sichern könnte. Im Dezember 1854 schloß Österreich eine Allianz mit den Westmächten. Die wichtigsten deutschen Bundesstaaten waren weder vorher informiert noch konsultiert worden. Österreich demonstrierte damit, daß es die Bundesmitglieder als seine Vasallen ansah, als willfährige Werkzeuge für das vermeintliche österreichische Staatsinteresse. Anfang 1855 lehnte die Mehrheit des Bundes eine Unterstützung Österreichs für den Kriegsfall ab und unterstützte Preußens Antrag auf eine bewaffnete Neutralität des Bundes. Österreich scheiterte erneut mit dem Versuch, den Bund zu einem eigenständigen, von Wien aus gelenkten Machtfaktor der europäischen Politik werden zu lassen.

Die Haltung des Deutschen Bundes in der Krimkriegskrise war – und das wird vielfach übersehen – entscheidend für die Lokalisierung des Krieges. Seine Ausweitung zum europäischen Krieg hätte die Friedensordnung von 1815 zerbrochen – mit schwer kalkulierbaren Folgen für Mitteleuropa.

Die Niederlage im Krimkrieg brachte der russischen Großmachtstellung in Europa und im Nahen Osten einen empfindlichen Rückschlag. Der Krimkrieg hatte zumindest zeitweilig eine Neuorientierung der europäischen Großmachtbeziehungen zur Folge und Veränderungen der europäischen Landkarte ermöglicht. Die Tatsache, daß zwischen 1854 und 1856 drei der fünf europäischen Großmächte gegeneinander Krieg führten, blieb nicht ohne Wirkung. Das von den europäischen Großmächten dominierte internationale System schien zur friedlichen Konfliktregulierung nicht mehr fähig oder willens. In den Jahren bis zur Reichsgründung kam es immer wieder zu Kriegen, in denen sich zwei Großmächte gegenüberstanden. Dennoch bedeutete der Pariser Frieden nicht das Ende des »Europäischen Konzerts«, das durch eine »Ära weitgehender Anarchie in den internationalen Beziehungen«[164] abgelöst wurde, charakterisiert durch ad hoc geschlossene Offensivallianzen, die an die Stelle von auf Dauer geschlossenen Defensivallianzen traten.

Von Bedeutung für die Entwicklung der internationalen Zusam-

---

164 Diese Position wird mit Recht kritisiert von Winfried *Baumgart*, Vom Europäischen Konzert zum Völkerbund. Darmstadt 1974, S. 16.

menarbeit und der Staatenbeziehungen sollten zwei Ergebnisse des Friedenskongresses von 1856 werden:

1. Der Kongreß setzte zahlreiche internationale Gremien ein, die »faktisch als ein permanentes Sekretariat des Europäischen Konzerts«[165] anzusehen waren und, wie die europäische Donaukommission, zu einer ständigen Einrichtung wurden.
2. Der Mediationsartikel des Friedensvertrages (Art. 8) bestimmte, daß bei einem Konflikt zwischen der Türkei und einem der Unterzeichnerstaaten vor einer militärischen Auseinandersetzung die anderen Signatare einen friedlichen Konfliktaustrag in dieser europäischen Frage vermitteln sollten. Dieser zukunftsweisende Grundsatz zur Kriegsverhütung sollte in europäischen Krisenlagen immer wieder angewandt werden, wenn auch vielfach ohne den erhofften Erfolg.

Im Sinne der Erhaltung des Friedens und der unkalkulierbaren europäischen Folgen eines Krieges zwischen Frankreich und Österreich in Italien wurde Großbritannien 1859 in der »italienischen Krise« als Vermittler tätig. Frankreich und Piemont waren jedoch zu einer militärischen Lösung entschlossen. Es gelang ihnen, Österreich vor der europäischen Öffentlichkeit in die Rolle des Angreifers zu drängen. Wegen seiner desolaten Finanzlage und aus innenpolitischen Überlegungen meinte Österreich eine schnelle militärische Lösung suchen zu müssen, glaubte es doch, anders seine internationale Großmachtstellung und mitteleuropäische Führungsrolle nicht bewahren zu können. Würde der Deutsche Bund erneut neutral bleiben, wie man in Paris hoffte, oder auf der Seite der Donaumonarchie in den Krieg eingreifen, wie die Wiener Regierung erwartete?

1859 stand die öffentliche Meinung in Deutschland hinter Österreich. Es wurde viel über das »große deutsche Vaterland«, über die »gemeinsame Verteidigung« deutschen Bodens gegen Frankreich, die »Verteidigung des Rheins am Po« geschrieben. Wien nützte diese Stimmungslage aus und beantragte am Bundestag »Bundeshilfe« gemäß der Wiener Schlußakte (Art. 47). Einem entsprechenden Beschluß der Bundesversammlung würde sich auch Preußen nicht widersetzen können. Um Zeit zu gewinnen, berief sich Preußen auf seine Verpflichtung als »europäische Macht« *und* als »Bun-

165 *Ebda.*, S. 10. Vgl. auch *Ders.*, Der Friede von Paris. München 1972.

desstaat«, für die Erhaltung des Friedens zu sorgen. Aus französischer Sicht schien mit der preußischen Politik der Weg zur Neutralität Preußens und damit des »Dritten Deutschland« geöffnet, die Gefahr eines Zweifrontenkrieges gebannt. Auch Österreich wurde in Erwartung einer breiten Unterstützung durch den Bund zu einer falschen Lagebeurteilung und Entscheidung verleitet. Ausgelöst durch Österreich, begann im Mai 1859 der Krieg in Italien.

Frankreich bemühte sich, den Krieg zu lokalisieren und vor allem ein Eingreifen des Deutschen Bundes zu vermeiden. Es versicherte, die Rechte und Interessen des Bundes nicht zu verletzten. Angesichts der öffentlichen Stimmung in Deutschland schienen jedoch alle Bemühungen um eine Neutralität des Bundes vergeblich. Mit nostalgischem Blick zurück auf die Befreiungskriege wurde die Stimmung antifranzösisch aufgeheizt. Frankreich mußte nun einen deutschen Angriff auf sein Territorium unter Verletzung der belgischen Neutralität als Möglichkeit einkalkulieren. Erneut erhielt die Rolle Preußens Gewicht, das sich seinerseits an Großbritannien orientierte. Diesem war an einer abwartenden, neutralen Haltung des Bundes gelegen. Trotzdem wurde eine Bundesintervention im Juni 1859 immer wahrscheinlicher. Der Druck der öffentlichen Meinung war so stark, daß die deutschen Regierungen sie in ihre Überlegungen einbeziehen mußten. Die Aufstellung eines preußischen Observationskorps am Mittelrhein und zweier Bundesarmeekorps am Oberrhein spitzten die internationale Lage bedrohlich zu. Für die mobilisierten Bundesarmeekorps beanspruchte Preußen den Oberbefehl und rechnte mit geringem Widerstand der betroffenen süddeutschen Bundesregierungen. Es war gewillt, die Gunst der Stunde für die Erweiterung seines Einflusses in Deutschland zu nutzen, über die anerkannte Hegemonie nördlich des Mains endlich Österreich die 1814/15 verwehrte Gleichberechtigung im Bund abzutrotzen, langfristig Österreich aus Deutschland hinauszudrängen und die deutsche Frage im »kleindeutschen« Sinn zu lösen.

Wenn der Krieg in Italien durch den Waffenstillstand von Villa Franca relativ schnell beendet werden konnte, so hatten hier die Teilmobilisierung des Bundes und die drohende Intervention des Bundes eine gewichtige Rolle gespielt.

Die Entscheidungsprozesse in der Krise von 1858/59 waren weitgehend an der Frankfurter Bundesversammlung und den Staaten des »Dritten Deutschland« vorbeigelaufen. Eine seit 1850/51 als notwendig anerkannte Bundesreform wurde dringender denn je. Als Ansatzpunkt bot sich die Bundeskriegsverfassung an. Die Mobilisierung des Bundesheeres 1855 hatte Mängel in den Verteidigungseinrichtungen des Bundes offenbart. Nach dem Krimkrieg kam es daher zu verschiedenen mittelstaatlichen Reforminitiativen. Ihr Anliegen war es, den österreichisch-preußischen Gegensatz, der die Bundesversammlung seit ihrer Wiederbegründung zur Kampfarena zwischen den beiden Großmächten hatte werden lassen, auf der Grundlage einer umfassenden, die divergierenden Interessen ausgleichenden Bundesreform zu überwinden, zumal eine Reform, die auf die Stärkung der Präsidialmacht Österreich zielte, nach den Erfahrungen während des Krimkrieges kaum noch möglich war. Voraussetzung für eine erfolgreiche Bundesreform waren der österreichisch-preußische Ausgleich und der Zusammenschluß des »Dritten Deutschland«. Nach dem italienischen Krieg ergriffen die Mittelstaaten erneut die Initiative, denn ihre eigenen Sicherheitsinteressen ebenso wie die des Bundes verlangten dringend nach einer funktionsfähigen Bundesarmee für den Verteidigungsfall. Insbesondere mußte die Frage des militärischen Oberbefehls bereits im Frieden geregelt werden. Zwischen 1859 und 1861 kam es zu verschiedenen Konferenzen der größeren Staaten des »Dritten Deutschland« in Würzburg, die ausgehend von militärischen Problemen auch Fragen der Gesamtreform des Bundes aufgriffen.

Es hatte sich 1859 gezeigt, daß die Donaumonarchie aus eigener Kraft zur Verteidigung ihrer Mitteleuropastellung nicht in der Lage war. Der leidenschaftlichen Parteinahme für Österreich folgte nach der Niederlage bald Enttäuschung. Der Gedanke einer »Wiedergeburt« eines preußisch geführten deutschen Bundesstaates wurde erneut aufgegriffen. Er fand seinen Ausdruck in Reden, Flugschriften und im kleindeutsch orientierten Deutschen Nationalverein.[166] Seine Forderungen und Ziele entsprachen einer Tendenz der Zeit, die nicht auf Mitteleuropa beschränkt war: Der Wunsch nach größerer Einheit und nach einer Stärkung der Bundesgewalt hatte sich

166 Vgl. hierzu Hagen *Schulze*, Perspektiven für Deutschland: Nationalverein und Reformverein, in: Adolf M. *Birke* / Günter *Heydemann* (Hrsg.), Die Herausforderung des europäischen Staatensystems. Göttingen 1989, S. 141–157 und *Ders.*, Der Weg zum Nationalstaat. München 1985, S. 102ff.

vorher schon in der Schweiz artikuliert und traf auch auf den amerikanischen Sezessionskrieg (1861–1865) zu. »Es handelte sich um ein universales Prinzip, das in dem Drang nach Stärkung der bundesstaatlichen Gewalt wirksam war.«[167] Die deutsche Einheitsbewegung, durch die Vorgänge in Italien angeregt, gehörte ebenso wie die italienische einem »internationalen Zusammenhang« an.

Die Binnenbeziehungen des Bundes wurden durch die Niederlage und den erneuten Prestigeverlust der Präsidialmacht natürlicherweise belastet. Preußens erneuter Anspruch auf Gleichberechtigung mit Österreich ließ im Bund auch die nichtmilitärischen Probleme der Bundesreform wieder aktuell werden. Die Träger der Reforminitiativen auf Regierungsebene waren die Mittelstaaten. In einer österreichisch-preußischen Doppelherrschaft über den Bund sahen sie ebenso eine Gefahr für ihre Selbständigkeit wie in den zentralistischen Bestrebungen der Nationalbewegung. Wenn die anhaltende Reformdiskussion im Deutschen Bund bis zu seiner Zerschlagung 1866 keine tiefgreifenden Verbesserungen in den Bundeseinrichtungen brachte, so lag dies nicht nur an der Destruktionspolitik Preußens, der weitgehenden Konzeptionslosigkeit der österreichischen Bundespolitik, gepaart mit massivem Vertrauensverlust, sondern auch an der Unfähigkeit des »Dritten Deutschland«, insbesondere Bayerns, zugunsten einer besseren Funktionsfähigkeit des Bundes – auch durch Schaffung eines Bundesparlaments – Souveränitätsopfer zu bringen.

Eine genaue Analyse der Bundesgeschichte zwischen 1851 und 1866 verdeutlicht eine schon früher bei den deutschen Mittel- und Kleinstaaten festzustellende Tendenz: Zu Souveränitätsverzicht zugunsten einer strafferen Organisationsform des Bundes konnten sie einzig und allein unter dem äußeren Druck einer bedrohlichen internationalen Krise oder bei Gefährdung ihrer eigenen »nationalen« Existenz gebracht werden.

Für die Entscheidungsprozesse auf dem Weg zur Gründung des preußisch-kleindeutschen Kaiserreiches sollte daher der Beitrag des

---

167 Walter *Bußmann* (Hrsg.), Europa von der Französischen Revolution zu den nationalstaatlichen Bewegungen des 19. Jahrhunderts. Stuttgart 1981, S. 57 (= *Schieder* (Hrsg.), Handbuch der europäischen Geschichte Bd. 5).

»weißen Revolutionärs« Bismarck[168] – ungeachtet seiner großen staatsmännischen Fähigkeiten und seiner Sonderstellung unter den leitenden Ministern der Staaten des Deutschen Bundes – nicht überbewertet werden. Neben wirtschaftlichen Einflußgrößen, einzelstaatlichen Rivalitäten und bundespolitischen Konstellationen erhielten die internationalen Rahmenbedingungen und ihre Rückwirkungen auf die deutsche Politik Gewicht.

Die Gründung des kleindeutschen Nationalstaates wurde zweifelsohne durch den Charakter und die Qualität der internationalen Beziehungen zwischen 1859 und 1871 begünstigt. Dabei stellt sich die noch eingehender zu untersuchende Frage, ob wir auch unter Einbeziehung der komplexen Wechselwirkungen von nationaler und internationaler Politik von einer »Krimkriegskonstellation« sprechen können, die einen preußisch-kleindeutschen Nationalstaat in Mitteleuropa als einzig mögliche, »realpolitisch« begrenzte Lösung der deutschen Frage zugelassen hat.[169] Preußen und andere Mitglieder des Zollvereins hatten seit den 1840er Jahren unter dem Einfluß einer beschleunigten ökonomischen Entwicklung den Schritt zur sich schnell ausbildenden industriellen Massengesellschaft vollzogen. Der Großwirtschaftsraum Zollverein wurde für Investoren und für die anderen Industriestaaten zunehmend als Markt interessant. Wie in den westeuropäischen Staaten gab es auch in Preußen Bestrebungen, auf der Suche nach Rohstoffquellen und Absatzmärkten über Europa hinauszustreben. Politisch dominierend blieben jedoch die »Großagrarier«. Sie dachten und handelten in kontinentalen Kategorien. Mit durch ihren Einfluß konzentrierte sich die preußische Deutschland- und Europapolitik auf Mitteleuropa. Bedeutsam war es dabei, daß sich Preußen durch den Handelsvertrag mit Frankreich 1862 der 1860 durch den Cobdenvertrag geschaffenen westeuropäischen Freihandelszone anschloß. Mit diplomatischem Geschick und Druck erzwang die »Zollvereinspräsi-

---

168 Henry A. *Kissinger*, The White Revolutionary: Reflections on Bismarck, in: *Daedalus*. Journal of the American Academy of Arts and Science 97/1968, S. 888–924.

169 Vgl. zur »Krimkriegskonstellation« neuerdings Anselm *Doering-Manteuffel*, Der Ordnungszwang des Staatensystems: Zu den Mitteleuropa-Konzepten in der österreichisch-preußischen Rivalität 1849–1851, in: *Birke/Heydemann*, Die Herausforderung des europäischen Staatensystems, S. 119–140, S. 140.

dialmacht« die Anerkennung der eingegangenen vertraglichen Verpflichtungen durch seine Partner, »zumal das außen-, finanz- und wirtschaftspolitisch angeschlagene Österreich nicht die erhoffte Unterstützung geben konnte«.[170] Dieses »handelspolitische Königsgrätz«[171] bedeutete nicht automatisch den Weg zur »politischen Verschmelzung«, wie die mittelstaatliche Bundespolitik eindringlich zeigen sollte.

Mit dem Anschluß an die westeuropäische Freihandelszone hatte Preußen den Westmächten einen interessanten Markt zugänglich gemacht. Die seit der Gründung des Zollvereins von Frankreich und Großbritannien erhoffte Liberalisierung der Handelspolitik des Zollvereins war Wirklichkeit geworden. Im krassen Gegensatz hierzu stand die protektionistische Handels- und Wirtschaftspolitik der Donaumonarchie, die zunehmend ihre Kreditwürdigkeit auf den europäischen Finanzmärkten einbüßte.

Die verstärkte Konzentration Preußens auf Mitteleuropa sahen die Westmächte und auch Rußland nicht ungern. Insbesondere die Briten, die bis in das 20. Jahrhundert zu einem Schlüssel für die Lösung der deutschen Frage werden sollten, begrüßten die Rückkehr Preußens in die ihm in der Wiener Ordnung zugewiesenen Rolle als vornehmlich »deutsche Großmacht« – im Gegensatz zur »europäischen Großmacht« Österreich. Preußens stärkeres mitteleuropäisches Engagement sahen sie nicht als Gefahr für die Stabilität des Bundes und des europäischen Systems. Preußen galt nach wie vor als »anlehnungsbedürftige« Großmacht, wie es die Londoner TIMES ausdrückte, das ohne »fremde Unterstützung weder den Rhein, noch die Weichsel gegen seine ehrgeizigen Nachbarn verteidigen« kann. Ohne den Bund schien es für Preußen keine gesicherte europäische Existenz zu geben, zumal es durch den wirtschaftlichen »Sonderbund« mit den anderen Mitgliedern eine enge Bindung eingegangen war. Wegen der Gefährdung der Friedenssicherungsfunktion des Bundes durch den österreichisch-preußischen Antagonismus befürworteten die anderen europäischen Großmächte eine

170 Hans-Werner *Hahn*, Wirtschaftliche Integration im 19. Jahrhundert. Göttingen 1982, S. 300.

171 Heinrich *Benedikt*, Die wirtschaftliche Entwicklung in der Franz-Joseph-Zeit. Wien, München 1958, in: *Wiener Historische Studien* Bd. IV, S. 58.

Reorganisation der Bundeseinrichtungen (Dreierpräsidium als Exekutivorgan) im Prinzip. Auch eine preußische Hegenomie in Norddeutschland war noch tragbar, versprach doch auch diese, Mitteleuropa größere Festigkeit und politische Stabilität zu geben. Für das Verständnis des Reichsgründungsvorgangs sind diese Rahmenbedingungen wichtig. Sie erklären, warum die politisch-militärische Konfliktstrategie Preußens zur Lösung der deutschen Frage im Sinne von Bismarcks Weihnachtsdenkschrift 1862 nicht auf den entschiedenen Widerstand Großbritanniens, Frankreichs und Rußlands stieß. Hinzu kamen innen- und außenpolitische Einflußgrößen, die das außenpolitische Konfliktverhalten dieser Staaten in den Entscheidungen von 1864, 1866 und 1870/71 mitbestimmten.

Großbritanniens Hauptaugenmerk galt der globalen Absicherung seiner Position gegen die potentiellen Weltmächte Rußland und USA. Die Beziehungen zu den USA waren seit 1850, u. a. wegen politischer und ökonomischer Rivalitäten in Mittelamerika, angespannt. Die britische Haltung zum Bürgerkrieg 1861–1865 bedeutete bis in die Zeit nach der Reichsgründung eine zusätzliche Belastung. Ein militärischer Konfliktausgleich mußte einkalkuliert werden. Um seine überseeische Handlungsfähigkeit zu erhöhen, war Großbritannien daher an einer störungsfreien europäischen Ordnung gelegen. Revisionen zur Stabilisierung des europäischen Staatensystems erschienen so durchaus wünschenswert. Veränderungen sollten jedoch friedlich erfolgen. Mit Hilfe der Kriegsverhütungsartikel des Friedensvertrages von 1856 versuchte Großbritannien 1866 und 1870, eine militärische Lösung der bundespolitischen Gegensätze bzw. der preußisch-französischen Differenzen im letzten Augenblick zu verhindern. Seine europapolitische Handlungsfähigkeit zeigte sich auch 1867 bei der Beilegung der Luxemburger Krise durch den Londoner Vertrag und bei der Abrüstungsinitiative des Frühjahrs 1870, trotz Ablenkung durch außereuropäische und innenpolitische Probleme.

Sicherlich wurde der britische Handlungsspielraum durch innenpolitische Schwierigkeiten in kritischen außenpolitischen Situationen eingeengt (Rücktritt der Regierung, Wahlrechtsreform, Irische Frage, Militärreform, Wirtschaftsprobleme). Dies hätte das Land jedoch nicht daran gehindert, bei Verletzung bzw. Gefährdung vitaler Interessen notfalls die Kriegsschwelle zu überschreiten. Die preußisch-kleindeutsche Lösung der deutschen Frage, der Großbritannien abwartend positiv gegenüberstand, schien die weltpolitische Stellung des Landes nicht zu gefährden. Ein gestärkt aus den Kriegen hervorgehendes Preußen, das als stabilisierender Faktor für das Mächtegleichgewicht zwischen Rußland und Frankreich wirksam werden konnte, lag ganz im britischen Interesse. Dies um so mehr, nachdem sich ein von Österreich geführter Deutscher Bund hierzu nicht mehr in der Lage gesehen hatte.

Von den Großmächten des 19. und 20. Jahrhunderts hat einzig Rußland durchgängig den Status besessen »oder doch so viel davon behauptet, daß es auf Deutschlands Wege zur Einheit wie in die Teilung anhaltend und folgenreich einwirken konnte«.[172]

Die unmittelbare Nachbarschaft an der geostrategisch wichtigen russischen Westgrenze spielte dabei eine zentrale Rolle, denn fürs »Kalkül der Macht... war Deutschland mithin politisches und militärisches Vorfeld des Ostens, eine Zone erhöhter Sicherheitsempfindlichkeit, der jede russische Regierung, sie mochte in Petersburg oder Moskau sitzen und ihre Sicherheit defensiv verstehen oder in der Offensive finden«, Rechnung tragen mußte.[173]

Die außenpolitische Manövrierfähigkeit Rußlands nach 1856 war eingeschränkt, u. a. wegen der Entscheidung des Zaren zur inneren Reform, zur Verbesserung der Wirtschaftsstruktur sowie zum Ausbau der verkehrsmäßigen Infrastruktur. Mit der »Rechnung auf die Zukunft« verbanden sich enorme finanzielle Lasten, die mehr oder minder zwangsläufig die Bereitschaft zu militärischer Aktion oder Intervention verminderten. Hinzu kam, daß die »innenpolitische Annäherung« Rußlands an den Westen das Bedürfnis, als »Gendarm Europas« zu agieren, herabsetzte.

Der sich abzeichnenden Neuformierung Mitteleuropas in den 1860er Jahren stand Rußland insgesamt neutral-wohlwollend gegenüber. Dabei spielten zusätzlich folgende Momente eine Rolle:

1. Rußland war durch seine Ostexpansion zur pazifischen Macht geworden. In Konkurrenz zu den Westmächten und den USA be-

---

172 Rex *Rexhäuser*/Karl Heinz *Ruffmann*, Rußland und die staatliche Einheit Deutschlands im 19. und 20. Jahrhundert, in: *Aus Politik und Zeitgeschichte* B 9/1982 vom 6. 3. 1982, S. 12–19, S. 12, abgedruckt unter dem Titel: Rußland und die Deutsche Frage in der Zeit vor 1870/71 und seit 1944/45 auch in: Josef *Becker*/Andreas *Hillgruber* (Hrsg.), Die Deutsche Frage im 19. und 20. Jahrhundert. München 1983, S. 421–434, S. 421.

173 *Ebda.*, S. 12 (S. 422).

mühte es sich, seine ökonomischen, politischen und territorialen Interessen im künftigen eigengewichtigen internationalen Großraum Fernost – besonders in China und Japan – zu sichern und zu erweitern.

2. Zum deutschen Wirtschaftsraum bestanden starke Abhängigkeiten. Eine Intervention hätte so zu wirtschaftlichen und finanziellen Engpässen führen können.
3. Bundesauflösung, Norddeutscher Bund und Reichsgründung schienen die internationale Stellung Rußlands nicht existentiell zu verändern.

1866 beteiligte sich Rußland als »Garantiemacht« des Wiener Kongresses am letztlich erfolglosen Versuch einer friedlichen Regelung der bundespolitischen Gegensätze, schlug einen europäischen Kongreß zur Neuordnung Mitteleuropas vor und erwirkte, als dieser nicht durchsetzbar war, für seine deutschen Verwandten (u. a. Baden, Württemberg, Oldenburg) mildere Friedensbedingungen. Den Krieg von 1870/71 benutzte es, um 1871 nach der einseitigen Aufkündigung der Pontusklausel des Pariser Friedens von 1856 eine Vertragsrevision zu erzwingen.

In der französischen Gesamtpolitik spielte Deutschland eine vergleichsweise untergeordnete Rolle. Es hat mehrere Konzeptionen und Optionen gegeben, von der handelspolitischen über die preußische, national-politische, mittelstaatlich-bundesreformerische bis hin zu den österreichischen Initiativen nach 1861. Sie existierten nebeneinander und wurden je nach Interessenlage entsprechend der Generallinie der französischen Politik – Revision der Verträge von 1814/15 – eingesetzt. 1866 hatte auch Frankreich einen militärischen Konfliktaustrag innerhalb des Deutschen Bundes verhindern wollen. Am Ende des Krieges von 1866 setzte es aber der Auflösung des Bundes, der nach seiner Rechtsauffassung auf »ewige Zeiten« abgeschlossen war, keinen Widerstand entgegen. »Sterben für Frankfurt« entsprach keineswegs der innen- und außenpolitischen Interessenlage Frankreichs. Zudem versprachen machtpolitische Verschiebungen in Mitteleuropa territoriale Kompensationen. Sie konnten als Instrument innenpolitischer Konfliktregulierung eingesetzt werden. Nach dem erzwungenen Ausscheiden Österreichs aus Deutschland beschränkte sich Frankreich darauf, im Prager Frieden eine unabhängige Existenz für die süddeutschen Staaten zu sichern. Sie sollten einen Südbund bilden und in ein lockeres staatsrechtliches Verhältnis zum preußisch geführten Norden treten. Frankreich hoffte, sich so Einwirkungsmöglichkeiten auf Süddeutschland zu erhalten und gleichzeitig macht- und sicherheitspolitisch einen Puffer zwischen Österreich und dem Norddeutschen Bund zu schaffen.

Die Rückschläge für die weltpolitischen Ambitionen Frankreichs (Korea 1866, Mexiko 1867) blieben nicht ohne innenpolitische Folgen, zumal das Herrschaftssystem Napoleons III. zunehmend auf Widerstand stieß. Die Bekanntgabe der preußisch-süddeutschen Schutz- und Trutzbündnisse und die Eskalation der Luxemburger Krise 1867 mit ihrer emotionalen Überhitzung brachten Frankreich und Deutschland an den Rand eines Krieges. Weitere Krisen sollten bis 1870 folgen. Trotz des Übergangs zum »liberalen Reich« (»Empire libéral«) seit 1869 schwächten die außenpolitischen Mißerfolge die innenpolitische Stellung des »plebiszitären Kaisers« Napoleon III. Sie verschärften die innenpolitische Krise in Frankreich und erhöhten die Bereitschaft der Regierung, wegen der »Spanischen Thronkandidatur« des Hohenzollernprinzen Leopold den Waffengang mit Preußen zu wagen, zumal fest mit einer süddeutschen Neutralität – trotz der Trutz- und Schutzbündnisse – gerechnet wurde. Hinter der französischen Kriegserklärung vom 18. Juli 1870 stand weniger die Absicht, die Entstehung eines kleindeutschen Nationalstaates zu verhindern, als der Versuch, die gekränkte Ehre wiederherzustellen. Im Vorfeld des Krieges gab es in der liberalen Presse und in Regierungskreisen in Paris keinerlei Anzeichen dafür, daß die Herstellung der kleindeutschen Einheit als Kriegsgrund angesehen werden würde, auch wenn sie als Ergebnis einer preußischen »Eroberungspolitik« zustande käme.

An Stimmen gegen den unnötigen Krieg hatte es nicht gefehlt. Dennoch entlud sich in der Julikrise der im französischen »Sadowa-Komplex« angelegte chauvinistische Zündstoff, den die bonapartistische Kriegspropaganda verwerten konnte. Die Reaktion des Deutschlandbewunderers Michelet war für die geistige Elite Frankreichs typisch: »Wir (haben) immer die deutsche Einheit gewünscht; aber die wirkliche, frei gewollte Einheit, nicht diese barbarische, gewalttätige und auf unwürdige Weise erzwungene Einheit.« Wenn sie schon nicht zu verhindern war, hätte Frankreich diese Form der Einheit lieber gesehen als die »Reichsgründung von oben«, erstritten auf dem Schlachtfeld.

Für Österreich war ein Arrangement mit Preußen aus außen-, finanz- und innenpolitischen Überlegungen wünschenswert. Es durfte jedoch nicht den Charakter einer *echten* politisch-militärischen Doppelleitung annehmen. Als Österreich 1861 ein preußisches Bündnisangebot ablehnte, leitete dies eine Phase der aktiven Konfrontation ein. Die Möglichkeit eines Zweifrontenkrieges in Italien und Deutschland mußte zunehmend einkalkuliert werden. Sie trat neben die zahlreichen ungelösten Probleme der Donaumonarchie. Die Entscheidungen der österreichischen Politik müssen daher vor dem Hintergrund der Notwendigkeit einer grundlegenden Reform des politisch-sozialen und ökonomischen Systems der Monarchie sowie der äußeren Existenzsicherung bewertet werden. Dennoch bleibt es unverständlich, warum Österreich aus falschverstandenem Staatsinteresse gegenüber dem »Dritten Deutschland« eine doppelzüngige Politik betrieb. Konnte es auf eine preußische Garantie für seinen Besitzstand in Italien hoffen? Der erlittene Vertrauensverlust der Bundespräsidialmacht in Deutschland war groß, zumal es sich von Preußen immer wieder in bundespolitische Grauzonen ziehen ließ und sich auf außerbundesrechtliche Vereinbarungen in Fragen des Gesamtbundes mit Preußen – auf Kosten der anderen deutschen Staaten – einigte. Dabei schien es die Bedeutung und Funktion von unabhängigen Staaten, insbesondere in Süddeutschland, für die deutsche Ordnung und das europäische Gesamtsystem zu verkennen. Die komplexen Probleme der Monarchie und die Dominanz der »preußischen Frage« für die österreichische Politik stellten sich einer klaren, langfristigen deutschland- und europapolitischen Konzeption entgegen. Das Dilemma Wiens war es, »politische Strategien zu entwickeln, die sich mit der Tatsache vereinbaren ließen, daß Preußen für Österreich gleichzeitig der gefährlichste Rivale und der bei weitem wichtigste Verbündete war«.[174]

Wie schon während des Krimkrieges war Österreich auch in den 1860er Jahren an der Bewahrung des Friedens interessiert. Es konnte den Prozeß der inneren Reorganisation, der Sanierung der Staatsfinanzen – Voraussetzungen für die Wiedergewinnung uneingeschränkter außenpolitischer Aktionsfähigkeit – vorantreiben.

---

174 Roy A. *Austensen*, The Making of Austria's Prussian Policy, 1848–1852, in: *The Historical Journal* 27/1984, S. 861–876, S. 861. Zum Hegemonieproblem vgl. auch *Ders.*, Austria and the ›Struggle for Supremacy in Germany‹, 1848–1864, in: *Journal of Modern History* 52/1980, S. 195–225.

Ließ sich ein militärischer Schlagabtausch mit Preußen um die Vorrangstellung in Mitteleuropa nicht vermeiden, so sollte er möglichst lange hinausgeschoben werden. 1866 wurde Österreich in einen militärischen Konflikt mit Preußen hineingedrängt, den es wegen möglicher radikaler Veränderungen im politisch-sozialen System und wegen der ökonomischen, finanziellen, macht- und sicherheitspolitischen Auswirkungen hatte vermeiden wollen. Mit der Niederlage im Bundeskrieg gegen Preußen und dem Zusammenbruch des mitteleuropäischen Föderativsystems wurde Österreich mit völlig neuen innen- und außenpolitischen Konstellationen konfrontiert. Trotz der preußischen Punktgewinne in Deutschland blieb die deutsche Frage zunächst jedoch noch offen, denn nach dem österreichisch-ungarischen Ausgleich von 1867 und dem Übergang zum liberal orientierten, parlamentarisch regierten Staat betrieb die Donaumonarchie aus politisch-wirtschaftlichen Motiven ihren »Wiedereintritt in Deutschland«. Ihr Reichskanzler, der Sachse Graf Beust, unterstützte Bestrebungen zur Bildung eines Südbundes und konnte sich nach 1866/67 eine neue mitteleuropäische Föderativordnung, eine Trias, gebildet aus dem Norddeutschen Bund, einem Südbund und Deutschösterreich, als Organisationsform zur Lösung der deutschen Frage im Herzen Europas vorstellen. Österreich setzte in seiner Deutschlandpolitik auch auf den Weg »moralischer Eroberungen« im politischen Wettbewerb seiner freiheitlichen Errungenschaften mit dem preußischen Junker- und Kasernenstaat.[175]

Dieser Versuch scheiterte jedoch.[176] Verschiedene Gründe führten 1870 zur Annäherung an die neue deutsche Vormacht. Sie bereitete den späteren Zweibund vor. Durch die Reichsgründung wurden die Probleme der Donaumonarchie verschärft, wenn auch nicht

---

175 Vgl. hierzu: Heinrich *Lutz*, Österreich-Ungarn und die Gründung des Deutschen Reiches. Europäische Entscheidungen 1867–1871. Berlin 1979, S. 17ff.

176 Vgl. zu diesem Komplex u. a. Heinrich *Lutz*, Zwischen Habsburg und Preußen. Deutschland 1815–1866. Berlin 1985, S. 469ff. Eberhard *Kolb* (Hrsg.), Europa und die Reichsgründung. Preußen-Deutschland in der Sicht der großen Mächte 1860–1880. München 1980 (= *Historische Zeitschrift* Beiheft 6 NF). Helmut *Rumpler*, Österreich-Ungarn und die Gründung des Deutschen Reiches, in: *Kolb*, Europa und die Reichsgründung, S. 139–167. Eberhard *Kolb* (Hrsg.), Europa vor dem Krieg von 1870. München 1987.

verursacht. Die Abhängigkeiten schaffende Zusammenarbeit mit Preußen-Deutschland engte den Handlungsspielraum Österreich-Ungarns in seinen Außen- und Wirtschaftsbeziehungen sowie in seiner Innenpolitik ein. Die Donaumonarchie ist in den letzten »krisenhaften Phasen ihrer Existenz« mit ihren schwierigen Problemen »im Sinne einer positiven, staatserhaltenden Lösung aus eigener Kraft nicht mehr fertig geworden«.[177]

Im Vergleich zur Neuordnung Mitteleuropas 1814/15 und der dort erarbeiteten Lösung für die deutsche Frage vollzog sich die Gründung des kleindeutschen Nationalstaates 1870/71 unter grundverschiedenen internationalen Rahmenbedingungen. Sie wurde begünstigt und ermöglicht durch internationale Konstellationen, aber auch durch die Interessenlage der Regierungen der süddeutschen Staaten. Angesichts wachsender Reformfeindlichkeit, zunehmender innenpolitischer Schwierigkeiten, sich verändernder parlamentarischer Mehrheiten, vielfach verbunden mit bzw. verursacht durch einen emotionalisierten Antiborussianismus, waren die Südstaaten bereit, ihre »internationale Existenz« als souveräne europäische Mittelmächte aufzugeben.[178] Dem Deutschen Reich traten sie 1871 keinesweges aus nationaler Begeisterung bei. Im Juli 1870 anerkannten sie den Bündnisfall mehr aus innenpolitischen und existentiellen Motiven. Die Folgen einer international nicht abgesicherten Neutralität vor allem Bayerns und Württembergs waren schwer kalkulierbar. Die Mehrheiten in den Landtagen würden die Ablösung eines angeblich »preußischen« Militärsystems durch ein Milizsystem möglicherweise erzwingen. Wegen seiner Auslegung der Schutz- und Trutzbündnisse von 1866 würde Preußen den Südstaaten einen Vertragsbruch vorwerfen. Nur bei einem französischen Sieg über Preußen und den Norddeutschen Bund würde im Falle der Neutralität die Unabhängigkeit Süddeutschlands erhalten bleiben. Welche Grenzen dieses bei der dann erforderlichen deutschen Neuordnung gegen Frankreich erhalten würde, blieb jedoch ungewiß.

---

177 *Rumpler*, Österreich-Ungarn und die Gründung des Deutschen Reiches, S. 167.

178 Vgl. hierzu ausführlicher Wolf D. *Gruner*, Bismarck, die süddeutschen Staaten, das Ende des Deutschen Bundes und die Gründung des preußisch-kleindeutschen Kaiserreiches 1862–1870, in: *Ders.*, Deutschland mitten in Europa, S. 249–286, bes. S. 259ff.

Das Ende der unabhängigen internationalen Existenz der Südstaaten ist in seiner Bedeutung für die deutsche und europäische Geschichte bisher kaum beachtet worden. Es spricht viel dafür, daß ihr Verschwinden als Mitglieder der europäischen Staatengesellschaft mindestens ebenso wichtig ist wie die Reichsgründung selbst. Die Wirkungen, die von Historikern in der Regel direkt oder indirekt der Einigung Deutschlands zugeschrieben werden, sollten »ebenso oder mehr auf das Ende der süddeutschen Unabhängigkeit zurückgeführt werden«.[179] Eine genaue Analyse der Rolle und Funktion von Mittel- und Kleinstaaten als Stabilisatoren der regionalen und internationalen Ordnung zeigt, daß das durch Bismarcks geschickte Verhandlungstaktik herbeigeführte, so von den Südstaaten sicherlich nicht angestrebte De-jure-Ende der völkerrechtlichen Souveränität Süddeutschlands langfristig zu einer Destabilisierung des europäischen Systems und der bündischen Form deutscher Staatlichkeit geführt hat.[180]

1870/71 war die Gründung der neuen Großmacht Preußen-Deutschland nur möglich gewesen, weil die großmächtlichen Hauptakteure in der bestehenden internationalen Ordnung prinzipiell zu deren Anerkennung bzw. Tolerierung sich bereit fanden. Es darf in diesem Zusammenhang nicht übersehen werden, daß die »Weiterexistenz der süddeutschen Mittelstaaten... zur Funktion eines diplomatischen Kompromisses der Großmächte geworden und nicht mehr eigener Kraft zu verdanken« war,[181] daß auch hier, wie in der innerdeutschen Diskussion, handels- und wirtschaftspolitische Aspekte ein nicht zu unterschätzendes Gewicht besaßen. Es wird die Wechselbeziehung von nationalstaatlichem Prinzip und der notwendigerweise grenzüberschreitenden, transnationalen Struktur des Warenverkehrs deutlich. Der zunehmenden Internationali-

---

179 Paul W. *Schroeder*, The Lost Intermediaries: The Impact of 1870 on the European System, in: *The International History Review* VI/1, 1984, S. 1–27, S. 2.

180 Vgl. hierzu eingehender Wolf D. *Gruner*, Die Rolle und Funktion von Kleinstaaten im internationalen System 1815–1914: Die Bedeutung des Endes der deutschen Klein- und Mittelstaaten für die europäische Ordnung, in: *Ders.*, Deutschland mitten in Europa, S. 107–172, bes. S. 159ff.

181 Theodor *Schieder*, Die mittleren Staaten im System der großen Mächte, in: *Historische Zeitschrift* 232/1981, S. 583–604, S. 594.

tät von Wirtschaft, Technologie, Kultur- und Rechtsbeziehungen tritt als vorherrschendes Organisationsprinzip von Großgruppen zunehmend die nationale/nationalstaatliche Orientierung der Politik entgegen, d. h. in nie gekanntem Ausmaß verdichtet die technisch-industrielle Revolution den Warenaustausch, den Verkehr und den weltweiten Kapitalverkehr. Zur Funktionsfähigkeit dieses globalen Austausches werden internationale Abkommen über den Handel, die Patentsicherung, das Urheberrecht, Maße, Gewichte und die Konvertierbarkeit von Währungen abgeschlossen. Diese Internationalität überlagert die nationale Struktur der Politik. Dies führte zunehmend zu Krisen und Spannungen, die um die Jahrhundertwende die internationale Ordnung zunehmend belasteten, destabilisierten und sich im militärischen Konfliktaustrag des Ersten Weltkrieges entladen sollten. Allerdings war der Erste Weltkrieg nicht die zwangsläufige Folge dieser Spannungsbeziehungen.

4. Die Großmacht Preußen-Deutschland in der internationalen Ordnung 1871–1918: Zwischen europäischer Großmachtsicherung und Hegemoniestreben

Die Gründung des deutschen Nationalstaates von 1871 wurde zunächst nicht als »kritische Größenordnung«, als Störfaktor für das europäische Gleichgewicht, gewertet. Dennoch weckte die »Deutsche Revolution« (Disraeli) erstmals Unbehagen und Befürchtungen. Sie ergaben sich aus der Geographie der neuen Großmacht Preußen-Deutschland, sollten diese bis zu ihrem Ende 1945 begleiten und nachhaltig die Deutschland- und Europaplanungen der deutschen Kriegsgegner in beiden Weltkriegen beeinflussen. Für die Zeitgenossen – ungetrübt durch das Wissen über den Weg des Deutschen Reiches bis zu seinem Endpunkt als »gescheiterte Großmacht« (Andreas Hillgruber) – ergaben sich folgende Gesichtspunkte:

1. Mit der Reichsgründung hatten sich die politischen Gewichte in Kontinentaleuropa von den Flügeln in das Zentrum verschoben. Das neue mitteleuropäische Gravitationszentrum enthielt traditionell die Versuchung zur Hegemonie. Dies um so mehr, als das preußische Übergewicht im bundesstaatlich organisierten Reich das im Deutschen Bund durch die subtile Verbindung der Mittel- und Kleinstaaten vorhandene äußere »Maß an inneren Ausgleichsmöglichkeiten«[182] drastisch beschnitten hatte.
2. Die potentielle Gefahr eines Zweifrontenkrieges – Ergebnis der geostrategischen Lage Deutschlands – zwang eine derartig exponierte Großmacht wie das Deutsche Reich, sich in die internationale Ordnung zu integrieren; denn nur eine Politik der Stabilisierung des bestehenden Staatensystems bot langfristig die Aussicht, die neu errungene, halbhegemoniale Großmachtstel-

---

182 Henry A. *Kissinger*, Der weiße Revolutionär: Reflexionen über Bismarck, in: Lothar *Gall* (Hrsg.), Das Bismarck-Problem in der Geschichtsschreibung nach 1945. Köln, Berlin 1971, S. 392–428, S. 424.

lung in Europa zu sichern und so ein »Sicherheitsdilemma« zu vermeiden.

Für die europäischen Nachbarn trug das deutsche Kaiserreich nicht bereits in seiner Geburtsstunde den »Todeskeim« in sich. Es wurde auch nicht wegen seiner »inneren Verfassung« als ein »Fremdkörper« in der europäischen Staatengesellschaft empfunden oder als »Störenfried par excellence«[183] unter den Großmächten angesehen.

4.1. Das deutsche Kaiserreich: Ein gescheiterter Kompromiß?

1915 machte der amerikanische Soziologe Thorstein Veblen darauf aufmerksam, daß die Deutschen innerhalb einer Generation einen modernen, leistungsfähigen Industriestaat aufgebaut hätten. Es sei jedoch versäumt worden, auch eine Verfassungsordnung zu schaffen, die den Bedürfnissen und Problemen einer industriellen Massengesellschaft genügen konnte.[184] Es entstand die Vorstellung vom deutschen Sonderweg in der europäischen Geschichte, der den alten Kontinent in zwei Kriege gestürzt und an deren Ende die »Entmachtung« Europas als Zentrum der Weltpolitik gestanden habe. Die Diskussion lenkte u. a. den Blick auf mögliche Kontinuitäten und Brüche in der neueren deutschen Geschichte, zumindest seit der von oben erfolgten Reichsgründung 1871. Im Mittelpunkt steht vor allem die Frage nach der Verfassungs-, Wirtschafts- und Sozialstruktur des deutschen Kaiserreiches in ihrer Bedeutung für die innere und äußere Politik. Wichtig für das Verständnis und die Dimension der deutschen Frage werden dabei die Wirkungszusammenhänge zwischen der politisch-sozialen und ökonomischen Verfassung, der politischen Kultur des Kaiserreiches und seiner geistig-seelischen Verfassung. Bedeutsam war in diesem Zusammenhang die den Gang der deutschen Frage im 20. Jahrhundert mitbestimmende Vorgeschichte des Ersten Weltkrieges: Wie verhielt sich die Reichsleitung in der Julikrise 1914? Welcher Stellenwert muß neben

---

183 *Kolb*, Europa und die Reichsgründung, S. 8.

184 Vgl. Thorstein *Veblen*, Imperial Germany and the Industrial Revolution. New York 1915, 1939, 1943, Ann Arbor 1966.

außenpolitischen Einflußgrößen möglichen Defekten innerhalb eines den Bedürfnissen einer modernen industriellen Massengesellschaft kaum entsprechenden politisch-sozialen Systems gegeben werden?[185]

Auf einige für die deutsche Frage wichtige Aspekte soll kurz eingegangen werden:

Der »inneren Verfassung« des Kaiserreiches sollte für das außenpolitische Krisenverhalten des Deutschen Reiches nicht der Stellenwert gegeben werden, den sie vielfach bekommt. Dennoch bleibt sie – ausgehend von einer unauflöslichen gegenseitigen Abhängigkeit von Innen- und Außenpolitik im politischen Entscheidungsprozeß – eine wichtige Bestimmungsgröße für die Geschichte des Kaiserreiches und damit auch für die deutsche Frage, deren »innerdeutsche Dimension« stets in die Analyse einbezogen werden sollte.

Nach 1849 hatte sich in der nationalen Reformbewegung die Erkenntnis durchgesetzt, daß, in realistischer Einschätzung der politischen, ökonomischen und sozialen Rahmenbedingungen, versucht werden mußte, »Realpolitik zu betreiben, d. h. die nationale Reformbewegung mußte eine Rangordnung der anzustrebenden Ziele finden und auch wirklich praktikable Lösungen für einzelne Probleme entwickeln«,[186] ohne Prinzipien und Ideen aufzugeben. Die Hinwendung zum betonten Realismus bedeutete Chance *und* Gefahr.

In den späten 1850er Jahren schien angesichts der wachsenden

---

185 Vgl. zu den hier aufgeworfenen Problemen mit weiterführender Literatur u. a. Dieter *Langewiesche* (Hrsg.), Ploetz. Das deutsche Kaiserreich 1867/71 bis 1918. Bilanz einer Epoche. Freiburg, Würzburg 1984. Andreas *Hillgruber*/Jost *Dülffer* (Hrsg.), Ploetz. Geschichte der Weltkriege. Mächte, Ereignisse, Entwicklungen 1900–1945. Freiburg, Würzburg 1981. Thomas *Nipperdey*, War die Wilhelminische Gesellschaft eine Untertanengesellschaft?, in: *Ders.*, Nachdenken über deutsche Geschichte. München 1986, S. 172–185. Michael *Stürmer*, Das ruhelose Reich. Deutschland 1866–1918. Berlin 1983. Rudolf *Vierhaus*, Der gescheiterte Kompromiß. Goslar 1969. Hans Ulrich *Wehler*, Das deutsche Kaiserreich 1871–1918. Göttingen 1983 (1973), *Ders.*, Bismarck und der Imperialismus. Köln, Berlin 1969.

186 Vgl. hierzu u. a. Lothar *Gall*, Europa auf dem Weg in die Moderne, 1850–1890. München 1984, S. 50ff.

wirtschaftlichen und sozialen Probleme, Folgeerscheinung der beginnenden »Industriellen Revolution« in Deutschland, bei den Herrschaftseliten die Bereitschaft zur Reform und zur Parlamentarisierung – nicht allein in den konstitutionellen Südstaaten – vorhanden. Würde auch Preußen den längst überfälligen Weg zum wirklich konstitutionellen Verfassungsstaat gehen? Viele Liberale glaubten hieran.[187] Voraussetzung war aber, daß Preußen zur Verteidigung des Deutschen Reiches kein militärisches »Übersoll« erbringen mußte, d. h. um eine »soziale Militarisierung« in Preußen zu verhindern, mußten die Bundesstaaten ihre militärische Eigenleistung erhöhen. »Ohne eine andere Gestaltung der deutschen Verhältnisse ist«, so meinte 1859 der spätere Reichstagspräsident von Forckenbeck, »für die Dauer auch die Existenz einer vernünftigen und freien Verfassung Preußens eine Unmöglichkeit. Bleiben die deutschen Verhältnisse so, wie sie sind, so wird und muß in Preußen nur der Militärstaat ausgebildet werden.«[188] Der preußische Verfassungskonflikt wurde zum Testfall. Die Krone optierte nicht wie in Baden für die Reformpartei. Bismarck gelang es durch Zugeständnisse, Teile der nationalen Reformbewegung auf seine Seite zu ziehen. Dabei wurde es für die innenpolitische Wende in Preußen bedeutsam, daß sich bei den nationalen Liberalen im Verlaufe des Verfassungskonfliktes die Einsicht durchsetzte, daß nur eine preußisch-kleindeutsche Einigung die »verkrusteten Strukturen des preußischen Militär- und Obrigkeitsstaates« werde aufbrechen können. Sie erhofften von einer begrenzten Kooperation mit dem nationalen Machtstaat eine Liberalisierung des monarchischen Obrigkeitsstaates. Diese Bestrebungen schien Bismarck mit dem für die Wahl zum Norddeutschen Reichstag eingeführten Wahlrecht – dem liberalsten im damaligen Europa – entgegenzukommen. Mit dem allgemeinen Wahlrecht erfolgte der Übergang zur Massendemokratie so recht frühzeitig. Die moderne, plebiszitäre Mobilisierung von Massen schwächte nachhaltig die »liberale Modernisierung« und somit die parlamentarische Modernisierung zugunsten des alten Sy-

---

187 Vgl. hierzu u. a. Heinrich August *Winkler*, Preußischer Liberalismus und deutscher Nationalstaat. Tübingen 1964. James J. *Sheehan*, Der deutsche Liberalismus. München 1983, S. 93ff.

188 Zit. nach Carola *Stern*/Heinrich August *Winkler* (Hrsg.), Wendepunkte deutscher Geschichte 1848–1945. Frankfurt/M. 1979, S. 41.

stems. Mit der Reichsgründung von oben gelang es, die bestehenden gesellschaftlichen und politischen Machtpositionen der alten Herrschaftselite zu bewahren. Sie stemmte sich ganz entschieden jeder Demokratisierung und sozialen Emanzipation entgegen. Zudem konnte Bismarck seine politische Basis durch die Einbeziehung von Teilen des Mittelstandes und des industriellen Großbürgertums erweitern. Diese Gruppen sahen ihre Stellung durch das Aufkommen neuer sozialer Kräfte bedroht. Die weltwirtschaftliche Aufschwungphase begünstige Industrialisierungsschübe und verstärkte den »demokratischen Trend«. Es stellte sich das Problem der Industriearbeiterschaft. Sie sah sich im Modell der liberalen Demokratie nicht mehr vertreten. Ihre Forderung nach *sozialer* Gleichheit rüttelte an den Fundamenten der bürgerlich-kapitalistischen Gesellschaft.

Bismarcks Konzessionspolitik, mit der er die »Partizipationswünsche der Liberalen eindämmen wollte, ehe sie eine parlamentarische Regierung durchgesetzt hatten«,[189] sowie Furcht und Unsicherheit, welche Folgen die Forderungen nach sozialer Gleichheit haben würden, spaltete die nationale Reformbewegung. Liberalisierung und Parlamentarisierung des Kaiserreiches blieben auf der Strecke. Der Liberalismus wurde auf andere Felder, wie weltpolitische und imperiale Ziele, abgelenkt. Der Abschluß der »inneren Reichsgründung« 1878/79 hatte verdeutlicht: Eine Förderung des Liberalismus durch Zusammenarbeit mit Bismarck war illusorisch. Langfristig bot nur eine »Verweigerung« die Chance, den Kampf um die Liberalisierung Deutschlands in einer günstigeren politischen und wirtschaftlichen Situation erneut aufzunehmen. 1878/79 wurde deutlich, daß die konjunkturelle Krise von einer des politischen Systems überlagert wurde. Ursache für diese »Partizipationskrise« war der Machtanspruch der industriellen Arbeiterschaft, der in einer liberal-demokratischen Verfassungsordnung auf dem Wege der Integration durch eine schrittweise und zeitgemäße Anpassung des politisch-sozialen Systems befriedigt worden wäre. Im »vordemokratischen« Kaiserreich wurde ein anderer Weg versucht, um die Stellung der alten Machteliten im politisch-sozialen System abzusichern: staatliche Integration der Gesellschaft – mit durchaus moder-

189 *Nipperdey*, Probleme der Modernisierung, S. 299.

nen sozialpolitischen Mitteln – durch »soziale Verwaltung«.[190] Der »Versuch einer Ersatzintegration durch forcierten Nationalismus«[191] ist als ergänzende Maßnahme zu werten.

Rudolf Vierhaus hat diesen Weg plastisch als den »Kompromiß zwischen technisch-industrieller Modernisierung einerseits und der Aufrechterhaltung traditioneller Führungsstrukturen und traditioneller politischer Werte andererseits mit administrativen Mitteln« bezeichnet.[192] Dem Zeitgenossen zeigte sich die Problematik dieses Weges nicht so scharf wie dem, der aus dem Wissen um das Scheitern dieses Kompromisses auf das Kaiserreich zurückblickt. Erst die Niederlage im Ersten Weltkrieg, der Zusammenbruch, die Revolution und die Beseitigung der monarchischen Staatsform ohne großen Widerstand verdeutlichten: »Der Kompromiß zwischen obrigkeitsstaatlicher Vergangenheit und demokratischen Gegenwartstendenzen, zwischen Monarchie und Volkssouveränität, der Versuch partieller Modernität unter Bewahrung traditioneller Strukturen und Werte, die preußisch-deutsche konstitutionelle Monarchie war gescheitert.«[193] Für die Entscheidungsprozesse, die in den Ersten Weltkrieg führten, sollte das Scheitern des Kompromisses zwischen politischer und gesellschaftlicher Verfassung nach der Reichsgründung von oben nicht als »Leitmotiv« angesehen werden. Sicherlich, die verzögerte »politische Modernisierung« Deutschlands ermöglichte und begünstigte das »Überleben« vormoderner sozialer Strukturen und politischer Eliten. Folge waren Spannungen in den Sozialbeziehungen. Einflußreiche Gruppen aus der alten Herrschaftselite erhofften sich »von einem Kriege eine Gesundung der inneren Verhältnisse in Deutschland« im konservativen Sinne, d. h. die Bewahrung ihres politisch-gesellschaftlichen Status durch einen die Nation über alle Gegensätze, Spannungen und Konflikte hinweg einenden äußeren Krieg, wie Lerchenfeld nach München berichtet.[194] Die politische Reichsleitung dürfte sich

---

190 Vgl. hierzu: Otto *Neuloh* (Bearb.), Hundert Jahre staatliche Sozialpolitik 1839–1939. Stuttgart 1957, S. 76ff.

191 Heinrich August *Winkler*, Liberalismus und Antiliberalismus. Studien zur politischen Sozialgeschichte des 19. und 20. Jahrhunderts. Göttingen 1979, S. 49.

192 *Vierhaus*, Gescheiterter Kompromiß, S. 11f.

193 *Ebda.*, S. 24.

194 Lerchenfeld an Hertling vom 4. 6. 1914, abgedruckt in: Ernst *Deuerlein*

auch der unkalkulierbaren Folgen eines nicht lokalisierten Krieges bewußt gewesen sein.

Neben anderen, die Entscheidung zum Krieg beeinflussenden Faktoren muß zusätzlich ein Phänomen mit berücksichtigt werden, das bisher bei der historischen Analyse des Kaiserreiches kaum beachtet wurde: Die Angst als eine »wesentliche und kontinuierliche Grundbefindlichkeit in Deutschland«. Die europäische Mittellage schloß den Zweifrontenkrieg als Möglichkeit nie ganz aus. Sie eröffnete – unabhängig von der Frage nach der Realität oder Irrealität einer Bedrohung – den Macheliten die Chance, die öffentliche Meinung in ihrem Sinne zu beeinflussen. Hegemoniale und imperiale Ziele ließen sich mit Hilfe der Angst so u. a. mit sicherheitspolitischen Motiven begründen. So konnte das »Präventivkriegsdenken ... in der Antizipation einer scheinbaren oder wirklichen Bedrohung, nicht in unmittelbarer Zukunft, sondern für einen Zeitraum von mehreren Jahren, eine gefährliche Überdehnung und Radikalisierung erfahren«.[195]

In diesem Zusammenhang ist eine Äußerung Fritz Epsteins erhellend, der meinte: »Alle Sicherheitspolitik der Staaten der Neuzeit, die Politik der Garantien gegen Angriffe durch Bündnisse und Nichtangriffspakte, ist durch Gefahrenkomplexe, die Zwangsvorstellungen geworden sind, bedingt, wobei Gefahren eingebildet sein können, die Furcht aber ist real.«[196] Der Furchtkomplex dürfte neben der aus der Sicht der Reichsleitung schwer kalkulierbaren russischen Politik in den Entscheidungsprozessen der Julikrise eine zentrale Rolle gespielt haben. Genährt durch ein jahrelanges »Bedrohungssyndrom«, das seinen Niederschlag fand in der deutschen Furcht vor »Einkreisung«, in einer »Belagerungsmentalität« (das Reich in einer Welt von Feinden) und im Kalkül des Präventivkrieges, der durch erfolgreiche Militäraktion zumindest kurzfristig das

---

(Hrsg., abgeschlossen von Wolf D. *Gruner*), Briefwechsel Hertling–Lerchenfeld. 2 Bde. Boppard 1973, Bd. 1, S. 295–298, S. 297.

195 Bernd-Jürgen *Wendt*, Deutschland in der Mitte Europas. Grundkonstellationen der Geschichte, in: *Deutsche Studien* 1981, S. 220–275, S. 222.

196 Fritz T. *Epstein*, Der Komplex ›Die russische Gefahr‹ und sein Einfluß auf die deutsch-russischen Beziehungen im 19. Jahrhundert, in: Imanuel *Geiss*/Bernd-Jürgen *Wendt* (Hrsg.), Deutschland in der Weltpolitik des 19. und 20. Jahrhunderts. Düsseldorf 1973, S. 143–159, S. 143.

»Sicherheitsdilemma« beseitigen sollte, erhielt die Julikrise in ihrer Endphase eine Eigendynamik, die zusammen mit verschiedenen institutionellen Rahmenbedingungen ein Vorbeisteuern am Krieg und eine friedliche Konfliktregulierung zunehmend schwieriger gestalten sollte. Unabhängig davon, welche Motive für die deutschen Entscheidungen in der Julikrise 1914 im Vordergrund standen – innenpolitische, sicherheitspolitische, machtpolitisch-hegemoniale, wirtschaftliche, soziale oder ein realer Furchtkomplex –, die nachhaltige Mitverantwortung an der Auslösung eines alle Großmächte einbeziehenden großen Krieges, an dessen Ende die Zerstörung der Wiener Ordnung von 1815 stehen sollte, ist unbestreitbar.[197] Kontrovers bleiben wird sicherlich der Anteil der Verantwortung für den Krieg, so lange nicht für alle Hauptakteure in der Julikrise die Erforschung der Entscheidungsprozesse im Zusammenhang mit den politischen, wirtschaftlichen, sozialen und auch psychologischen Einflußgrößen so weit gediehen ist wie für das Deutsche Kaiserreich. Für die Entwicklung seines politisch-sozialen Systems läßt sich festhalten:

Das politische System wurde zu spät – und dann auch nur halbherzig – an die Bedürfnisse einer industriellen Massengesellschaft angepaßt. Vormoderne gesellschaftliche Strukturen konnten sich so verfestigen. Die u. a. hieraus resultierenden Spannungen in den Sozialbeziehungen waren eine wesentliche Ursache für die »Labilität der deutschen Gesellschaft«. Die Niederlage im Krieg und die Revolution zerstörten 1918 nicht die Grundlagen des Wilhelminischen Sozialgefüges. Auch die »älteren politischen Machtverhältnisse« wurden nicht radikal verändert. Für die Demokratie von Weimar wurde dies zu einer ernsten Belastung. Sie muß als *ein* Bestimmungselement von »Hitlers Ermöglichung«[198] 1933 angesehen werden.

---

197 Zur sog. »Fischer-Kontroverse« vgl. u. a. Fritz *Fischer*, Hitler war kein Betriebsunfall. München 1992. Imanuel *Geiss*, Der lange Weg in die Katastrophe. München ²1991, S. 277ff. Gregor *Schöllgen*, ›Fischer-Kontroverse‹ und Kontinuitätsproblem. Deutsche Kriegsziele im Zeitalter der Weltkriege, in: *Hillgruber/Dülffer*, Geschichte der Weltkriege, S. 163–177. Klaus *Hildebrand*, Deutsche Außenpolitik 1871–1918. München 1989, S. 53ff.

198 Ernst *Deuerlein*, Hitler. Eine politische Biographie. München 1969, S. 158.

Für die nicht rechtzeitig vollzogene politische Modernisierung sollten noch weitere Faktoren Berücksichtigung finden:

1. Die Reichsgründung von oben hat »das Prestige der traditionellen Herrschaftseliten« nochmals »massenwirksam stabilisiert«.[199]
2. Die staatliche Sozialreform bewältigte ein zentrales Problem der modernen Industriegesellschaft und schien damit die entstandene Arbeitsteilung zwischen Bürgertum und alten Eliten zu legitimieren (Wirtschaft – Politik).
3. Späte nationale Einigung und eine neue, ungewohnte Großmachtrolle im internationalen System blockierten die politische Modernisierung bzw. schienen zunächst der äußeren Existenzsicherung Vorrang zu geben.

4.2. Deutsche Außenpolitik 1871–1918: Europäisches Konzert, degeneriertes Blocksystem, Zusammenbruch der internationalen Ordnung und die Suche nach neuen Formen der internationalen Beziehungen

Unmittelbar nach der Reichsgründung war die Beurteilung der europäischen Situation noch »offen«. Den Kritikern des neuentstandenen mitteleuropäischen Kraftzentrums standen Stimmen gegenüber, die ein nationalstaatlich geeintes Deutschland als einen ganz normalen Vorgang ansahen, ja erwarteten, daß gerade die neue Großmacht zur Stabilisierung der europäischen Verhältnisse beitragen werde.

Bis zur Jahrhundertwende entwickelte sich das deutsche Kaiserreich zu einem der wichtigsten Industriestaaten. Es wurde der bis dahin führenden Wirtschafts- und Handelsmacht Großbritannien weitgehend ebenbürtig, auf verschiedenen Sektoren (Chemie, Elektroindustrie) sogar überlegen. Unmittelbar vor dem Ersten Weltkrieg überholten die deutschen Produktionsraten die britischen. Ein Blick in die Statistik verdeutlicht, daß zwischen 1871 und 1914 insgesamt eine ansteigende Tendenz bei den Lohn-, Einkommens- und Vermögensverhältnissen zu verzeichnen ist. In der Sozialgesetzgebung besaß Deutschland vergleichsweise eine Spitzen-

---

199 *Nipperdey*, Probleme der Modernisierung, S. 299.

stellung. Das deutsche Schul- und Bildungssystem genoß hohes internationales Ansehen. Forschung und Wissenschaft hatten Deutschland innerhalb einer Generation auch zur anerkannten »technischen« Großmacht werden lassen. Hinzu kam ein enormes Bevölkerungswachstum.

Zwischen 1871 und 1900 baute Deutschland politisch und militärisch seine Großmachtstellung aus, erwarb Kolonien und entwikkelte weltpolitische Ambitionen. Es strebte zunehmend in die weltpolitische Konkurrenz der alten und neuen Großmächte hinein. Erst jetzt wurde vollends deutlich, welch enormes Gesamtpotential dem Parvenu unter den europäischen Großmächten zur Verfügung stand. Die skizzierte Entwicklung war jedoch nicht zwangsläufiges Ergebnis der politisch-territorialen Neuorganisation Mitteleuropas.

Während der Reichskanzlerzeit Bismarcks standen Außenpolitik und Innenpolitik unter einer »einheitlichen Leitlinie«:[200] Sicherung des Erreichten. Ziel deutscher Außenpolitik war es daher, »vom Deutschen Reich die bedrohlichen Folgen seiner Gründung abzuwenden, es in die europäische Staatenwelt als ›saturierte‹, im Eigeninteresse auf Bewahrung des allgemeinen Friedens bedachte Großmacht einzufügen«.[201] Die deutsche Politik nach 1871 verhielt sich daher zunächst »systemstabilisierend«. Wegen seiner exponierten europäischen Stellung und der Kräfteverschiebung von den europäischen Flügeln in das Zentrum sah sich die neue Großmacht Preußen-Deutschland, ähnlich wie vor ihr das Zarenreich und das Frankreich Napoleons III., jedoch unter wesentlich schwierigeren Rahmenbedingungen, vor die Aufgabe gestellt, das Spannungsverhältnis zwischen Hegemonie und Gleichgewicht in Europa aufzuheben bzw. zumindest zu neutralisieren.

Welche außenpolitische Konzeption eröffnete Deutschland die Chance, seine europäische Großmachtstellung abzusichern? Für die Zeit zwischen 1871 und 1914 gab es eigentlich nur *drei* Möglichkeiten:

1. Einigung der europäischen Großmächte über Einflußsphären und Interessenzonen, Machtausgleich auf Kosten der Klein- und Mittelstaaten;

---

200 Andreas *Hillgruber*, Otto von Bismarck. Göttingen 1978, S. 71.
201 *Hillgruber*, Gescheiterte Großmacht, S. 17.

2. einzelne militärische Präventivschläge gegen potentielle Gegner, um eine antideutsche Koalition in Europa zu vereiteln und so die Existenz und Sicherheit des Reiches zu gewährleisten;
3. Anknüpfen an ältere außenpolitische Traditionen aus der Zeit des Deutschen Bundes: Deutschland müsse wegen seiner exponierten zentraleuropäischen Lage eine Brücken- und Ausgleichsfunktion nach Osten und Westen übernehmen und sich zur Sicherung eines unbeschnittenen Handlungsspielraums seine Optionen offenhalten.

Die *erste Konzeption* bewegte sich weitgehend in den großmächtlichen Traditionen des 18. Jahrhunderts, die bereits durch die Revolutions- und Napoleonischen Kriege in Frage gestellt worden waren. Sie basierte auf einem im wesentlichen »territorialen« Machtausgleich unter den europäischen Großmächten zur Wiederherstellung des Gleichgewichtes sowie der Anerkennung von Interessenräumen einzelner Großstaaten. Auf diesem Wege ließ sich ein mäßiger Machtzuwachs Preußen-Deutschlands verwirklichen ohne gleichzeitige Destabilisierung der europäischen Staatenordnung. Langfristig konnte der macht- und sicherheitspolitische und der wirtschaftliche Interessenausgleich unter den Großstaaten nur auf Kosten der anderen Mitglieder der europäischen Staatenwelt erfolgen, d. h. die europäischen Mittel- und Kleinstaaten würden von den Großstaaten absorbiert. Diese würden auf diese Weise zwangsläufig zu Vielvölkerstaaten. Der multipolare Charakter der internationalen Ordnung seit 1815 würde erneut zu einem problematischen Gleichgewicht unter den Großmächten degenerieren. Die europäische Mittellage brächte für Deutschland wegen der raschen, immer größere Räume überwindenden technologischen Entwicklung möglicherweise neue Abhängigkeiten, insbesondere vom Zarenreich. Das Deutsche Reich könnte so den Status einer »vollwertigen Großmacht« verlieren und »in die Sekundantenrolle Preußens gegenüber Rußland in der Zeit vor dem Krimkrieg«[202] zurückfallen. Gerade diese mögliche Wirkung war für die junge Großmacht Preußen-Deutschland als »Schatten der Vergangenheit« abzuwehren.

Als *zweite Grundmöglichkeit deutscher Außenpolitik* bot sich die von Moltke seit den 1860er Jahren diskutierte Konzeption von »Prä-

---

202 Andreas *Hillgruber*, Bismarcks Außenpolitik. Freiburg i. Br. 1972, S. 137.

ventivschlägen« an. Potentielle Gegner des Deutschen Reiches sollten in schnellen, kurzen Kriegen besiegt und im Frieden geschwächt werden. Die deutsche Überlegenheit würde so immer wieder dokumentiert und die Ausbildung von starken Koalitionen gegen die mitteleuropäische Großmacht vereitelt werden. Eine derartige Kriegspolitik war nicht ohne Risiko, denn:

1. die deutsche militärische Aktion würde gerade ein Bündnis fördern, das verhindert werden sollte;
2. ein deutscher Sieg über eine oder beide Nachbargroßmächte (Frankreich, Rußland) würde die kontinentalen Mächtebeziehungen grundlegend ändern und Preußen-Deutschland den Schritt von der »halbhegemonialen« Großmacht zur Hegemonialmacht erlauben.

Das Kalkül des präventiven Offensivschlages wurde zwischen Reichsgründung und Erstem Weltkrieg immer wieder aktualisiert und schließlich seit 1892/94 im Schlieffenplan konkretisiert. Der Präventivkriegsgedanke fand über den engeren Militärbereich hinaus zunehmend Anhänger bei »nationalistischen Kräften bis weit in die Mitte des innenpolitischen Spektrums hinein«. Sie erblickten in ihm die Chance für die Rettung des gesellschaftlichen *Status quo* mit »sozialimperialistischen Mitteln«. Zwischen Bismarcks Rücktritt und dem Ersten Weltkrieg kam es zu einer fatalen Überdehnung des radikalisierten Präventivkriegsgedankens. Er wurde durch ein mobilisierbares Einkreisungstrauma und die ungewöhnlich starke Stellung des Militärs in der Gesellschafts- und Verfassungsordnung des Kaiserreiches gefördert. Drohgebärden und das Spiel mit der Präventivkriegskonzeption – auch eingesetzt als Mittel, Deutschland den »Platz an der Sonne« zu erringen und einen anerkannten Weltmachtstatus zu verwirklichen – förderten im Vorfeld des Ersten Weltkrieges einen internationalen Rüstungswettlauf zu Lande und zur See. Die internationale Ordnung degenerierte zu einem Quasi-Blocksystem, basierend auf Abkommen und Bündnissen.

Die Präventivkriegskonzeption und die »Drohgebärden« hatten für Europa folgende Konsequenzen:

1. Sie legten seit 1875 die psychologische Basis für eine französisch-russische Zusammenarbeit, stimulierten nach 1892/94 die Kooperation, beförderten die wirtschaftliche und finanzpolitische Neuorientierung Rußlands, führten zur stärkeren Verflechtung beider Volkswirtschaften, ebneten auch den Weg für eine

britisch-französische »Entente cordiale«, für den russisch-britischen Ausgleich von 1907 und schließlich für die Bildung der Triple-Entente.
2. Frankreich konnte einen möglichen deutschen Präventivschlag als Argument für die Notwendigkeit von Absprachen der Generalstäbe und der Admiralität der Entente-Mächte anführen.
3. Das Denken und Planen in den Bahnen einer »militarisierten« kontinentalen Außenpolitik, das dem Militärischen Vorrang zu geben geneigt war, mußte aus der Perspektive des Schlieffenplans zwangsläufig zum politischen und militärischen Engagement Großbritanniens im antideutschen Lager führen. Bismarck und auch Bethmann-Hollweg sahen diese aus dem britischen Interesse sich ergebenden Gefahren und stemmten sich mit Erfolg bzw. teilweisem Erfolg gegen eine Politik, die für Großbritannien wegen des sicherheits- und handelspolitisch bedingten Casus belli bei Verletzung der belgischen Neutralität eine neutrale Haltung nicht zulassen würde. Die falsche Einschätzung der britischen Sicherheitsinteressen durch die deutschen politischen Entscheidungsträger sollte sich als »Kontinuität des Irrtums« wie ein roter Faden durch die Außenpolitik des Deutschen Reiches im Vorfeld beider Weltkriege ziehen. Die Präventivkriegsdrohungen und immer wieder geäußerte hegemoniale Ziele mußten aus britischer Sicht das kontinentale Gleichgewicht stören. Stabilität auf dem Kontinent war aber eine wichtige Voraussetzung für die innen- und globalpolitische Aktions- und Reaktionsfähigkeit der Weltmacht Großbritannien, zumal sich vor dem Ersten Weltkrieg im Fernen Osten ein eigengewichtiger internationaler Großraum gebildet hatte.

Eingedenk der historischen Erfahrungen Großbritanniens mit Napoleon 1802 in Amiens lehnte es jeden Versuch eines weltmächtlichen Arrangements auf bipolarer Grundlage ab. Weder 1914 noch 1939 war es bereit, für die Garantie seines Überseeimperiums ein deutsches Kontinentalimperium zu akzeptieren. Sehr wahrscheinlich hat Bismarck die sich aus der Präventivkriegskonzeption für die Existenz und Sicherheit Deutschlands ergebenden negativen Konsequenzen erkannt und gab daher der *dritten Grundmöglichkeit* für die Außenpolitik des Deutschen Reiches den Vorzug: der Mitteleuropatradition des Alten Reiches und des Deutschen Bundes, die der preußisch-deutsche Staat von 1871 verdrängt hatte. Bismarck wurde in dieser Hinsicht zum späten Schüler Metternichs. Er hatte spätestens 1875 erkennen müssen, daß die 1871 geschaffene Neuorganisation des mitteleuropäischen Raumes das Maximum dessen war, was die europäische Ordnung ertragen konnte. Die Existenz und Großmachtstellung Preußen-Deutschlands in Europa war nur dann gesichert, wenn sich die deutsche Politik zur Maxime machte, auf die Interessen der »Mitspieler« in der internationalen Ordnung ständig Rücksicht zu nehmen. Wie einst der Deutsche Bund besaß auch das Kaiserreich von 1871 eine Friedenssicherungs-, Ausgleichs- und Brückenfunktion für das europäische Gesamtsystem, d. h. das Deutsche Reich sollte sich seine politischen Optionen nach Westen und Osten offenhalten, um seinen eigenen Handlungspielraum zu erhöhen und so die Entwicklung Preußen-Deutschlands in friedlichen Bahnen zu gewährleisten. Allerdings mußte diese außenpolitische Konzeption den sich verändernden internationalen Rahmenbedingungen flexibel angepaßt werden und durfte nicht zum statischen System erstarren.

Der Gedanke der Brücken- und Mittlerposition des Deutschen Reiches wurde in der Weimarer Republik im Zeichen einer Politik des »nationalen Realismus« von Gustav Stresemann wieder aufgegriffen. Die nationalsozialistische Politik korrumpierte die außenpolitische Mitteleuropakonzeption und entzog ihr die Basis. In der internationalen Konstellation von 1945 mußten daher alle Versuche, beispielsweise Jakob Kaisers (»Deutschland als Brücke zwischen Ost und West«), die Mitteleuropakonzeption neu zu beleben, scheitern. Ihre spezielle Ausformung hat die Mitteleuropakonzeption im außenpolitischen »System« Bismarcks gefunden, das ganz einem eurozentrischen Weltbild verpflichtet war. Gerade deshalb – wie das sog. »Kissinger Diktat« vom 15. Juni 1877 zeigt – mußte es schwierige Probleme aufwerfen:

1. Die Politik der »freien Hand« und des »ehrlichen Maklers« ließ sich nur unter einer doppelten Voraussetzung verwirklichen: a) Deutschland verzichtet auf aktive Weltpolitik und Weltmachtstatus. Es gibt sich – ungeachtet seiner wachsenden Dynamik als moderner Industriestaat – weitgehend mit einem »halbhegemonialen« europäischen Status zufrieden. b) Eine wesentlich eurozentrische Groß- und Weltmachtkonstellation mußte auch weiterhin zulassen, »vom Herzen des alten Kontinents, d. h. autonom von Berlin aus, alle europäischen und außereuropäischen Konflikte zu steuern und das Entstehen neuer und nicht kontrollierbarer machtpolitischer Gravitationszentren außerhalb des

Kontinents zu verhindern«.[203] Aus einer Zukunftsperspektive betrachtet waren beide Vorbedingungen gleichermaßen unwirklich.

2. Die Schwäche des kunstvoll gewobenen Geflechts von Verträgen mit dem Mittelpunkt Berlin als Kraftzentrum lag darin, daß es einen status quo bewahren wollte, der von Anbeginn brüchig und damit auf Dauer unhaltbar war. Dem Bismarckschen Europasystem haftete in seiner außen- und innenpolitischen Dimension etwas Statisches an. Viel zu gering wurde die Bedeutung des Übergangs zu einem globalen internationalen System eingeschätzt. Gleiches galt für die Dynamik des innen- und außenpolitischen Wandels, der sich in Europa beim Übergang zum Industriezeitalter vollzog.
3. Bismarcks großmacht- und sicherheitspolitisches Ziel, Deutschland zum »Bleigewicht am Stehaufmännchen Europa« werden zu lassen und so das permanent virulente Konfliktpotential in der europäischen Politik durch ein kompliziertes Bündnis- und Vertragssystem diplomatisch einzudämmen und für Deutschland kontrollierbar zu halten, ließ sich angesichts der widerspruchsvollen Bündniskonstellationen immer weniger realisieren. Außenpolitisch hatte sich das Deutsche Reich gegen Ende der 1880er Jahre in eine Sackgasse manövriert. Das Konzept, den saturierten Nationalstaat Deutsches Reich bündnispolitisch nach allen Seiten offenzuhalten, drohte zu scheitern. Bismarcks Überlegungen, das Reich durch eine Option für den Westen (Großbritannien) oder Osten (Rußland) existentiell abzusichern, verdeutlichen dies. Die in den letzten Jahren seiner Reichskanzlerschaft aufgerichteten »Dämme gegen die Flut« nach innen und außen degenerierten zu einem »System der Aushilfen«.[204] Bismarcks Welt, die des alten Mächte-Europa seines Geburtsjahres 1815, war zu Beginn des Zeitalters des Imperialismus in seinem Bestand und seinem Selbstverständnis bedroht. Der »schleichende« Prozeß des wirtschaftlichen und sozialen Wandels hatte die Grundlagen des Ganzen entscheidend verschoben. Er begann, die bestehende Ordnung auch im Innern der Staaten zu gefährden.

---

203 *Wendt*, Deutschland in der Mitte Europas, S. 228.
204 Lothar *Gall*, Bismarck. Der weiße Revolutionär. Berlin 1980, S. 642.

4. Bismarcks europäisches System ist nicht gescheitert, weil es »unlogisch oder übermäßig kompliziert«[205] war. Mitverantwortlich war vor allem die Tatsache, daß die 1871 gefundene Ordnung zu stark im Gegensatz zu den Gefühlen Frankreichs stand und wegen ihrer primär politischen Orientierung in Widerspruch zum Veränderungsprozeß im gesellschaftlichen und wirtschaftlichen Leben geriet. Dem an einer stabilen europäischen Ordnung interessierten Bismarck stand nun der Bismarck aus der Reichsgründungszeit im Wege. Der Reichskanzler »mußte jetzt für die Fehler der preußischen Armeeführung büßen, die er in früheren Jahren zur Erreichung seiner politischen Ziele geduldet hatte«.[206] Hierzu gehörte die Annexion von Elsaß und Lothringen. Für sein europäisches Bündnissystem wurde sie zu einem destabilisierenden Element und engte in verhängnisvoller Weise den außenpolitischen Handlungsspielraum aller Reichskanzler vor 1914 ein. Die Wunde von 1871 verhinderte eine weitergehende französische Zusammenarbeit, für die es gute Ansätze gegeben hat.[207]
5. Die Wirkung des auf den mitteleuropäischen Raum angelegten Sicherheitskonzeptes mußte zur Belastung des Gesamtsystems führen. Die Reichsgründung war vom internationalen System als die Grenze der Belastbarkeit toleriert worden, zumal die Donaumonarchie als Element mitteleuropäischer Machtbalance funktionsfähig zu bleiben schien. Der Zweibund von 1879 sollte nur einen ersten Schritt auf dem Wege zunehmend engerer militärischer, politischer und wirtschaftlicher Verflechtung bedeuten. Diese Sonderbeziehungen schienen nach der militärischen Regelung der deutschen Frage im kleindeutschen Sinne nun mit friedlichen Mitteln die Ergebnisse des Jahres 1866 rückgängig zu machen, auf die großdeutsche Lösung abzuzielen und den Schwarzenbergplan entsprechend den neuen machtpolitischen Gewichten zwischen den deutschen Großmächten zu verwirkli-

---

205 George Foster *Kennan*, Bismarcks Europäisches System in der Auflösung. Die französisch-russische Annäherung. Frankfurt/M., Berlin 1981, S. 460.

206 *Ebda.*

207 Vgl. Jacques *Bariéty*/Raymond *Poidevin*, Frankreich und Deutschland. Die Geschichte ihrer Beziehungen 1815–1975. München 1982, S. 164ff. *Gall*, Bismarck, S. 620ff. *Hildebrand*, Außenpolitik 1871–1918, S. 12ff.

chen. Die von Bismarck verfolgte »Mitteleuropakonzeption« brachte latent ein Element des Mißtrauens in die internationalen Beziehungen. Sie mußte auch zu einem belastenden Moment für das Gleichgewicht werden. Eine großdeutsche Mitteleuropalösung würde den neuen Machtblock in Zentraleuropa eine für das Gesamtsystem »kritische Größenordnung« erreichen lassen. Was für die Deutschen zur Hoffnung und zum Traum wurde – und Hitler schien ihn 1938 endlich zu verwirklichen –, sollte für die europäischen Nachbarn auf die Dauer zum Alptraum werden, zu einem Wesensmerkmal der »deutschen Gefahr«, die es zu bannen galt.

6. Die Bismarcksche Großmacht-, Sicherheits- und Bündnispolitik war schon in ihrer Spätphase anachronistisch. Eurozentrisches Denken entsprach nicht mehr den politisch-ökonomischen Realitäten im Zeitalter des Imperialismus. Es wurde durch die Idee von der bewußten Europäisierung der Welt abgelöst. Hinzu kam ein Element, das zwangsläufig die engen Schranken der eurozentrischen und kleindeutschen Orientierung des »Systems Bismarck« sprengen mußte: das für den europäischen und amerikanischen Imperialismus kennzeichnende Denken in Großräumen. Es brachte nicht nur ein allgemein dynamisches Element in die Staatenbeziehungen, sondern enthielt in sich auch ein explosives Gemisch global-machtpolitischen, ideologisch-biologistischen und ökonomisch-autarkistischen Politikverständnisses. Das Ziel waren Großräume, die politisch-militärstrategisch und wirtschaftlich abgesichert waren und um einen industrialisierten »Kern« Ergänzungsräume aufwiesen. Diese besaßen einen niedrigeren Entwicklungsstand und funktionalen Charakter für das Zentrum (Rohstoffbasis, Absatzmarkt, Siedlungsraum für den Bevölkerungsüberschuß, Lebensmittellieferant). Imperialistische Großraumprogramme schufen für die internationale Ordnung neue Konfliktebenen und Krisenherde, erschwerten angesichts der Dominanz der nationalen Egoismen vielfach ein erfolgreiches Krisenmanagement und schränkten durch den innenpolitischen Erwartungs- und Forderungsdruck des »politischen Massenmarktes«[208] häufig den außenpolitischen Entschei-

---

208 Hans *Rosenberg*, Große Depression und Bismarckzeit. Berlin 1967, S. 123.

dungsspielraum der Regierungen empfindlich ein, damit aber auch ihre Kompromißbereitschaft. Die letzten Jahre der Kanzlerschaft Bismarcks müssen bereits als eine Periode des Übergangs angesehen werden, in der sich neue Formen und Mechanismen politischer Entscheidung ausbildeten.

Angesichts der zahlreichen Einflußgrößen, die langfristig die europäische Stellung der Großmacht Preußen-Deutschland instabiler werden ließen, dürfte das Jahr der Entlassung Bismarcks für die internationalen Beziehungen nicht eine so tiefe Zäsur bedeuten, wie dies vielfach angenommen wird. Hinzu kommt, daß die Außenpolitik Bismarcks bereits in den der Amtsenthebung vorausgehenden Jahren heftig kritisiert wurde. Sie stand im Widerspruch zu einer weltpolitischen Aufbruchstimmung in den deutschen Führungsschichten zu Beginn der Wilhelminischen Ära. Eine neue Generation trat in die Verantwortung. Sie kannte den Krieg nur aus Erzählungen. Die Risiken der Reichsgründungszeit waren für sie nicht mehr »lebendige Vergangenheit«, der Großmachtstatus war zur Selbstverständlichkeit geworden. Die Unrast und Dynamik der Wilhelminischen Ära erwuchs aus dem Gefühl der wirtschaftlichen Kraft, der Faszination der ökonomischen und demographischen Wachstumsziffern und der Bewunderung der raschen Entfaltung einer kapitalistischen Industriewirtschaft. Sie war daher mehr als »Säbelrasseln« und »Prestigesucht«. Eine neue Generation mit einem jungen Kaiser strebte nach neuen politischen Zielen und Horizonten. Mit Mitteleuropa als Basis glaubte man sich neben den USA, Rußland und dem Britischen Empire als *vierte Weltmacht* etablieren zu können. Zu »Propagandazentralen dieser imperialistischen Strömungen«[209] wurden die deutschen Universitäten und insbesondere die Geschichtswissenschaft.

Bis kurz vor dem Ersten Weltkrieg hatten sich die europäischen Machtverhältnisse, betrachtet man die ökonomischen Einflußsphären und die wirtschaftliche Leistungsfähigkeit der europäischen Großstaaten, zugunsten des Deutschen Reiches verschoben. Allerdings war diese Verschiebung im »Weltmaßstab« kaum vergleichbar mit der abgeschlossenen territorialen Expansion des Britischen Empire und des Zarenreiches. Das deutsche Ausgreifen über Mitteleu-

---

209 Waldemar *Besson*, Die Außenpolitik der Bundesrepublik Deutschland. Erfahrungen und Maßstäbe. München 1973, S. 43.

ropa hinaus auf den Balkan und in den Orient brachte das Deutsche Reich zwangsläufig in Gegensatz zu Rußland, zumal das südosteuropäische »Glacis« als Nahtstelle zwischen deutscher Weltpolitik und europäischen Hegemonialmöglichkeiten angesehen wurde. Aus dieser Perspektive war die Türkei »zu einem ›Pfeiler‹ der deutschen ›Mitteleuropa‹-Stellung geworden, der auf keinen Fall ›einstürzen‹ durfte«.[210] Unabhängig davon hatte das Deutsche Reich eine zielstrebige Weltpolitik mit friedlichen und ökonomischen Mitteln verfolgt, die allerdings den Krieg als politisches Mittel der Konfliktregulierung in das Kalkül einbezog.

Angesichts sich entwickelnder Industriegesellschaften mit ihren Rückwirkungen auf das politisch-soziale und ökonomische System wurde es im Laufe des 19. Jahrhunderts für die Regierungen immer schwieriger, das »ius ad bellum« für sich zu beanspruchen. Damit stellte sich vor allem für die Regierungen der Großmächte die Frage nach einer wirkungsvolleren, friedenssichernden Gestaltung der europäischen Staatengesellschaft und des zunehmend zu einem Quasi-Blocksystem degenerierenden internationalen Systems. Die seit 1815 entwickelten Institutionen und Mechanismen zur friedlichen Konfliktregulierung und zum Krisenmanagement erwiesen sich zunehmend als unzureichend. Auf verschiedensten Ebenen, in Publizistik, Wissenschaft, Wirtschaft und auch in der Politik wurden angesichts sich destabilisierender internationaler Beziehungen neue Formen der internationalen Zusammenarbeit diskutiert, u. a. die Schaffung einer europäischen Föderation oder eines Völkerbundes oder zumindest die Einrichtung internationaler Schiedsinstanzen.[211] Die europäische Einigung als »Ersatzideal« für den Nationalstaat hatte scheinbar angesichts der Dominanz nationalstaatlicher Organisations- und Ordnungsprinzipen, der überbordenden Kolonialexpansion im Zeitalter des Imperialismus keine Realisierungschancen. Die warnenden Stimmen vor einer »Anarchie der Nationalstaaten« verhallten. Die Verfechter von Europa- und

---

210 *Hillgruber*, Gescheiterte Großmacht, S. 42.

211 Vgl. hierzu ausführlicher Wolf D. *Gruner*, Völkerbund, Europäische Föderation oder internationales Schiedsgericht? Die Diskussion über neue Formen der europäischen und internationalen Beziehungen im 19. und 20. Jahrhundert, in: *Ders.*, Deutschland mitten in Europa, S. 173–224, S. 183ff.

Völkerbundsideen als Grundlage für eine dauerhafte Sicherung des Friedens wurden als Utopisten belächelt. Wegen der engen Verbindung zwischen der Europabewegung und der Friedensbewegung wurden ihre Verfechter zunehmend als Vaterlandsverräter verachtet und bekämpft. Als Beispiel hierfür kann das »Gedicht« von Felix Dahn »An die männlichen und weiblichen Waffenscheuen« gelten.[212] Seit Mitte der 1860er Jahre wurden auf Kongressen der Friedens- und Freiheitsliga Pläne für eine europäische Föderation konkreter diskutiert. Die Überlegungen für einen »europäischen Gesammtstaat« (Johann Caspar Bluntschli) fanden jedoch angesichts der »realen Mächte« nach der Gründung des Deutschen Reiches wenig Unterstützung. In den Jahrzehnten vor dem Ersten Weltkrieg versuchten die Europa- und Friedensorganisationen die Idee einer europäischen Föderation durch Resolutionen in die europäische Öffentlichkeit zu tragen. So nahm der 1889 in Paris tagende Weltfriedenskongreß eine Resolution an, in der ein Föderativpakt der Staaten in Europa als Mittel der dauerhaften Friedenssicherung gefordert wurde. Die Idee einer europäischen Föderation oder eines Völkerbundes wird seit den 1890er Jahren zunehmend durch Überlegungen abgelöst, die in einer funktionierenden Schiedsgerichtsbarkeit den realistischeren Weg zur Schlichtung von Streitfällen sahen. Das Völkerrecht, vor allem die Schiedsgerichtsbarkeit, hatte sich seit der Mitte des 19. Jahrhunderts fortentwickelt. Verschiedene Aspekte der Völkerrechtsdiskussion weisen auf Gesichtspunkte hin, die für die Aussichten, einen Weltbundesstaat, eine europäische Föderation oder eine staatengebundene, schiedsgerichtliche Institution zu schaffen, von zentraler Bedeutung waren:

1. Voraussetzung für die Gründung eines Völkerbundes oder einer europäischen Föderation war die Bereitschaft der Regierungen und Völker, die nationale, staatliche Souveränität zugunsten einer derartigen Bundesorganisation ganz oder zumindest teil-

---

212 Felix *Dahn*, Gesammelte Werke, Serie II, Bd. 5. Berlin 1921–1924, S. 684. Vgl. hierzu z. B. auch: Karl *von Stengel*, Weltstaat und Friedensproblem. Berlin 1909. Allgemein neben *Gruner*, Europäische Föderation (mit weiterführender Literatur), vor allem Karl *Holl*, Pazifismus. Frankfurt/M. 1988, Wolfgang *Benz* (Hrsg.), Pazifismus in Deutschland. Frankfurt/M. 1988 und Jost *Dülffer*/Karl *Holl* (Hrsg.), Bereit zum Krieg. Kriegsmentalität im wilhelminischen Deutschland 1890–1914. Göttingen 1986.

weise aufzugeben. Diese Bedingung wurde im Zeitalter nationalstaatlichen Denkens und Strebens als unerfüllbar angesehen.

2. Ein Schiedsspruch hatte dann größere Chancen, von den Konfliktparteien anerkannt zu werden, wenn der Schiedsinstitution Sanktionsmöglichkeiten und -mittel an die Hand gegeben wurden. Bei den Diskussionen über die Kompetenzen eines Völkerbundes standen diese Aspekte im Zentrum der Beratungen.
3. Der kleinste gemeinsame Nenner, um die Gefahr eines Krieges zu vermindern, war eine institutionalisierte Schiedsinstanz. Vorbedingung mußte es jedoch sein, daß alle Staaten sich dem Schiedsspruch unterwarfen.

Unter den politisch-psychologischen Rahmenbedingungen am Ende des 19. Jahrhunderts schien in einer Zeit des überzogenen nationalen Egoismus und der fatalen Fehleinschätzung und Überbewertung der je eigenen Nation bei einer Mehrheit der europäischen Nationen, nicht allein der Deutschen, – trotz vielfacher rhetorischer Lippenbekenntnisse und »Sonntagsreden« von führenden europäischen Regierungsmitgliedern – nur die Fortentwicklung und Institutionalisierung des Schiedsgedankens als Instrument der Friedenserhaltung realistisch. Die Haager Friedenskonferenzen von 1899 und 1907 sind in diesem Zusammenhang zu sehen.[213] Die sich mit ihnen verbindenden Hoffnungen sollten sich, trotz der Einrichtung eines internationalen Gerichtshofes in Den Haag, nicht erfüllen. Die Verpflichtung zur Anrufung eines Schiedsgerichtes bei Streitfällen ließ sich, u. a. gegen den Widerstand des Deutschen Reiches, nicht durchsetzen. Zur 1914 geplanten Folgekonferenz sollte es nicht mehr kommen. Vor dem Ersten Weltkrieg waren die europäischen Nationen in ihrer Mehrheit nicht von der Notwendigkeit eines engeren Verfassungsbandes untereinander überzeugt. Mit Recht betonte daher im Jahre 1900 der französische Historiker Leroy-Beaulieu, daß ein »Europäischer Bund« ohne europäisches Bewußtsein und europäische Gesinnung nicht geschaffen werden könne. Die historische Erfahrung zeige, daß ein europäischer Zusammenschluß in der Epoche der Nationalstaaten ohne Krise, ohne äußere Bedrohung und ohne die Notwendigkeit einer gemeinsamen Ab-

---

213 Vgl. hierzu Jost *Dülffer*, Regeln wider den Krieg? Die Haager Friedenskonferenzen 1899 und 1907 in der internationalen Politik. Frankfurt/M., Berlin, Wien 1978.

wehrhaltung der europäischen Nationen nicht zustande kommen werde. Vor dem Ersten Weltkrieg empfand sich Europa noch immer als Nabel der Welt und als uneingeschränktes Zentrum der Weltpolitik. Ein europäischer Zusammenschluß stand bei einem derartigen Selbstverständnis nicht auf der Tagesordnung. Vor allem die europäischen Großmächte, nicht allein das Deutsche Reich, sahen ihre Zukunft in der Weltpolitik. Europa konnte bestenfalls als machtpolitische Basis dienen. Erst das Erlebnis des Ersten Weltkrieges und der Verlust der europäischen Weltstellung als Ergebnis des Krieges ließen in Teilen der politischen und geistigen Elite Europas den Gedanken, Europa als Mittel zur Wiedervereinigung der verlorenen globalen Rolle zusammenzuschließen, Fuß fassen. Im Widerstreit hierzu lagen nationalistische Pläne, die in den Ministerien und in der Öffentlichkeit der kriegführenden Staaten erarbeitet und diskutiert wurden. Teilungsplänen für Deutschland und Annexionen als Kriegsziel standen deutsche Mitteleuropapläne gegenüber, die dem Deutschen Reich nach einem siegreichen Krieg eine europäische Weltmachtbasis und durch den Ausbruch aus der »Einkreisung« Sicherheit geben sollten.

Der Verlauf des Ersten Weltkrieges zeigte zunächst, daß Deutschland ohne nennenswerte Unterstützung durch seine Verbündeten – für die es häufig zusätzliche Sicherungsaufgaben übernehmen mußte – seinen Kriegsgegnern mehr als gewachsen war. Vor dem militärischen Eintritt der USA in den Krieg und dem Zusammenbruch Rußlands hatte Deutschland eine hegemoniale Stellung in Europa erreicht. Das seit dem ausgehenden 19. Jahrhundert gestörte alte europäische Gleichgewicht war nicht länger allein europäischen Bedingungen unterworfen. Als Gegengewicht zum Deutschen Reich bedurfte es einer außereuropäischen Großmacht, der USA mit ihrem gewaltigen Potential an Material und Menschen, um das Pendel nach der Seite der Kriegsgegner der Mittelmächte ausschlagen zu lassen. Der Erste Weltkrieg war nicht lediglich die Fortsetzung des Krieges von 1870/71, wie es die Unterzeichnung des Friedensvertrages im Spiegelsaal von Versailles, der Gründungsstätte des deutschen Kaiserreiches, zu symbolisieren schien. Im Grunde hatte der Krieg in mehr oder minder großer Abstufung alle europäischen Kriegsparteien zu Verlierern gemacht. Es war eingetreten, was Öffentlichkeit und Politiker 1914 sich nicht vorstellen konnten: Die Zerstörungen eines modernen Krieges schwächen auch die Sieger in erheblichem Maße.

5. Deutschland in der internationalen Ordnung der Pariser Vororteverträge 1919–1939: Zwischen Realitätspolitik und illusionärer Verblendung

Im Weltkrieg hatten beide Seiten Kriegszielpläne entwickelt. Sie richteten sich auf eine nachhaltige Schwächung des Gegners und eine machtpolitisch-ökonomische Ausweitung des je eigenen Herrschaftsbereiches. Die Kriegsgegner der Mittelmächte diskutierten Pläne für ein »Démembrement« Deutschlands und die Wiederherstellung eines deutschen Mehrstaatensystems. Im Deutschen Reich dagegen wurden Vorstellungen von einer machtpolitisch, sicherheitspolitisch und ökonomisch abgesicherten Mitteleuropastellung ausgearbeitet. Der militärische Sieg war jeweils die Vorbedingung für die Realisierung dieser Kriegsziele. Viele von ihnen entstanden in der ideologisch, emotional und propagandistisch aufgeheizten Situation des Krieges. Gemeinsam war ihnen der hemmungslose »über einen natürlichen Lebensraum hinaus ausholende Machttrieb«.[214]

Würden sich 1918/19 die Anhänger eines Machtdiktats durchsetzen oder die Gruppen die Oberhand gewinnen, die Kriegs- und Machtpolitik innerlich abgelegt hatten und nach neuen, wirkungsvolleren, den Krieg ausschließenden Formen internationaler Zusammenarbeit in einer künftigen Friedensordnung strebten? Würde die internationale Ordnung institutionalisierte Einrichtungen zur friedlichen Konfliktregulierung erhalten, die von allen Staaten akzeptiert werden könnten, und die Friedensordnung im neuen Rahmen eine ähnliche Solidität und Dauer bekommen wie die Wiener Ordnung von 1815?

Wie 1814/15 wurde die politisch-territoriale Neuordnung Mitteleuropas zur Kernfrage für eine dauerhafte Friedensordnung. Mit

---

214 Werner *Näf*, Die Friedensschlüsse von 1919/20 und die Begründung des Völkerbundes, in: *Ders.*, Staat und Staatsgedanke. Bern 1935, S. 228.

dem Ersten Weltkrieg hatte die deutsche Frage eine neue Dimension gewonnen. Über den europäischen Bezugsrahmen hinausgreifend, hatte sie eine weltpolitische Dimension erhalten, die die Bedingungen ihrer Lösbarkeit beeinflussen mußte. Für die Überlebensfähigkeit der neuen internationalen Ordnung war eine befriedigende Lösung der komplexen deutschen Frage von zentraler Bedeutung. In diesem Zusammenhang sollte es auch wichtig werden, ob Sieger und Besiegte in Fehleinschätzung der Ergebnisse des Krieges und der Möglichkeiten des Friedens sich einer illusionären, realitätsfernen Politik verschrieben und die Staatenordnung von 1919 nur als »Zwischenkriegslösung«[215] einstuften. Der Entstehungsprozeß des internationalen Systems von 1919/20 verdeutlicht, daß damals nicht zwangsläufig der Keim für neue Kriege gelegt, daß 1945 nicht zur logischen Konsequenz für das System der Pariser Vorortverträge wurde.

5.1. Friedenssicherung und internationale Ordnung 1919/20: Machtdiktat oder Rechtsfriede?

Der ehemalige italienische Ministerpräsident Francesco Nitti prophezeite Siegern und Besiegten ein »friedloses Europa«, sollte es nicht gelingen, gemeinsam den Frieden zu erobern, Haß und Anmaßung zu überwinden und nicht nur die Sprache, sondern auch die Ideen des Friedens wiederzufinden. Was waren die Ideen des Friedens? Warum war die Sprache des Friedens der Sprache der Gewalt gewichen? Warum glaubten die Deutschen, mit diesem Frieden, der den Nationalstaat erhalten hatte, den Sicherheitsbedürfnissen ihrer europäischen Umwelt entsprechen wollte, aber auch die Voraussetzungen für die Reintegration Deutschlands als Großmacht in die internationale Ordnung geschaffen hatte, nicht leben zu können? Warum wurde »Versailles« immer wieder als Hauptquelle für den Zweiten Weltkrieg und seine für Deutschland bitteren Ergebnisse verketzert und schließlich zum festen Bestandteil der »deutschen Neurose«?

Für die überwiegend ablehnende zeitgenössische deutsche Bewertung des Friedensvertrages spielen zahlreiche Faktoren eine

---

215 *Bracher*, Die Krise Europas, S. 31.

Rolle, u. a. die politische Kultur. Kritiker verweisen insbesondere auf die mangelnde Bereitschaft der Deutschen zur Selbstkritik. Sie neigten dazu, »sich selbst gewissermaßen in den Mittelpunkt aller Dinge zu stellen«. Eine Abschließung vom Ausland fördere diese Tendenz. Die großen Fragen der Weltpolitik würden daher »nur allzusehr von dem engen Standpunkt der eigenen Wünsche und Hoffnungen (bewertet), und die Not, in der sich unser Vaterland befindet, verstärkt diese Neigung«.[216]

Das Urteil über die Friedensverträge und das durch sie geschaffene internationale System wird in hohem Maße durch ihr Scheitern geprägt. Es konzentriert sich vor allem auf die politisch-territorialen und die wirtschaftlich-finanziellen Aspekte der Verträge, ohne die umfangreichen Friedensbestimmungen – unter Einschluß der zahlreichen Anlagen – einer genauen Analyse zu unterziehen. Entscheidend hierfür war wohl, daß die Verträge durch ihre Komplexität und ihren Versuch, Rechtsnormen zu setzen, für den Laien nur noch schwer verständlich waren. Dennoch unternahmen diese Verträge es erstmals in der Geschichte der europäischen Friedenskongresse, »in Detailbestimmungen Recht zu setzen, statt mit Pauschalformulierungen Macht zu demonstrieren«.[217] Das unterschied sie von den Friedensverträgen der Mittelmächte mit Sowjetrußland und Rumänien.

Das Verständnis für die mit den Friedensverträgen zu verwirklichenden Ziele wird dadurch erschwert, daß sie immer noch mit der Elle der klassischen Bestimmungen von Friedensverträgen gemessen werden. In deren Zentrum aber standen in der Regel Fragen der territorialen Neuordnung, der Festlegung neuer Grenzen und eventuell zu leistender Kriegsentschädigungen. Betrachten wir diese allein, so vernachlässigen wir dreizehn von fünfzehn Vertragsteilen. Die Kritik, der Friedenskongreß sei schlecht vorbereitet gewesen und habe vorher öffentlich verkündete Ideale aus niedrigen machtpolitischen Motiven verraten, trifft in dieser Form nicht zu. Die

---

216 Wilhelm *Mommsen*, Europa und die Weltpolitik, in: *Archiv für Politik und Geschichte* 3 (8)/1925, H. 1, S. 37.

217 Fritz *Fellner*, Die Friedensordnung von Paris 1919/20 – Machtdiktat oder Rechtsfriede? Versuch einer Interpretation, in: Isabella *Ackerl* u. a. (Hrsg.), Politik und Gesellschaft im alten und neuen Österreich. Festschrift für Rudolf Neck. Wien 1981, Bd. II, S. 39–54, S. 40.

Friedenskonferenzen wurden auf alliierter Seite seit 1916 eingehend durch Expertenkommissionen vorbereitet[218] und die Grundlagen 1919 in Vorkonferenzen und Fachausschüssen gelegt. Allerdings kam das Kriegsende früher als erwartet. Es traf die Sieger »noch im Planungszustand, unvorbereitet und überraschend«.[219] Der mühsame Prozeß der Koordination und Abstimmung über eine gemeinsame Haltung bei den Friedenskonferenzen war bei Kriegsende noch nicht abgeschlossen. Dies offenbarte der Konflikt über die deutsche Forderung, einen Waffenstillstand auf der Basis der vierzehn Punkte Wilsons abzuschließen. Hinzu kamen bei den europäischen Siegern vor allem auch tiefgreifende innenpolitische und ökonomische Probleme, wie sie sich beim Übergang von einer Kriegs- zu einer Friedenswirtschaft nach großen Kriegen einstellen.

Trotz dieser Rahmenbedingungen und ihrer Wirkungen auf den Prozeß der Friedensfindung müssen wir uns davon lösen, den Weg zu einer neuen internationalen Ordnung vom traditionellen Verständnis des Sinns und der Funktion von Friedensschlüssen her zu betrachten. Vielmehr sollte der neue Ansatz, das neue Verständnis für die Beendigung militärischer Konflikte großen Stils beachtet werden. Wird beispielsweise Teil I des Versailler Vertrages (Völkerbundsakte) in Beziehung zu den Teilen XII (Häfen, Wasserstraßen, Eisenbahnen) und XIII (Arbeit) gesetzt, so wirkt dieser nicht als Instrument »territorialer Machtpolitik«, als Mittel für die Absicherung und den Ausgleich divergierender nationaler Territorial- und Wirtschaftsinteressen. Die Geschichtswissenschaft begreift »Außenpolitik« heute nicht mehr als »souveränitätsbezogene Diplomatie«. Sie wird vielmehr vor dem komplexen Hintergrund innen- und außenpolitischer Einflußgrößen gesehen. Im Fall »Versailles« ermöglicht dies, machtpolitische Denkkategorien zu verlassen und die »Ansätze und Grundsätze der Rechtspolitik zu erkennen, auf die die Friedensordnung von 1919/20 aufgebaut werden sollte,

---

218 So entstand beispielsweise die grundlegende britische Darstellung zum Wiener Kongreß: Charles Kingsley *Webster*, The Congress of Vienna 1814–1815. London (1919) 1969.

219 Donald Cameron *Watt*, Every War must end: War-time Planning for Post-War Security in Britain and America in the Wars of 1914–1918 and 1939–1945, in: *Transactions of the Royal Historical Society*, 5th Series, 28/1978, S. 159–173, S. 159.

deren Anerkennung allerdings Voraussetzung für die Erhaltung dieser Friedensordnung gewesen wäre«.[220] Am Beginn von Wilsons Vierzehn Punkten stehen nicht »traditionelle Ziele«, vielmehr die Forderung nach Öffentlichkeit von Verträgen sowie der Wunsch, die Beschränkungen im freien Warenaustausch zu beseitigen. In Paris sollte hierfür eine anerkannte internationale Rechtsordnung geschaffen werden, die das Mächtegleichgewicht mit seiner nationalen und territorialen Orientierung durch eine »auf internationaler Kommerzialwirtschaft beruhende Ordnung der Rechtsgleichheit« ersetzte.[221]

Sicherlich ließen sich die »Idealvorstellungen« der Angelsachsen nur teilweise durchsetzen. Es mußten Kompromisse mit dem machtstaatlich-sicherheitspolitischen Denken Frankreichs und auch dem proklamierten Selbstbestimmungsrecht der Völker geschlossen werden. Die Problematik des letztgenannten Aspekts lag vor allem darin, daß alte Staatskörper zerstört oder in ihrer Funktionsfähigkeit beschnitten wurden, die »historisch gewachsen« waren. Rußland und Deutschland mußten territoriale Opfer bringen, die Donaumonarchie verschwand als Faktor der internationalen Politik. Aus scheinbar übergeordneten Interessen der europäischen Sicherheit, der Überlebensfähigkeit der neuen Staaten und der Funktionsfähigkeit vor allem des europäischen Regionalsystems, wurde das Selbstbestimmungsrecht immer wieder verletzt. Es entstanden zusätzliche Konfliktherde. Sie sollten langfristig Idee und Realisierung der Friedensordnung belasten. Dennoch darf man der Friedensordnung von 1919/20 nicht das Bemühen absprechen, einen gerechten, rechtlich abgesicherten Frieden angestrebt zu haben, deren beide Säulen der Völkerbund für die Verwirklichung eines universalen Friedens und die Internationale Arbeitsorganisation (ILO) für die Sicherung des inneren, sozialen Friedens der Völker werden sollten.[222] Hier werden Ansätze erkennbar, die Gewalt und Krieg als Mittel der Politik überwinden wollten.

---

220 *Fellner*, Die Friedensordnung von Paris 1919/20, S. 42.

221 *Ebda.*

222 Vgl. hierzu u. a. Alfred *Pfeil*, Der Völkerbund. Darmstadt 1976. Frederic Samuel *Northedge*, The League of Nations, its Life and Times 1920–1946. Leicester 1986 sowie Heidrun *Maschl*, Die Arbeitergesetzgebung auf der Pariser Friedenskonferenz von 1919. Salzburg 1971.

Die Konzeption eines Rechtsfriedens empfanden die Deutschen als Machtdiktat, den Völkerbund nicht als Institution zur Bewahrung des univeralen Friedens durch ein kollektives Sicherheitssystem, sondern als »Heilige Allianz der Sieger«. Das Kriegsende 1918 traf die deutsche Öffentlichkeit, über die tatsächliche militärische Lage im unklaren gelassen, unvorbereitet. Der Friedensvertrag schließlich, psychologisch von den Siegern schlecht vorbereitet, wirkte als Schock, als in seinen Bestimmungen ungerechtfertigte Demütigung einer im Felde unbesiegten Großmacht. Die Chancen der Friedensordnung für Deutschland – und dies wird gerade beim Vergleich mit 1945 deutlich – wurden damals von der Mehrheit der Deutschen nicht gesehen oder nicht akzeptiert. Die Ablehnung des Status quo von 1919 prägte »das außenpolitische Denken und Handeln aller relevanten und auch der meisten irrelevanten politischen Gruppierungen der Weimarer Republik«.[223] Für die siegreichen Großmächte gab es 1918 eigentlich nur zwei Alternativen zur Lösung des »deutschen Problems«:

1. ein »Karthago«-Friede, d. h. völlige militärische Niederwerfung Deutschlands, Abdankung Deutschlands als Großmacht, Bildung mehrerer souveräner Nachfolgestaaten des Deutschen Reiches und Gebietsabtretungen an die Nachbarn;
2. ein Friede des Ausgleichs zwischen den berechtigten Wünschen und Bedürfnissen der Nachbarn und den Interessen Deutschlands zur Schaffung einer stabilen Friedensordnung. Ähnlich wie 1814/15 im Falle Frankreichs würde die Großmachtstellung, wenn auch beschnitten, beibehalten werden und Deutschland ohne Brüche in das System der Pariser Vororteverträge eingebunden werden, d. h. die Deutschen mußten mit ihrer Niederlage versöhnt werden.

Die von den Siegermächten als fair empfundene Versailler Friedensregelung schien Deutschland als »kritische Größenordnung« für Europa und die internationale Ordnung zu entschärfen, das

---

223 Jürgen C. *Heß*, ›Das ganze Deutschland soll es sein‹ – Die republikanischen Parteien und die Deutsche Frage in der Weimarer Republik, in: *Becker/Hillgruber*, Die Deutsche Frage im 19. und 20. Jahrhundert, S. 277–317, S. 277. Vgl. auch Peter *Krüger*, Versailles. Deutsche Außenpolitik zwischen Revisionismus und Friedenssicherung. München 1986, S. 70ff.

Sicherheitsbedürfnis seiner Nachbarn durch den Organisationsrahmen des Völkerbundes und des durch ihn geschaffenen kollektiven Sicherheitssystems zu befriedigen und die »deutsche Frage« durch wirtschaftliche, militärische, politische, territoriale und finanzielle Maßnahmen unter Wahrung der Einheit Deutschlands zu lösen. Dennoch behielt Deutschland von allen europäischen Großmächten das entwicklungsfähigste Potential. Wie würden die Deutschen dieses Potential nutzen? Als mitteleuropäischer Stabilisator des neu formierten europäischen Regionalsystems und als Vorreiter einer engeren europäischen Zusammenarbeit oder als Basis für eine »künftige neue Erschütterung der europäischen Mächtebalance von der Mitte Europas her«[224] und damit des internationalen Systems der Pariser Vororteverträge?

5.2. Europa und die Weimarer Republik 1919–1933: Die deutsche Frage auf dem »Prüfstand«

Die »Liquidierung des Krieges« und die Schaffung eines internationalen Klimas des Vertrauens mußte für die deutsche Innen- und Außenpolitik, für die Stellung Deutschlands in und zu Europa und damit für die Qualität der deutschen Frage nach dem Ersten Weltkrieg von entscheidender Bedeutung werden. Dem Verhältnis zwischen Deutschland und Frankreich fiel hierbei eine Schlüsselrolle zu. Eine der Perspektiven der französischen Deutschlandpolitik war dabei »die Suche nach einem wirtschaftlichen Gleichgewicht in Europa«.[225] Der »Kalte Krieg« zwischen Frankreich und Deutschland war »eine Art Machtprobe, bei der die Verwirklichung oder das Scheitern des Projektes von 1919 auf dem Spiel stand«.[226] Beide führten ihn zwischen 1920 und 1923 wegen der Erfüllung des Versailler Vertrages, ehe er von einer Politik der Konfliktregulierung durch Verhandlungen abgelöst wurde. Der »Kalte Krieg« verzö-

---

224 Bernd-Jürgen *Wendt*, Deutschland in der Mitte Europas, S. 228.

225 Jacques *Bariéty*, Sicherheitsfrage und europäisches Gleichgewicht. Betrachtungen über die französische Deutschlandpolitik 1919–1927, in: *Becker/Hillgruber*, Die Deutsche Frage im 19. und 20. Jahrhundert, S. 319–345, S. 319.

226 *Ebda.*, S. 320.

gerte in den für die Weimarer Demokratie wichtigen formativen Jahren die notwendige Liquidierung des Krieges. Er hat u. a. die deutsche und »europäische Stabilisierung« unmöglich gemacht, die »Entspannung und wirtschaftliche Wiederaufrichtung... um wertvolle Jahre zurückgeworfen, die unentbehrliche deutsch-französische Verständigung verzögert, die tiefsitzende Kriegspsychose verlängert und das nationalistische Ressentiment verschärft«.[227]

Es sind hier einige außenpolitische Belastungselemente mit ihrer innenpolitischen und fremdbestimmten Dimension angedeutet, die als »Schatten von Versailles« für die Geschichte der Weimarer Republik Bedeutung gewinnen sollten. Allerdings wäre es verfehlt, sie monokausal als Ursache für den Zusammenbruch der ersten deutschen Demokratie zu bewerten, trotz aller schädlichen sozialpsychologischen Einflüsse.

In der Diskussion um die Ursachen für das Scheitern der Weimarer Demokratie werden zahlreiche Erklärungsmuster angeführt. Neben institutionellen (politische Einrichtungen, Verfassungsordnung) und ökonomischen (Inflation, Wirtschaftskrise, Arbeitslosigkeit) sowie soziologischen (Kleinbürgerpanik) werden insbesondere massenpsychologische, ideologische, mentale und personalistische Begründungen genannt. Alle diese Faktoren standen in enger Wechselbeziehung zueinander. Eine Hierarchisierung und Gewichtung dieser Einflußgrößen für das Ende der Republik und den Weg zu »Hitlers Ermöglichung«[228] ist – so paradox dies klingen mag – beim derzeitigen Stand der historischen Forschung noch nicht möglich. Sicher ist jedoch, daß die Weimarer Republik, trotz starker antidemokratischer Strömungen, nicht von Anbeginn zum Scheitern verurteilt war. Auch eine Analyse der strukturellen und individuellen Bedingungen der Republik in ihrem europäisch-internationalen Umfeld führt zu dem Ergebnis, daß die Weimarer Republik nicht von Anbeginn schicksalhaft oder wegen anonymer Sachzwänge scheitern mußte.[229] Die Möglichkeit, sich für die parlamen-

---

227 Peter *Krüger*, Deutscher Nationalismus und europäische Verständigung. Das Verhältnis Deutschlands zu Frankreich während der Weimarer Republik (Vortrag Stresemanngesellschaft). Bonn 1983, S. 14.

228 *Deuerlein*, Hitler, S. 158.

229 Vgl. hierzu Gerhard *Schulz*, Deutsche Geschichte 1918–1945. Göttingen 1976, S. 54ff.

tarische Demokratie von Weimar zu entscheiden, hat für den einzelnen wie für Gruppen immer bestanden.

Die Weimarer Demokratie stellte sich bewußt – wie es auch die Reichsflagge schwarz-rot-gold symbolisierte – in die Tradition der politisch-emanzipatorischen Strömung der Nationalbewegung. Sie griff eine verschüttete, im Kaiserreich verdrängte Tradition auf. Weimar bedeutet »die Wiederaufnahme einer übernationalen, weltbürgerlichen Kultur- und Gesellschaftstradition jenseits nationalstaatlicher Verengung. Die Weimarer Republik war im Grunde der Versuch, den Bismarck-Staat mit 1848 und 1789 zu verbinden. Darin lag ihr teils konservativer, teils liberal-vorausweisender Charakter beschlossen.«[230]

Zu Beginn konnte die Republik mit der überwiegenden Zustimmung ihrer Bürger rechnen. Seit der erzwungenen Unterzeichnung des Friedensvertrages und den von der Reichsregierung im Vorfeld genährten und enttäuschten Hoffnungen begannen jedoch politische Strömungen zu überwiegen, die das »System von Weimar« bekämpften. Dennoch wanderte weder 1919 noch im Krisenjahr 1923 die Zahl der »Schwankenden« aus dem breiten bürgerlichen Lager *endgültig* in das antidemokratische Lager ab. Das demokratiefeindliche Potential – es verstand sich als das »eigentliche Deutschland« – war an den Polen des Parteienspektrums der Weimarer Republik vorhanden. Hitler mußte es nicht erst erfinden oder formieren, sondern es lediglich aktivieren und sich zum radikalen »Vorreiter der antidemokratischen Welle« aufbauen.[231] 1919 wie 1923 blieben die Optionen und Alternativen noch offen.

Die Verknüpfung von liberalen, sozialen und konservativen Elementen gab der Republik einen »Mischcharakter«, der sich positiv auf eine Integration auswirken konnte.[232] Voraussetzung hierfür war allerdings, daß die Republik innen- und außenpolitisch Erfolge

---

230 *Bracher*, Europa in der Krise, S. 169.

231 *Ebda.*, S. 168.

232 Vgl. zum Komplex Weimar eingehender: Eberhard *Kolb*, Die Weimarer Republik. München [2]1988. Horst *Möller*, Weimar. Die unvollendete Demokratie. München 1985. Karl Dietrich *Bracher*/Manfred *Funke*/Hans Adolf *Jacobsen* (Hrsg.), Die Weimarer Republik 1918–1933. Politik, Wirtschaft, Gesellschaft. Düsseldorf 1987. Zum Wahlverhalten in der Weimarer Republik Jürgen *Falter* u. a., Wahlen und Abstimmungen in der Weimarer Republik. München 1986.

aufweisen und schrittweise das »Odium des Erfüllungsgehilfen der Alliierten« (Stresemann) abschütteln konnte. Das bedeutete:

1. außenpolitische Erfolge, die sich auch innenpolitisch vermarkten ließen und die
2. mit einem stabilen sozio-politischen und ökonomischen und einem effizienten Regierungssystem die »Systemgegner« mit ihrer Behauptung »Demokratie = Krise und Unordnung« beim mündigen Bürger unglaubwürdig machten.

Mit dem Abbruch des Ruhrkampfes 1923, der Niederwerfung von Putschversuchen von links und von rechts, der erfolgreichen Bewahrung der staatlichen Einheit, der Stabilisierung der Währung durch die Rentenmark, der Überführung der Reparationsproblematik von einer politischen zu einer mehr technischen Frage durch den Dawes-Plan, schließlich mit der Politik der Verhandlungen, die über die Locarno-Verträge, den Beitritt zum Völkerbund und die Aufhebung der alliierten Militärkontrolle Deutschland eine angemessene und geachtete Stellung als europäische Großmacht brachte, ging auch eine Periode innenpolitischer Normalisierung und Stabilisierung einher. Die Politik der erfolgreichen Revision des Versailler Friedensvertrages mit friedlichen Mitteln wirkte sich als stabilisierender Faktor für die parlamentarische Demokratie aus. Äußeres Zeichen hierfür waren das Volksbegehren und der Volksentscheid über den Young-Plan 1929 – er beseitigte den reparationspolitischen Einfluß des Auslandes aus dem Dawes-Plan und legte die Dauer der Zahlungen auf 59 Jahre fest. In der kritischen Endphase der Republik stimmte nur eine Minderheit des deutschen Volkes gegen den Plan, die Mehrheit optierte für eine Politik der friedlichen Revision.

Wegen der breiten Ablehnung des Friedensvertrages im Weimardeutschland mit ihrer durchaus integrierenden Wirkung und der einhelligen Forderung nach einer Revision des Vertrages war das zentrale außenpolitische Ziel der Weimarer Republik, »Deutschlands Freiheit und Deutschlands Größe« (Stresemann) wiederzuerlangen, d. h. Abschwächung der Niederlage mit friedlichen Mitteln, Beseitigung ihrer Folgen und Schaffung der Voraussetzungen für die Rückkehr Deutschlands in den Kreis der Großmächte, vorgegeben. Neben positiven Aspekten hatte die revisionistische Zielsetzung auch negative Momente. Zu Recht wurde daher pointiert festgestellt: »Das Revisionssyndrom war die Krankheit der Weimarer politischen Kultur, und sie war ansteckend, ihre Umwelt vergiftend.«[233] Es eröffnete vor allem wegen des inhaltich wenig präzisierten Begriffes »Revision« ein weites Feld für Illusionen und Manipulationen angesichts des ungebrochenen Großmachtbewußtseins. Die generell revisionistische Zielsetzung vereinte sonst stark divergierende Kräfte. In den außenpolitischen Programmen kam es nicht zu der aufgrund der Kriegszieldiskussionen zu erwartenden »Auffächerung«. Unter dem Deckmantel der »Revision« konnten so außenpolitische Programme von der Wiedergewinnung einer dominierenden Mitteleuropastellung über eine europäische Hegemoniestellung bis hin zu einem erneuten »Griff nach der Weltmacht« blühen, aber auch Ziele, die Deutschland zwar seinen Großmachtstatus zurückzugeben trachteten, aber durchaus auch die europäische Aufgabe und Verantwortung des Zentralstaates von Europa erkannten und anzunehmen bereit waren.

Die Außenpolitik Stresemanns, von 1923–1929 Außenminister, ging in ihrer Politik des »nationalen Realismus« von der internationalen Ordnung von 1919/20 aus und knüpfte an die Mitteleuropatradition deutscher Politik an. Ohne Ausgleich ist noch nie etwas »Großes in der Welt geschaffen worden, was Bestand hatte«, wurde Leitgedanke seiner friedlichen Revisionspolitik. Die stärkere Einbindung Deutschlands in das internationale System von 1919/20 forderte eine Außenpolitik der Kooperation, nicht eine der Konfrontation in systemzerstörerischer Absicht. Sollte das im 19. Jahrhundert nur unvollkommen gelöste Problem Deutschland, das als Kernproblem der europäischen Politik 1919/20 weder durch den Versailler Vertrag noch durch die europäische Neuordnung auf den Pariser Friedenskonferenzen gelöst worden war, doch noch eine für Europa befriedigende Regelung erhalten, so bot sich in einer engeren europäischen Zusammenarbeit und mit dem Ausgleich zwischen Deutschland und Frankreich, den Nachbarn »in einer der Kernlandschaften Europas mit einer alten, gemeinsamen Geschichte«, eine Chance »mit diesem Ungetüm einer deutschen Großmacht in beständige und erträgliche Verhältnisse« zu kommen.[234]

Durch den »Aufbau eines neuen europäischen Konzerts« nach 1925 mit dem Kern Großbritannien–Frankreich–Deutschland wur-

---

233 Michael *Salewski*, Das Weimarer Revisionssyndrom, in: *Politik und Zeitgeschichte* B 2/80 vom 12. 1. 1980, S. 14–25, S. 25.

234 *Krüger*, Deutscher Nationalismus, S. 7.

den entscheidende Grundlagen für eine gemeinsame europäische Politik geschaffen, doch sollte sich die bis zur Weltwirtschaftskrise verfügbare Zeit als zu kurz erweisen. Angesichts der von den Gegnern der Republik der Regierung zugewiesenen Verantwortung für die »Misere der Gegenwart«, der geschickten, massenwirksamen »Verknüpfung von ›November-Verrat‹, ›Dolchstoß‹ und ›Versailles‹«,[235] brauchte Weimardeutschland rasche Erfolge bei seinen Revisionsforderungen. Innenpolitisch wichtig war vor allem eine vorzeitige Räumung des Rheinlandes, um der nationalistischen Opposition emotionalisierbare, propagandistisch verwertbare Argumente aus der Hand zu nehmen. Die für Deutschland wichtige größere Handlungsfreiheit bereitete der französischen Regierung innenpolitisch Probleme, wurde doch befürchtet, eventuell notwendige Druckmittel einzubüßen. Briand und Stresemann rangen um die Lösung der für beide Länder und Europa so wichtigen Fragen. Sicherlich spielten Macht- und Einflußfragen sowie die Stellung in Europa eine gewichtige Rolle. Es ging aber auch um den europäischen Frieden, die bessere Zusammenarbeit, die Verständigung und den deutsch-französischen Ausgleich. Dieser bildete eine notwendige Voraussetzung für eine erfolgreiche Revisionspolitik in anderen Bereichen.[236] Der Konzeption Stresemannscher Außenpolitik wird nicht gerecht, wer versucht, die Zusammenarbeit mit Frankreich lediglich als Hebel für revisionistisch(-expansive) Ziele zu bewerten. Vielmehr war die europäische Verständigung, ausgehend von einer deutsch-französischen Basis, »eine umfassende wirtschaftliche und politische Konzeption, die auf einer grundsätzlichen politischen Entscheidung (seit 1923) über die langfristig günstigste Wahrnehmung deutscher Interessen beruhte«.[237]

Die dominierende Wirtschaftskraft der USA, die sich seit dem Kriege zur führenden Weltwirtschaftsmacht entwickelt hatten, mit ihren Auswirkungen auf die europäischen Märkte, beförderte

---

235 Andreas *Hillgruber*, Unter dem Schatten von Versailles – Die außenpolitische Belastung der Weimarer Republik: Realität und Perzeption bei den Deutschen, in: Karl Dietrich *Erdmann* / Hagen *Schulze* (Hrsg.), Weimar. Selbstpreisgabe einer Demokratie. Düsseldorf 1980, S. 51 bis 67, S. 58.

236 Vgl. Peter *Krüger*, Die Außenpolitik der Republik von Weimar. Darmstadt 1985, S. 207 ff.

237 *Krüger*, Deutscher Nationalismus, S. 16.

Schritte auf dem Wege zu einer engeren europäischen Zusammenarbeit und ließ den Gedanken einer europäischen Zollunion zunehmend in das Blickfeld geraten. Diesen Themenbereich besprachen Briand und Stresemann im Sommer 1929. Den hieraus erwachsenen Europaplan Briands, der eine lockere föderative Verbindung der europäischen Staaten anregte, sollte Stresemann nicht mehr erleben. Er starb am 3. Oktober 1929.

Die große wirtschaftliche Depression warf bereits ihre Schatten auf Deutschland. Bemühen der Regierung des sozialdemokratischen Kanzlers Müller war es, die drohende Krise zu verhindern und die Mehrheitsbasis zu erhalten. In diesen Zusammenhang gehört der Young-Plan. Die sich im Zuge der Weltwirtschaftskrise verschärfende Krise in Deutschland gefährdete den für das politisch-soziale und ökonomische System der Republik und seine Fortexistenz »kategorischen Imperativ« eines politischen und gesellschaftlichen Ausgleichs. Die zunehmende Polarisierung innerhalb der großen Koalition in Fragen der Wirtschafts- und Sozialpolitik entzog dem notwendigen gesellschaftlich-wirtschaftlichen Ausgleich nicht nur im innenpolitischen Bereich die Basis, sondern betraf ebenfalls existentiell den weniger direkt faßbaren außenpolitischen Basiskonsens. Für eine modernen Verhältnissen angepaßte industriewirtschaftlich-liberale internationale Kooperation und eine erfolgreiche Fortführung der Locarno-Politik spielte der Young-Plan – neben seiner wichtigen innenpolitischen Funktion – eine zentrale Rolle. Voraussetzung war allerdings die Bereitschaft Deutschlands und anderer Mächte zu einem auf Kooperation und Liberalisierung angelegten Weltwirtschafts- und Finanzsystem.

Der Young-Plan bedeutete für die Reichsregierung einen Erfolg, »auch für die Konsolidierung Europas und ihre Politik der Machtsteigerung und Verankerung Deutschlands im internationalen System durch Zusammenarbeit, Verständigung und Interessenausgleich«.[238] National- und Gruppenegoismus gewannen in der Krise von 1929/30 wieder die Oberhand. Sie entzogen diesem Lösungsversuch der deutschen Frage, mit der die Deutschen, ihre Nachbarn und das internationale System erfolgreich und zufrieden hätten leben können, die Basis. 1929 signalisierte so auf internationaler Ebene das Ende einer weltwirtschaftlichen Restauration, auf natio-

---

238 *Krüger*, Deutscher Nationalismus, S. 19.

naler Ebene den Endpunkt des liberalen Umformungsprozesses des deutschen Nationalstaates und der außenpolitischen Revision des Friedensvertrages auf der Basis einer deutsch-französischen Annäherung.

Das Scheitern der Regierung Müller war symptomatisch für die Polarisierung gesellschaftlicher Gruppeninteressen in der Schlußphase der Weimarer Republik. Der für das Funktionieren einer Demokratie notwendige politische Kompromiß war verlorengegangen. Die Republik hatte sich selbst preisgegeben, ohne daß dies dem Zeitgenossen damals in seiner Tragweite bewußt geworden wäre. Mit der Akzentuierung einer nationalen Politik verschob sich auch die außenpolitische Zielrichtung. An die Stelle einer europäischen Politik des Ausgleichs und der Verständigung und der Einbindung Deutschlands in weltwirtschaftliche Verflechtungen trat eine Politik der Konfrontation, die geeignet war, international das deutsche Vertrauenskapital der Ära Stresemanmn zu verspielen. Die bewußte Abkehr von einer Politik der Verständigung, die rücksichtslose Forderung nach Revision mit nationalen Tönen, vollzog sich am beabsichtigten »Begräbnis Erster Klasse« für den Briandschen Europaplan.[239] Zwar noch vorsichtig formuliert, wurde der europäisch-internationale Weg dem nationalen geopfert. So heißt es in der Stellungnahme des Außenministers Curtius, daß Deutschland die französische Initiative begrüße, daß aber jedes Land die »gestellte Aufgabe« aus der Perspektive seiner nationalen Interessen natürlicherweise aus einem anderen Blickwinkel betrachte. »Kein Land kann die Mängel der Struktur Europas stärker empfinden als Deutschland, das, in der Mitte des Kontinents gelegen, von diesen Mängeln und ihren Auswirkungen in besonderem Maße berührt wird. Kein Land hat an der Beseitigung dieser Mängel ein höheres Interesse als Deutschland. Die deutsche Regierung wird daher bereitwillig an der Lösung des Problems mitarbeiten ... Sie sieht das Endziel darin, im Geiste der Verständigung eine mutige Reform der einmal als unhaltbar erkannten Verhältnisse ins Auge zu fassen und

---

239 *PA AA* Bonn Politik 4, Paneuropa 1, Briand-Memorandum sowie Schriftstücke zum Europamemorandum der französischen Regierung, 2. Ausgabe Berlin 1930. Vgl. hierzu auch die Chronologie und die abgedruckten Dokumente bei: Odile *Keller*/Lubor *Jílek* (Hrsg.), Le Plan Briand d'union fédérale européenne. Genf 1991.

so *eine wirkliche Befriedung Europas herbeizuführen, die nur auf den Grundsätzen der Gerechtigkeit und Gleichheit beruhen kann.«*[240] Die Redner im außenpolitischen Ausschuß des Reichstages wurden, wie ein zusammenfassender Bericht des bayerischen Gesandten in Berlin verdeutlicht, in der künftigen Stoßrichtung deutscher Außenpolitik, für die der Briand-Plan ein Hindernis war, schon deutlicher. So betonte Prälat Dr. Kaas vom Zentrum, daß ein im wesentlichen befriedetes Europa »nicht *mit*, sondern gegen Frankreich« erstritten werden müsse. »Man müsse verhindern, daß aus einem Gewalteuropa zu unserem Schaden und unter unserer Mitwirkung ein Vertragseuropa werde, das wir dann nicht mehr korrigieren können. Deutschland müsse um die Revision deshalb *vor* Abschluß eventueller Pakte kämpfen, nicht sie erst nach deren Abschluß eventuell vergeblich erwarten!«[241]

Im außenpolitischen Denken wurden jetzt wieder Mitteleuropapläne aufgegriffen, die in Variationen seit der Paulskirche immer wieder diskutiert worden waren. Das ganze Deutschland sollte es sein! Der Gedanke an ein republikanisches Großdeutschland, das seinen Rang unter den ersten Mächten wieder einnehmen sollte, wurde zur neuen nationalstaatlichen Perspektive. Wie allerdings Europa auf eine großdeutsche Republik reagieren würde, ob sie nicht destabilisierend auf die internationale Ordnung der Pariser Vororteverträge wirken würde, darüber machten sich die Republikaner weniger Gedanken. Nach ihren Vorstellungen hätte die großdeutsche Republik sich einem einigermaßen funktionierenden Völkerbundsystem »nicht entzogen und sich auch sonst in friedlichen Bahnen bewegt«.[242] Systemsprengend jedoch waren sicherlich die Revisionsvorstellungen der nationalen Rechten, die nach dem Zusammenbruch der großen Koalition nicht ohne Einfluß auf die Regierungspolitik blieben. Mitteleuropa – unter Einfügung der »Anschluß«-Tendenzen gegenüber Österreich – und der Donauraum wurden zum neuen Schwerpunkt deutscher Außenpolitik in der Ära

---

240 *PA AA* Bonn Politik 4, Paneuropa 1. Antwort der deutschen Regierung vom 11.7.1930. Vgl. *BHStA* München MA 103206 Entwurf der deutschen Antwort und Beratungen des Auswärtigen Ausschusses.

241 *Ebda.* Protokoll Auswärtiger Ausschuß.

242 *Hess*, Das ganze Deutschland soll es sein, in: *Becker/Hillgruber*, Die Deutsche Frage im 19. und 20. Jahrhundert, S. 313.

Brüning. Signalisiert wurde der neue Kurs durch das österreichisch-deutsche Zollunionsprojekt. Dieser überraschende Vorstoß mußte auf den Widerstand Frankreichs stoßen, aber auch anderer »Betroffener« in der Region, wie der Tschechoslowakei. Frankreich brachte das Projekt schließlich zu Fall. Die mühsam aufgebaute Vertrauensbasis zwischen beiden Ländern war zerstört – mit weitreichenden Folgen für die internationale Ordnung.

Das Zollunionsprojekt »brüskierte« und »alarmierte« gleichermaßen. Es war der »eigentliche Sündenfall der deutschen Außenpolitik nach der Stresemann-Ära«,[243] denn es strebte für Deutschland eine politische und ökonomische Machtstellung im Donauraum, unter Einbeziehung der Tschechoslowakei, an. Zur Vorbereitung der Grenzrevision im Osten sollte Polen isoliert werden. Ohne Bedenken nutzte die deutsche Regierung die Weltwirtschaftskrise aus, um den Young-Plan zu zerstören und die Gleichberechtigung Deutschlands rigoros durchzusetzen. Dies verdeutlichten die Abrüstungsverhandlungen. Die Politik der Reichsregierung trug so in hohem Maße »zur Erschütterung des internationalen Systems in der Krise«[244] bei.

Es zeigte sich hier die Problematik und enorme Sprengwirkung, die im Revisionsverlangen selbst steckte. Jeder Erfolg einer revisionistischen Außenpolitik wurde »nur als ›eine Vorstufe zum eigentlichen Ziel‹«[245] angesehen. Die Nationalsozialisten, denen es in keiner Phase um die Realisierung der »klassischen Ziele« der Revisionspolitik ging und die auch keinerlei Interesse an der deutschen Nation hatten, konnten das aus Weimar überkommene »Revisionssyndrom« bis in das Vorfeld des Zweiten Weltkrieges innenpolitisch herrschaftsstabilisierend und außenpolitisch als »legitimes« Ziel einer friedlichen deutschen Politik einsetzen.

---

243 *Krüger*, Deutscher Nationalismus, S. 19.
244 *Ebda.*, S. 20.
245 *Hess*, ›Das ganze Deutschland soll es sein‹, in: *Becker/Hillgruber*, Die Deutsche Frage im 19. und 20. Jahrhundert, S. 312.

5.3. Die Krise des liberalen Systems und die Zerstörung der internationalen Ordnung 1933–1939

In der Zwischenkriegszeit, insbesondere in den Jahren 1930–1939, wiederholten sich Konfliktkonstellationen aus der Zeit vor dem Ersten Weltkrieg, die endgültig zu beseitigen Ziel der Friedensordnung von 1919/20 hätte sein sollen. Das liberale Konzept für die internationalen Beziehungen, »eine friedliche Welt auf der Grundlage von Freihandel, Abrüstung und der demokratischen Kontrolle von Außenpolitik, in der unabhängige, sich selbst regierende Nationen jede für sich zum allgemeinen Wohl der Menschheit beitragen«,[246] schien gescheitert. Die Krise des internationalen Systems wird überlagert durch eine Krise des politisch-sozialen Systems, wobei die Weltwirtschaftskrise und ihre Folgen zur Verschärfung der Krisensituation in den 1930er Jahren beitrugen. Mit bedingt durch die Rückkehr zur Renationalisierung von Politik und Wirtschaft blieb auch ein erneuter Anlauf, die Einigung Europas voranzubringen, sei es innerhalb oder außerhalb einer Völkerbundorganisation, gekennzeichnet durch zahlreiche Vorschläge von Politikern und Europapropagandisten seit den 1920er Jahren, ohne sichtbaren Erfolg. Der politische Rückzug der USA vom Völkerbund und ihre Weigerung, eine verantwortliche, ihrer neuen Führungsrolle in der Weltwirtschaft entsprechende weltpolitische Aufgabe zu übernehmen, eröffnete nochmals Großbritannien und Frankreich die Chance, eine dominierende europäische Großmachtstellung zu erringen. Zu Hilfe kam ihnen dabei die Tatsache, daß die Sowjetunion zunächst außerhalb des durch die Pariser Vorortverträge geschaffenen internationalen Systems blieb. Das sozialistische Alternativmodell für die Gestaltung der innerstaatlichen Ordnung und des internationalen Systems, das seit der erfolgreichen Oktoberrevolution von 1917 vertreten wurde, ging davon aus, daß Kapitalismus und Imperialismus den Krieg zur logischen Folge hatten und daß das Ende aller Kriege erst nach der erfolgreichen Beseitigung des kapitalistischen Systems durch die Revolution möglich sein werde. Die nur gelegentlich durchbrochene, selbstgewählte sowjetische Isolierung und das Schwanken der so-

---

246 James B. *Joll*, Europe since 1870. An International History. London 1976, S. 295.

wjetischen Außenpolitik zwischen weltrevolutionärem Anspruch und einer an nationalen, vor allem sicherheitspolitischen Interessen orientierten Politik trugen mit zu einer Unterschätzung der Sowjetunion bei und führten in den 1930er Jahren bei den Versuchen eines europäischen Krisenmanagements der Großmächte zur Nichtberücksichtigung der UdSSR. Das auf dem liberalen Konzept beruhende internationale System der Zwischenkriegszeit mit den tragenden Säulen Völkerbund und kollektives Sicherheitssystem krankte u. a. daran, daß die als Ergebnis des Ersten Weltkrieges entstandenen machtpolitischen Vakuen nicht gesehen oder unterschätzt wurden und daß das Denken in eurozentrischen Kategorien noch sehr stark war. Der »Geist von Locarno« und die Reintegration Deutschlands in die europäisch-internationale Ordnung hatten Ende der zwanziger Jahre Aussichten auf eine erfolgreiche Rekonstruktion des europäischen Staatensystems im Rahmen einer europäischen Zusammenarbeit und eine Stabilisierung des Völkerbundes durch einen bündischen europäischen Zusammenschluß eröffnet.

Die Wechselwirkungen zwischen der Weltwirtschaftskrise, dem Zurückdrängen demokratischer Systeme durch autoritäre Ordnungen und dem Zusammenbruch des europäischen und fernöstlichen Regionalsystems zwischen 1930 und 1939 sind noch zu wenig untersucht. Sicher ist, daß der Versailler Friedensordnung, dem Versuch einer Rekonstruktion des europäischen Staatensystems sowie dem Bemühen, im Rahmen des Völkerbundes weltweit ein kollektives Sicherheitssystem zu verwirklichen, durch die Weltwirtschaftskrise die ökonomische Basis entzogen wurde.[247]

Die ökonomische Krise, die daraus resultierenden sozialen Spannungen und der Angriff extremer ideologischer Kräfte auf die demokratische Ordnung ließen die nationalen Regierungen in unterschiedlichen Lösungsmodellen für die Beendigung der »Periode der Krise«,[248] wie sie die Zeitgenossen begriffen, Zuflucht suchen. In zahlreichen europäischen Ländern engte die Krise den Hand-

---

247 Vgl. hierzu Josef *Becker*/Klaus *Hildebrand* (Hrsg.), Internationale Beziehungen in der Weltwirtschaftskrise 1929–1933. München 1980.

248 Geoffrey Malcolm *Gathorne-Hardy*, Kurze Geschichte der internationalen Politik 1920–1939. Klagenfurt, Wien 1949, S. 570.

lungsspielraum der – oftmals nur kurz amtierenden – Regierungen ein; vielfach trat an die Stelle der demokratischen Ordnung ein autoritäres Regime. Dabei wurden neben Auswirkungen der Weltwirtschaftskrise vor allem strukturelle Rahmenbedingungen wirksam. Die Krise und die Zerstörung demokratischer Ordnungsstrukturen, die nach dem Zusammenbruch der Weimarer Demokratie beschleunigt wurde, wirkte destabilisierend auf die sowieso labile internationale Ordnung der Pariser Vororteverträge und mündete bis zum Ausbruch des Krieges in Europa 1939 in eine Dauerkrise des internationalen Systems.[249] Diese wurde mit verursacht durch den aggressiven Versuch, eine Politik des friedlichen Ausgleichs durch die Wiederbelebung imperialistischer und hegemonialer Ziele zu blockieren und in den Staatenbeziehungen das Faustrecht als Mittel der Politik einzusetzen. Die Spielregeln der internationalen Politik und das Völkerrecht wurden mißachtet. Die Bereitschaft oder die Fähigkeit der Staatengesellschaft, gegen die Verletzung internationalen Rechtes vorzugehen, war begrenzt. Völkerbundsanktionen blieben wirkungslos, wenn sie nicht mit weltweiter Unterstützung rechnen konnten. Die japanische Expansionspolitik in Ostasien seit 1931 und der Austritt Japans aus dem Völkerbund, als dieser sich auf einen kleinsten Nenner für Sanktionen einigte, erhielten Signalwirkung für revisionistische, expansionistische autoritäre Regime. So versuchte das faschistische Italien 1935 durch einen Angriff auf das Völkerbundsmitglied Äthiopien seinen Herrschaftsbereich zu erweitern. Die Maßnahmen des Völkerbundes waren erfolglos. Die Bereitschaft der Demokratien, einen militärischen Konflikt für ein fernes, kleines Land zu riskieren, war nicht sehr groß. So kommentierte ein Beamter des britischen Foreign Office den italienischen Völkerrechtsbruch in

---

249 Vgl. zu diesem Komplex u. a. Erhard *Forndran* u. a. (Hrsg.), Innen- und Außenpolitik unter nationalsozialistischer Bedrohung. Opladen 1977. Manfred *Funke* (Hrsg.), Hitler, Deutschland und die Mächte. Düsseldorf 1977. Franz *Knipping*/Klaus Jürgen *Müller* (Hrsg.), Machtbewußtsein in Deutschland am Vorabend des Zweiten Weltkrieges. Paderborn 1984. Marie Louise *Recker*, Die Außenpolitik des Dritten Reiches. München 1990. Karl *Rohe* (Hrsg.), Die Westmächte und das Dritte Reich. Paderborn 1982. Gerhard *Schulz* (Hrsg.), Die große Krise der dreißiger Jahre. Vom Niedergang der Weltwirtschaft zum Zweiten Weltkrieg. Göttingen 1985.

Äthiopien: Wenn dieses durch Besetzung aufgehört habe, ein unabhängiger Staat zu sein, entfalle auch die Verpflichtung zur Hilfe im Rahmen der Völkerbundsakte.

Der totale Umsturz des internationalen Systems drohte aber in den dreißiger Jahren vom Deutschen Reich. Die nationalsozialistische Außenpolitik war in hohem Maße auch traditionellen macht- und hegemonialpolitischen Vorstellungen aus der Zeit vor 1933 verpflichtet. Es lassen sich somit durchaus Kontinuitäten feststellen. Die Verschiebungen von einer europaorientierten Außenpolitik hin zu alten außenpolitischen Konzepten hatte sich nach dem Tode Stresemanns in der Behandlung des Briand-Memorandums gezeigt. Die nationalsozialistische Außenpolitik war somit national »in der Tradition des preußisch-deutschen Nationalstaates von 1870/71«[250] verankert. Diese feierte scheinbar im Dritten Reich ihre »größten außenpolitischen Triumphe«.[251] Die nationalsozialistische Außenpolitik wurde aber auch als »rassenideologische Weltpolitik«[252] konzipiert und unterscheidet sich somit fundamental von außenpolitischen Traditionen aus der Zeit des Wilhelminischen Deutschland. Sie war – wenn überhaupt – zunächst nur äußerlich machtpolitischen und nationalstaatlichen Interessen verpflichtet. Die Übertragung von sozialdarwinistischen Kategorien auf das internationale System und die Beziehungen zwischen Staaten (»Recht des Stärkeren im Lebenskampf der Völker«) bedeutete ein revolutionäres Element in einem auf Friedenssicherung und Friedenserhaltung angelegten Staatensystem. Die expansionistischen, systemsprengenden Ziele des Nationalsozialismus wurden anfangs nicht gesehen, der Nationalsozialismus insgesamt unterschätzt. Als Antriebsfeder der Außenpolitik diente Hitler in der Phase der militärischen Schwäche und Unterlegenheit die traditionelle Forderung nach Revision des Friedensvertrages von Versailles, nach großmächtlicher Gleichberechtigung, nach Selbstbestimmungsrecht für alle Völker und nach nationaler Unabhängigkeit Deutschlands. Damit schien sich die nationalsozialistische Außenpolitik als Fortsetzung der außenpoliti-

---

250 Bernd-Jürgen *Wendt*, Großdeutschland. Außenpolitik und Kriegsvorbereitung des Hitler-Regimes. München 1987, S. 8.

251 *Ebda.*, S. 9.

252 Vgl. hierzu die Beiträge in: Gottfried *Niedhart* (Hrsg.), Kriegsbeginn 1939. Darmstadt 1976.

schen Revisionspolitik der Schlußphase der Weimarer Republik zu verstehen. Gleichzeitig betonte Hitler in Friedensreden seit dem Frühjahr 1933 immer wieder die friedfertigen Ziele deutscher Politik, den deutschen Wunsch nach gutnachbarlichen Beziehungen zu seiner europäischen Umwelt. Auf diese Weise wurden die Expansionsziele nach außen propagandistisch und ideologisch mit dem Hinweis auf das Selbstbestimmungsrecht aller Deutschen verschleiert. Bis einschließlich des Münchener Abkommens von 1938 waren somit die auf dem Selbstbestimmungsrecht der Völker beruhenden Wünsche des nationalsozialistischen Deutschlands für die Westmächte im Sinne einer friedlichen Konfliktregulierung noch vertretbar, auch wenn die Aktionen (Wiedereinführung der Wehrpflicht 1935, Rheinlandbesetzung 1936, Anschluß Österreichs 1938, Sudetenfrage) den Bruch gültiger Verträge bedeuteten. Das revolutionäre Element in der nationalsozialistischen Außenpolitik erkannten die zeitgenössischen Gegenspieler Hitlers erst relativ spät.

Seit den zwanziger Jahren war Hitler einem außenpolitischen Programm verpflichtet – sein Stellenwert für die Politik und Geschichte des Dritten Reiches ist in der Forschung kontrovers –, das ihm als Orientierungsrahmen diente und für das es sicherlich keinen festen »Zeitplan« gegeben hat. Sein »biologischer Nationalismus« wollte als Endziel die Weltherrschaft der germanischen Rasse, die ohne Krieg nicht zu erreichen war. Schon 1925 äußerte Hitler daher in »Mein Kampf« die Überzeugung, daß ein Bündnis, »dessen Ziel nicht die Absicht zu einem Krieg umfaßt... sinn- und wertlos« sei. Wenige Tage nach seiner Ernennung zum Reichskanzler sprach Hitler in diesem Sinne auch vor der Generalität der Reichswehr, d. h. die außenpolitischen Ziele ließen sich nur mit kriegerischen Mitteln erreichen und das Gesamtpotential des Staates mußte hierauf ausgerichtet werden. Mit einer Politik der vollendeten Tatsachen seit 1933 hatte sich das Dritte Reich nach der Zerschlagung der Tschechoslowakei im März 1939 eine gute mitteleuropäische Ausgangslage für seine Ziele geschaffen und mit der Annexion Österreichs scheinbar einen Wunsch der Nation zur Lösung der deutschen Frage im großdeutschen Sinne erfüllt. Davon überzeugt, daß die westlichen Demokratien auch weiteren Aktionen des Deutschen Reiches tatenlos zusehen würden, befahl Hitler am 1. September 1939 den deutschen Angriff auf Polen, dem Großbritannien und Frankreich mit der Kriegserklärung antworteten. Der europäische Krieg war da.[253] Hitler hatte das internationale System zerstört. Wie würde Deutschland am Ende des Krieges aussehen?

In »Mein Kampf« hatte Hitler geschrieben: »Deutschland wird entweder Weltmacht oder überhaupt nicht sein.« Der Weltmachttraum wurde spätestens in den Trümmern des Zweiten Weltkrieges verschüttet. Verspielt aber wurde auch der kleindeutsche Nationalstaat von 1871.

---

253 Vgl. hierzu u. a. *Niedhart*, Kriegsbeginn, sowie Donald Cameron *Watt*, How War Came. The immediate origins of the Second World War 1938–1939. London 1989.

6. Hegemonie oder Gleichgewicht? Die Suche nach einer neuen europäischen und internationalen Ordnung 1939–1948

Der deutsche Angriff auf Polen am 1. September 1939 entfesselte einen europäischen Krieg, der globale Dimensionen annehmen sollte. Die Mehrheit der europäischen Bevölkerung reagierte auf den Krieg mit Beklommenheit. Dauer, Dimension und Ausgang des Krieges waren ungewiß. Kriegsbegeisterung wie 1914 konnte kaum aufkommen. Kriegsgreuel, Schützengräben, neue, schrecklichere Waffen, 8 Millionen Gefallene, 20 Millionen Verwundete, Hungertote, riesige Materialverluste, Zerstörung der Landschaft, Eingriffe des Staates in den persönlichen und materiellen Bereich des Menschen, die langfristigen volkswirtschaftlichen Konsequenzen und die Probleme des Übergangs vom Krieg zum Frieden waren auf beiden Seiten noch lebendige Erinnerung. Die Vorhersage des Militärtheoretikers Jean de Bloch, der moderne Krieg kenne keine Sieger, nur Verlierer, hatte sich bewahrheitet. Selbst Militärs und Politiker hatten ihre Lehren aus dem Krieg gezogen, auch wenn sie diese je nach politischem System und politischem Standort unterschiedlich bewerteten und in ihr Kalkül einbezogen. So traten Verherrlichung des Krieges als Mittel der Politik und Ächtung desselben nebeneinander. Was 1939 äußerlich als »traditioneller« europäischer Hegemonialkrieg begann, entwickelte sich bald zu einem Krieg der inneren Herrschaftsformen und Ideologien mit globalen Ausmaßen. Es ging nicht mehr allein um die Verteilung der Macht, sondern auch um das zukünftige Gesicht der zu schaffenden europäischen und internationalen Ordnung. Der oder die Sieger würden versuchen, *ihre* Ordnungsvorstellungen durchzusetzen.

Dies galt für die Nationalsozialisten, die angeblich den Krieg als Kampf für die Befreiung Europas vom Joch der Angelsachsen führten, das Reich als europäische Ordnungsmacht verstanden wissen wollten und in einem deutschen Frieden die neue Europäische

Ordnung schaffen wollten,[254] aber auch für die Antihitlerkoalition. Am Ende des Krieges mußten alle deutschen Großmachtträume nach dem zweiten vergeblichen Griff nach der Weltmacht endgültig begraben werden. Als Ergebnis des Zweiten Weltkrieges hatte aber auch Europa seine Weltstellung auf absehbare Zeit, wenn nicht auf Dauer, eingebüßt. Europa wurde, in eine passive Rolle gedrängt, zur Spielwiese der neuen Welt- und Supermächte USA und UdSSR. Als Probleme, die in einer Nachkriegsordnung zu regeln sein würden, ergab sich neben der Zukunft Deutschlands in einem neuen Europa auch die Frage, ob sich für Europa erneut die Chance zur politischen und wirtschaftlichen Einigung bieten würde, die in der Zwischenkriegszeit verspielt worden war.

6.1. Die Lösung der deutschen Frage durch das nationalsozialistische Deutschland: Die gescheiterte deutsche Großmacht und der verspielte deutsche Nationalstaat

Mit Hitler und dem Nationalsozialismus gewann die deutsche Frage nach außen und innen eine neue Dimension und Qualität, d. h. sie veränderte auf der europäisch-internationalen und der nationalen deutschen Ebene ihr Gesicht. Trotz zweifellos nachweisbarer Kontinuitätslinien, die für »Hitlers Ermöglichung«[255] eine Rolle gespielt haben, bedeutet das Jahr 1933 für die deutsche Frage eine tiefe Zäsur, ungeachtet der Tatsache, daß das Kriegsende 1945 neue Rahmenbedingungen für die deutsche Frage in unserer Zeit absteckte und die eigentliche weltpolitische Zäsur, die Verfestigung der internationalen Ordnung nach dem Zweiten Weltkrieg, für 1947/48 angenommen werden muß.

Zum Verständnis des funktionalen Charakters der deutschen Frage für die nationalsozialistische Politik ist die Erkenntnis wichtig, daß es zum Charakter des Nationalsozialismus gehörte, daß er – ähnlich wie die deutsche Nationalbewegung seit den Napoleonischen Kriegen – von durchgängigen Ambivalenzen geprägt war,

---

254 Vgl. hierzu u. a. Robert E. *Herzstein*, When Nazi Dreams come true. London 1982, S. 131 ff.

255 *Deuerlein*, Hitler, S. 158.

d. h. aufgrund neuerer Forschungen setzt sich zunehmend die Auffassung durch, daß wir es beim Nationalsozialismus – im Vergleich mit anderen politisch-sozialen Systemen in Europa und ihrer Entwicklung – mit einem Phänomen im Spannungsfeld zwischen Tradition und Revolution, mit Kontinuitäten und Brüchen, zu tun haben.[256]

So lassen sich im innen- und außenpolitischen Bereich Kontinuitäten nachweisen. Sie bringen den Nationalsozialismus in die Nähe des »alten Deutschland« und seiner Eliten, beispielsweise in der deutschen Großmachtpolitik. Sicherlich gilt dies auch für Bereiche, die sich mit den Begriffen »politische Kultur«, »Mentalität«, »politische Verhaltensweisen« im etatistischen und sozialpsychologischen Bereich erfassen lassen, d. h. der Nationalsozialismus konnte an »kollektive Wertvorstellungen und Dispositionen«[257] appellieren. Gerade in den Anfangsjahren ihrer Herrschaft verschleierten die Nationalsozialisten durch eine bewußte Anlehnung an die Traditionen Preußens und des kaiserlichen Deutschlands ihre eigentlichen Ziele.

Durch die Verbindung mit rassen- und raumpolitischen Vorstellungen gelangten jedoch revolutionäre Elemente in die Endziele der NS-Politik hinein. Die scheinbare Nähe zu den alten Führungsschichten erhält damit eine neue Qualität, die es zu beachten gilt.[258] Es kam daher nicht von ungefähr, daß Widerstand gegen den Natio-

---

256 Vgl. hierzu u. a. Karl Dietrich *Bracher*/Manfred *Funke*/Hans Adolf *Jacobsen* (Hrsg.), Nationalsozialistische Diktatur. Eine Bilanz. Bonn 1983. Martin *Broszat*/Norbert *Frei* (Hrsg.), Das Dritte Reich im Überblick. München 1989. Martin *Broszat*/Horst *Möller* (Hrsg.), Das Dritte Reich. Herrschaftsstruktur und Geschichte. München 1983. Klaus *Hildebrand*, Das Dritte Reich. München ²1980. George L. *Mosse*, Ein Volk, ein Reich, ein Führer. Die völkischen Ursprünge des Nationalsozialismus. Königstein 1979.

257 Thomas *Nipperdey*, 1933 und die Kontinuität der deutschen Geschichte, in: *Ders.*, Nachdenken über die deutsche Geschichte, S. 186–205, S. 192.

258 Es ist die Frage, ob wir es mit einem Bündnis der Eliten zu tun haben, im Sinne Fritz Fischers (Fritz *Fischer*, Bündnis der Eliten. Düsseldorf 1979), oder ob der Zugriff differenzierter sein sollte: Vgl. Martin *Broszat*/Klaus *Schwabe* (Hrsg.), Die deutschen Eliten und der Weg in den Zweiten Weltkrieg. München 1989.

nalsozialismus in diesen Gruppen zu einem beträchtlichen Teil auf den Bruch Hitlers mit den Zielen des »alten Deutschland« zurückzuführen war:

1. Das rassisch motivierte Weltmachtstreben bedeutete den Bruch mit den Traditionen deutscher Großmachtpolitik.
2. Das Rassenimperium negierte die »deutsche Nation«.
3. Die totalitäre Gesellschaftsordnung des Nationalsozialismus war unvereinbar mit der angestrebten autoritären Form von Herrschaft.
4. Die Sonderstellung des Militärs in Gesellschaft und Staat wurde zunehmend beseitigt.

Mit dem »biologischen Nationalismus« der Nationalsozialisten, ihrer Rassen- und Lebensraumpolitik, erhielt die deutsche Frage national und international eine neue Qualität, denn den Nationalsozialisten ging es nicht um die deutsche Nation. Vielmehr bedurfte ihr rassisch motiviertes Weltmachtstreben als Langzeitkonzept mit globalen Zielen der deutschen Nation als Sprungbrett und mußte daher mit Schlagworten ohne konkreten Inhalt (»Volksgemeinschaft« u. ä.) und einer Beschwörung preußisch-deutscher Traditionen das deutsche Volk durch eine Emotionalisierung der nationalen Frage im machtstaatlichen Sinne zu gewinnen suchen, dies, obwohl das großgermanische Rassenimperium als politisch-ideologisches Fernziel die totale Negation der Nation zur Voraussetzung hatte. Zwei Beispiele aus dem innen- und außenpolitischen Bereich mögen dies illustrieren:

1. Im außenpolitischen Denken und Handeln der Nationalsozialisten kann man den »Unterschied zwischen Bismarck, Bethmann und Stresemann einerseits, Hitler andererseits ... nicht relativieren: Hier ist nicht ein quantitatives Mehr, sondern ein qualitatives Anderes.«[259] Aus der Verquickung von bodenpolitischen (Lebensraum im Osten), rassenpolitischen (biologische Höherwertigkeit der germanischen Herrenrasse) und ideologischen (Kampf gegen den weltbeherrschenden »jüdischen Feind«; Kampf gegen den Bolschewismus) Komponenten, die hier nur angedeutet werden können, ergaben sich für das nationalsozialistische Verständnis der deutschen Frage im außenpolitischen Bereich: Die globalen Zielsetzungen nationalsozialistischer Politik

259 *Nipperdey*, 1933, S. 195.

und Ideologie ließen sich ohne Krieg – darauf hatten die Nationalsozialisten immer wieder hingewiesen – nicht verwirklichen. Für die Nationalsozialisten erhielt Deutschland daher funktionalen Charakter. Es war bestensfalls Kernland und Ausgangsbasis für das zu bauende »Großgermanische Reich«, wesentliches Mittel zu seiner Realisierung. Das Deutsche Reich und die deutsche »Volksgemeinschaft« steuerten nur die personellen und materiellen Hilfsquellen bei.

Das vermeintliche »Siegesrezept« der deutschen Blitzkriege machte das nationalsozialistische Deutschland bis 1942 mehr oder minder zum Herren Europas. Die hegemoniale Großmachtstellung schien dauerhaft abgesichert, ein »deutscher Friede« nur eine Frage der Zeit. Es war daher sicherlich kein Zufall, daß gerade zu diesem Zeitpunkt Karl Griewank die europäischen Neuordnungspläne Hardenbergs edierte und seine große, umfassende Studie über den Wiener Kongreß vorlegte,[260] die dritte Auflage von Kirns »Politische Geschichte der deutschen Grenzen« erschien und Arbeiten über die »zukünftige europäische Gemeinschaft« publiziert und u. a. im Auswärtigen Amt diskutiert wurden.[261] Seit der Kriegswende 1942/43 wurden die Hoffnungen auf einen deutschen Endsieg zunehmend zur Durchhalteparole. Für die militärischen Entscheidungen gewann nun die Mobilisierung des Gesamtpotentials der Kriegführenden zentrale Bedeutung. Die Befürchtungen der Militärtheoretiker vor 1939, daß ein künftiger Krieg lang und verlustreich sein werde, bewahrheiteten sich nun in der weltweiten militärischen Auseinandersetzung, an deren Ende die totale Niederlage Deutschlands in Europa und Japans in Asien stand.

---

260 Vgl. Karl *Griewank*, Der Wiener Kongreß. Leipzig 1942. *Ders.*, Preußische Neuordnungspläne für Mitteleuropa aus dem Jahre 1814, in: *Deutsches Archiv für Landes- und Volksforschung* VI (1, 2)/1942, S. 342–360. *Ders.*, Das Elsaß und seine Nachbarländer in den Friedensschlüssen von 1814 und 1815, in: *Elsaß-Lothringisches Jahrbuch* XX/1942, S. 272–289.

261 Vgl. z. B. *PA AA* Nachlaß von Renthe-Fink 11–13. Vgl. auch Wolf D. *Gruner*, Probleme und Aspekte der europäischen Einigung bis zu den Römischen Verträgen, in: Astrid *Schomaker* u. a. (Hrsg.), Plädoyer für Europa. Beiträge zur Europäischen Einigung. Hamburg 1989, S. 11–62, S. 47 f.

2. Auch im Bereich der Innenpolitik besaß die nationalsozialistische Politik eine andere Qualität. Die Innenpolitik wurde klar durch die außenpolitische Zielsetzung formiert und dominiert. Es kommt zu einer Aufhebung der Unterscheidung beider Bereiche. Mit nationalen Parolen wie vom »Geburtstag der neuen deutschen Nation«, »von der Einheit des Geistes und des Willens der deutschen Nation«, mit der Beschwörung der preußisch-deutschen Traditionen – so wird beispielsweise der Tag von Potsdam 1933 mit dem 4. August 1914 verglichen, einem Tag, an dem auch »ein neuer Wille zu einem neuen deutschen Staat ... überall zu spüren sei«, propagandistisch ausgeschlachtet –, der »Emotionalisierung« der nationalen Frage im machtpolitischen Sinne, der offensichtlichen Verwirklichung der großdeutschen Lösung der deutschen Frage 1938 versuchten die Nationalsozialisten das deutsche Volk für sich zu gewinnen.

Ohne die Mobilisierung der Kräfte und Ressourcen des gesamten Volkes konnten die als Langzeitkonzept angelegten Ziele nicht in die Realität umgesetzt werden. Für den notwendig werdenden Krieg mußte die Basis geschaffen werden. Ergebnis war beispielsweise eine Rüstungswirtschaft bereits im Frieden. In den Überlegungen der Militärs für die Kriegführung erhalten die Lehren aus dem verlorenen Krieg einen zentralen Stellenwert. Auch galt es, die Zivilbevölkerung, die in einem modernen Krieg nicht verschont werden würde, zur »kämpfenden Nation« zu machen, sie psychologisch zu stabilisieren, würde sich doch die Trennung von »Heimat« und »Front« nicht mehr aufrechterhalten lassen. Hierzu mußte die Ernährung der Bevölkerung während des gesamten Krieges sichergestellt werden, um so neben der Erhaltung der Kriegsmoral gleichzeitig eine systemstabilisierende Wirkung zu erzielen.

Für die deutsche Frage ergaben sich aus den nationalsozialistischen Zielen und Ordnungsvorstellungen folgende Konsequenzen:

1. Die bisher unbekannte Mobilisierung von Menschen und Material durch die Nationalsozialisten, die Niederwerfung und Beherrschung Europas vom Nordkap bis Nordafrika, vom Atlantik bis zum Kaukasus durch das Großdeutsche Reich 1941/42 mußten bei einer militärischen Niederwerfung Deutschlands aus macht-, wirtschafts- und sicherheitspolitischen Überlegungen tiefgreifende Folgen haben, denn Deutschland als kritische Größenordnung in Europa, als europäisches Sicherheitsrisiko, mußte beseitigt werden.

2. Die NS-Politik in Ost- und Südosteuropa zerstörte die Minderheitenschutzpolitik. Nach dem Krieg war die Fortexistenz deutscher Siedlungsgebiete in Räumen mit nationaler Gemengelage, wie beispielsweise in Osteuropa, undenkbar.
3. Die großdeutsche Idee wurde durch die nationalsozialistische Ausbeutungs- und Unterdrückungspolitik während des Krieges sowie durch den hegemonialen, gleichgewichtsfeindlichen Machtanspruch Hitlerdeutschlands in Europa desavouiert. Für eine künftige europäische Ordnung schied die »großdeutsche Lösung der deutschen Frage«, die großdeutsche Einheit als Bauprinzip deutscher Staatlichkeit, aus. Dies galt gleichermaßen für einen nationalsozialistischen Sieg wie für eine Niederlage. Ob bei einem alliierten Sieg wenigstens der 1871 gegründete kleindeutsche Staat über das Kriegsende hinaus weiterbestehen würde, mußte, wie die deutschlandpolitischen Planungen der Antihitlerkoalition zeigen, mehr als zweifelhaft erscheinen.

Psychologisch wirkt »Großdeutschland« in den Köpfen der anderen Europäer historisch verballhornt bis heute nach, wie ein Blick in die Presse und Publizistik der Jahre 1989/90 verdeutlicht. Das, was die Nationalsozialisten unter »Großdeutschland« verstanden und was der Historiker mit dem Begriff »großdeutsch« – in Abgrenzung zur preußisch-kleindeutschen Lösung der deutschen Frage 1870/71 – verbindet, hat nur den Namen mit dem als »Großdeutschland« bezeichneten vereinten demokratischen Deutschland von 1990 gemein.

6.2. Die alliierten Deutschlandplanungen im Zweiten Weltkrieg: »Dismemberment« Deutschlands oder Preußens als Lösung des deutschen Problems?

Die Ausweitung des europäischen Hegemonialkrieges zu einem ideologischen Weltkrieg – hier Kreuzzug gegen Bolschewismus, Weltjudentum und Weltfreimaurertum, dort Kreuzzug für die Rettung der Zivilisation, der Demokratie und geregelter internationaler Rechtsbeziehungen – setzte in beiden Lagern enorme Energien für die Kriegführung frei. Es galt, die »materiellen Kraftquellen« und die »seelischen Kräfte« des Gegners zu zerstören. Der Krieg wurde zunehmend zum erbarmungslosen Vernichtungs- und Ausrottungskampf. Die deutschen Kriegsgegner unterschieden seit etwa 1942 nicht mehr zwischen dem nationalsozialistischen Regime und den Deutschen. Vielmehr wurde nun der Nationalsozialismus als logisches, zwangsläufiges Ergebnis der deutschen Geschichte und vor allem auch des deutschen Volkscharakters angesehen. Das als Ergebnis einer psychoanalytischen Betrachtungsweise zur Erklärung des deutschen Wesens, des sentimentalen, romantischen, idealistischen und zwiespältigen Deutschen entstandene negative Psychogramm ließ als Kriegsziel zunehmend das Moment der »Umerziehung der Deutschen zur Demokratie« eine Rolle spielen. In den Überlegungen der Alliierten tritt es neben die »Lehren von Versailles«.

Zu den Lehren von 1919 gehörte es beispielsweise, die Entstehung einer neuen »Dolchstoßlegende« zu verhindern. Im Januar 1943 vereinbarten daher Roosevelt und Churchill auf der Konferenz von Casablanca die »bedingungslose Kapitulation« Japans und Deutschlands als gemeinsames Kriegsziel: »Die bedingungslose Kapitulation dieser Mächte kann allem Ermessen nach den Weltfrieden für Generationen sichern.« Dabei gehe es nicht um eine »Vernichtung« der Bevölkerung, sondern um die »Zerstörung einer Weltanschauung«, die auf der Unterjochung und Eroberung anderer Völker beruhe. Stalin schloß sich nachträglich diesen Forderungen an. In den gemeinsamen Kriegsanstrengungen erhielt die Niederringung Deutschlands erste Priorität. Zu den Erfahrungen mit Deutschland seit Versailles gehörte es auch, daß eine künftige Nachkriegsordnung Vorsorge traf, »Deutschland und vor allem Preußen daran zu hindern, ein drittes Mal über uns herzufallen«.[262]
Dies ließ sich verwirklichen durch:

1. Besetzung des Staatsgebietes des Gegners und Verlust der politisch-staatlichen Souveränität für den Besiegten;
2. vollständige Entmilitarisierung Deutschlands und deren Überwachung durch interalliierte Rüstungs- und Wirtschaftskontrolle;
3. Entnazifizierung und »Umerziehung« der Deutschen;
4. Internationalisierung der »Waffenschmiede« Ruhrgebiet, Dezentralisierung der deutschen Wirtschaft;
5. Aufgliederung Deutschlands in mehrere Staaten.

In diesem Grobraster bewegten sich während des Krieges die

---

262 [*Churchill*], Briefwechsel Stalins mit Churchill, Attlee, Roosevelt und Truman 1941–1945. (dt.) Berlin 1961, S. 42ff., S. 44.

deutschlandpolitischen Planungen der Alliierten der Antihitlerkoalition, vom Stalin-Deutschland über die Pläne Morgenthaus, Sumner Welles' und Roosevelts bis zu denen Churchills.[263] Einigendes Band dieser »unheiligen Allianz« waren weder Vertrauen noch Neigung, sondern vielmehr u. a. Zweckmäßigkeit, Eigennutz sowie der »gebieterische Zwang einer schicksalschweren Stunde« (Manfred Rexin). Nur gemeinsam konnten sie das nationalsozialistische Deutschland niederringen. Für die Nachkriegspolitik wurde es bedeutsam, daß die Antihitlerkoalition konkrete Beschlüsse über die politisch-territoriale Zukunft Europas erst nach dem Sieg über Deutschland fassen wollte und hier »nicht aus Versailles lernte« (Donald C. Watt),[264] geschweige denn aus der Wiener Ordnung von 1815. 1941 hat Churchill diese Politik, wie er in seinen Memoiren schreibt, damit begründet:

»Die Trennung Preußens von Süddeutschland gehört zu den größten der zu entscheidenden Probleme. Doch all das muß einer Zukunft überlassen bleiben, die ungewiß ist und vermutlich noch in weiter Ferne liegt. Vorerst gilt es, den Krieg durch harte, unablässige Anstrengung zu gewinnen. Heute derartige Fragen in der Öffentlichkeit aufzuwerfen, würde nur die Deutschen um Hitler scharen.«[265]

Die Planungsabteilungen der entsprechenden Ministerien der drei Hauptverbündeten, aber auch Frankreichs und anderer europäischer Staaten, machten sich Gedanken über die künftige Struktur Europas, d. h. wie das Machtvakuum, das mit dem Zusammenbruch des nationalsozialistischen Deutschland entstehen würde, aufgefüllt werden könnte. An diesem Prozeß beteiligten sich auch deutsche Exilgruppen.

Wenn die Alliierten während des Krieges keine bindenden Verpflichtungen in bezug auf die politisch-territoriale Struktur Europas und seines Zentrums eingehen wollten, so geschah dies vor allem aus allianzpolitischen Rücksichten. Die deutsche Frage als stets

---

263 Vgl. hierzu die Texte und Karten bei: Ernst *Deuerlein*, Die Einheit Deutschlands. Frankfurt/M. 1961 sowie Sumner *Welles*, Time for Decision. New York 1944.

264 Vgl. auch *Watt*, Every War must end, S. 169f.

265 Winston S. *Churchill*, Memoiren. Der Zweite Weltkrieg. Bern 1948–1954. 6 Bde. Bd. III.2, S. 296.

europäisch-internationales Problem mußte die gegensätzlichen Ziele und Auffassungen innerhalb des Bündnisses aufbrechen lassen, konnte möglicherweise – so befürchteten es vor allem die Briten – zu einem deutsch-russischen Separatfriedensvertrag führen, der das überkommene europäische Gleichgewichtssystem überwinden und damit die Niederlage und bedingungslose Kapitulation Hitler-Deutschlands als Vorbedingung von Frieden und Sicherheit in Europa verhindern würde.

Spätestens seit der militärischen Kriegswende 1943 strebte die UdSSR für die Nachkriegsordnung ein politisches und militärisches Glacis an, das weite Teile Mitteleuropas und des Balkans umfaßte. Es sollte dem Sicherheitsbedürfnis sowie den machtpolitisch-revolutionären Interessen der Sowjetunion dienen. Frankreich war in dieser Konzeption als Großmacht nicht mehr vorgesehen, die Angelsachsen sollten in Westeuropa lediglich noch eine »mehr oder weniger weiträumige Brückenkopffunktion« behalten. Offen muß bislang noch bleiben, ob kleinere und mittlere neutrale Staaten als »Zwischenglieder« vorgesehen waren, und wenn ja in welchem Umfang. Trotz des Beitritts der UdSSR zur Atlantik-Charta und trotz der Auflösung der Komintern muß der sowjetischen Führungsspitze bewußt gewesen sein, daß die machtpolitischen und ideologischen Gegensätze in der Antihitlerkoalition nur zeitweilig verdeckt werden konnten. Dies zeigen Äußerungen Stalins aus dem Frühjahr 1945. Das macht- und sicherheitspolitische als auch ideologische Hegemoniedenken der kommunistischen Führungsmacht zielte auf tiefgreifende Veränderungen im politisch-gesellschaftlichen System ihres »imperialen« Vorfeldes ab.

In den Nachkriegsplanungen der USA[266] lassen sich im wesentlichen zwei Phasen unterscheiden. In der ersten, 1941–1942/43, dominierte die Idee von einer globalen »Pax Americana«. Sie fand ihren Niederschlag in der Atlantik-Charta. Die USA erhielten in der neuen Weltordnung indirekt eine Leitungsfunktion. Großbritan-

---

266 Vgl. u. a. Detlef *Junker*, Kampf um die Weltmacht. Die USA und das Dritte Reich 1933–1945. Düsseldorf 1988. Günter *Moltmann*, Amerikas Deutschlandpolitik im Zweiten Weltkrieg: Kriegs- und Friedensziele. Heidelberg 1958. John H. *Backer*, Die Entscheidung zur Teilung Deutschlands. Amerikas Deutschlandpolitik 1943–1948. München 1981.

nien fiel die Rolle des Juniorpartners zu. Die Macht- und Sicherheitsinteressen der UdSSR wurden, wegen der erwarteten Niederlage gegen Hitlerdeutschland, in der Atlantikcharta nicht berücksichtigt. Auch die angelsächsischen Vorstellungen zur künftigen Weltwirtschaftsordnung entsprachen nicht der sowjetischen Interessenlage. Im »One World«-Konzept Roosevelts sind wohl, trotz der späteren Einbeziehung der UdSSR in die amerikanischen Weltordnungsvorstellungen, die Wurzeln für den »Kalten Krieg« zu suchen. In der ersten Planungsphase fand die Zukunft Deutschlands kaum Berücksichtigung. Allerdings befaßten sich Anfang 1942 eingesetzte Expertenausschüsse eingehend mit der künftigen politisch-territorialen Struktur Nachkriegsdeutschlands. Anders als Sumner Welles oder Henry Morgenthau jr., die im Verlaufe des Krieges mit holzschnittartigen, vielfach mehr emotionalisierten als differenzierten Teilungsplänen hervortraten, untersuchten die Fachleute die vielschichtige Frage, die auch in den 1950er Jahren erneut diskutiert werden sollte, ob sich ein besiegtes Deutschland besser kontrollieren ließ, wenn es in mehrere Staaten aufgegliedert würde oder wenn es als Gesamtstaat bestehen blieb. Die Befürworter für ein Dismemberment in drei Staaten (Süddeutschland, Nordwest- und Nordostdeutschland) argumentierten vor allem sicherheitspolitisch. Es komme darauf an, Deutschland durch die Teilung zu schwächen. Die Gefahr eines Wiedererstarkens des Militarismus könne so gebannt werden. Ein geteiltes Deutschland müßte zu einer erneuten Aggression zunächst wiedervereinigt werden und dann aufrüsten. Einem ungeteilten Deutschland »bliebe nur der eine Schritt zu einer erneuten Aggression«,[267] die Aufrüstung, sollten seine europäischen Nachbarn wieder sorglos werden. Diese Argumentation findet sich immer wieder in den einschlägigen Memoranden. Die Teilungsgegner begründeten ihre Sicht damit, daß die Wiedervereinigungsfrage in den »Nachfolgestaaten« zum erstrangigen politischen Problem werden würde, die Sieger die Teilung auf Dauer nicht garantieren könnten und ein später wiedervereinigtes Deutschland möglicherweise eine noch größere Wirtschaftskraft entwickeln könnte als das nationalsozialistische Deutschland. Die Alternativlösungen der Experten ließen »einen entschiedenen

---

267 John H. *Backer*, Die Entscheidung zur Teilung Deutschlands, S. 25.

Trend zugunsten der Einheit Deutschlands«[268] erkennen, auch wenn sie keine Empfehlungen aussprachen. In der Deutschlandpolitik der USA gab es bis Kriegsende konkurrierende Konzepte innerhalb der Administration. Die Möglichkeit der Teilung wurde im Prinzip anerkannt, in welcher staatsrechtlichen Form auch immer (Einzelstaaten in einer Konföderation; Teilstaaten). Untere Regierungsebenen zögerten jedoch, eine Teilung zu unterstützen. In den französischen Kriegszielen für Deutschland und Europa dominierte die Forderung, die Nachkriegsverhältnisse so zu ordnen, daß künftig eine deutsche Aggression ausgeschaltet werden konnte. Frankreich wünschte daher ein »Macht- und Sicherheitsglacis« jenseits seiner alten Grenzen. Territoriale Maßnahmen (z. B. Bildung eines autonomen Rheinstaates, Abtrennung des Saarlandes), ein westeuropäischer Bund sowie Allianzen mit England und der UdSSR sollten langfristig die französische Sicherheit gewährleisten. Ziel war ebenfalls die Wiederherstellung des Großmachtstatus mit globalen Interessen und – nach dem erwarteten Rückzug der USA aus Europa – ein französisch-russisches Kondominium über den Kontinent. De Gaulles Deutschlandplanungen liefen auf die Zerstörung der staatlichen nationalen Einheit der Deutschen hinaus. Deutschland sollte neben beträchtlichen territorialen Verlusten im Osten an Polen und die UdSSR eine neue »Binnenstruktur« erhalten. Dabei rechnete de Gaulle mit dreierlei:

1. mit der Einbeziehung eines mitteldeutschen Staates in den sowjetischen Herrschaftsbereich;
2. mit der Schaffung mehrerer Staaten in Süd- und Norddeutschland. Diese könnten eine lockere staatsrechtliche Beziehung eingehen und sich, vor allem im Süden, außenpolitisch an Frankreich orientieren;
3. mit einer Pufferzone zwischen Frankreich und Rumpfdeutschland (Ruhrgebiet internationalisiert; Rheinland, Saarland autonom). Historisches Vorbild war die »germanische Welt« zur Zeit des Deutschen Bundes. Insgesamt war die französische Deutschlandpolitik im Gegensatz zur britischen wenig flexibel.[269]

---

268 *Ebda.*, S. 27.

269 Vgl. Raymond *Poidevin*, Frankreich und die Deutsche Frage 1943–1949, in: *Becker/Hillgruber*, Die Deutsche Frage im 19. und 20. Jahrhundert, S. 405–420. Zur französischen Deutschlandpolitik

Großbritannien war sich der wirtschaftlichen, finanziellen, militärischen und auch politischen Abhängigkeit von den USA bewußt. Es galt daher, Mittel und Wege zu finden, um seine Interessen als Weltmacht in der Nachkriegsordnung zu wahren. »Eher wir als die USA oder die UdSSR sind von der Zukunft Europas betroffen, und die Schaffung einer für uns annehmbaren europäischen Ordnung ist eines unserer Ziele«, äußerte daher Attlee im Februar 1945 im Kriegskabinett.[270] Zu einer annehmbaren europäischen Ordnung gehörte auch die Lösung des deutschen Problems. Aus britischer Sicht mußten hierzu folgende Voraussetzungen erfüllt sein:

1. Die deutsche Niederlage durfte kein machtpolitisches Vakuum hinterlassen, das von einer anderen Großmacht ausgefüllt werden konnte.
2. Die Nachkriegsgrenzen Europas mußten die Sicherheitsinteressen der Mitglieder der europäischen Staatenordnung berücksichtigen und Konflikte wie nach dem ersten Weltkrieg vermeiden.
3. Handel und Wandel in Europa mußten als Vorbedingung für die innere und äußere Stabilität der europäischen Neuordnung möglichst rasch wieder in Gang gebracht werden. Deutschland sollte hierzu einen Beitrag leisten. Die bedingungslose Kapitulation und die Besetzung Deutschlands wurden dabei als Chance gewertet.

Britisches Kriegsziel war daher eine stabile Gesamtordnung Europas, die auch die britische Weltmachtstellung absichern würde. Churchill dachte an ein vereintes Europa aus zwölf Konföderationen oder Staaten. Vor allem wollte er durch eine Donaukonföderation die Entstehung eines Machtvakuums in dieser Region

---

und zur deutschen Frage aus französischer Sicht vgl. u. a. Ernst *Weisenfeld*, Welches Deutschland soll es sein? Frankreich und die deutsche Einheit seit 1945. München 1986, S. 13ff. Wilfried *Loth*, Sozialismus und Internationalismus. Die französischen Sozialisten und die Nachkriegsordnung Europas 1940–1950. Stuttgart 1977. Frank Roy *Willis*, The French in Germany 1945–1949. Stanford 1962, S. 22ff. Claus *Scharf*/Hans-Jürgen *Schröder* (Hrsg.), Die Deutschlandpolitik Frankreichs und die Französische Zone 1945–1949. Wiesbaden 1983.

270 *PRO* CAB 65/51 War Cabinet, 16th Conclusions, confidential annex, February 8, 1945, S. 54.

wie nach dem Ersten Weltkrieg zu verhindern suchen. Bis zur Konferenz von Teheran (1943) lehnte Großbritannien eine gewaltsame Aufgliederung Deutschlands ab, freiwillige Aufteilungswünsche gedachte es jedoch zu unterstützen. Ähnlich wie in Washington ließ sich auch in London in der Administration eine »besonnene Einstellung« der Experten feststellen. Sie lehnten die unausgereiften Pläne und Vorstellungen in den »Chefetagen« ab und versuchten, sie konstruktiv zu unterlaufen.[271] Die Frage »Teilung Deutschlands« oder Aufrechterhaltung der »Einheit Deutschlands« wurde in den Planungsstäben in London und Washington eingehend erörtert. Zwischen den Militärs und den politischen Beamten, zwischen Kriegsministerium, Generalstab und Außenamt kam es dabei zu unterschiedlichen Einschätzungen. Dabei wurde es für die Anti-Spalter-Front, die in der Erhaltung eines deutschen Gesamtstaats das kleinere Übel sahen, immer schwieriger, ihre Position zu vermitteln, da die Stabschefs schon frühzeitig eine Dreiteilung Deutschlands auf der Grundlage der Besatzungszonen für militärisch notwendig erachtet hatten. Allerdings wünschte auch die Mehrheit der zivilen Experten, Deutschland nach dem Kriege einer wirkungsvollen Kontrolle zu unterwerfen und die politische und wirtschaftliche Dezentralisierung zu betreiben. Sie glaubten, daß in Nachkriegsdeutschland Strömungen gefördert werden sollten, die, wie es ein amerikanisches Memorandum ausdrückte, »aus der lebenden Tradition des Föderalismus in Deutschland und einer Reaktion auf den nationalsozialistischen Zentralismus erwüchsen«.[272]

Im britischen Foreign Office und im Kriegskabinett wurde die Deutschlandfrage seit dem Sommer 1943 eingehender erörtert. Dabei spielten, eng miteinander verklammert, sicherheitspolitische Überlegungen, das Deutschlandbild und die Frage nach der

---

271 Vgl. hierzu in Einzelheiten: Lothar *Kettenacker*, Preußen in der alliierten Kriegszielplanung 1939–1947, in: Lothar *Kettenacker*/Helmut *Seier*/Manfred *Schlenke* (Hrsg.), Studien zur Geschichte Englands und der deutsch-britischen Beziehungen. Festschrift für Paul Kluke. München 1981, S. 312–340. *Ders.*, Krieg zur Friedenssicherung. Göttingen 1989, S. 147ff.

272 Proposal of the Interdivisional Committee vom 23. 9. 1943, in: *Department of State*, Post War Foreign Policy Preparation 1939–1945, S. 558–560, S. 560.

Organisationsform deutscher Staatlichkeit eine zentrale Rolle für den politischen Entscheidungsprozeß. Hinzu kam, wie aus den Akten hervorgeht, daß die Briten befürchteten, die Sowjetunion werde bei einer zu starken Schwächung Deutschlands das entstehende machtpolitische Vakuum auffüllen. Dies würde für die UdSSR einen Machtgewinn bedeuten, den Großbritannien fürchtete und verhindert wissen wollte, da er in seiner Wirkung für Europa systemdestabilisierend sein müßte. Zudem war die Rolle, die »Rußland« politisch und wirtschaftlich in der Nachkriegswelt, auch hinsichtlich Deutschlands, spielen würde, weitgehend ein Rätsel. »Wird Deutschland kommunistisch werden«, war eine Frage, die immer wieder diskutiert wurde. Vor allem für die Briten wurde es daher zur zentralen Frage, nachdem die UdSSR den deutschen Angriff überstanden hatte, »ob es möglich sei, mit Rußland jetzt und nach dem Kriege zusammenzuarbeiten«.[273] Die Briten und Amerikaner waren sich in diesem Punkt nicht sicher, wie die Zurückhaltung des Westens bei der Übermittlung von Deutschlandplanungen an die in Teheran eingesetzte Europäische Beratende Kommission (EAC) verdeutlichte. Vor der ersten Konferenz der »Großen Drei« in Teheran und dem Moskauer Vorbereitungstreffen der Außenminister warnte daher das britische Kriegskabinett vor einer zu großen Schwächung Deutschlands:

»Die wachsende Macht Rußlands lasse es nicht sinnvoll erscheinen, eine Teilungspolitik für Deutschland zu weit zu treiben.«[274] Es wurde daher als sinnvoller angesehen, Preußen von Deutschland zu trennen, es möglicherweise in Einzelstaaten aufzugliedern und die Gründung einer Donau-Föderation mit der Hauptstadt Wien zu fördern.[275]

Um aus dem Dilemma »Aufgliederung Deutschlands« (Dismemberment) oder »Deutsche Einheit« herauszukommen, das die Diskussionen beherrschte, erarbeitete das Foreign Office Ende September 1943 ein Memorandum über die Zukunft Deutschlands, das eine Richtlinie sein sollte und die britischen Optionen offen

---

273 *PRO* London F. O. 371/36911 Aufzeichnung Edens für Churchill über ein Gespräch mit Roosevelt vom 16. 3. 1943.

274 *PRO* London F. O. 371/34460 Vertraulicher Anhang zur Sitzung des Kriegskabinetts vom 5. 10. 1943.

275 *Ebda.*

lassen würde. Die möglichen Lösungsmodelle sollten in Varianten in der deutschlandpolitischen Diskussion immer wiederkehren:[276]

1. ein vereintes Deutschland mit einer Zentralregierung,
2. eine dezentralisierte Verwaltung auf föderativer oder konföderativer Grundlage und
3. die Aufgliederung Deutschlands in Einzelstaaten.

Interessant ist, daß mit fortschreitendem Krieg und einer sich abzeichnenden Niederlage Deutschlands in den Überlegungen stärker sicherheitspolitische Vorbehalte auftauchen und eine Teilung Deutschlands ebenso wie ein deutscher Einheitsstaat als »Sicherheitsrisiko für den Weltfrieden« angesehen wurden.[277] Die Frage Teilung oder Einheit wurde schließlich, nicht nur auf britischer Seite, im Sinne der Erhaltung der Einheit entschieden. Im November 1944 legte Eden dem Kabinett ein Foreign Office Memorandum vor, in dem erstmals das Dismemberment Preußens als Ersatz für die Aufgliederung Deutschlands angeregt wurde.[278] Diese Regelung könne alle Momente für eine »positive Nachkriegsentwicklung« Deutschlands bieten.[279] Preußen, nicht Deutschland sei das Sicherheitsrisiko für eine neue internationale Ordnung. Die Auflösung Preußens sei daher die notwendige Vorbedingung

1. für ein ausgewogenes Größenverhältnis zwischen den deutschen Staaten und
2. für eine funktionsfähige, der historischen Entwicklung entsprechende bündische Organisation Deutschlands. Eine föderative Verfassungsordnung könnte mit der mehrheitlichen Zustimmung der Deutschen rechnen, die Chancen für den Aufbau einer stabilen, lebensfähigen Demokratie bieten und so auch eine Garantie

---

276 *Ebda.* Memorandum des Außenministers für das Kriegskabinett vom 27.9.1943.

277 Vgl. hierzu u. a. Lothar *Kettenacker*, The Anglo-Russian Alliance and the Problem of Germany, 1941–1945, in: *Journal of Contemporary History* 17/1982, S. 435–458. Wolf D. *Gruner*, Die europäische Integration und die Lösung der deutschen Frage, in: *Ders.*, Deutschland mitten in Europa, S. 333–384, S. 335ff.

278 *PRO* London F. O. 371/39080 »Confederation, Federation and Decentralization of the German State, and the Dismemberment of Prussia« vom 27.11.1944.

279 Vgl. auch *Gruner*, Deutschland mitten in Europa, S. 370ff.

für eine dauerhafte europäische Friedensordnung geben. Das »Dismemberment« Preußens wurde auch als eine wichtige politische, psychologische und sicherheitspolitische Maßnahme angesehen, die zudem noch das seit 1871 vorherrschende territoriale Ungleichgewicht unter den deutschen Staaten beseitigen würde.

Das britische Memorandum »Staatenbund, Bundesstaat, Dezentralisierung des deutschen Staates und Zergliederung Preußens«[280] (27. November 1944) war vielleicht der »konstruktivste Beitrag zur Lösung des deutschen Problems«.[281]

Die Alliierten waren sich aber auch darüber im klaren, daß diese Vorschläge im Falle ihrer Realisierung für die deutschen Nachbarn nicht als dauerhafte Sicherheitsgarantie betrachtet werden könnten. So stellte das Memorandum vom 27. November 1944 fest:

»Wir werden Sicherheit vor Deutschland dann gewonnen haben, wenn es so geschwächt ist, daß es nicht in der Lage oder willens ist, den Kampf fortzuführen. Solange Deutschlands relative Schwäche anhält, werden wir vor Angriffen sicher sein. Wenn wir aber in unserer Verteidigungskraft oder unserer Wachsamkeit durch nachlassenden Willen oder durch ein falsches Sicherheitsverständnis oder durch Streit mit unseren gegenwärtigen Verbündeten nachlassen, werden wir uns nicht durch die Tatsache retten, daß Deutschland eine Demokratie oder ein föderativer Staat oder sogar geteilt sein wird. Es ist wahrscheinlich nicht übertrieben zu behaupten, daß jedes dieser politischen Arrangements den Keim von Gefahren in sich tragen kann.«[282]

Ohne daß direkt darauf Bezug genommen wird, taucht hier das Bild von den Deutschen auf, das stets eine gewichtige Funktion für die politische Entscheidungsfindung besaß. Dies läßt sich generell für die Deutschland- und Europaplanungen im Zweiten Weltkrieg zeigen. Wie sollte man das Problem des deutschen Nationalcharakters und damit der deutschen Gefahr lösen? Der »Erste außenpolitische Berater« der britischen Regierung, Lord Vansittart, hatte schon seit den 1930er Jahren vor den Deutschen gewarnt und eine enge Zusammenarbeit mit Frankreich gefordert. Er legte seit 1939

---

280 *PRO* London F. O. 371/39080.

281 *Kettenacker*, Preußen in der alliierten Kriegsplanung, in: *Ders./Seier/Schlenke*, Studien zur Geschichte Englands, S. 333.

282 *PRO* London F. O. 371/39080.

zahlreiche Denkschriften über den deutschen Nationalcharakter, die »deutsche Gefahr« und »die Natur der Bestie« vor und hielt zu diesen Themen auch Rundfunkvorträge.[283] Vansittart warnte die Regierung, seine Landsleute und seine internationalen Zuhörer vor den Deutschen und ihrem negativen Charakter. Er verwies auf die fatale Kontinuität der charakterbedingten Fehlentwicklung der Deutschen von den Germanen über Friedrich den Großen und Bismarck zu Hitler. Der Krieg, den Großbritannien führe, sei auch ein Krieg gegen den deutschen Charakter. Illustrierend ist auch ein Memorandum, das von der Forschungsabteilung über den deutschen Charakter vorbereitet wurde. Es verdeutlicht die Vorbehalte dieser Generation der politischen und administrativen Elite, die den Ersten Weltkrieg und vielfach auch das Wilhelminische Deutschland nachhaltig erlebt, teilweise an den Pariser Friedenskonferenzen in nachgeordneten Funktionen teilgenommen sowie vielfach auch das neue Deutschland und das vorherrschende politisch-intellektuelle Klima durch Kurzstudienaufenthalte an deutschen Universitäten kennengelernt hatte. Sie war also geprägt durch den Propagandakrieg und das politisch-historische Klima an verschiedenen deutschen Universitäten. Zudem war sie permanent mit der historischen Argumentation der Denkschriften konfrontiert. Ihre Einschätzung der Deutschen ist teilweise bis heute maßgebend:

Der deutsche Untertanengeist »bewirke die Übertragung der Gefolgschaft vom verlassenen Führer auf den Eroberer, mit der Bewunderung für seine Macht und seinen Erfolg ... Der Deutsche gehorcht daher dem Eroberer so lange, wie dieser sich so verhält, wie der Deutsche es gewöhnt ist. Er wird sehr ergeben, unterwürfig und apathisch und ganz damit zufrieden, daß sein Land besetzt ist; dies ist schon so oft in der Geschichte geschehen ... Aber wenn der Eroberer versagt, seine Versprechen einzulösen ... wird der Deutsche zu gegebener Zeit sich vom Eroberer abwenden und erneut auf irgendeinen selbsternannten Retter des deutschen Volkes [›German Volk‹] hören und wird ihm folgen, wie früher.«[284]

---

283 Vgl. z. B. Robert *Vansittart*, Black record. Germans Past and Present. London 1941. *PRO* London F. O. 371/22986 »The Origins of Germany's Fifth War«. *Ebda.* F. O. 408/70 No. 84 »The Nature of the Beast«.

284 *PRO* London F. O. 371/16864 »The German Character« (1.3.1945). Vgl. auch Wolf D. *Gruner*, Die wilden Deutschen? Mythos oder Wirk-

Gegen Kriegsende lag den Alliierten im Grunde genommen aus den unterschiedlichsten Motiven nichts mehr an der Teilung Deutschlands. Von großer Bedeutung waren dabei die europäische Versorgungslage und die Reparationsproblematik. So erklärte sich das britische Kabinett aus ökonomischen Gründen gegen ein »Dismemberment«, das auch den gewachsenen Wirtschaftskörper Deutschland zerstören würde. Ein geteiltes, auf 20% seiner Industriekapazität demontiertes Deutschland wäre nie in der Lage, die geforderten Reparationslieferungen zu erbringen. Auf den Status einer »Sklavennation« herabgedrückt, müßte es später von den Verbündeten im Interesse Europas wirtschaftlich und finanziell unterstützt werden. So blieben als bindende interalliierte Vereinbarungen das Zonenprotokoll (12. September 1944) und das Abkommen über die alliierten Kontrolleinrichtungen in Deutschland sowie die in Jalta beschlossene Zuweisung einer Zone an Frankreich. Die De-facto-Besetzung Deutschlands ließ die Zonen als »Dislozierungsräume« schon vor Potsdam zu von der Besatzungsmacht geprägten Einheiten werden. Vor der Bildung von Besatzungszonen als einer De-facto-Teilung Deutschlands hatte der amerikanische Außenminister im Sommer 1944 gewarnt. Die Großmächte würden die einzelnen Teile Deutschlands direkt kontrollieren und kämen in eine Situation, »in der sie um deutsche Unterstützung werben und dabei versprechen würden, für die Wiedervereinigung Deutschlands zu arbeiten«.[285]

Als der Zweite Weltkrieg in Europa beendet wurde, hatte sich das Verhältnis unter den Hauptverbündeten bereits merklich abgekühlt. Mißtrauen und Entfremdung hatten sich bereits seit dem Sommer 1944 verstärkt, wie dies die gemeinsame alliierte Verwaltung auf dem Balkan, die Weltwährungskonferenz in Bretton Woods, die Vorbereitungskonferenz für die Vereinten Nationen in Dumbarton Oaks, die Krimkonferenz und schließlich die Konferenz von San Francisco im Frühjahr 1945 verdeutlichten. Der »Kalte Krieg« hatte mit regio-

---

lichkeit?, in: *Ders.*, Deutschland mitten in Europa, S. 385–414. *Ders.*, L'image de l'autre: Das Deutschlandbild als zentrales Element der europäischen Dimension der deutschen Frage in Geschichte und Gegenwart, in: *Trautmann*, Die häßlichen Deutschen?, S. 29–59 sowie die Beiträge in: Bernd-Jürgen *Wendt* (Hrsg.), Das britische Deutschlandbild im Wandel des 19. und 20. Jahrhunderts. Bochum 1984.

285 *Backer*, Die Entscheidung zur Teilung Deutschlands, S. 31.

nalen Abstufungen und Schwerpunkten bereits begonnen. Würden die »Großen Drei« zu einer gemeinsamen Deutschlandpolitik bereit sein und auch daran gehen, ihre während des Krieges entwickelten welt- und europapolitischen Vorstellungen zu verwirklichen? Für die Europäer stellte sich die Frage, wie und in welchem Rahmen sie die notwendige politische, wirtschaftliche, soziale und territoriale Rekonstruktion bewältigen würden. Eigenbestimmt oder fremdbestimmt?

6.3. Europa am Ende des Krieges: Einigung oder Kolonie der neuen Weltmächte?

Als mit der Unterzeichnung der Kapitulationsurkunden durch die deutsche Wehrmacht am 7./8. Mai 1945 der Krieg in Europa zu Ende ging, hatte er unter den Zivilisten und Soldaten einen Blutzoll in zweistelliger Millionenhöhe gekostet. Die Kriegshandlungen beschränkten sich zwischen 1939 und 1945 nicht mehr allein auf Armeen und Soldaten, sondern bezogen durch strategische Bombardements zunehmend die Zivilbevölkerung mit ein. Zerstört wurden nicht nur industrielle Anlagen und Verkehrswege, sondern auch ziviler Wohnraum. Teilweise wurden Städte bis zu 90% zerstört. Bei Kriegsende standen alle europäischen Länder vor massiven Versorgungsproblemen. Diese waren u. a. auf die durch die Kriegshandlungen bewirkten Produktionseinbußen im landwirtschaftlichen Sektor, auf kaum verfügbare Düngemittel, Plünderungen und Notschlachtungen zurückzuführen. Bis 1947/48 sollte sich diese Situation nur unwesentlich verbessern. Churchill beantwortete daher noch 1947 die Frage »Was ist Europa?« mit: »Ein Kehrrichthaufen, ein Leichenhaus, eine Brutstätte für Seuchen und Haß.«

Überlebensstrategien erhielten daher für die Menschen überall in Europa, nicht nur in Deutschland, höchste Priorität. Wegen des drastischen Wertverfalls des Geldes bildete sich ein Schwarzmarkt aus. Tauschhandel, Hamsterfahrten, Wohnungszwangsbewirtschaftung, Lebensmittel- und Kleiderkarten wurden auf Jahre hinaus zu einem Kennzeichen der Nachkriegszeit. Die Kriminalität stieg überall dramatisch an. Zahlreiche Europäer wanderten aus. Viele Menschen sahen keine Lebensperspektive mehr. Dies schlug sich in hohen Selbstmordraten und fehlendem Engagement für den politischen und wirtschaftlichen Wiederaufbau nieder.

Mit einem weiteren Problem konfrontiert wurden die aus dem Exil zurückkehrenden Regierungen, die Militärregierungen und die von ihnen eingesetzten Behörden: 11 Millionen D. P.s (Displaced Persons), heimatlose, staatenlose Menschen – befreite Gefangene, Juden, die die KZs überlebt hatten, Zwangsarbeiter, Verschleppte – hatte der Krieg in Europa zurückgelassen. Hinzu kamen etwa 20 Millionen Flüchtlinge, die vor der Roten Armee nach Westen flohen oder aus ihrer Heimat vertrieben, ausgewiesen oder durch »Bevölkerungstransfer« umgesiedelt wurden.[286] Arnold Toynbee hat das Ergebnis dieses Bevölkerungstransfers als »die Annullierung der ethnischen Wirkung von eintausend Jahren deutscher, polnischer und litauischer Eroberung und Kolonisierung und die Wiederherstellung der ethnischen Landkarte, die etwa dem Status quo ante von etwa 1200 nach Christus entspricht«, charakterisiert.[287]

Die 1944/45 zurückgekehrten oder in das Amt gekommenen Regierungen sahen ihre zentrale Aufgabe für die »Rekonstruktion« zunächst im nationalen staatlichen Rahmen und mußten »europäische Wünsche« zurückstellen; denn Wiederaufbauarbeit war in allen Bereichen des politischen, gesellschaftlichen und wirtschaftlichen Lebens zwingend erforderlich. Eine Rückkehr zum Vorkriegszustand war nicht sinnvoll und wünschenswert. Leitlinie waren dabei die Erfahrungen der Zwischenkriegszeit und des Krieges. Für die neuen politischen Eliten schien allein der Weg vom Nationalstaat nach Europa mit neuen Ideen und Konzepten zukunftsträchtig zu sein.[288]

Bestrebungen zur »Wiedervereinigung« Europas und zur Herstellung eines politisch, wirtschaftlich und militärisch vereinten Europas hat es seit dem Zusammenbruch der abendländischen »res publica christiana« und dem Aufstieg des dynastischen und schließlich des politischen Nationalstaates immer wieder gegeben. Ange-

---

286 Vgl. hierzu Joseph R. *Schlechtmann*, Population Transfers in Europe, 1945–1955. Philadelphia 1962.

287 Arnold *Toynbee*/Veronica M. *Toynbee* (Hrsg.), The Realignment of Europe. Oxford 1955, S. 7.

288 Die Komplexität der Ausgangssituation von 1944/45 in Europa wird gut dargestellt in: Walter *Laqueur*, Europa aus der Asche. München, Zürich, Wien 1970.

sichts der endgültigen Abdankung Europas als Zentrum der Weltpolitik am Ende des Zweiten Weltkrieges erhielt der scheinbar utopische europäische Traum von den Vereinigten Staaten von Europa neue Denkanstöße.[289] Die tiefgreifenden Erfahrungen mit Hitlers Krieg hatten überall in Europa und bei den Exilregierungen und vielen Exilgruppen zu der Überzeugung geführt, daß nur ein Europa, das sich vereint, Nationalismus und Nationalstaat abschwört und überwindet, dem europäischen Kontinent Frieden auf Dauer geben und auch in der neuen Weltordnung den ihm gebührenden Platz einnehmen würde. Im Mittelpunkt der Pläne und Konzeptionen standen dabei in der Regel föderative Modelle für eine zukünftige politisch-soziale und wirtschaftliche Organisation ganz Europas. Schon im Spätjahr 1941 forderte beispielsweise Altiero Spinelli, der »Vater« des Verfassungsentwurfes des Europäischen Parlamentes von 1984, Vereinigte Staaten von Europa:

»In Anbetracht der hervorragenden Stellung, die Europa heute in der Welt als Ausstrahlungszentrum der Zivilisation einnimmt, und in Anbetracht dessen, daß Europa mit seinen inneren Kämpfen stets der Mittelpunkt aller internationalen Konflikte war, würde seine endgültige Befriedung im Rahmen der föderativen Institutionen den größten unter den gegenwärtigen Umständen möglichen Schritt in Richtung auf die Befriedung der Welt bedeuten.«[290]

In diese Richtung dachten viele europäische Politiker. Während zahlreiche Äußerungen zur künftigen Verfassungsstruktur Europas im deklamatorischen Bereich steckenblieben, konkretisierten sich bei den Londoner Exilregierungen der kleinen Staaten Pläne zu konföderativen, politischen und wirtschaftlichen Zusammenschlüssen. So vereinbarten die Tschechoslowakei und Polen am 23. Januar 1942, nach dem Krieg eine Konföderation zu bilden, der auch andere europäische Staaten der Region, die gleiche Interessen hätten,

---

289 Einen guten Ein- und Überblick hierzu bieten: Documents on the History of European Integration, hrsg. von Walter *Lipgens* und Wilfried *Loth*. 4 Bde. Berlin, New York 1985–1991, Bd. 1, 2 sowie Walter *Lipgens* (Hrsg.), 45 Jahre Ringen um die Europäische Verfassung. Dokumente 1939–1984. Bonn 1986 und Wilfried *Loth*, Der Weg nach Europa. Göttingen ²1991, S. 9–47.

290 Altiero *Spinelli*, La Federazione Europea, zit. deutsch nach: Walter *Lipgens* (Hrsg.), Europa-Föderationspläne der europäischen Widerstandsbewegungen 1940–1945. München 1968, S. 44–53, S. 50f.

beitreten sollten: Zweck der Konföderation ist es, eine gemeinsame Politik für die Bereiche Außenpolitik, Verteidigung, Wirtschaft und Finanzen, soziale Fragen, Transport, Post- und Fernmeldewesen sicherzustellen. In der polnisch-tschechischen Vereinbarung werden auch die Sozialpolitik, das Erziehungswesen und die Kultur, die Frage der Staatsbürgerschaft, die Freizügigkeit sowie die Bildung einer Zollunion als Aufgabe für die Konföderation angesehen. Die Übereinkunft zwischen Griechenland und Jugoslawien vom 15. Januar 1942 hatte ebenfalls die Bildung einer Konföderation zum Ziel. Beide Konföderationen sollten als »Kern für ein zukünftiges Europa« und zur Sicherung von Frieden und Wohlstand eng kooperieren. Die verschiedenen Europapläne im Zweiten Weltkrieg sahen auch die Abgabe von Souveränitätsrechten an eine europäische Zentralgewalt vor.

Die Hauptmächte der Antihitlerkoalition hatten seit 1942 andere Vorstellungen über die zukünftige Organisationsform Europas in der Weltnachkriegsordnung. Sie sollten das Schicksal der Nachkriegsentwicklung grundlegend beeinflussen.

Mit der Wende des Krieges 1942/43 veränderten sich die europapolitischen Konzepte vor allem der USA und Großbritanniens. Schon in der Atlantikcharta, in der sich die »außenpolitischen Zielsetzungen Roosevelts zum Programm einer künftigen ›Pax Americana‹« verdichteten,[291] zeichnete sich ab, daß amerikanische und britische Überlegungen zur Schaffung von regionalen Föderationen in Europa als Strukturelement der europäischen Nachkriegsordnung zunehmend weniger Unterstützung fanden. Churchill sah zeitweilig ein Europa von zwölf Konföderationen und auch eine Donauföderation unter Einschluß Süddeutschlands als sinnvoll an. Als wesentliches britisches Motiv kann u. a. die Absicherung seiner Weltmachtstellung angesehen werden. Hinzu kam das Drängen der kleinen europäischen Staaten, die sich eine Stabilisierung des Kontinents durch konföderative Formen von Staatlichkeit versprachen. Dies dürfte für Churchill mit eine Rolle gespielt haben, als er 1943 in einer Rundfunkrede die Schaffung eines »Europarates« unter dem

291 Hans Jürgen *Schröder*, Marshallplan, amerikanische Deutschlandpolitik und europäische Integration 1947–1950, in: *Aus Politik und Zeitgeschichte* B 18/87, S. 3–17, S. 4.

Dach der zu gründenden Vereinten Nationen vorschlug.[292] Der Europarat paßte in Churchills Konzept von Regionalräten, die neben den drei Großmächten zum Lenkungsgremium der UNO werden sollten. In seiner Züricher Rede von 1946 griff Churchill die Europaratsidee, die er während des Krieges in den Besprechungen mit Roosevelt und Stalin seit 1943 ausgeklammert hatte, erneut auf. Roosevelt und Stalin standen dagegen konföderativen Konzepten aus unterschiedlichen Motiven äußerst skeptisch bis ablehnend gegenüber.[293]

Die »Großen Drei« verfolgten seit der ersten gemeinsamen Kriegskonferenz Churchills, Roosevelts und Stalins im November 1943 in Teheran Pläne für eine »Europäische Union« nicht weiter, eine Lücke, in die die Nationalsozialisten mit Plänen für einen »Europäischen Staatenbund« und eine »Europäische Wirtschaftsgemeinschaft« hineinstießen und den Krieg in seiner Schlußphase erneut zu einem europäischen Freiheits- und Einheitskampf machten. In das »One World«-Konzept Roosevelts oder in die weltpolitischen Konzepte Stalins paßte ein eigenständiges und von den »Weltpolizisten« unabhängiges Europa nicht. In Teheran optierten die »Großen Drei« für eine globale Friedensordnung, die durch »vier Weltpolizisten« gemeinsam garantiert und kontrolliert werden sollte. Die Briten waren 1942 bereits initiativ geworden, um der zufällig zustande gekommenen Antihitlerkoalition »den Charakter einer neuen, dauerhaften Weltordnung zu verleihen«.[294] Diesen Gedanken sollten die Amerikaner zur UNO fortentwickeln. Ihr Ziel war die Schaffung einer integralen Weltfriedensordnung, die neben einer Weltfriedensorganisation durch handels- und währungspolitische Organisationsstrukturen abgesichert werden sollte.[295]

Auf der Konferenz von Jalta betonten die USA, die Sowjetunion und Großbritannien ihre Bereitschaft, eine gemeinsame und abgestimmte Europapolitik in Krieg und Frieden zu verfolgen, um, wie

---

292 Charles *Eades* (Hrsg.), The War Speeches of the Rt. Hon. Winston S. Churchill. London 1952, Bd. 2, S. 425–437 (21. 3. 1943), S. 432.

293 Vgl. u. a. Axel *Gietz*, Die neue Alte Welt: Roosevelt, Churchill und die europäische Nachkriegsordnung. München 1986 sowie *Kettenacker*, Krieg zur Friedenssicherung.

294 *Kettenacker*, Krieg zur Friedenssicherung, S. 150.

295 Vgl. Sumner *Welles*, Time for Decision, S. 280 ff.

es in der Erklärung über die Befreiung Europas hieß, »die politischen und wirtschaftlichen Probleme des Befreiten Europa auf der Grundlage demokratischer Prinzipien zu regeln«.[296] Auf der Krim hatten sich die drei Regierungen auch für die Wiederherstellung eines nationalstaatlich organisierten Europa ausgesprochen. Für sich beanspruchten sie während einer »Periode der Instabilität« ein Interventionsrecht.

Vor dem Hintergrund eines amerikanisch-sowjetischen Kondominats über Europa und der nationalstaatlichen Restauration des Kontinents, rückten Europaföderationspläne aus dem Widerstand und den Exilregierungen wieder in den Hintergrund und wurden in der Übergangsphase bis 1947/48 vor allem von den Europaverbänden am Leben erhalten. Eine Europäische Föderation ohne Zustimmmung der neuen Weltmächte ließ sich nicht verwirklichen. In der europäischen und globalen Ordnung nach dem Kriege würde Europa nicht mit einer Stimme sprechen, kein politisches Eigengewicht erhalten und für sich kein Mitspracherecht beanspruchen können.

In der zweiten Nachkriegszeit des 20. Jahrhunderts schien endgültig der Abschied vom alten, weltpolitisch bedeutsamen Europa gekommen, Europa zur Spielwiese der Macht- und Wirtschaftsinteressen der neuen Supermächte geworden zu sein. Einigungspläne mußten zumindest zunächst einmal zurückgestellt werden. Europainitiativen des Belgiers Paul Henri Spaak und des Italieners Alcide de Gasperi stießen auch in Paris und London, bei den europäischen Siegern und alten Großmächten mit weltpolitischen Ambitionen, auf Ablehnung. Trotzdem fordern zahlreiche Parteiprogramme der seit 1944 neu gegründeten christlichen westeuropäischen Parteien und der Sozialisten eine Europäische Föderation, und in zahlreiche Verfassungen finden Bestimmungen Eingang, die eine Übertragung von Souveränitätsrechten an eine supranationale europäische Institution gestatteten.

296 *PRO* London CAB 119/11 »Outward Telegramme« vom 12.2.1945 an die Dominions.

6.4. Von der Kooperation zur Konfrontation: Deutschland als Problem der europäischen und internationalen Politik 1945–1948

Mit der deutschen Doppelkapitulation vom 7./8. Mai 1945 und der alliierten Deklaration vom 5. Juni übernahmen die USA, die Sowjetunion, Großbritannien und Frankreich »die oberste Regierungsgewalt in Deutschland, einschließlich aller Befugnisse der deutschen Regierung, des Oberkommandos der Wehrmacht und der Regierungen und Verwaltungen oder Behörden der Länder, Städte und Gemeinden«.[297] Die Sieger betonten, daß diese Maßnahme »nicht die Annektierung« bewirke und daß sie »später die Grenzen Deutschlands oder irgendeines Teiles Deutschlands und die rechtliche Stellung Deutschlands oder irgendeines Gebietes, das gegenwärtig einen Teil deutschen Gebietes bildet«, festlegen würden.[298] Das Vorgehen der Besatzungsmächte war ein in der Geschichte bis dahin einmaliger Vorgang. Ihre Maßnahme ließ das Deutsche Reich als politische, wirtschaftliche und rechtliche Einheit fortbestehen, nahm ihm also nicht den Status eines Völkerrechtssubjektes, wohl aber die gesamtstaatliche Handlungsfähigkeit. Wann den Deutschen die Regierungsverantwortung zurückgegeben werden sollte, wollten die Alliierten zu gegebener Zeit festlegen. Vorerst ging die Administration Deutschlands auf den Kontrollrat der vier Mächte über.

Für die Regelung der deutschen Frage in der Nachkriegsordnung gab es bei Kriegsende vor allem drei mögliche, aus den alliierten Beziehungen erwachsene Lösungen:

1. Die USA und die UdSSR verständigen sich über die gemeinsame Herrschaft in einem als Ergebnis des Krieges zur weltpolitischen Bedeutungslosigkeit herabgesunkenen Europa. Rumpfdeutschland, in seinem Territorium etwa dem der vier Besatzungszonen in Deutschland entsprechend, würde als politische Einheit erhalten bleiben bzw. in mehrere Nachfolgestaaten mit unterschiedlichen wirtschaftlichen und politisch-sozialen Strukturen aufgeteilt werden.
2. Eine der beiden neuen Weltmächte setzt ihren Hegemonieanspruch in Europa durch. Europäische Hegemonialmacht wäre

297 *Europa-Archiv* 1946/47, S. 213–215, S. 213.
298 *Ebda.*

wahrscheinlich die UdSSR geworden. Der amerikanische Präsident Roosevelt hatte auf der Konferenz von Jalta erklärt, die USA würden ihre Truppen aus Europa schnellstmöglich abziehen. Diese Absicht deutete auf ein politisches und wirtschaftliches Desinteresse an Europa hin. Bei Realisierung dieser Alternative wäre die staatliche Einheit Deutschlands in einem dann sowjetischen Europa erhalten geblieben, d. h. das politisch-soziale und ökonomische System Deutschlands wäre dem sowjetisch-volksdemokratischen angeglichen worden.

3. In Europa entstehen in den Regionen, die durch die USA bzw. die UdSSR von der nationalsozialistischen Herrschaft befreit wurden und in denen diese nach der Kapitulation Hitlerdeutschlands einen dominierenden Einfluß besitzen, politische, soziale und wirtschaftliche Ordnungen, die den ideologischen Vorstellungen der jeweiligen »Schutzmacht« entsprechen. Diese Entwicklung wäre zu erwarten, wenn, wie seit der Konferenz von Jalta und der UN-Gründungskonferenz in San Francisco immer deutlicher erkennbar, die USA und die UdSSR ihre bisherige verdeckte machtpolitische und ideologische Rivalität weltweit zur offenen Konfrontation werden ließen. Die internationale Ordnung könnte dann nicht mehr multipolar sein, d. h. die nationale Eigenständigkeit und Gleichberechtigung aller Mitglieder des Staatensystems nicht aufrechterhalten werden. Der Versuch, wie nach dem Ersten Weltkrieg »ein europäisches Staatensystem zu errichten, das einigermaßen ausgewogen war und dessen Mitglieder mittels wechselseitiger Bindungen und Interessen eng verflochten waren und sich auch bereit fanden, dieses System mit dem notwendigen Maß an Gemeinsamkeit und Zusammenarbeit aufrechtzuerhalten«,[299] würde erneut scheitern. Durch den Gegensatz der Supermächte würde die Staatenordnung zu einem »bi-polaren« Blocksystem degenerieren. In einem Blocksystem würden die jeweiligen Einfluß- und Interessenzonen der UdSSR und der Westmächte als eigenständige politische Einheiten auf dem Territorium des Deutschen Reiches entstehen.

---

299 Vgl. hierzu *Krüger*, Außenpolitik der Republik von Weimar, sowie *Ders.*, Deutscher Nationalismus und europäische Verständigung: Das Verhältnis Deutschlands zu Frankreich während der Weimarer Republik, in: *Francia* 11/1983, S. 509–525.

Angesichts der Gefahren einer bipolaren internationalen Ordnung für die Entwicklung der Staatengesellschaft regte Großbritannien eine weitere Konferenz der »Großen Drei« an, um möglicherweise doch noch ein »kooperatives Staatensystem« zu verwirklichen. Im Gegensatz zu den Amerikanern glaubten die Briten am Ende des Krieges, wenn auch skeptisch, daß langfristig eine Zusammenarbeit mit der Sowjetunion trotz ideologischer Differenzen möglich sein könnte. Voraussetzung hierfür war es jedoch, Konfliktherde in Europa zu beseitigen.

So sahen es die Briten im Juni/Juli 1945 als die langfristig erfolgreichere Politik an, mit den Staaten Ost- und Südosteuropas möglichst umgehend Friedensverträge abzuschließen. Kontrollräte würden dann überflüssig werden. Die sowjetischen Besatzungstruppen müßten abziehen. So würde die sowjetische Kontrolle über diese Länder zwangsläufig gelockert und damit *vor* der vollständigen Unterwanderung der Parteien durch Kommunisten und ihre Sympathisanten eine Chance für eine politische Konstellation geschaffen werden, aus der später demokratische Regierungen hervorgehen könnten. Vor allem aber würden die Beziehungen zwischen den Verbündeten nicht noch stärker belastet werden, erwies sich doch die als Ergebnis des Krieges notwendig gewordene Neuordnung Europas als äußerst komplex und mit schier unüberwindbaren Schwierigkeiten verknüpft. Von zentraler Bedeutung für die kurz- und langfristigen Planungen war die zufriedenstellende Lösung des Deutschlandproblems. Es warf für die Alliierten nur gemeinsam lösbare Fragen auf:

Wie konnte Deutschland in die europäisch-regionale und international-globale Nachkriegsordnung eingegliedert werden? Wie konnte eine für Deutschland befriedigende Lösung gefunden werden, die auf die subjektiven und objektiven Sicherheitsbedürfnisse der Nachbarn Rücksicht nahm? Welche Rolle war Deutschland beim europäischen Wiederaufbau zuzuweisen? Welche politische, wirtschaftliche und gesellschaftliche Verfassung sollte Nachkriegsdeutschland erhalten? Welche Grenzen sollte der Zentralstaat von Europa in einem Friedensvertrag erhalten? Wie konnten die Reparationsfrage, der Bevölkerungstransfer und die Flüchtlingsproblematik geregelt werden? Hinzu kam am Kriegsende und in den folgenden Jahren die kritische Versorgungslage Europas. Gerade die unauflösliche Verflechtung von europäischer Versorgungslage, Stabilität und Sicherheit, Lösung von europäischen Territorialfragen sowie der

Rolle und Behandlung Deutschlands verdeutlicht die Problematik einer befriedigenden Lösung der deutschen Frage nach dem Kriege. Die britische Europa- und Deutschlandpolitik 1945 verdeutlicht dies:

Deutschland in den Grenzen von 1937 mußte seinen Beitrag für die Lösung der kritischen europäischen Versorgungslage leisten (Kohle, Lebensmittel). Ohne aktive und vertrauensvolle Zusammenarbeit mit der UdSSR ließ dieser sich nicht verwirklichen. Großbritannien wünschte daher eine sowjetische Mitarbeit in den entsprechenden europäischen Organisationen. Die UdSSR, die selbst große wirtschaftliche Probleme zu bewältigen hatte, war prinzipiell zur Kooperation bereit. Sie wünschte jedoch eine möglichst sofortige Gründung des UN-Wirtschafts- und Sozialrates, der sich mit diesen dringenden europäischen Problemen befassen sollte. Kurzfristig konnte die Notlage Europas nur vermindert und langfristig die Stabilität und Sicherheit des Kontinents gewährleistet werden, wenn die Sieger in der politischen und wirtschaftlichen Behandlung Deutschlands zu einer gemeinsamen Linie fanden und diese Politik über den Kontrollrat realisierten. Auf der Konferenz von Potsdam gehörte Großbritannien daher zu den entschiedensten Verfechtern der Bewahrung der politischen und wirtschaftlichen Einheit Deutschlands.

In einem Memorandum über die notwendigen Schritte für eine europäische Friedensregelung gaben die Briten der Deutschlandfrage daher Priorität. Im revolutionären Akt der Übernahme der obersten Regierungsgewalt in Deutschland sahen sie Vorteile gegenüber dem Vorgehen in Versailles 1919, zumal die deutschlandpolitischen Probleme nicht minder kompliziert waren, bis eine gewählte deutsche Regierung gebildet und diese einen Friedensvertrag unterzeichnen würde. Sie plädierten für einen *Frieden auf dem Verordnungswege*. Einzelprobleme könnten durch Kontrollratsgesetze geregelt werden. Dieses Vorgehen hätte den Vorteil, daß auf Entwicklungen der deutschen Innenpolitik nicht Rücksicht genommen werden mußte und daß die Unterzeichnung eines harten Friedensvertrages nicht einer gemäßigten deutschen Regierung angelastet werden könnte.[300] Für die Kontrollratszeit optierte Großbritannien für die Erhaltung der politischen und wirtschaftlichen Einheit

---

300 Vgl. zu den referierten Überlegungen *PRO* London F.O. 934/6 Note des Foreign Office »Considerations affecting procedure for reaching a

Deutschlands. Deutschland sei ein organisch gewachsener arbeitsteiliger Großwirtschaftsraum. Die politischen, wirtschaftlichen und territorialen Fragen Deutschlands konnten nicht isoliert behandelt werden, wollten die Alliierten ihre Ziele hinsichtlich Versorgung, Reparationslieferungen, Demontage, Dezentralisierung der Wirtschaft und Entmilitarisierung erfolgreich verwirklichen.

Die Regelung der Reparationsfrage war deswegen so schwierig, weil mit ihr, neben der europäischen Versorgung, zahlreiche politische, territoriale und wirtschaftliche Fragen verknüpft waren. Einen Weg sah Großbritannien in der Erstellung eines Reparationsgesamtplanes für Deutschland in den Grenzen von 1937. Dieser sollte die gleichmäßige Belastung ganz Deutschlands gewährleisten und die übermäßige Demontage verhindern, da sonst Deutschland die gewünschten Reparationen aus der laufenden Produktion kaum liefern könnte. Die UdSSR war hierzu bereit, sofern die USA und Großbritannien beim sowjetischen Anteil der Reparationen entgegenkamen. Trumans Berater tendierten jedoch dazu, die Reparationsentnahme auf die jeweilige Besatzungszone zu beschränken und die Sowjetunion ihre Zone getrennt, mit niedrigem Lebensstandard und Industrieniveau, verwalten zu lassen. Die Briten hielten diese amerikanische »Reparationsphilosophie« für unklug und gefährlich. Um die wirtschaftliche Einheit zu retten, damit die politische Teilung zu verhindern und Konflikte unter den Verbündeten abzubauen bzw. zu vermeiden, kamen die Briten den Russen bei der Frage von Reparationslieferungen aus den Westzonen entgegen. Sie erkannten in der russischen Bereitschaft, unter den politischen Prinzipien für die Behandlung Deutschlands auch die Errichtung zentraler Verwaltungsstellen vorzusehen, den Willen, Deutschland als ökonomische Einheit zu behandeln.

In den Auseinandersetzungen über die Erhaltung der deutschen Wirtschaftseinheit, die Bezahlung der notwendigen deutschen Lebensmittelimporte, die Priorität des deutschen Kohlenexports in die europäischen Länder und seiner Verrechnung, die Reparationslieferungen und die Demontage von Industrieanlagen spielten stets die Frage der künftigen deutschen Grenzen, insbesondere der Grenze zu Polen, eine Rolle. Amerikaner und Briten wollten zunächst le-

---

›peace settlement‹ of (I) Germany, (II) Austria, (III) Italy, (IV) the Axis Satellites...«.

diglich die Oder als neue polnische Westgrenze akzeptieren. Bei den Briten erhielten dabei vor allem die Frage des Bevölkerungstransfers in das verbliebene Reichsgebiet sowie die Zweifel, ob Polen die ihm zugesprochenen Territorien überhaupt verwalten und bewirtschaften könnte, Bedeutung. Im Mittelpunkt jedoch stand die Überlegung, daß die schlesische Kohle für die Versorgung Europas und Deutschlands von großer Wichtigkeit war und das Ausbleiben von Lebensmittellieferungen aus den ehemaligen Überschußgebieten des Deutschen Reiches schwerwiegende Probleme für die Ernährung der Bevölkerung in den hoch industrialisierten Regionen mit sich bringen würde. Als in Potsdam auch prowestlich orientierte polnische Politiker aus ökonomischen und sicherheitspolitischen Gründen die Oder-Neiße-Grenze forderten, ergab sich vor allem für Großbritannien ein deutschland- und europapolitisches Dilemma, denn einerseits wollte es aus wirtschafts- und reparationspolitischen Rücksichten Deutschland in den Grenzen von 1937 der Kontrollratskompetenz unterstellt wissen, doch andererseits wünschte Großbritannien aus innenpolitischen und europäischen Gründen ein freies, unabhängiges, nicht sowjetfeindliches Polen. Freie Wahlen, auf der Jaltakonferenz vereinbart, konnten dort jedoch erst stattfinden, wenn die Grenzen Nachkriegspolens festgelegt waren. Wollten die Westmächte in Potsdam die letzte Chance für ein demokratisches Polen wahren, mußten sie die geforderte Westgrenze gutheißen. Hierzu fanden sie sich bereit, nachdem die Vertreter der provisorischen polnischen Regierung freie Wahlen nach dem Wahlrecht von 1921 zugesichert hatten. Vor allem die Briten glaubten, mit dieser Entscheidung einen weiteren potentiellen Konfliktherd mit der UdSSR aus der Welt geschafft zu haben. Die De-facto-Anerkennung der Oder-Neiße-Linie und die Legalisierung des Bevölkerungstransfers verhinderte in Potsdam zunächst eine einseitige sowjetische Lösung und bewahrte westliche Einflußmöglichkeiten.

Der von der Potsdamer Konferenz eingesetzte »Rat der Außenminister« sollte auf der Grundlage der »Potsdamer Empfehlungen« die Friedensverträge mit Italien, Rumänien, Bulgarien, Ungarn, Finnland, Österreich und Deutschland vorbereiten. Die nach dem Abwurf amerikanischer Atombomben über Hiroshima und Nagasaki unter dem Schock der verheerenden zerstörerischen Kraft dieser neuen Waffe beschleunigte Beendigung des Krieges im Fernen Osten ließ die mühsam gekitteten Risse in der Kriegsallianz endgültig aufbrechen. Zu den wachsenden machtpolitischen Spannungen traten zunehmend ideologische Differenzen. Der Wunsch nach Zusammenarbeit wurde durch eine Konfrontationspolitik abgelöst, auch wenn die Tür für Verhandlungslösungen im Rahmen der Außenministerkonferenzen zunächst nicht zugeschlagen wurde. Das sich rapide abkühlende weltpolitische Klima machte auch Deutschland zur Arena des politisch-ideologischen Konfliktes der neuen Weltmächte. Die Verwirklichung der »Potsdamer Empfehlungen« für Deutschland – vor allem die Erhaltung der politischen, wirtschaftlichen und rechtlichen Einheit – wurde immer problematischer. Angesichts dieser Entwicklungen und Konstellationen boten sich für eine eigenständige deutsche Rolle nur minimale Handlungsspielräume an. So bestanden für Jakob Kaisers Konzept »Deutschland – Brücke zwischen Ost und West« bereits in der Inkubationsphase für das sich herausbildende bipolare internationale System kaum Realisierungschancen. Es war in der unmittelbaren Nachkriegszeit wohl illusorisch zu glauben, daß der Besiegte des Krieges eine »Mittlerfunktion«, eine »blockfreie Stellung«, zwischen West und Ost einnehmen könnte. Die Leitidee Kaisers, »Brücke zu sein zwischen Ost und West um Deutschlands, um Europas willen«,[301] fand ihre außenpolitisch akzentuierteste Ausprägung in seinem Neujahrsartikel »Deutscher Weg 1947«:

»In den Bereich unserer Sorge gehört der ausgesprochene Wille zur Bildung der Vereinigten Staaten Westeuropas, denen die Gefahr einer Trennungslinie quer durch Deutschland anhaftet. Wer die Gesundung Deutschlands will, kann nur von der Tatsache ausgehen, daß Deutschland zwischen Ost und West gelagert ist. Die Konsequenz dieser schicksalhaften, aber auch aufgabenreichen Lage ist nicht das Entweder-Oder eines West- oder Ostblocks, sondern das Sowohl-als-Auch der Verständigung und des Ausgleiches zwischen den Völkern und die Gesundung aus eigenem Geist heraus.«[302]

---

301 Jakob *Kaiser*, Um Deutschlands Schicksal. Zur Tagung der CDU in Berlin am 16. 6. 1946, abgedruckt in: Tilman *Mayer* (Hrsg.), Jakob Kaiser. Gewerkschafter und Patriot. Eine Werkauswahl. Köln 1988, S. 250–264, S. 260.

302 Jakob *Kaiser*, Deutscher Weg 1947, in: *Neue Zeit* vom 1. 1. 1947, abgedruckt auch in: *Mayer*, Jakob Kaiser, S. 272–276, S. 274. Zu Kaiser vgl. auch Werner *Conze*, Jakob Kaiser. Politiker zwischen Ost und West 1945–1949. Stuttgart 1985 (1969).

Schon vorher hatte er sich zur europäischen Einigungsidee und Deutschland geäußert, ein Thema, das seit 1945 immer wieder von deutschen Politikern aufgegriffen worden war. Seine Priorität hieß aber: Erst Deutschland und dann Europa:

»Was ist unser heutiges Deutschland? Kein Reich, kein Staat, keine Gemeinschaft, kein Volk. Eine gestaltlose Masse von Heimatlosen, Hungernden, Leidenden. Mir will scheinen, als sei dieser Zustand Deutschlands nicht der geeignete Augenblick, nach den Vereinigten Staaten von Europa zu rufen. Es gilt, vielmehr zunächst das Schicksal zu meistern, das Deutschland heißt. Dieses Schicksal ist die gemeinsame Aufgabe aller, die sich Deutsche nennen, mögen sie in der Süd-, West- oder Ostzone oder in Berlin wohnen.«[303]

Voraussetzung für die Wiederaufnahme der traditionellen deutschen Mitteleuropapolitik war der politische Kompromiß zwischen den Besatzungsmächten in Fragen einer mitteleuropäischen Friedensordnung – jedoch kein Großmachtkompromiß »mittels einer partitio leonina, sondern ein Ausgleich, der dem Gegner die heile Haut und die Glieder beließ«.[304] In einer Blockfreiheit und Neutralität sah Kaiser die einzige Chance, die Einheit Deutschlands zu erhalten und zu verhindern, daß die Besatzungsmächte *ihr* Gesellschaftssystem in ihren Zonen einführten: »Neutralisierung und Blockfreiheit waren aber andererseits auch nur denkbar, wenn sie den gesellschaftlichen Leitbildern beider Großmächte auf deutschem Boden genügend Raum gewähren würden. Das hätte vorausgesetzt, daß ein selbständiger, mit nationalem Bewußtsein erfüllter deutscher Staat die Kraft gehabt hätte, die politischen Ideen der Sieger in Ost und West in die eigene nationale Tradition einzufügen.«[305] Kaiser glaubte, der drohenden Gefahr der Spaltung Deutschlands durch das Angebot der »Koexistenz von Ost und West in Deutschland« begegnen zu können. Das Subsystem Deutschland dürfe nicht »zum Hebel des Systems der Bipolarität«[306] werden.

---

303 Jakob *Kaiser*, Um Deutschlands Schicksal (16.6.1946), in: *Mayer*, Jakob Kaiser, S. 250–264, S. 261.

304 Hans Peter *Schwarz*, Vom Reich zur Bundesrepublik. Stuttgart ^{2}1980, S. 312.

305 Waldemar *Besson*, Die Außenpolitik der Bundesrepublik Deutschland. Erfahrungen und Maßstäbe. München 1970, S. 35.

306 *Ebda.*

Obwohl sich 1947 das internationale System noch nicht zu einem Blocksystem verfestigt hatte, bestanden damals wie auch später realpolitisch keine Chancen, diese Vorstellungen zu verwirklichen. Die Beratungen des Rates der Außenminister brachten 1947 in der Deutschlandsfrage kaum Fortschritte. Zu Beginn der Moskauer Außenministerkonferenz im März 1947 gab der amerikanische Präsident vor dem Kongreß eine Erklärung ab, die als »Truman-Doktrin« in die Nachkriegsgeschichte eingehen sollte.

Im Scheitern der Moskauer Außenministerkonferenz, der die Deutschen mit großen Erwartungen entgegengesehen hatten, spiegelte sich bereits das veränderte weltpolitische Klima. Die USA waren endgültig auf eine Politik der Blockbildung gegen die UdSSR eingeschwenkt. Dies zeigte sich auch in ihrer veränderten Europapolitik, die der Senator und spätere amerikanische Außenminister John Foster Dulles in einer Rede am 17. Januar 1947 in New York auf die einprägsame Formel brachte: »Europa muß sich vereinigen oder untergehen.«[307]

In diesem Zusammenhang stand auch das von Marshall verkündete europäische Wiederaufbauprogramm. Die heraufziehende weltpolitische Eiszeit blockierte auch den zaghaft begonnenen innerdeutschen Dialog, dessen erstes Opfer die Münchener Ministerpräsidentenkonferenz werden sollte. Als die Londoner Außenministerkonferenz im Dezember 1947 auseinanderging, wurde kein neues Treffen vereinbart. Das Jahr 1948 sollte für Deutschland und Europa zum »Jahr der Entscheidungen« werden.[308] Es stellte endgültig die Weichen für den Weg in die »Doppelte Staatsgründung« in Gestalt der demokratisch-föderalistischen Bundesrepublik Deutschland und des zentralistischen Einheitsstaates Deutsche Demokratische Republik mit unterschiedlichen politisch-sozialen und ökonomischen Systemen. Das neue internationale System hatte sich nun ausgebildet und zu einem bipolaren System verfestigt. Es setzte an die Stelle einer bis dahin noch denkbaren multipolaren Weltordnung ein Blocksystem mit den USA und der UdSSR als Führungs-

---

307 Vital Speeches of the Day. Bd. 13. New York Februar 1947, S. 234–236, S. 236.

308 Vgl. Eugen *Kogon*, Das Jahr der Entscheidungen (Januarheft der *Frankfurter Hefte* 1948), abgedruckt in: *Ders.*, Die unvollendete Erneuerung. Frankfurt a. M. 1964, S. 65-79.

mächten. Die Supermächte traten weltweit in machtpolitische und ideologische Konkurrenz. Die Sowjetunion bewegte sich dabei zunehmend in den Bahnen der traditionellen Ziele des zaristischen Rußland.[309] Die USA mußten nach der selbst betriebenen Ausschaltung der alten europäischen Weltmacht Großbritannien das durch deren Rückzug entstandene machtpolitische Vakuum mit ihren positiven wie negativen weltpolitischen Implikationen übernehmen. So in Griechenland, der Türkei, in Persien, in Afghanistan und in Fernost. In Mitteleuropa wurde die Grenze zwischen den Westzonen und der Ostzone zur *ideologischen Demarkationslinie*. Deutschland wurde zu *einem*, jedoch zunehmend an Bedeutung verlierenden Konfliktfeld der Weltpolitik.

6.5. Die Entstehung der Bundesrepublik Deutschland und der DDR 1948/49

Schon vor der Potsdamer Konferenz waren verschiedene, über den Rahmen der Besatzungspolitik ausgreifende Vorentscheidungen gefallen, die auch die Zukunft Deutschlands betrafen. So erklärte Stalin am 9. Mai 1945, daß »Deutschland ... auf das Haupt geschlagen sei«, die UdSSR den Sieg feiere, sich aber »nicht anschickt, Deutschland zu zerstückeln oder zu vernichten«.[310] Sie sprach sich nun entgegen früheren Absichten gegen eine Teilung aus. Im Gegensatz zu den Westmächten führte sie zunächst eine liberale Besatzungspolitik. Diese fand ihren Ausdruck u. a. in der frühzeitigen Lizensierung von antifaschistisch-demokratischen Parteien (14. Juli 1945) in ihrer Zone, in der Hoffnung, daß diese zu Kristallisationskernen für künftige Reichsparteien werden würden. Frühzeitig hatten die Sowjets begonnen, in ihrer Zone Strukturreformen in Gesellschaft und Wirtschaft als »Modell« einzuleiten. Dies deutete

---

309 Zur russischen Deutschland-, Europa- und Weltpolitik vgl. u. a. Alexander *Fischer*, Sowjetische Deutschlandpolitik im Zweiten Weltkrieg 1941–1945. München 1975. Andreas *Hillgruber*, Sowjetische Außenpolitik im Zweiten Weltkrieg. Düsseldorf 1979. Jörg K. *Hoensch*, Sowjetische Osteuropapolitik 1945–1975. Kronberg 1977. Renata *Fritsch-Bournazel*, Die Sowjetunion und die deutsche Teilung. Die sowjetische Deutschlandpolitik 1945–1979. Köln 1979.

310 *Archiv der Gegenwart* 1945, S. 221 C.

alles darauf hin, daß die Besetzung Deutschlands aus russischer Sicht nicht temporären Charakter haben sollte. Premierminister Churchill drängte daher auf eine Gipfelkonferenz der alliierten Regierungschefs. Die UdSSR sollte den Übergangscharakter der Besetzung Deutschlands, Polens, des Donaubeckens und von Teilen des Balkans garantieren. Die Potsdamer Konferenz verdeutlichte dann die divergierenden Positionen der Verbündeten in zentralen Fragen des Friedens. Wegen des noch andauernden Krieges in Fernost durfte man sich das Scheitern der Konferenz nicht leisten. Unter Zeitdruck ging die Konferenz schließlich am 2. August 1945 zu Ende. Die Ergebnisse faßte ein Protokoll zusammen, dessen Kurzfassung als »Mitteilungen über die Dreimächtekonferenz von Berlin« veröffentlicht wurde.[311] Die *Empfehlungen von Potsdam* werden irrtümlich als »Potsdamer Abkommen« bezeichnet. Über ihren völkerrechtlich bindenden Charakter gehen die östlichen und westlichen Auffassungen auseinander. Der Streit über die »vertragsformalistische und rechtspositivistische Qualifikation« verdrängt die historische und politische Bedeutung von Potsdam, übersieht seine »Doppelgesichtigkeit, seine Liquidation der Vergangenheit und seine Konstruktion der Zukunft«.[312] Potsdam-Deutschland war mehr als das, was der Krieg von Deutschland übriggelassen hatte. Sie waren als beachtenswerte Zusagen an die Zukunft anzusehen:

1. die Absicht, einen gerechten, dauerhaften Frieden zu schaffen,
2. den Außenministerrat »zur Vorbereitung einer friedlichen Regelung für Deutschland zu benutzen, damit das entsprechende Dokument durch die für diesen Zweck geeignete Regierung Deutschlands angenommen werden kann, nachdem eine solche gebildet sein wird«.[313]

In der Präambel des Deutschland betreffenden Teils betonten die Alliierten ihre Absicht, den Militarismus und Nazismus auszurotten und Sorge dafür zu tragen, daß »Deutschland niemals mehr seine Nachbarn oder die Erhaltung des Friedens der ganzen Welt bedro-

311 Abgedruckt deutsch und englisch in: Wilhelm *Cornides*/Hermann *Volle*, Um den Frieden mit Deutschland. Dokumente zum Problem der deutschen Friedensordnung 1941–1948. Oberursel 1948, S. 79–89.

312 Ernst *Deuerlein*, Potsdam 1945. Ende und Anfang. Köln 1970, S. 107.

313 *FRUS* Berlin II, S. 1499–1512, S. 1500.

hen kann«.[314] Deutschland sollte für die »furchtbaren Verbrechen«, die in seinem Namen begangen wurden, büßen. Die vorgesehenen wirtschaftlichen und politischen Maßnahmen zielten jedoch nicht darauf ab, »das deutsche Volk zu vernichten oder zu versklaven. Die Alliierten wollen«, so versicherten die »Großen Drei«, »dem deutschen Volk die Möglichkeit geben, sich darauf vorzubereiten, sein Leben auf einer demokratischen und friedlichen Grundlage wieder aufzubauen«.[315] Zu diesem Zweck formulierten die Alliierten als gemeinsames Rahmenprogramm politische Grundsätze (Abrüstung und Entmilitarisierung; Verfolgung und Aburteilung der Kriegsverbrecher; Erneuerung des Erziehungs- und Gerichtswesens; Aufbau von dezentralisierten Verwaltungsstrukturen; Entwicklung einer örtlichen Selbstverwaltung) sowie wirtschaftliche Grundsätze (Vernichtung des deutschen Kriegspotentials; Dezentralisierung des deutschen Wirtschaftslebens; Übergewicht von Landwirtschaft und Friedensindustrie für den inneren Bedarf; Behandlung Deutschlands als wirtschaftliche Einheit während der Besatzungszeit; alliierte Kontrolle über Wirtschaft und Auslandsvermögen; Errichtung eines deutschen Verwaltungsapparates beim Kontrollrat).

Für das Schicksal der Potsdamer Empfehlungen sollte es bedeutsam werden, daß sie »unmittelbar vollzogene Maßnahmen, allgemeine Empfehlungen und nicht praktikable Deklamationen« enthielten.[316] Grundlagen für einen dauerhaften Frieden wurden durch Potsdam nicht gelegt. Die Vereinbarungen spiegelten die »Ambivalenz von gewünschter Kooperation und beginnender Konfrontation« wider.[317] Formal wurde die politische Zusammenarbeit aus der Kriegskoalition fortgesetzt. Hierin wurde gerade von der UdSSR und der DDR später die Chance für die friedlich-konstruktive Zu-

---

314 *Ebda.*, S. 1502.

315 *Ebda.*

316 Ernst *Deuerlein*, Potsdam 1945. Ende und Anfang. Köln 1970, S. 109. Zur Potsdamer Konferenz und ihrer Bewertung vgl. u. a. auch: Jens *Hacker*, Sowjetunion und DDR zum Potsdamer Abkommen. Köln 1968 sowie Potsdam und die deutsche Frage. Mit Beiträgen von Ernst Deuerlein, Alexander Fischer, Eberhard Menzel, Gerhard Wettig. Köln 1970.

317 Christoph *Kleßmann*, Die doppelte Staatsgründung. Deutsche Geschichte 1945–1955. Bonn, Göttingen ^{6}1986, S. 31.

sammenarbeit der Kriegsalliierten und eine Verhinderung des »Kalten Krieges« gesehen.[318] Sicherlich waren die USA, die UdSSR und Großbritannien zunächst willens, im »Geist von Potsdam« die Ziele von Potsdam zu realisieren. Konflikte in der Viermächtepolitik verursachte zunächst vor allem Frankreich, das zentrale Bestimmungen für sich nicht anerkannte (Zentralverwaltung; Zulassung von Parteien und Gewerkschaften). Es spricht viel für die Auffassung, daß für über ein Jahr die deutschlandpolitischen Konfliktlinien sich im Rahmen von normalen Divergenzen zwischen Großmächten bewegten, die nur wenige gemeinsame Interessen hatten. Die Deutschlandfrage verzögerte möglicherweise den offenen Ausbruch des Kalten Krieges, denn der Sieg über Deutschland und die gemeinsame Verantwortung für dieses Land wirkte zunächst noch als Kitt für die auseinanderbrechende Allianz.

Die inhaltliche Auslegung der Potsdamer Übereinkünfte ließ die Besatzungsmächte in ihren Zonen politisch-soziale Systeme schaffen, die ihren eigenen Vorstellungen von Demokratie entsprachen. Dies galt für die Sozialverfassung, die Verfassungen und Verfassungsorgane der Länder sowie für die Wirtschaftsverfassung. Auslegungsbedürftig waren auch die reparationspolitischen Übereinkünfte. Wegen der unterschiedlichen Zielsetzungen in der Reparationspolitik zwischen den beiden Supermächten war die »reparationspolitische Teilung Deutschlands« durch den britischen Vermittlungsvorschlag nur vertagt worden und mußte in dem Augenblick eintreten, als die Sowjets ihren Lieferverpflichtungen zur Versorgung der Bevölkerung der Westzonen nicht mehr nachkamen. Vielfach wird bei der Schuldzuweisung für die Teilung vergessen, daß Amerikaner und Russen am 23. Juli 1945 gleichzeitig »zonale Reparationspläne«[319] vorschlugen. Nicht übersehen werden sollte auch, daß die Reparationsfrage nur *eine* Einflußgröße auf dem Wege zu zwei Staaten in Deutschland darstellte. Befördert

---

318 Vgl. u. a. Rolf *Badstübner*/Siegfried *Thomas*, Restauration und Spaltung. Entstehung und Entwicklung der BRD 1945–1955. Köln 1975, S. 20f. sowie Rolf *Badstübner*, Friedenssicherung und deutsche Frage. Vom Untergang des »Reiches« bis zur deutschen Zweistaatlichkeit (1943 bis 1949). Berlin 1990.

319 Otto *Nübel*, Die amerikanische Reparationspolitik gegenüber Deutschland 1941–1945. Frankfurt 1980, S. 208 sowie *FRUS* Berlin II, »On Advance Deliveries from Germany« (No. 921), S. 864f.

wurde der Teilungsprozeß, wenn auch zunächst ungewollt, durch die Existenz von zwei republikanischen Staatstraditionen in Deutschland. Im Abstand von zwei Stunden hatten am 9. November 1918 der Sozialdemokrat Scheidemann die »Deutsche Republik«, der Spartakusführer Liebknecht die »Freie Sozialistische Republik« ausgerufen. Die rivalisierenden Staatskonzeptionen von 1918/19 waren damals noch nicht voll ausgebildet und durchdacht. Aus der Retrospektive bilden sie jedoch den ersten Auftakt zu einer Entwicklung, »die schließlich mit der Teilung des Reiches zur Entstehung der beiden gegensätzlichen Staaten auf dem Boden Deutschlands führte«.[320]

So gesehen läßt sich die Teilung als Ergebnis des Scheiterns von Weimar, der »Selbstpreisgabe einer Demokratie« interpretieren und weniger als das Resultat von »äußeren Zwängen« und »wirtschaftlich-gesellschaftlicher Unentrinnbarkeiten«. Hier wird die deutsche Verantwortung für die »Doppelstaatsgründung« sichtbar – und damit die angebliche »Stunde Null« 1945 ins Reich der Legende verwiesen. Sicher gibt es Kontinuitäten und Brüche zwischen Weimardeutschland und der Entstehungsgeschichte der deutschen Nachfolgestaaten auf dem Territorium des Reiches. Die Realisierung der durch Nationalsozialismus, Krieg und Emigration geläuterten republikanischen Staatstraditionen hing jedoch von der Übereinstimmung mit dem Demokratieverständnis der jeweiligen Besatzungsmacht ab. Beide Grundrichtungen hatten in Emigration und Widerstand Vorstellungen für Deutschland und Europa nach Hitler entwickelt.

Während Sozialisten und Kommunisten als Gestaltungsprinzip deutscher Staatlichkeit den zentralisierten Einheitsstaat als die für Deutschland und Europa beste Lösung ansahen und ein Aufgehen in einer »sozialistisch geführten ... europäischen Staatsgemeinschaft ..., die unserem schwergeprüften Kontinent durch eine europäische Gemeinschaft Ordnung und Wohlstand verbürgt«,[321] befür-

---

320 Karl Dietrich *Erdmann* in: Öffentliche Anhörung des Ausschusses für innerdeutsche Beziehungen des Deutschen Bundestages 1981: Verständnis und Behandlung der Zeitgeschichte in der Bundesrepublik Deutschland und in der Deutschen Demokratischen Republik, *Zur Sache* 2/81, S. 117–119, S. 118.

321 Das »Manifest von Buchenwald« vom 13.5.1945, auszugsweise abge-

worteten, wie es im »Buchenwalder Manifest« von deutschen und anderen westeuropäischen Sozialisten heißt, orientierten sich die anderen Gruppen stärker an bündischen Organisationsformen für Nachkriegsdeutschland in Nachkriegseuropa. Die Extreme »Zentralismus« und »Separatismus« lehnten sie ab.

Die seit der Reichsreformdiskussion in der Weimarer Republik geführte Debatte, ob die ideale Verfassungsordnung für einen handlungsfähigen deutschen Staat in einem bündisch-föderativen Staatsaufbau oder aber in einer unitarisch-zentralistischen Staatsstruktur zu sehen sei, kennzeichnete die Erörterungen der deutschen Exilgruppen und des Widerstandes und wurden auch zu einem Schlüsselthema der deutschen Politik zwischen 1945 und 1949. Sie waren bei den Gesprächen zwischen den Vertretern der Länder und des Wirtschaftsrates der Bizone Anfang 1948 in Frankfurt am Main hervorgetreten und hatten die Stellung der Deutschen gegenüber den Militärgouverneuren geschwächt. Beim Herrenchiemseer Verfassungskonvent wurde der Konflikt zwischen Föderativstaat und Zentralstaat erneut sichtbar und sollte auch zu einem beherrschenden Thema der Beratungen des Parlamentarischen Rates werden. Bis heute wird die ewig junge Föderalismusdiskussion, meistens mehr emotional als rational, weitergeführt. Mit der Wiedervereinigung Deutschlands 1990 lebte die Diskussion, ob die Bundesrepublik Deutschland ihre Verfassungsordnung stärker in Richtung auf einen föderativen Bundesstaat fortentwickeln sollte, oder ob sich das derzeitige System des unitarischen Bundesstaates weiter in Richtung auf einen Einheitsstaat verändern sollte, wieder auf. Hinzu kommt, daß die Bundesrepublik Deutschland der einzige Bundesstaat in der EG ist. Kann sie als europäisches Modell dienen auf dem Wege zu einer neuen Organisationsform von (West-)Europa?

In der unmittelbaren Nachkriegszeit stand im Zentrum die Frage, ob sich in den konzeptionellen Vorstellungen für die künftige Verfassung Deutschlands die historischen Traditionen des Föderalismus in Deutschland, Europa und den USA durchsetzen oder einheitsstaatliche Tendenzen, die auf den Traditionen der deutschen Nationalbewegung beruhten, erfolgreich sein würden. Ergiebig und

---

druckt in: Walter *Lipgens*, Europa-Föderationspläne der Widerstandsbewegungen 1940–1945, S. 175–176, S. 176.

auch publikumswirksam waren die Auseinandersetzungen am Ende des Krieges und im Vorfeld der Viermächte-Außenministerkonferenzen bis 1947. Die Potsdamer Konferenz hatte dieses Gremium beauftragt, einen Friedensvertrag auch für Deutschland auszuarbeiten. Aus deutscher Sicht war es daher erforderlich, eine Nationalrepräsentation zu bilden, die Verhandlungspartner auf der Viermächtekonferenz sein sollte.

1947 legte Wolfram von Hanstein seine »Deutschland oder Deutsche Länder?« genannte Schrift vor, in der er seine Argumente emotional geschickt verpackte und auf die neue Ausgangslage von 1945 hinwies:

»Nicht ein Volk groß, sondern es glücklich zu machen, dürfte die Aufgabe eines jeden verantwortungsbewußten Staatsmannes sein. Diese echt ›antipreußische These‹ bietet allein das Fundament eines deutschen Einheitsstaates. Wenn heute die Gemüter des In- und Auslandes von der Frage bewegt werden: *Deutschland oder Deutsche Länder?, so kann diese geschichtlich, wirtschaftlich, politisch und vor allem im Interesse der Entwicklung Europas nur im Sinne eines einheitlichen deutschen Staates entschieden werden*... Gern argumentieren die Reaktionäre, Föderalisten und Separatisten mit dem Volkscharakter der einzelnen deutschen Stämme. Ein jedes Land habe seine Eigenart, seine eigene geschichtliche und kulturelle Entwicklung. Es bedürfe daher einer vollkommen eigenen, von keiner Zentralgewalt beeinflußten Verwaltung... *Selbst wenn derartige grundverschiedene Entwicklungen bestanden haben sollten, dann besagt dieses Argument heute nichts mehr.*«[322]

Anhänger eines zentralistisch organisierten Einheitsstaates war auch Otto Grotewohl, der auf dem 2. SED-Parteitag 1947 vor den Gefahren einer »föderativen Aufspaltung« für Europa und Deutschlands warnte. »Es ist eine falsche Vorstellung«, meinte er, »daß die aggressive imperialistische Politik Deutschlands die Folge eines zentralisierten deutschen Einheitsstaates gewesen sei.« Nicht die Herstellung der deutschen Einheit 1870/71, nicht der Einheitsstaat, sondern die »Konservierung der alten Föderierung Deutschlands« habe den Weg in die imperialistische Politik ermöglicht. Seine Schlußfolgerung hieraus war, daß die »Aufrechterhaltung des

---

322 Wolfram *von Hanstein*, Deutschland oder Deutsche Länder? Eine geschichtliche Betrachtung. Dresden 1947, S. 5f.

Föderalismus heißt, die Aufrechterhaltung des alten Staatsapparates, heißt in den einzelnen Ländern die Konservierung der alten politischen Kräfte, heißt abermals den Weg zur demokratischen Umgestaltung, den Weg zur Freiheit und zur friedlichen Entwicklung verhindern«.[323]

Hier klingt das Antiföderalismusthema des 19. Jahrhunderts durch, daß nämlich der Föderalismus die Einheit der Reaktion gegen die Einheit der Nation sei und daß partikularistische Eigenbrötelei die Sicherung des Friedens und den Weg zur Freiheit behindere. Vielfach wird aber auch gegen eine föderative Ordnung Deutschlands nach dem Kriege eingewandt, daß verhindert werden müsse, daß »Deutschland noch einmal auf einen Staatenbund zurückgeworfen wird!«.[324] So bekannte Jakob Kaiser im Juni 1946 in einer Rede:

»Ich bin kein Mann des Föderalismus, und zwar bin ich es nicht, weil der Hang unseres Volkes leicht zu Eigenbrötelei geht, die nicht mehr mit gesunder Eigenständigkeit zu tun hat. Ich bin der Meinung, daß auch in einem gut gegliederten deutschen Nationalstaat ausreichend Garantien für eigenständige Entwicklungen der Landschaften gegeben sein können... Ein Zweikammersystem, ein Reichstag und ein Ländertag, eine gesunde Teilung der Gewalten und Zuständigkeiten könnten Gewähr genug dafür bieten, daß die Synthese zwischen Eigenständigkeit der Länder und staatlicher Einheit des deutschen Volkes geschaffen würde, so daß von Zentralismus nicht mehr die Rede sein kann.«[325]

Wie auch andere deutsche Nachkriegspolitiker anerkannte der Vorsitzende der Ost-CDU und spätere erste gesamtdeutsche Minister, daß beim Neubau Deutschlands auch die »europäischen Notwendigkeiten« berücksichtigt werden sollten. In diesem Zusammenhang kommt Kaiser auf die sicherheitspolitische Dimension der deutschen Frage zu sprechen:

»Die innere Ausgestaltung Deutschlands wird so sein müssen, daß sie Besorgnisse beseitigt, die nun einmal gegen Deutschland bestehen, Besorgnisse, die Hitlers Wahnsinn natürlich ungeheuer

---

323 Otto *Grotewohl*, Im Kampf um Deutschland. Berlin 1947, S. 35f.
324 Jakob *Kaiser*, Um Deutschlands Schicksal, in: *Mayer*, Jakob Kaiser, S. 259.
325 *Ebda.*

vertieft hat. Aber die Entwicklung kann und darf nicht dahin führen, daß in Deutschland und damit mitten in Europa ein Zustand der Auflockerung entsteht, bei dem schließlich jeder gegen jeden arbeiten könnte.«[326]

Aus der Kenntnis des Zusammenspiels innerstaatlicher, außenpolitischer und sicherheitspolitischer Determinanten für die künftige Form deutscher Staatlichkeit und um eine europäisch akzeptable Lösung der deutschen Frage zu erreichen ist Kaiser bereit, für »die künftige innerstaatliche Gestaltung Deutschlands eine föderalistische Form... [anzuerkennen.] Das Reich, sinnvoll in Länder gegliedert, mag der Ausdruck der künftigen deutschen innerstaatlichen Gestaltung sein.«[327]

Wie dieses Beispiel verdeutlicht, beschränkte sich das Eintreten für den nationalen Einheitsstaat als anzustrebende Idealform nicht allein auf die politische Linke oder auf die Liberalen. In den genannten politischen Gruppierungen waren durchaus auch Verfechter einer Föderativordnung vertreten. In den Plädoyers für oder gegen eine bundesstaatliche Organisation Deutschlands finden wir immer wieder die Fronten aus der Reichsreformdebatte der Weimarer Republik. Das einschneidende Erlebnis des Zweiten Weltkrieges hatte die Fronten, trotz der Zusammenarbeit in Widerstand und Exil, emotional verstärkt und argumentativ untermauert. Bei den Befürwortern eines föderativen Staatsaufbaus für Nachkriegsdeutschland fällt auf, daß sie neben der deutschen Perspektive auch stets die europäische im Blick hatten, d. h. für sie besaß eine befriedigende Lösung des Deutschlandsproblems immer auch eine europäische Dimension.

Kurt Karl Doberer hatte 1944 in einem engagierten Buch über die Vereinigten Staaten von Deutschland festgestellt, daß der zentralistische Einheitsstaat im Abstieg begriffen sei. Deutschlands Zukunft liege in einer Föderation deutscher Republiken. Ein straff regierter Zentralstaat sei kein »deutsches Naturgesetz«.[328] Der beste Weg »zum dauernden Frieden« sei es, die Extreme Zentralismus und Separatismus zu vermeiden. Im Interesse Deutschlands und

---

326 *Ebda.*, S. 258.
327 *Ebda.*, S. 259.
328 Kurt Karl *Doberer*, Die Vereinigten Staaten von Deutschland (The United States of Germany. London 1944). München 1947, S. 9.

Europas lägen daher die Vereinigten Staaten von Deutschland, die »den deutschen Kriegszentralismus ... für immer beseitigen und damit ein Stück des Weges zum kommenden föderierten Europa gehen«.[329]

Im August 1944 und April 1945 hatten bayerische Exilpolitiker, unter ihnen der Staatsrechtler und spätere sozialdemokratische Ministerpräsident Wilhelm Hoegner, in Zürich für das neue Deutschland einen »föderalistisch gegliederten friedlichen Staatsverband ohne Vorherrschaft irgend eines Stammes oder Landes« gefordert[330] und als Lösung einen Deutschen Bund vorgeschlagen, der mehr bundesstaatliche Elemente als der historische Deutsche Bund enthalten sollte. Der künftige Deutsche Bund, in dem »die rechtliche Hegemonie eines einzelnen Landes oder Sonderbünde« vermieden werden müßten, sollte »in einen Bund europäischer Staaten« eingegliedert werden.[331]

Die Anhänger eines bundesstaatlichen Staatsaufbaus für Deutschland und auch für Europa formierten sich von Niedersachsen ausgehend im Laufe des Jahres 1947. Im Programm des Bundes Deutscher Föderalisten wurde der Wiederaufbau Deutschlands in der »Form eines Deutschen Bundesstaates« angestrebt.[332] Für Deutschland war ein »Zusammenschluß souveräner Gliedstaaten (Einzelstaaten, Länder) [vorgesehen] mit unterschiedlicher Bevölkerung, die einen Teil der Souveränität auf Deutschland übertragen haben«.[333]

Die unitarisch orientierten Parteien und Politiker in den Besatzungszonen Deutschlands traten der Forderung, die Länder gegenüber dem Reich zu stärken, vehement entgegen.[334] Die Mehrheit

---

329 *Ebda.*, S. 10.

330 *IfZ* ED 120/127 Richtlinien August 1944.

331 *Ebda.* Züricher Erklärung bayerischer Emigranten vom 26. 4. 1945.

332 Programm des Bundes Deutscher Föderalisten, August 1947 (*IfZ* NL Baumgartner ED 132/74). Vgl. auch den Gründungsaufruf vom 26. 8. 1947 im *Rheinischen Merkur*.

333 *IfZ* ED 132/74 Programm des BDF.

334 Vgl. zur Parteiengeschichte in diesem Zusammenhang u. a. Marie-Elise *Foeltz-Schroeter*, Föderalistische Politik und nationale Repräsentation 1945–1947. Stuttgart 1974. Manfred *Overesch*, Deutschland 1945–1949. Düsseldorf 1979. Wolfgang *Benz* (Hrsg.), Bewegt von der Hoffnung aller Deutschen. Zur Geschichte des Grundgesetzes. Ent-

der SPD wünschte einen zentralistisch ausgerichteten Reichsaufbau. Die politischen Leitsätze der SPD von 1946 verdeutlichen diese Grundtendenz. Die neue deutsche Republik sollte sich auf Ländern aufbauen, »die nicht in ihrer eigenen Existenz ihren höchsten Zweck sehen, sondern die sich nur als Bausteine einer höheren nationalen Ordnung betrachten«.[335] In ihren Richtlinien für den Verfassungsaufbau des Reiches und der Länder wandte sich die SPD im März 1947 gegen einen deutschen Staatenbund, »weil ein Staatenbund nach außen die Entwicklung zu einer europäischen Einheit hemmen und nach innen eine unerwünschte Zersplitterung... bedeuten würde. Deutschland wäre bei einer Auflösung in selbständige Staaten nicht lebensfähig.«[336] Die SPD-Ministerpräsidenten der Länder bezogen gegen diese Position Stellung.[337] Der Nürnber-

---

würfe und Diskussionen 1941–1949. München 1979. *Ders.*, Föderalistische Politik in der CDU/CSU. Die Verfassungsdiskussion im ›Ellwanger Kreis‹, in: *VZG* 25/1977, S. 776–820. *Ders.*, Von der Besatzungsherrschaft zur Bundesrepublik. Stationen einer Staatsgründung. 1946–1949. Frankfurt a. M. 1984. Wolfgang *Benz*/Günter *Plum*/Werner *Röder*, Einheit der Nation. Diskussionen und Konzeptionen zur Deutschlandpolitik der großen Parteien seit 1945. Stuttgart 1978. Rainer *Kunz*/Herbert *Maier*/Theo *Stammen* (Hrsg.), Parteiprogramme der politischen Parteien in der Bundesrepublik Deutschland. 2 Bde. München [3]1979. Lothar *Albertin* (Hrsg.), Politischer Liberalismus in der Bundesrepublik. Göttingen 1980. Dieter *Hein*, Zwischen liberaler Milieupartei und nationaler Sammlungsbewegung. Gründung, Entwicklung und Struktur der Freien Demokratischen Partei 1945–1949. Düsseldorf 1985. Ernst *Deuerlein*, CDU/CSU 1945–1957. Köln 1957. Richard *Ley*, Föderalismusdiskussion innerhalb der CDU/CSU von der Parteigründung bis zur Verabschiedung des Grundgesetzes. Mainz 1978 sowie Wolf D. *Gruner*, Deutschland und Europa in Geschichte und Gegenwart. Überlegungen zu bündischen Formen deutscher Staatlichkeit, in: *Ders.*, Deutschland mitten in Europa, S. 287–332, S. 297 ff. mit weiterer Literatur.

335 Politische Leitsätze der SPD vom Mai 1946, abgedruckt in: *Kunz/Maier/Stammen*, Programme der politischen Parteien in der Bundesrepublik Deutschland, Bd. II, S. 291–296, S. 294.

336 Richtlinien für den Aufbau einer deutschen Republik vom 13./14. 3. 1947, abgedruckt in: *Benz*, Bewegt von der Hoffnung aller Deutschen, S. 359–367, S. 359 f.

337 Vgl. Wilhelm *Kaisen*, Meine Arbeit. Mein Leben. München 1967,

ger Parteitag der SPD von 1947 befürwortete daher aus praktischen Gründen einen Bundesstaat, der die »Einheitlichkeit der Regierungsgewalt« und die »Eigenständigkeit der Länder in einer gesunden Dezentralisation« ermöglichen würde und Teil eines europäischen Staatenbundes sein werde.[338] Auch die Mehrheit der Liberalen wünschte ein Reich mit Ländern ohne »Staatsgepräge«. In den Unionsparteien schwankten die Auffassungen regional (Süd-, Nord-, West- und Ostdeutschland) zwischen Zentralstaat und Bundesstaat, wobei im Norden und Osten stärker zentralstaatliche Tendenzen, im Westen und vor allem im Süden dagegen bundesstaatliche Strömungen dominierten. Hans Joachim von Merkatz hat 1957 rückblickend in einer Rede als Bundesrats- und Justizminister in der Regierung Adenauer die verfassungspolitischen Konfliktlinien der Jahre 1945–1949 treffend beschrieben, als er meinte:

»Das Ringen zwischen Föderalismus und Zentralismus, das sich wie ein roter Faden durch die deutsche Verfassungsgeschichte zieht, wurde natürlich auch an der Wiege der neuen deutschen Verfassung [i. e. das Grundgesetz] ausgetragen.«[339] Das Grundgesetz habe »sowohl zentralistische als auch echt föderalistische Tendenzen für die weitere Entwicklung ermöglicht... Seit seinem Bestehen hat sich die Tendenz zum Zentralistischen hin deutlicher abgezeichnet.«[340]

Die Mehrheit der führenden Politiker in den sich neu konstituierenden deutschen Parteien unterstützte die Idee der Gründung von »Vereinigten Staaten von Europa«. Ein demokratischer deutscher Bundesstaat – bereit zu Sicherheitsgarantien für seine Nachbarn – sollte unter ihnen einen angemessenen Platz einnehmen. Immer wieder wurde hervorgehoben, daß die Abkehr von nationalen, machtpolitischen Konzeptionen die traditionelle Bündnispoli-

---

S. 267ff. *Schmid*. Erinnerungen, S. 292ff. *Overesch*, Deutschland 1945–1949, S. 140ff.

338 Protokoll der Verhandlungen des Parteitages der Sozialdemokratischen Partei Deutschlands vom 29. Juni bis 2. Juli 1947 in Nürnberg. Hamburg 1947, S. 225.

339 Hans-Joachim *von Merkatz*, Föderalismus ohne Mißdeutung und Mißbrauch (*IfZ* ED 132/74), abgedruckt in: *Ders.*, In der Mitte des Jahrhunderts. Politische Lebensfragen unserer Zeit. München, Wien 1963, S. 169–189.

340 *Ebda*.

tik überflüssig machen würde. Die Vorstellung, das Problem Deutschland für Europa durch ein Aufgehen eines deutschen Staates in einem vereinigten Europa auf Dauer zu lösen und den europäischen Frieden langfristig zu sichern, stieß bei den Besatzungsmächten auf wenig Entgegenkommen. Aus tatsächlichen, oder nur vorgeschobenen allianzpolitischen Rücksichten wurden von Deutschen vorgelegte europapolitische Einigungspläne blockiert, deutschen Gruppen und Einzelpersönlichkeiten die Reisemöglichkeiten eingeschränkt und vielfach auch die Teilnahme an Europakongressen verwehrt.[341] Diese Politik stand im Widerspruch zu dem Ziel, die Deutschen zu internationalem Denken umzuerziehen.

Auch auf den »innenpolitischen Föderalismus« als deutsches Konzept reagierten die Besatzungsmächte, je nach den eigenen politischen Zielvorstellungen, unterschiedlich.[342] Sie fanden ihren Ausdruck in den zonalen Einrichtungen (Zentralverwaltungen/Landesverwaltungen der SMAD; Länderrat; Zonenbeirat; Länder). Sie verdeutlichten das Spektrum vom scheinföderativen, zentralistischen Einheitsstaat über den »unitarischen Bundesstaat« und

---

341 Einen guten Einblick bieten hierfür beispielsweise die Korrespondenzen und Einladungen in den Nachlässen von Wilhelm Hoegner und Josef Baumgartner *IfZ* München ED 120 (Papiere Wilhelm Hoegner)/127 und *IfZ* München ED 132 (NL Dr. Josef Baumgartner)/73, 74.

342 Vgl. zur Besatzungspolitik u.a. *Scharf/Schröder*, Französische Deutschlandpolitik. *Dies.* (Hrsg.), Die Deutschlandpolitik Großbritanniens und die britische Zone 1945–1949. Wiesbaden 1979. *Dies.* (Hrsg.), Politische und ökonomische Stabilisierung Westdeutschlands 1945–1949. Fünf Beiträge zur Deutschlandpolitik der westlichen Alliierten. Wiesbaden 1977. *Willis*, The French in Germany, S. 22ff. Ernst *Deuerlein*, Frankreichs Obstruktion deutscher Zentralverwaltungen 1945, in: *Deutschland Archiv* 4/1971, S. 466–491. Rainer *Hudemann*, Die französische Besatzungszone 1945–1952, in: *Neue Politische Literatur* 26/1981, S. 325–360. *Ders.*, Die Deutschlandpolitik Frankreichs, in: *Scharf/Schröder*, Französische Deutschlandpolitik, S. 205–248. Klaus Dietmar *Henke*, Politik der Widersprüche. Zur Charakterisierung der französischen Militärregierung in Deutschland nach dem Zweiten Weltkrieg, in: *VZG* 30/1982, S. 500–537. Joseph *Foschepoth* (Hrsg.), Kalter Krieg und Deutsche Frage. Deutschland im Widerstreit der Mächte 1945–1952. Göttingen 1985. *Ders.*/Rolf *Steininger* (Hrsg.), Britische Deutschland- und Besatzungspolitik 1945–1949. Paderborn 1985.

den »föderativen Bundesstaat« zu mehr staatenbündischen Organisationsformen. Die unterschiedlichen Besatzungspolitiken behinderten in den ersten Jahren die Bemühungen zahlreicher deutscher Politiker in allen vier Zonen, das »Reich« auf föderativer, demokratischer Basis wiederherzustellen. Zudem behinderten die Zonengrenzen Kommunikation und Kontaktpflege, waren Reisen ohne Interzonenpaß und Genehmigung der Militärregierungen kaum möglich.

Aufgrund ihres ökonomischen, militärischen und politischen Übergewichtes wurden die USA in den Westzonen zunehmend zur dominierenden Kraft. Als die amerikanische Aufforderung im Kontrollrat, die vier Zonen wirtschaftlich zu vereinigen, nur von Großbritannien aufgenommen wurde, waren die »Würfel für die wirtschaftliche Integration mit der britischen Zone« (Lucius D. Clay) gefallen.[343] Die Entscheidung für eine »Westlösung der deutschen Frage« wurde durch die »antikommunistische Psychose in den Vereinigten Staaten« gefördert. Ende 1946 verständigten sich die USA und Großbritannien, ihre beiden Zonen zur »Bi-Zone« zusammenzulegen. Deren Einrichtungen wurden im Laufe des Jahres 1947 effektiviert, nach dem Scheitern der Londoner Außenministerkonferenz auf neue Grundlagen gestellt. Die politische Entscheidung für die Westintegration präjudizierte ungewollt die Spaltung. Sie fiel ohne eingehende Konsultation der Deutschen. Obwohl verschiedentlich auf die Gefahren für die Einheit hingewiesen wurde, formierte sich gegen diesen Prozeß keine massive Opposition. Anfang Januar 1948 wurde deutschen Vertretern (Ministerpräsidenten, Direktoren des Wirtschaftsrates der Bizone) von den Westmächten erstmals ein Entwurf für die Reform des Wirtschaftsrates der Bizone zur Stellungnahme vorgelegt. Die von General Clay vorgelegten Reformvorschläge umfaßten sieben Punkte:[344]

1. Verdoppelung der Abgeordnetenzahl des bizonalen Wirtschaftsrates von 52 auf 104.

---

343 Vgl. zu Clay und seiner Deutschlandpolitik John H. *Backer*, Die deutschen Jahre des Generals Clay. Der Weg zur Bundesrepublik Deutschland 1945–1949. München 1983 sowie Wolfgang *Krieger*, General Lucius D. Clay und die amerikanische Deutschlandpolitik 1945–1949. Stuttgart ^{2}1988.

344 Veröffentlicht in: *Die Neue Zeitung* vom 9.1.1948.

2. Bildung einer Zweiten Kammer, in der je zwei Vertreter der acht Länder sitzen sollten.
3. Der Exekutivrat sollte in eine Art Wirtschaftskabinett umgewandelt werden mit sechs Direktoren (Wirtschaft, Ernährung, Finanzen, Verkehr, Post, Personal) und einem vom Wirtschaftsrat gewählten und von der Länderkammer bestätigten Vorsitzenden.
4. Einrichtung eines obersten Gerichts.
5. Schaffung einer »Länder-Unions-Bank« unter Kontrolle der Militärregierung.
6. Erstellung eines eigenen Haushaltsplans für den Wirtschaftsrat.
7. Auflösung aller bizonalen alliierten und deutschen Einrichtungen (z. B. Länderrat, Zonenbeirat).

Hier bahnte sich eine Entwicklung an, die für die Beziehungen zwischen den Besatzungsmächten und deutschen Repräsentanten charakteristisch werden sollten: Es wurde eine Basis für gegenseitiges Vertrauen geschaffen. Die Deutschen waren nicht länger »Bewegte«, sondern fortan auch »Beweger«. In Frankfurt hatten die Deutschen durch Meinungsverschiedenheiten ihre Wirkungsmöglichkeiten beschnitten. Diese lassen sich im wesentlichen auf den Gegensatz Zentralismus – Föderalismus, Wirtschaftsrat – Länder reduzieren, d. h. strittig waren u. a. die Zusammensetzung des Länderrates und die Gesetzgebungskompetenz des Wirtschaftsrates. Neben das angeführte Gegensatzpaar trat das Problem Sozialismus. Die Sozialdemokratie lehnte jede Unterstützung föderalistischer Tendenzen ab und wandte sich auch gegen die Einrichtung eines Oberdirektors des Vereinigten Wirtschaftsgebietes.

Sorge bereiteten den deutschen Vertretern aus den bizonalen Einrichtungen und den Ministerpräsidenten weniger die amerikanisch-britischen Vorschläge als die Frage, ob eine derartige Einrichtung nicht der Teilung Deutschlands Vorschub leisten werde. Reinhold Maier schilderte in seinen Erinnerungen den in Frankfurt und bei den weiteren Besprechungen eingeschlagenen Weg recht plastisch, als er meinte, daß er die »Scylla der weiteren Förderung einer Teilung Deutschlands und die Charybdis eines tatenlosen Gewährenlassens der wirtschaftlichen Verkümmerung in den Westzonen [vermeide]. Für uns Deutsche sei es unmöglich, der gegebenen Sachlage gegenüber sich rein passiv zu verhalten und mit gefalteten Händen zuzusehen. Es gelte vielmehr, den 40 Millionen Deutschen in der Westzone das Minimum einer wirtschaftlichen Organisation zu verschaffen, ohne die wir nicht leben könnten.«[345]

Das Vereinigte Wirtschaftsgebiet entwickelte sich in kurzer Zeit zu einem gut funktionierenden Organismus. Es sollte der Kristallisationskern für den Weststaat, die Bundesrepublik Deutschland werden. Der Weg des Frankfurter Wirtschaftsrates über die Bi- zur Trizone wurde auf dem Wege zur Bundesrepublik als der wirtschafts- und verwaltungsgeschichtliche Entwicklungsstrang bedeutsam. Der politisch-verfassungsgeschichtliche Entwicklungsstrang zum Weststaat vollzog sich über den Bonner Parlamentarischen Rat. Hier, wie in anderen Fragen deutscher Nachkriegspolitik, boten erneut die Länder und die Ebene der Ministerpräsidenten anfänglich den »obersten Rahmen«. Nach der Konstituierung des Vereinigten Wirtschaftsgebietes kam die Londoner Sechsmächtekonferenz (Benelux-Staaten, USA, Frankreich, Großbritannien) zu ihrer ersten Tagungsrunde zusammen.[346] Sie ebnete in ihren Ergebnissen den Weg von der Bi-Zone über die Tri-Zone zum Weststaat Bundesrepublik Deutschland. In den »Londoner Empfehlungen« vom 7. Juni 1948 waren zwei Abschnitte enthalten, die für die spätere Entwicklung bedeutsam werden sollten. So war vorgesehen, den Weststaat zur Basis für die »Wiedererrichtung der deutschen Einheit« zu machen. Die Konferenzstaaten beabsichtigten, »dem deutschen Volk Gelegenheit zu geben, die gemeinsame Grundlage für eine freie und demokratische Regierungsform zu schaffen, um dadurch die Wiedererrichtung der deutschen Einheit zu ermöglichen, die zum gegenwärtigen Zeitpunkt zerrissen ist«.[347]

In dieser Kommuniqué-Formulierung ist eine der Wurzeln für

---

345 Reinhold *Maier*, Erinnerungen 1948–1953. Tübingen 1966, S. 23f.

346 Vgl. hierzu Wolf D. *Gruner*, Die Londoner Sechsmächtekonferenz von 1948 und die Entstehung der Bundesrepublik Deutschland, in: Ortwin *Kuhn* (Hrsg.), Großbritannien und Deutschland. Europäische Aspekte der politisch-kulturellen Beziehungen beider Länder in Geschichte und Gegenwart. München 1974, S. 139–165. Dokumente und Erklärungen zur Konferenz sowie die »Londoner Empfehlungen« vom 7. 6. 1948 abgedruckt in: Documents on International Affairs 1947–1948, hrsg. von Margret *Carlyle*. London, New York, Toronto 1952, S. 554–574, S. 559–565 sowie *Europa-Archiv* 1948, S. 1137–1139.

347 Die Londoner Empfehlungen vom 7.6.1948, abgedruckt in: *Europa-Archiv* 1948, S. 1137–1139, S. 1137.

den späteren Anspruch der Bundesrepublik Deutschland, allein als Sprecher aller Deutschen legitimiert zu sein, zu suchen.

Ein weiterer Leitgedanke der »Londoner Empfehlungen« war die Forderung nach einem bündischen Verfassungsdach für Deutschland. Die entsprechende Passage lautete:

»Diese Verfassung soll so beschaffen sein, daß sie es den Deutschen ermöglicht, ihren Teil dazu beizutragen, die augenblickliche Teilung Deutschlands wieder aufzuheben, allerdings nicht durch die Wiedererrichtung eines zentralistischen Reiches, sondern mittels einer föderativen Regierungsform, die die Rechte der einzelnen Staaten angemessen schützt und gleichzeitig eine angemessene zentrale Gewalt vorsieht, und die Rechte und Freiheiten des Individuums garantiert.«[348]

Eine föderative Organisationsform deutscher Staatlichkeit berücksichtigte westeuropäische Sicherheitsinteressen. Gerade bei den von Deutschland im Krieg besetzten Beneluxstaaten, die zur Londoner Konferenz mit eingeladen worden waren, stand der Faktor Sicherheit im Mittelpunkt, ein Aspekt, der später in der Debatte um die Wiederbewaffnung Deutschlands in diesen Ländern auch innenpolitisch eine Rolle spielen sollte. Das Bedürfnis Belgiens, Luxemburgs und der Niederlande nach Sicherheit vor Deutschland wird in der gemeinsamen Note dieser Staaten an den in London tagenden Rat der Außenminister vom 26. November 1947 deutlich. Der Faktor Sicherheit drückte sich zweifach in wirtschaftlichen Dimensionen aus:

1. »Garantien gegen eine Verwendung der wirtschaftlichen Kräfte..., durch die das politische Gleichgewicht Europas gefährdet und die Sicherheit der Nachbarn Deutschlands beeinträchtigt werden könnte«,[349] und
2. »die Wirtschaftseinheit Deutschlands..., die Abschaffung künstlicher Einschränkungen des freien Personen-, Waren- und Finanzverkehrs in diesem Gebiet«.[350]

Durch diese Maßnahmen würden den Deutschen »ihre politischen Ambitionen« genommen werden. Es sei sinnvoller, diese auf

---

348 *Ebda.*, S. 1437.

349 Note vom 26. 11. 1947, abgedruckt in: *Europa-Archiv* 1947, S. 1227 bis 1229.

350 *Ebda.*

wirtschaftliches Gebiet zu lenken, um Deutschland einen »befriedigenden materiellen Lebensstandard und Hoffnung auf die Zukunft« zu gewähren.[351]

Diesen Überlegungen lag die bereits im Krieg diskutierte Erkenntnis zugrunde, daß ein wirtschaftlicher Wiederaufbau Europas ohne Deutschland nicht möglich sein werde. Das deutsche Potential sollte daher für die »Rekonstruktion« Europas bzw. Westeuropas eingesetzt werden. Diese Dimension der deutschen Frage sollte auch bei der westeuropäischen Integration seit 1949/50 eine Rolle spielen. Das demokratische Westdeutschland sollte nach den Vorstellungen der Londoner Sechsmächtekonferenz »im Interesse des politischen Gleichgewichts und wirtschaftlichen Wohlergehens«[352] Westeuropas in das europäische Wiederaufbauprogramm einbezogen werden, »um seinen vollen Beitrag zur Erholung Europas« leisten zu können.[353]

Das Föderalismusproblem stand in der formativen Phase für die Weststaatsgründung im Zentrum der Auseinandersetzungen. Während die politischen Parteien in dieser Frage gespalten waren und die Bruchlinien teilweise durch die jeweiligen Parteien und ihre regionalen Landesverbände gingen, entsprach das föderative Prinzip als Strukturmerkmal westdeutscher und deutscher Staatlichkeit den Wünschen Frankreichs und dem Sicherheitsbedürfnis der Beneluxstaaten, die während der Londoner Konferenz den Brüsseler Pakt abschlossen, aber auch den Vorstellungen der amerikanischen Besatzungsmacht, die in ihrer Zone einen föderativen Aufbau von unten nach oben nachhaltig gefördert hatte.[354] Frankreich und die Be-

---

351 *Ebda.*

352 *Europa-Archiv* 1948, S. 1349.

353 *Ebda.*

354 Vgl. hierzu u. a. *Foeltz-Schroeter*, Föderalistische Politik. Conrad F. *Latour*/Thio *Vogelsang*, Okkupation und Wiederaufbau. Die Tätigkeit der Militärregierung in der amerikanischen Besatzungszone 1944–1947. Stuttgart 1973. Ernst *Deuerlein*/Wolf D. *Gruner*, Politische Entwicklung Bayerns 1945–1972, in: Max *Spindler* (Hrsg.), Handbuch der bayerischen Geschichte. 4 Bde. Bd. IV.1: Bayerische Geschichte im 19. und 20. Jahrhundert. München 1979 (1974), S. 538–644. Wolfgang *Benz* (Hrsg.), Neuanfang in Bayern 1945 bis 1949. München 1988. Wolf D. *Gruner*, Fritz Schäffer und der Neubeginn in Bayern nach 1945, in: Wolfgang J. *Mückl* (Hrsg.), Föderalismus und Finanzpolitik. Paderborn 1991, S. 37–66.

neluxstaaten hielten aufgrund historischer Erfahrungen – der Deutsche Bund mit seiner föderativen Organisationsstruktur hatte im Europa des 19. Jahrhunderts als stabilisierender, friedenssichernder Faktor gewirkt, im Gegensatz zum preußisch-kleindeutschen Nationalstaat von 1870/71 – einen föderalistischen Staatsaufbau für das demokratische Westdeutschland für wünschenswert. Die USA tendierten aufgrund ihres eigenen föderativen Systems sowieso zu einer deutschen Föderativordnung und haben den Prozeß der politisch-verfassungsrechtlichen Ausgestaltung der Bundesrepublik in dieser Richtung beeinflußt.

Nach der Veröffentlichung der »Londoner Empfehlungen« wurde die Diskussion über die Lösung der deutschen Frage in die Öffentlichkeit getragen. Unter den Deutschen gab es vor allem zwei Hauptströmungen. Die eine sah in der Aussicht auf einen deutschen Staat ein freudiges Ereignis, machte sich über die möglichen Folgen einer Weststaatsbildung wenig Gedanken oder verdrängte sie. Sie war überzeugt, daß dies so oder so geschehen würde. Eine Überwindung der Spaltung vom Westen her würde früher oder später, bedingt durch das politische und wirtschaftliche Übergewicht des Westens, erreicht werden.[355] Ziel war daher, zunächst einmal »ein möglichst solides, gut funktionierendes Staatsgefüge ... zu schaffen«.[356] Zu dieser Gruppe zählte, trotz mancher Bedenken gegen die Londoner Empfehlungen, auch der spätere Präsident des Parlamentarischen Rates und erste Bundeskanzler, Konrad Adenauer.[357]

Die andere Hauptrichtung warnte eindringlich vor den Konsequenzen einer Staatsbildung, die nicht ganz Deutschland umfaßte. Zu ihnen gehörte u. a. Carlo Schmid, der seine damalige Haltung rückblickend so beschrieb:

»So wenig Staat wie möglich: was wir hier im Westen brauchen, ist ein Regime, das uns die Möglichkeit gibt, aus deutscher Verant-

---

355 Vgl. zur sog. »Magnet-Theorie«: Werner *Abelshauser*, Zur Entstehung der ›Magnet-Theorie‹ in der Deutschlandspolitik. Ein Bericht von H. Schlange-Schöningen über einen Staatsbesuch in Thüringen 1946, in: *VZG* 27/1979, S. 661–679.

356 Im Parlamentarischen Rat. Ein Gespräch mit Carlo Schmid, in: *Wucher*, Wie kam es zur Bundesrepublik?, S. 128.

357 Vgl. die Stellungnahme Adenauers in *Die Welt* vom 10.6.1948 sowie Konrad *Adenauer*, Erinnerungen. Bd. 1. Frankfurt a. M. 1968, S. 135.

wortung heraus dieses Land ordentlich zu verwalten; regieren, wenn regieren mehr als verwalten sein soll, können wir es nicht, denn die Besatzungsmächte werden uns nicht die Souveränität geben. Die eigentliche Verfassung Deutschlands wird das Besatzungsstatut sein; wir werden nur das tun können, was uns die Besatzungsmächte tun lassen...«[358]

Die Westmächte wünschten jedoch einen westdeutschen Staat und eine westdeutsche Regierung und legten daher am 1. Juli 1948 den Ministerpräsidenten ihrer Besatzungszonen die aus den »Londoner Empfehlungen« hervorgegangenen »Frankfurter Dokumente« vor. In der deutschen Nachkriegsgeschichte schlug nun die Stunde der Ministerpräsidenten. Ein Jahr nach der Münchener Ministerpräsidentenkonferenz aller Zonen waren die Länder der Westzonen jetzt offiziell aufgefordert, an den Grundlagen für einen neuen, demokratischen Staat in Deutschland mitzuarbeiten.[359]

In den Frankfurter Dokumenten schlugen die Militärgouverneure vor:

1. die Bildung einer verfassungsgebenden westdeutschen Versammlung und Regierung. Die verfassungsgebende Versammlung sollte spätestens am 1. September 1948 zusammentreten;
2. das Problem der Abgrenzung der Länder aufzugreifen. Die Ministerpräsidenten wurden aufgefordert, Pläne vorzulegen und Änderungen für eine Neugliederung zu erörtern;
3. ein Besatzungsstatut. Dieses sollte die Beziehungen zwischen den Besatzungsmächten und der zukünftigen westdeutschen Regierung regeln.

In Konferenzen mit den Militärgouverneuren und bei internen Beratungen der Ministerpräsidenten unter Hinzuziehung der Parteien kam es schließlich am 26. Juli 1948 zu einer Übereinkunft zwischen den Ministerpräsidenten und den Militärgouverneuren. Bei

---

358 Carlo Schmid, in: *Wucher*, Wie kam es zur Bundesrepublik?, S. 128.

359 Die Frankfurter Dokumente abgedruckt in: Theo *Stammen* (Hrsg.), Einigkeit und Recht und Freiheit. Westdeutsche Innenpolitik 1945–1955. München 1965, S. 178–180. Vgl. hierzu auch Thilo *Vogelsang*, Koblenz, Berlin und Rüdesheim. Die Optionen für den westdeutschen Staat im Juli 1948, in: Festschrift für Hermann Heimpel zum 70. Geburtstag. Göttingen 1971, Bd. 1, S. 161–179.

den Beratungen in Frankfurt, Rüdesheim und Koblenz ging es den Ministerpräsidenten im wesentlichen um die öffentliche Absicherung der Politik der Länder. Nachdem seit Anfang 1948 der Anteil der selbständigen Politik der Deutschen gewachsen war und damit auch die Verantwortlichkeit der deutschen Seite, waren Kompromißformulierungen notwendig, um den Weststaat als Provisorium auszudeuten. Im Mittelpunkt stand dabei die Verfassungsfrage. Niedersachsens Ministerpräsident Kopf nahm zu den Bedenken und Befürchtungen der Westzonenministerpräsidenten Stellung, als er meinte:

»In der Frage der verfassungsgebenden Versammlung stehen wir auf dem Standpunkt, daß das deutsche Volk zur Zeit nicht in der Lage ist, sich eine Verfassung zu geben. Solange wir in unserer Willensgebung nicht frei sind, kann man von einer Verfassung nicht reden.«[360] Die Präsidenten der Senate der Hansestädte Bremen und Hamburg, Kaisen und Brauer, sowie der bayerische Ministerpräsident Ehard erarbeiteten einen Kompromißvorschlag, der den Begriff »Verfassung« durch »Grundgesetz« und den der »Verfassungsgebenden Nationalversammlung« durch »Parlamentarischer Rat« ersetzte, um den Provisoriumscharakter westdeutscher Staatlichkeit zu unterstreichen.[361] Ihrer Stellungnahme fügten die Ministerpräsidenten noch eine Mantelnote bei, in der sie ihrer Bereitschaft Ausdruck gaben, »an der Lösung der gestellten Probleme schöpferisch mitzuarbeiten und das in den Dokumenten gesetzte Ziel möglichst schnell und wirksam zu erreichen. Die Ministerpräsidenten sind davon überzeugt, daß die Notstände, unter denen Deutschland heute leidet, nur bezwungen werden können, wenn das deutsche Volk in die Lage versetzt wird, seine Angelegenheiten auf der jeweils möglichen höchsten territorialen Stufe selbst zu verwalten.«[362]

Gegen einen Weststaat schien es damals praktisch keine Alternativen zu geben. Reinhold Maier kommentierte die Situation des Juli 1948 so und traf damit auch die Mehrheitsmeinung seiner Ministerpräsidentenkollegen:

---

360 *Vogelsang*, Kopf, S. 123f.
361 *Kaisen*, Meine Arbeit. Mein Leben, S. 263.
362 Mantelnote abgedruckt in: *Stammen*, Einigkeit und Recht und Freiheit, S. 181.

»Ein Weiterregieren der drei oft uneinigen Besatzungsmächte schied praktisch aus. Westdeutschland wäre in der Folge rasch zerfallen und stückweise vom Osten vereinnahmt worden.«[363]

Wirtschafts- und währungspolitisch war Deutschland bereits geteilt. Der Teilung fehlte lediglich noch das amtliche Siegel.

Den Beteiligten an den Beratungen mit den Militärgouverneuren war damals klar, daß »jede Verfassung ein Grundgesetz ist und daß es nur eine Frage der Zeit ist, bis sich aus einem Provisorium etwas Dauerhaftes entwickelt hat«[364] und aus einer freien Entscheidung Abhängigkeiten von der eigenen Schöpfung werden. Die Frankfurter Beschlüsse vom 26. Juli 1948 gaben grünes Licht für den verfassungspolitischen Weg zur Gründung der Bundesrepublik Deutschland.

Vom 10. bis 23. August 1948 trat auf Herrenchiemsee ein Verfassungskonvent zusammen. Das einladende Bayern hatte den Delegierten Leitgedanken für die Schaffung eines Grundgesetzes vorgelegt.[365] Der Expertenausschuß war sich seiner »überwältigenden Verantwortung« für das »neue Deutschland« bewußt. Der bayerische Staatsminister Dr. Anton Pfeiffer umriß in der ersten Sitzung die Grundsätze für die zu schaffende Verfassung, als er feststellte:

»Die Verfassung muß sein demokratisch, sie muß sein föderalistisch, indem sie die Rechte der beteiligten Länder schützt, sie muß aber gleichzeitig auch eine angemessene *Zentralinstanz* schaffen, und sie muß vor allem eine Garantie bieten für die *Rechte* und *Freiheiten* des *Einzelmenschen*. Die Verfassung muß so gebaut sein, daß bei allen zukünftigen Änderungen ebenfalls die Zustimmung von zwei Dritteln der deutschen Länder notwendige Voraussetzung ist... Möge ein *Verfassungswerk* zustande kommen, von dem man später einmal sagen kann, daß es die Erfüllung der Präambel von Weimar bringt: *Das deutsche Volk im neuen Deutschland, einig in seinen Stämmen...*«[366]

---

363 *Maier*, Erinnerungen, S. 55.

364 *Kaisen*, Meine Arbeit. Mein Leben, S. 263.

365 Vgl. *BHStA* StK 110010 Bayerische Bemerkungen zum Grundgesetz (Referentenentwurf) sowie Bayerische Leitgedanken für die Schaffung eines Grundgesetzes.

366 *Ebda.* StK 110 001 (2), 1. Sitzung vom 10. 8. 1948.

Der Verfassungskonvent legte einen Bericht vor und erarbeitete einen Verfassungsentwurf mit Alternativmodellen für den Parlamentarischen Rat,[367] der am 1. September 1948 in Bonn zusammentrat.

Für das Verständnis seiner Arbeit sind die parteipolitische Zusammensetzung,[368] die Grundpositionen in der Verfassungsfrage sowie die Rolle der Westalliierten wichtig. Wie bereits bei den Frankfurter Besprechungen im Januar 1948 trat der Gegensatz Föderalismus und Zentralismus erneut zutage. Aufgrund der politischen Zusammensetzung des Parlamentarischen Rates – jeweils 27 Abgeordnete von CDU/CSU und SPD, 5 Liberale und jeweils 2 Vertreter von Zentrum, KPD und Deutscher Partei (DP) – und der uneinheitlichen Positionen innerhalb der Union verschob sich bei der Frage der Finanzverfassung, der Sozial- und Wirtschaftsordnung sowie dem Komplex der Machtverteilung zwischen Bund und Ländern der Akzent stärker hin zu einem unitarischen Bundesstaat. Ursache hierfür war mit das Bestreben der Parteien, ein Grundgesetz zu erarbeiten, das von einer großen Mehrheit getragen wurde. Kampfabstimmungen und knappe Mehrheitsentscheidungen wollten die Mitglieder des Parlamentarischen Rates daher vermeiden. Dieses Streben nach breitem Konsens und Kompromiß findet seinen sichtbaren Niederschlag in den Artikeln über die Kompetenzen von Bund und Ländern. Während der Herrenchiemseer Verfassungsentwurf noch ein Gleichgewicht zwischen Bund und Ländern angestrebt hatte und die Länder als »vorhandene Machtfaktoren« in die »Willensbildung des Bundes« gleichberechtigt einbeziehen wollte,[369] verschob sich im Grundgesetz das Gewicht zugunsten des Bundes. Nach dem Abschluß der Beratungen des Parlamentarischen Rates hatten die Länder über die Annahme des Grundgesetzes zu entscheiden. Der Bayerische Landtag lehnte das Grundgesetz in seiner Sitzung vom 19./20. Mai 1949 mit großer

---

367 Vgl. Johannes Volker *Wagner* (Bearb.), Der Parlamentarische Rat 1948–1949. Akten und Protokolle. Boppard 1975. Bd. 1: Vorgeschichte, sowie Peter *Bucher* (Bearb.), Der Parlamentarische Rat 1948–1949. Akten und Protokolle. Boppard 1981, Bd. 2: Der Verfassungskonvent auf Herrenchiemsee, S. 504–630.

368 Vgl. Der Parlamentarische Rat I, S. 429–435 sowie *Kleßmann*, Doppelte Staatsgründung, S. 196ff.

369 Vgl. Der Parlamentarische Rat 1948–1949 II, S. 540.

Mehrheit ab, da er in diesem, trotz des föderalistischen Charakters, Gefahren für Veränderungen zu einer stärkeren Zentralisierung sah, sprach sich aber mit großer Mehrheit dafür aus, »daß bei Annahme des Grundgesetzes in zwei Dritteln der deutschen Länder ... die Rechtsverbindlichkeit dieses Grundgesetzes auch für Bayern anerkannt wird«.[370] Ministerpräsident Ehard prägte für die Haltung Bayerns die Formel: »Nein zum Grundgesetz, Ja zu Deutschland!« Als die Ländermehrheit das Grundgesetz annahm, unterzeichnete auch Bayern am 23. Mai 1949 den Verkündigungsakt für das Grundgesetz.

Die Bedeutung des Grundgesetzes für die deutsche Nachkriegsgeschichte hat Christoph Kleßmann treffend charakterisiert, als er feststellte, daß die tragenden politischen Kräfte in den Westzonen mehrheitlich versuchten, der deutschlandpolitischen Logik einer Westintegration entgegenzuwirken, »um die deutsche Frage offen zu halten. Dieser Wunsch durchzieht die Beratungen über das Grundgesetz wie ein roter Faden und hat in der Präambel seinen verfassungsrechtlichen Niederschlag gefunden. Inhaltlich zeigt jedoch das Grundgesetz durch seinen offenen Charakter und vor allem durch die Tatsache, daß es von allen relevanten Gruppen – anders als die Weimarer Verfassung – politisch wirklich akzeptiert wurde, ein wesentliches Stück Neuordnung, durch die jede pauschale zeitgenössische und spätere Restaurationskritik nachdrücklich in Frage gestellt wird.«[371]

Architekt des Weststaates war der amerikanische Militärgouverneur Lucius D. Clay. Konfrontiert mit dem Dilemma der Nachbarn Deutschlands seit Generationen, »entweder mit den Deutschen bei der Verfolgung eines gemeinsamen Ziels zusammenzuarbeiten, oder sich angesichts ihrer Vitalität und Aggressivität gegen sie zu stellen«, entschied er sich energisch und früh für eine Kooperation. Hinter seinem Votum für die Weststaatsgründung stand die Absicht, »damit einem wiedergeborenen deutschen Nationalstaat politische Konzepte, Institutionen und Eingliederungsmöglichkeiten im internationalen Rahmen zu geben, die die negativen Kräfte in

---

370 Stenographische Berichte des Bayerischen Landtags III/IV 1949, Sp. 174. Vgl. auch *Deuerlein/Gruner*, Politische Entwicklung Bayerns 1945–1972, S. 612 ff.

371 *Kleßmann*, Doppelte Staatsgründung, S. 202.

Schach halten würden, die von den Nachbarn Deutschlands bisher mit Recht gefürchtet worden waren«.[372]

Parallel zur verfassungspolitischen Entwicklung hin zum Weststaat verlief die zur Ausformung eines Oststaates.[373] Schon zu Beginn des Jahres 1947 gab es Überlegungen für eine deutsche Nationalrepräsentation. Treibende Kraft für diese Initiative war Jakob Kaiser. Die Repräsentanten der politischen Parteien und nicht die Ministerpräsidenten der Länder sollten deutsche Interessen gegenüber den Besatzungsmächten vertreten und Spaltungstendenzen entgegentreten. Zudem würde eine gesamtdeutsche Repräsentation notwendig werden, weil die Moskauer Außenministerkonferenz neben der »Form und Reichweite einer politischen Organisation Deutschlands« auch einen Friedensvertrag mit Deutschland beraten sollte. Kaisers Vorstoß wurde von den bürgerlichen Parteien in den Westzonen positiv aufgenommen. Er scheiterte letzten Endes aber am Widerstand Kurt Schumachers, der aus gleichen Überlegungen auch die Münchener Ministerpräsidentenkonferenz im Juni 1947 ablehnen sollte. Aus der Idee einer gesamtdeutschen Nationalrepräsentation entwickelte sich schließlich die Volkskongreßbewegung. Sie kann zu Recht als eine »von oben« initiierte Gegenbewegung »gegen die immer sichtbarer werdende Spaltung Deutschlands seit dem Scheitern der Moskauer Außenministerkonferenz« verstanden werden.[374] In einem »Manifest an das deutsche Volk zur Londoner Konferenz« vom 14. Oktober 1947 rief die SED die Deutschen zum Kampf für den Frieden, die Demokratie und die Einheit Deutschlands auf.[375] Otto Grotewohl hatte eine Sammlung

---

372 John H. *Backer*, Die deutschen Jahre des Generals Clay. München 1983, S. 334.

373 Vgl. hierzu u. a. Rolf *Badstübner* u. a., Deutsche Geschichte. Bd. 9: Die antifaschistisch-demokratische Umwälzung, der Kampf gegen die Spaltung Deutschlands und die Entstehung der DDR. Berlin 1989, S. 319ff. Hermann *Weber* (Hrsg.), DDR. Dokumente zur Geschichte der Deutschen Demokratischen Republik 1945–1985. München 1986. *Ders.*, Die DDR 1945–1986. München, Wien 1987. Jens *Hacker*, Nationale Spaltung, Integrationspolitik und deutsche Einheit, in: Ploetz. Deutsche Geschichte. Epochen und Daten, hrsg. von Werner *Conze*/ Volker *Hentschel*. Freiburg, Würzburg [5]1991, S. 346–371, S. 348ff.

374 *Kleßmann*, Doppelte Staatsgründung, S. 202.

375 Dokumente der Sozialistischen Einheitspartei Deutschlands. Bd. I:

von deutschen Verfassungsplänen veröffentlicht. Im Vorwort schrieb er hierzu:

»Das Interesse der Öffentlichkeit an den Fragen der konstruktiven Gestaltung des kommenden Deutschland ist jedenfalls schon heute unmißverständlich zutage getreten. Das ist gut, denn das Werk der Demokratisierung Deutschlands kann letzten Endes nicht aus Anweisungen, Anordnungen oder Befehlen der alliierten Besatzungsmächte entstehen, sondern nur aus der eigenen und freien lebendigen Entschlußkraft des Deutschen Volkes.«[376] Hier wie auch später wird die Eigenständigkeit der aus dem Volke gekommenen Initiative für Demokratie, Einheit und gerechten Frieden im Gegensatz zu dem Oktroi der Westmächte hervorgehoben. Am 26. Oktober 1947 lud die SED zu einem Volkskongreß am 6. und 7. Dezember 1947 in die Berliner Staatsoper ein. Begründet wurde die Initiative damit, daß die bürgerlichen Parteien und die SPD in den Westzonen sowie die CDU der Ostzone versagt und das »deutsche Volk in Stich« gelassen hätten.[377]

Der »Volkskongreß für Einheit und gerechten Frieden« verabschiedete am 6./7. Dezember 1947 in Berlin ein Manifest, in dem er dem Willen zur Bewahrung der nationalen Einheit Ausdruck gab, eine deutsche Zentralregierung forderte, der alle demokratischen Parteien angehören sollten, sowie die Wahl einer verfassungsgebenden Nationalversammlung verlangte, die einen Friedensvertrag unterzeichnen sollte. Er nahm für sich in Anspruch, »der lebendige Willensausdruck des deutschen Volkes für einen baldigen gerechten und demokratischen Frieden« zu sein.[378] Mit dem Manifest des Volkskongresses beginnt der Propagandafeldzug gegen den Westen. Der Volkskongreß bereitete zugleich seinen Anspruch vor, das Vorparlament für das künftige gesamtdeutsche Parlament zu sein, für das ganze Deutschland zu sprechen, und schickte eine Delegation zur Londoner Außenministerkonferenz. Sie wurde nicht zu-

---

Beschlüsse und Erklärungen des Zentralsekretariats und des Parteivorstandes. Berlin 1951, S. 255.

376 Otto *Grotewohl*, Deutsche Verfassungspläne. Berlin 1947, Vorwort.

377 Aufruf der SED zu einem Deutschen Volkskongreß, abgedruckt in: Ernst *Deuerlein* (Hrsg.), DDR 1945–1970. Geschichte und Bestandsaufnahme. München [3]1971, S. 69f., S. 69.

378 Manifest vom 6./7. 12. 1947, abgedruckt in: *Europa-Archiv* 1948, S. 1148.

gelassen, da ihr aus westlicher Sicht die »demokratische Legitimation« fehlte.

Zum 100. Jahrestag der Märzrevolution von 1848 fand der 2. Volkskongreß statt, der sich bewußt – »Von der Paulskirche zum Volkskongreß« – in die 1848er-Tradition stellte. Er setzte einen Volksrat ein, der aus 400 Mitgliedern bestehen sollte und dem Fachausschüsse für Verfassung, Wirtschaft, Justiz, Volksbildung, Sozialpolitik und für den Friedensvertrag zugeordnet wurden, die jeweils 30 Mitglieder haben sollten. Der »Deutsche Volksrat« verstand sich als »das beratende und beschließende Organ, das zwischen den Tagungen des Volkskongresses tätig ist«.[379] Er sollte ein Volksbegehren zur deutschen Einheit vorbereiten, programmatische Zielsetzungen entwickeln und eine Verfassung ausarbeiten. Der Verfassungsausschuß legte am 22. Oktober 1948 eine Verfassung der Deutschen Demokratischen Republik vor, die sich an der Weimarer Reichsverfassung orientierte. Vorbild war ein Verfassungsentwurf der SED von 1946.[380] Dieser sah ein Einkammerparlament vor (Abschnitt C, Art. 40, 41), das nur durch Volksentscheid eingeschränkt werden konnte. Die Gewaltenteilung war entsprechend der unterschiedlichen Staatskonzeption weitgehend aufgehoben: Der Entwurf enthielt mit der Bildung einer Länderkammer optische Föderativelemente. Die Länder wurden aber nur als »Gebietskörperschaften mit abgeleiteter Selbstverwaltung« anerkannt. Die Bodenschätze und »nutzbaren Naturkräfte« galten als Volkseigentum. Planwirtschaft war vorgesehen.

In einer Entschließung hatte sich der Deutsche Volksrat am 22. Oktober 1948 als »die einzige legitime Repräsentation des deutschen Volkes« bezeichnet.[381] Er forderte »die Verwirklichung des Rechtsanspruchs des deutschen Volkes auf die Gestaltung seines staatlichen und gesellschaftlichen Lebens, die Schaffung einer freien, demokratischen deutschen Republik und den Abschluß

---

379 Bildung des Deutschen Volksrates am 18.3.1948, abgedruckt in: *Weber*, DDR Dokumente, S. 109.

380 Entwurf einer Verfassung für die Deutsche Demokratische Republik vom 14.11.1946, abgedruckt in: *Grotewohl*, Deutsche Verfassungspläne, S. 87–112.

381 Entschließung der 5. Tagung des Deutschen Volksrates vom 22.10. 1948, abgedruckt in: *Deuerlein*, DDR 1945–1970, S. 81f., S. 81.

eines Friedensvertrages«.[382] Der angenommene Entwurf für ein »Grundgesetz der Deutschen Demokratischen Republik«[383] sollte den Deutschen zur »freien Diskussion« übergeben und auf dem 3. Volkskongreß verabschiedet werden. Mit der Entschließung sollte versucht werden, Einfluß auf die Beratungen des in Bonn tagenden Parlamentarischen Rates zu nehmen. Diesem wurde vorgeworfen, daß bei seinen Verhandlungen »nicht nur die Einheit der deutschen Nation, sondern auch die Demokratie preisgegeben werden«.[384] Die Beratungen verstießen gegen die »Verpflichtungen von Jalta und Potsdam«. »Das Bonner Statut nimmt sowohl den Zustand der Besatzung als auch die Usurpation des größten Teils der deutschen Wirtschaft durch ausländische Machthaber bedingungslos an. Die in ihm festgelegten Befugnisse deutscher Organe und Rechte deutscher Bürger widersprechen den Interessen des deutschen Volkes. Das zu errichtende westdeutsche Staatswesen ist ein Vasallenstaat und der Willkür fremder Mächte unterworfen. Ein Besatzungsstatut kann weder die Freiheit Deutschlands noch die seiner Bürger herstellen. Es bestätigt und verewigt nur den Zustand der Besatzung. Die Verfassung für die Deutsche Demokratische Republik kann nicht aus der Befehlsgewalt von Besatzungsmächten geboren werden, sondern sie muß dem eigenen und freien Willen des gesamten deutschen Volkes entspringen. Zu dieser Willensbildung ruft der Deutsche Volksrat das gesamte deutsche Volk auf.«[385]

Bei seiner Sitzung am 18./19. März 1949 erklärte der Volksrat in seinem »Aufruf an das deutsche Volk« den »nationalen Notstand« und nahm zwei Monate vor Verkündigung des Grundgesetzes die bereits auf seiner letzten Tagung gebilligte Verfassung der Deutschen Demokratischen Republik an. Am 7. Oktober 1949 konstituierte sich der Volksrat als Provisorische Volkskammer. Die Verfassung wurde in Kraft gesetzt, um die »Interessen des deutschen Volkes durch Selbsthilfe« zu wahren. Der Volkskongreß wurde in die »Nationale Front des demokratischen Deutschland« umgewandelt.

---

382 *Ebda.*

383 Verfassungsentwurf des Deutschen Volksrats. Dem deutschen Volk zur Diskussion gestellt – Grundgesetz der Deutschen Demokratischen Republik, veröffentlicht in: *Neues Deutschland* vom 31.10.1948.

384 *Deuerlein*, DDR 1945–1970, S. 81.

385 *Ebda.*

Diese übernahm die Aufgaben des antifaschistisch-demokratischen Blocks. In der Mitteilung über die Gründung der DDR vom 7. Oktober 1949 hieß es, daß »die Grundlage eines neuen, unabhängigen und freien gesamtdeutschen Staates geschaffen« worden sei.[386] Der Deutsche Volksrat hat, angesichts der durch die »amerikanische McCloy-Republik in Bonn« entstandenen »schweren nationalen Notlage«, das »Schicksal Deutschlands in seine Hand genommen und ist daran gegangen, den Willen des Deutschen Volkes zur Wiederherstellung der Einheit und zur Abwehr der vom Westen drohenden Gefahr der Spaltung zu vollstrecken«.[387] Wenige Tage vorher hatte der Hauptvorstand der Ost-CDU am 5. Oktober 1949 eine Entschließung angenommen, in der er stolz die »Erreichung einer entscheidenden Etappe der deutschen Nachkriegsentwicklung« verkündete: »Es gilt jetzt, mit Mut und Zuversicht in den zweiten Abschnitt hineinzugehen, an dessen Ende als Ziel steht: Wiederherstellung der deutschen Einheit, Wahl einer deutschen Nationalversammlung, Bildung einer deutschen Regierung, Abschluß des Friedensvertrages und Abzug der Besatzungstruppen.«[388]

Mit der bewußt zeitversetzten »Gegenstaatsgründung«, die mit großem propagandistischen Aufwand vollzogen wurde, entstand ein zweiter Staat auf dem Territorium des Deutschen Reiches, der aus seiner Staatskonzeption und seinem Selbstverständnis sich ebenfalls als der »nationale Kernstaat« verstand,[389] eine Position, die seit dem Ende der 1960er Jahre offiziell aufgegeben wurde und daher in DDR-Darstellungen zur Geschichte der Deutschen Demokratischen Republik in dieser Form nicht mehr auftaucht.[390] Von »einer einheitlichen Nationalgeschichte« und »von einer einheitlichen deutschen Nation« könne nicht mehr die Rede sein, sondern

---

386 Mitteilung über die Gründung der DDR vom 7. 10. 1949, abgedruckt in: *Deuerlein*, DDR 1945–1970, S. 99 f., S. 99.

387 *Ebda.*

388 Protokoll der Hauptvorstandssitzung der CDU vom 5. 10. 1949, abgedruckt in: *Weber*, DDR Dokumente, S. 143–147, S. 147.

389 Vgl. Stefan *Doernberg*, Die Geburt eines neuen Deutschland 1945–1949. Berlin 1959, S. 123.

390 Vgl. z. B. Joachim *Streisand*, Deutsche Geschichte von den Anfängen bis zur Gegenwart. Berlin, Köln 1970 (1972), S. 450 ff. Rolf *Badstübner* u. a., Geschichte der DDR. Berlin [4]1981, S. 109 ff. *Ders.*, Deutsche Geschichte Bd. 9, S. 450 ff.

vom »sozialistischen Nationalstaat DDR«.[391] Die DDR wird als der staatliche Rahmen »für das Entstehen der sozialistischen deutschen Nation« bezeichnet.[392] Nachdem aus amtlicher DDR-Sicht die deutsche Frage erledigt war, fand auch eine Abgrenzung von der früher vertretenen eigenen »Kernstaatsthese« statt:

»Das neue Deutschland, das die DDR verkörperte, hob sich deutlich von der Bundesrepublik Deutschland ab, die sich als ›Kernstaat‹ des wiederzuerrichtenden Deutschen Reiches verstand.«[393]

Mit den Doppelstaatsgründungen des Jahres 1949 wurde nach der wirtschaftlichen Teilung, der währungspolitischen Spaltung seit dem Juni 1948, der Berlinblockade und der verwaltungsmäßigen und politischen Teilung Berlins als Folge des Konfliktes über die Abhaltung von Wahlen in Großberlin seit dem Spätjahr 1948 nun auch die politische Teilung Deutschlands vollzogen.

Die erste Verfassung der DDR besaß eine interessante »Doppelfunktion«. Sie wollte eine Verfassung anbieten, die sich das »ganze deutsche Volk« gegeben hat, aber auch im Falle des Scheiterns die Grundlagen für den Transformationsprozeß zur sozialistischen deutschen Nation schaffen. Sie wies daher Strukturprinzipien und Wesensmerkmale eines »parlamentarisch-demokratischen Systems mit föderalistischen und rechtsstaatlichen Prinzipien auf, bekannte sich jedoch bereits zum Prinzip der Gewaltenkonzentration«.[394] Oberstes Staatsorgan war die Volkskammer. Das Fehlen einer Verfassungsgerichtsbarkeit, der »Demokratische Zentralismus« als Strukturprinzip und der Verzicht auf Bestimmungen zur Eigentumsordnung ermöglichten es, auf der Grundlage der Verfassung von 1948 eine sozialistische Staatsordnung aufzubauen.

---

391 *Streisand*, Deutsche Geschichte, S. 452.
392 *Badstübner*, Geschichte der DDR, S. 118.
393 *Badstübner*, Deutsche Geschichte Bd. 9, S. 459.
394 *Ludz* (Wiss. Leitung), DDR-Handbuch. Köln ^{2}1979, S. 1115.

7. Die deutsche Frage als innerdeutscher und europäisch-internationaler Konflikt 1949–1990: Von der Spaltung zur Wiedervereinigung

Der wachsende Gegensatz der neuen Weltmächte hatte bis 1947/48 den »Schwebezustand« in der internationalen Ordnung beendet. Das nun bipolare internationale System schuf in Europa und in Deutschland neue politische Realitäten. Europa hatte seine weltpolitische Rolle scheinbar endgültig ausgespielt. Angesichts der Restauration eines nationalstaatlich organisierten Europas rückten alle europäischen Föderationspläne erneut in das Reich der Utopie. Europa war geteilt und den jeweiligen Machtsphären der Supermächte zugeordnet. Der in Deutschland im Zeitalter des Nationalstaates vollzogene Schritt, das mehr staatenbündisch geknüpfte Band der deutschen Nation enger und fester zu schlingen, schien revidiert. Die Teilung Deutschlands war nicht entlang der potentiellen historischen Nord-Süd-Bruchlinie erfolgt. Sie vollzog sich durch eine 1944/45 für die Zeit der Besetzung festgelegte Militärgrenze. Die 1948/49 entstandene Bundesrepublik Deutschland und die Deutsche Demokratische Republik waren, bei aller Beteiligung deutscher Politiker, Produkt, nicht Ursache des Ost-West-Konfliktes. Ab 1948/49 waren Europa und Deutschland durch eine ideologische Demarkationslinie geteilt. Auf deutschem Boden prallten zwei gegensätzliche politisch-soziale und ökonomische Systeme aufeinander. Sie machten Deutschland zu einem wichtigen Konfliktherd der internationalen Politik auf dem Höhepunkt des Kalten Krieges. Wie die Teile Deutschlands, so wurden auch die beiden Teile Europas mit unterschiedlichen Rahmenbedingungen und Handlungsspielräumen west- bzw. ostintegriert. Die Bundesrepublik Deutschland wurde über den Europarat, die Europäische Gemeinschaft für Kohle und Stahl, die Europäische Wirtschaftsgemeinschaft, die Europäische Atomgemeinschaft und – nach dem Scheitern der EVG-Verträge – über die NATO in den Westblock eingebunden, während die DDR durch den Warschauer Pakt und den Rat für Gegenseitige Wirtschaftshilfe dem östlichen Hegemonialsystem zugeordnet wurde. Gerade die Integrationsprozesse und ihre Probleme auf westlicher und östlicher Seite verdeutlichten und verdeutlichen bis in die konstituierende Phase der neuen Bundesrepublik die europäische Dimension der deutschen Frage und die damit verbundenen tiefverwurzelten Probleme. Es ist sicherlich richtig, daß die deutsche Frage zu einem entscheidenden Katalysator für die West- bzw. Ostintegration wurde. Das »containment«, die Eindämmung Deutschlands, besaß einen hohen Stellenwert für das Freiheits- und Sicherheitsbedürfnis der Nachbarn der Deutschen und fand ihren vielfältigen Niederschlag in den Vorbehalten gegen die politische, wirtschaftliche und auch militärische Integration der deutschen Staaten in ihre Bündnissysteme und die ihnen auf europäischer und globaler Ebene zuwachsende Bedeutung. Gerade deswegen fiel es einigen Staaten sehr schwer, die Wiedervereinigung Deutschlands, mit der sie stets gerechnet hatten, von der sie aber hofften, daß sie doch nie eintreten werde, anzuerkennen, zumal eine Demokratie einer anderen das nationale Selbstbestimmungsrecht schwerlich verweigern kann. Die Maxime Sicherheit vor Selbstbestimmungsrecht ließ sich im »Herbst der DDR« 1989 kaum mehr aufrechterhalten. Als die Demonstranten bei den Montagsdemonstrationen »Wir sind das Volk« riefen, schien eine Zweistaatlichkeit Deutschlands noch möglich. Den mit dem Ruf »Wir sind *ein* Volk« artikulierten Wünschen konnten sich die Nachbarn schwerlich verschließen.

Wir müssen bei derartigem Verhalten unserer Nachbarn auch noch in den 1980er Jahren in Rechnung stellen, daß oft ein kleiner Vorfall ausreichte und ausreicht, »damit aus der Tiefenströmung gegenseitiger Wahrnehmung wahrhaft atavistisch wirkende Bilder und Klischees an die heute in der Regel freundliche Oberfläche gespült werden«.[395] Unmittelbar nach dem Krieg oder in den ersten Dekaden seit 1945 war es daher durchaus verständlich, daß die historischen Erfahrungen mit den Deutschen den dringenden Wunsch nach Sicherungen gegen einen erneuten Aufstieg Deutschlands zu europäischer Hegemonie oder zumindest Dominanz bedingten.

Gescheiterte Optionen und veränderte internationale Rahmen-

---

395 Ingo *Kolboom*, Deutschlandbilder der Franzosen: Der Tod des ›Dauerdeutschen‹, in: *Trautmann*, Die häßlichen Deutschen?, S. 212–243, S. 213.

bedingungen sowie die Tatsache, daß im Osten wie im Westen kein reales Interesse am Wiedervereinigungsziel der deutschen Teilstaaten bestand, zwangen seit dem Beginn der 1960er Jahre zur Überprüfung der jeweiligen deutschlandpolitischen Konzeptionen. Neue Möglichkeiten für die Lösung der deutschen Frage wurden diskutiert, Pläne und Konzepte entwickelt, unzeitgemäße Prinzipien über Bord geworfen, um die nationale Frage in Bewegung zu bringen.

Mitbedingt durch einen Wandel der amerikanischen und französischen Ostpolitik bemühte sich in den 1960er Jahren schließlich auch die Bundesrepublik Deutschland unter »sanfter« Aufgabe der Hallsteindoktrin um eine »realistische Deutschlandpolitik« und um eine Normalisierung ihrer Beziehungen zu den Staaten Osteuropas. Sie mündete in die »neue Ostpolitik« seit 1969, die, wie wir heute wissen, ihre ersten Konturen bereits in den späten fünfziger Jahren erhalten hatte und das Verhältnis der Bundesrepublik zu den osteuropäischen Staaten und die besonderen Beziehungen zur DDR auf vertragliche Grundlagen stellte. Die DDR tat sich schwer, sich auf die neuen Rahmenbedingungen, die ihr die staatsrechtliche, nicht aber die volle völkerrechtliche Anerkennung gebracht hatten, einzustellen. Trotz aller Rückschläge, Abgrenzungsbestrebungen, Anerkennungsvorstöße und Zwischeneiszeiten gewann die deutsche Frage seit dem »Grundlagenvertrag« eine neue Qualität. Würde die DDR im Rahmen der Normalisierung der deutsch-deutschen und internationalen Beziehungen am Ende der 1980er Jahre ihr Ziel erreichen, alle Hindernisse auf dem Wege zur völkerrechtlichen Anerkennung beiseite zu räumen, und sich als zweiter deutscher Staat etablieren können? Diese Frage läßt sich heute nicht mehr beantworten, da die DDR, ein Novum in der Geschichte, als Staat zu existieren aufgehört hat.

Für die deutsche Frage als Problem der innerdeutschen und internationalen Politik zwischen den Staatsgründungen und der Periode konzentrierter Entspannungspolitik lassen sich drei große Hauptphasen feststellen. Die erste Periode reicht von 1949 bis zum Anfang der sechziger Jahre. Sie war vor allem im Westen gekennzeichnet durch das Streben der Bundesrepublik nach Gleichberechtigung und Souveränität durch Westintegration. Durch den Beitritt zu europäischen und internationalen Organisationen sowie die Anerkennung der Bonner Regierung als gleichberechtigter Partner bei den Verhandlungen zur EGKS, EVG, EPG und zur EWG sowie durch den Beitritt zur WEU und NATO wurde die Bundesrepublik vom besetzten, entmündigten Land zu einem in den meisten Politikfeldern souveränen Staat. Die Jahre bis zur formalen Souveränität 1955 bedeuteten hierbei einen wichtigen Abschnitt. Die zweite Phase deckt sich etwa mit den Jahren vom Rücktritt Adenauers bis zur Bildung der sozialliberalen Koalition von 1969. Sie war gekennzeichnet durch weltpolitische Veränderungen, europäische Krisen und die Suche nach neuen Optionen für die deutsche Frage. Die dritte Periode umfaßt die Ost- und Deutschlandpolitik der Bundesregierungen seit 1969, die schließlich durch den Beitritt der DDR zur Bundesrepublik Deutschland und die Vereinigung Deutschlands abgeschlossen werden sollte. Der Handlungsspielraum der deutschen Staaten zwischen 1949 und der Charta von Paris wurde durch ihre Souveränität beschränkende alliierte Vorbehaltsrechte eingeengt. Hinzu kam jedoch stets die europäisch-internationale Dimension der deutschen Frage, die den Rahmen absteckte und in unterschiedlichen Politikfeldern stets aktiviert werden konnte.

7.1. Europa vor der deutschen Frage: Deutsche Frage und Europäische Integration

Die eingangs erörterten und analysierten konstituierenden Faktoren für die deutsche Frage im europäischen Kontext – Deutschlandbild, geographischer Raum, europäische Sicherheitslage, Organisationsform deutscher Staatlichkeit, Bevölkerungs- und Wirtschaftspotential – treten besonders in dem hier darzustellenden Abschnitt der europäischen Geschichte deutlich hervor und begegnen uns immer wieder in unterschiedlichen Zusammenhängen.[396] Als Kern der deutschen Frage, der unbewußt oder bewußt bis in die Gegenwart handlungsleitend werden sollte, muß die Lösung des Schlüsselproblems angesehen werden, wie Deutschland bzw. die Deutschlands in die europäische Nachkriegsordnung integriert werden können, ohne daß die Deutschen erneut über ihre Nachbarn herfallen, expansive Ziele verfolgen und die europäische Hegemonie anstre-

---

396 Vgl. hierzu ausführlicher: Wolf D. *Gruner*, Deutscher Nationalstaat und europäische Integration, in: Heiner *Timmermann* (Hrsg.), Deutschland und Europa nach dem Zweiten Weltkrieg. Entwicklungen, Verflechtungen, Konflikte. Saarbrücken 1990, S. 69–101, S. 84 ff.

ben. Der sicherheitspolitisch-verfassungsrechtlichen Komponente kommt dabei neben dem Deutschlandbild grundlegende Bedeutung zu. In der europäischen Diskussion seit 1949 wird »Integration« zu einem zentralen Begriff. Sie steht für eine Strategie, die Deutschlandbild, Sicherheitsproblematik sowie die Frage nach dem politisch-sozialen und verfassungsrechtlichen Organisationsrahmen für die Deutschen in Europa positiv und negativ verknüpft. Dabei stand die Überlegung im Mittelpunkt, wie Deutschland das »Herz der europäischen Wirtschaft sein kann, ohne politisch zu dominieren und dadurch zur Gefahr für... [die] Sicherheit« der anderen Europäer zu werden.[397] Den Ausweg aus diesem Dilemma sahen die USA nach der Neuorientierung ihrer Europapolitik in der Bildung eines wirtschaftlich und politisch integrierten Westeuropa. Anders als noch 1945 unterstützten sie daher alle Initiativen, die Fortschritte in dieser Richtung versprachen, wie beispielsweise die OEEC oder die Europäische Zahlungsunion. Die politischen Entscheidungsträger in der amerikanischen Administration waren jedoch davon überzeugt, daß rein wirtschaftliche Organisationen nicht ausreichten, um eine feste Westbindung der Bundesrepublik abzusichern. Außenminister Dean Acheson befürwortete daher die »Entwicklung supranationaler Strukturen, die ein unauflösliches Band zwischen der Bundesrepublik und Westeuropa« liefern würden. Neben der Stabilisierung Westeuropas versprachen sich die USA außerdem, daß ein geeintes Europa »den vielfach zynisch gewordenen Deutschen ein neues Ziel [liefern würde]..., an dem sie sich emotional orientieren konnten. Dieses konnte sich für sie vielleicht sogar zu einer wünschenswerten Alternative zur Wiedervereinigung entwikkeln.«[398]

Aus ähnlichen Überlegungen veränderte sich die französische Deutschlandpolitik. Die Wirtschafts- und Sicherheitsinteressen Frankreichs schienen langfristig besser durch eine Politik der französisch-deutschen Zusammenarbeit und eine Westintegration der Bundesrepublik Deutschland bewahrt werden zu können als durch

---

397 *PRO* London F. O. 371/28899 Bemerkung von F. H. Gwatkin zum Memorandum Amerys »A Note on Postwar Reconstruction« (1941).

398 Klaus *Schwabe*, Die amerikanische Deutschlandpolitik 1945–1952, in: *Timmermann*, Deutschland und Europa nach dem Zweiten Weltkrieg, S. 383–395, S. 392f.

eine Politik der Kontrolle. Zwar dominierte die Furcht vor der sowjetischen Bedrohung, doch blieb die Angst vor Deutschland aus französischer Sicht lange Zeit noch ebenso stark. Der französische Vorstoß für die Bildung einer Europaarmee im Jahre 1950 wird daher mit Recht als »Flucht nach vorne« interpretiert. Auf diese Weise hoffte Frankreich, dem amerikanischen Druck begegnen zu können, die unabwendbare deutsche Wiederbewaffnung »zumindest ins Schema der Kontrolle durch Integration« einzwängen zu können und Frankreich »eine gewisse Vormachtstellung in Europa« erhalten zu können.[399]

In den sicherheitspolitischen Diskussionen seit der Gründung von zwei Staaten in Deutschland 1948/49 stoßen wir immer wieder auf die Furcht und die massiven Vorbehalte der Nachbarn gegen eine Remilitarisierung und das Potential eines wirtschaftlich erholten Deutschlands. Die Demokratie werde sich gegen die »Schlotbarone« und die »Wehrmachtsgeneräle« nicht behaupten können. Diese Stimmungslagen führten dazu, daß es vielfach Widerstände gab, die Bundesrepublik – und trotz aller sozialistischer Solidarität auch die DDR – in internationale und supranationale Organisationen als gleichberechtigtes Mitglied aufzunehmen. In den Debatten über den Pleven-Plan von 1950, über die von Churchill im August 1950 im Straßburger Europarat angeregte Europaarmee unter deutscher Beteiligung, über die Verträge für eine Europäische Verteidigungsgemeinschaft (EVG) und schließlich über einen möglichen Beitritt der Bundesrepublik zum Nordatlantik-Pakt nach dem Scheitern der EVG spielte das Sicherheitsproblem eine zentrale Rolle.[400] Insbesondere Frankreich und die von Deutschland

---

399 Françoise *Manfrass-Sirjacques*, Französische Sicherheitspolitik vor dem Hintergrund der Teilung Deutschlands, in: *Timmermann*, Deutschland und Europa nach dem Zweiten Weltkrieg, S. 365–382, S. 365.

400 Vgl. hierzu ausführlicher die Beiträge in: *Herbst* u. a., Vom Marshallplan zur EWG. *Poidevin*, Construction Européenne. *Schwabe*, Schumanplan. *Militärgeschichtliches Forschungsamt* (Hrsg.), Anfänge deutscher Sicherheitspolitik 1945–1956, Bd. 1: Von Potsdam bis zum Plevenplan. Boppard 1982. *Dass.*, Die EVG. Stand und Probleme der Forschung. Boppard 1985. Gustav *Schmidt* (Hrsg.), Großbritannien und Europa. Sicherheitsbelange und Wirtschaftsfragen in der britischen Europapolitik nach dem Zweiten Weltkrieg. Bochum 1989. *Timmermann*, Deutschland und Europa.

im Zweiten Weltkrieg besetzten Länder taten sich schwer. So berichtete der britische Botschafter in Paris im Juni 1953 über ein Gespräch mit Bidault, daß dieser »und viele andere Franzosen weder die EVG noch ein wiedervereinigtes Deutschland wünschen. Sie möchten vielmehr den gegenwärtigen Zustand erhalten wissen.«[401]

Zu Auseinandersetzungen über das mögliche deutsche Sicherheitsrisiko im Falle der Wiederbewaffnung der Bundesrepublik kam es auch in den Ausschüssen und im Plenum des Europarates.[402] Sie führten sogar zum Eklat zwischen französischen und deutschen Parlamentariern. Diskussionen zu dieser Frage gab es auch in nationalen Parlamenten, auf Parteitagen und in der Presse. Hochinteressant war beispielsweise die Haltung der Pariser Zeitung *Le Monde*, in der sich die gesamte Palette der französischen Ängste und Vorurteile widerspiegelte. So tauchten in der Diskussion über die Wiederbewaffnung der Bundesrepublik und einen militärischen Beitrag Westdeutschlands in einem westeuropäischen Rahmen Argumente auf, die bis heute immer wieder durch den Blätterwald und die französische Öffentlichkeit geistern: das Rapallotrauma, d. h. die Furcht der Nachbarn jenseits des Rheins, die Deutschen könnten die Wiederherstellung der Einheit »im Alleingang mit den Sowjets«[403] regeln, auf dem Wege dorthin eine Schaukelpolitik betreiben und bei Verwirklichung der »deutschen Wiedergeburt« eine für Frankreich bedrohliche machtpolitisch-territoriale und ökonomische Dimension erreichen. Auch wenn Westdeutschlands Militärbeitrag nur im europäischen Rahmen erfolgen dürfe und auf diese Weise, wie von Churchill im Europarat vorgeschlagen, »die Möglichkeit, das deutsche Potential zu nutzen«, gegeben wäre,[404] sei bei jeder Wiederbewaffnung Deutschlands »eine Wiedergeburt des preußischen Militarismus« zu bedenken.[405] Befürchtet wurde auch, daß bei allem Verständnis für das Sicherheits-

---

401 *PRO* London F.O. 371/103666 Bericht Harveys an den Außenminister vom 1.7.1953, Anmerkung Hancocks.

402 *Conseil de l'Europe, Assemblée Consultative*, 1.–6. Session ordinaire (1949–1954), textes adoptés. Straßburg 1949ff.

403 *Weisenfeld*, Welches Deutschland soll es sein?, S. 66.

404 *Le Monde* vom 13./14.8.1950: »Bulletin du Jour: Churchill et M. Schuman à Strasbourg«.

405 *Ebda.*, 5.10.1950: Maurice Ferro, »Réalités, illusions et dangers d'une politique«.

bedürfnis der Deutschen eine Wiederbewaffnung der »Dynamik« der Deutschen entgegenkommen und diese »Urkraft« aus ihren Fesseln befreien würde. Neben dem Bild vom kriegerischen Herrenmenschen, der erneut eine hegemoniale Rolle in Europa spielen wolle und so zur Gefahr für die Fortexistenz des »alten Kontinents« und der »ganzen Welt« werde, tauchen in der Berichterstattung der französischen Presse aber auch Gesichtspunkte auf, die später in unterschiedlichen politischen Zusammenhängen wieder hochkommen sollten: Neben die Furcht vor dem Militarismus der Deutschen trat die Angst vor dem deutschen Antimilitarismus. In den Kommentaren der französischen Medien werden die pazifistischen Strömungen, der ausgeprägte Wunsch nach Frieden in der Bevölkerung der Bundesrepublik, aufgegriffen. In den französischen Reaktionen auf den Rücktritt von Gustav Heinemann als Bundesinnenminister wegen der sicherheitspolitischen Ziele Adenauers wird dies deutlich.[406] Der »deutsche Pazifismus« und die neutralistischen Strömungen wurden vielfach als neue Gefahr angesehen. Das Bild vom »pazifistischen und neutralistischen« Deutschen sollte in den siebziger und achtziger Jahren im Zusammenhang mit der Ostpolitik der Bundesrepublik und der Nachrüstungsdebatte wieder aktiviert werden.

Ebenso wie das Argument vom deutschen Sicherheitsrisiko wurde auch das der Gefahren eines westdeutschen (bzw. gesamtdeutschen) Wirtschaftskoloß, einer »hegemonialen« Stellung der deutschen Wirtschaft in Europa, in den Diskussionen häufig nur vorgeschoben. Beide besaßen eine Funktion in den innenpolitischen Debatten auf nationaler Ebene bzw. in den europapolitischen Grundsatzdiskussionen. Dies verdeutlichen die Auseinandersetzungen zwischen »Föderalisten« und »Unionisten« über den Prozeß der europäischen Integration und die Reform der Akte des Europarates,[407] über die Straßburger Ad-hoc-Versammlung, aber auch über die Bedeutung und den Ausbau der Montanunion (EGKS) und später der EWG. Als die Briten 1952 im Europarat vor der »deutschen

406 Vgl. z. B. *Le Monde* vom 21. 10. 1950: »Le gouvernement de Bonn et le réarmement« und vom 31. 12. 1950: »Unité et Neutralité Allemande«.

407 Vgl. hierzu ausführlicher Wolf D. *Gruner*, Die europäische Integration und die Lösung der deutschen Frage: Probleme und Aspekte, in: *Ders.*, Deutschland mitten in Europa, S. 333–384, S. 360ff.

Gefahr« warnten, wurde diese Haltung als Heuchelei gebrandmarkt. So kommentierte beispielsweise der *Nieuwe Rotterdamse Courant*:

»Das Sonderbare an diesem Argument ist, daß diejenigen, die es gebrauchen, offenbar von der seltenen Vorstellung ausgehen, daß diese deutsche Gefahr verschwinden würde, wenn die sechs Mächte davon Abstand nähmen, die Deutschen durch Verfassungsgrundsätze an das neue Europa zu binden. Die Briten ziehen nicht die Konsequenzen aus ihrer aufrichtigen oder vorgetäuschten Angst vor dem nicht ausbalancierten Charakter der Gemeinschaft der Sechs, daß sie nur Mitglied der Gemeinschaft zu werden brauchen, um auf diese Weise das für notwendig gehaltene Gegengewicht gegen die Deutschen zu schaffen.«[408]

Zu Beginn der 1960er Jahre kam die »Sicherheit-vor-Deutschland«-Problematik erneut hoch, als eine Beteiligung der Bundesrepublik Deutschland an der NATO-Nuklearstrategie diskutiert wurde und die Nachbarn befürchteten, die Bundesrepublik könnte eine Möglichkeit erhalten, einen Finger an den »nuklearen Abzug« zu bekommen. Als Sicherheitsrisiko wurde immer wieder auch die enorme Wirtschaftskraft der Bundesrepublik angesehen. Gerade die Nachbarn jenseits des Rheins erörterten immer wieder, aus echter Sorge oder nur vorgeschoben, die Gefahren eines »DM-Imperialismus« für Stabilität, Sicherheit und Wohlstand in Europa.[409]

Die Dreiheit Sicherheit vor Deutschland, Deutschlandbild und deutsches Wirtschaftspotential bildet für die Nachbarn der Deutschen einen unauflöslichen Zusammenhang und gehört zu den herausragenden Konstanten der Diskussionen über die europäische Dimension der deutschen Frage bis in die Gegenwart. Zum besseren Verständnis dieser Perspektive und der deutschen Entwicklung sollen hier einige Beispiele aus den frühen 1950er Jahren erörtert werden. Sie sind auch für das deutsche Selbstverständnis in der

---

408 Zit. nach der deutschen Übersetzung in: Bericht Botschaft Den Haag vom 25. 9. 1952 »Die niederländische Presse über die Straßburger ad hoc Versammlung« (*PAAA* Bonn III/221-01 Europarat allgemein Bd. 2).

409 Vgl. hierzu z. B. Ernst Otto *Czempiel*, Das Trauma Europas?, in: *Materialien zur politischen Bildung* 4/1980, S. 98–103 oder Theo *Sommer*, Deutschland – Traum oder Alptraum, in: *DIE ZEIT* Nr. 50 vom 8. 12. 1978.

Periode der »doppelten Staatsgründung«, für die Phase der separaten Ost- bzw. Westintegration von DDR und Bundesrepublik Deutschland bedeutsam. Im Zuge der europäischen Diskussion über einen Wehrbeitrag der Bundesrepublik Deutschland für die Verteidigung des Westens beschloß der Parteikongreß der belgischen Sozialisten im November 1951 mit großer Mehrheit, eine deutsche Wiederbewaffnung abzulehnen. Sie bedeute nicht nur eine Gefahr für die deutsche Demokratie, sondern auch für den Weltfrieden. In der Aussprache auf dem Kongreß wurde wiederholt auf die große Neigung deutscher Militärs und Politiker hingewiesen, mit dem Osten zu paktieren. In diesem Zusammenhang fielen die Stichworte »Tauroggen«, »Rapallo« und »Hitler-Stalin-Pakt«, die bis in die Gegenwart immer wieder als Trauma der europäischen Nachbarn in der öffentlichen Diskussion auftauchen. Gerade wegen der deutschen Frage wollte die Mehrheit der belgischen Sozialisten keine »überstürzte Organisation der europäischen Einheit«. In den Debatten um die Wiederbewaffnung des westdeutschen Teilstaates – und angesichts der damaligen Erwartung, daß Deutschland in absehbarer Zeit wiedervereinigt werden würde – tauchte in den Deutschland- und Europadiskussionen vor allem immer wieder ein Argument auf:

Die Organisation der europäischen Einheit ohne Großbritannien werde unweigerlich zu einer deutschen Hegemonie führen. In den Parteien und in der öffentlichen Meinung der Nachbarländer gab es daher Bedenken gegen eine europäische Föderation. Gerade wegen des deutschen Problems unterstützte der belgische Außenminister Paul Henri Spaak eine Europäische Föderation und auch eine Europaarmee. Seine Parteigenossen forderte er auf, dem jungen westdeutschen Staat gegenüber »eine Politik des kühnen Vertrauens« zu betreiben[410] und die Fehler westlicher Politik nach 1918 nicht zu wiederholen, »die später Hitler mit vollen Händen gaben, was sie der befreundeten Republik von Weimar verweigert« hätten.[411] Die einzig mögliche Lösung des deutschen Problems liege »in der gleichberechtigten Eingliederung Deutschlands in eine europäische Föde-

---

410 Parteitagsrede Spaaks, zit. nach dem Bericht Pfeiffers vom 19. 11. 1951 aus Brüssel (*PAAA* Bonn Abt. 2/245 Belgien).

411 *Ebda.*

ration«.[412] In Spaaks Äußerungen und ähnlichen Überlegungen seiner Zeitgenossen spiegeln sich historische Erfahrungen mit dem europäischen Volk der Mitte wieder. In der westeuropäischen bzw. europäischen Integration Deutschlands sahen sie den Schlüssel für eine dauerhafte Regelung der deutschen Frage. Diese Konzeption sei erfolgversprechender als der Versuch, sich einer politischen, wirtschaftlichen und militärischen Einbindung des westdeutschen Teilstaates bzw. ganz Deutschlands in die (west-)europäische Staatenwelt zu widersetzen. Spaak betonte in den sicherheits- und europapolitischen Debatten des belgischen Parlamentes daher wiederholt, daß niemand eine Neutralisierung und Entmilitarisierung Deutschlands auf Dauer garantieren könne. Vor einem neutralen oder auch vor einem neutralisierten Deutschland, das nicht europäisch eingebunden und allein auf sich bezogen sei, könne Sicherheit auf Dauer nicht garantiert werden. Deutschland sei daher als »militärisches Vakuum« im Herzen Europas, wie in der Deutschland- und Europadebatte des dänischen Folketing argumentiert wurde, eher eine Gefahr für Frieden und Stabilität in Europa.[413] Die für die frühen fünfziger Jahre geschilderten Stimmungslagen sind nicht auf diese beschränkt. Noch im Frühjahr 1989 beschrieb der frühere Bonner Botschafter Frankreichs, Henri Fremont Meurice, wohl zutreffend die fortbestehende Gefühlslage seiner Landsleute, als er meinte:

»Seit die Geschichte die Germanen ins Zentrum des europäischen Kontinents plaziert hat, bestand die deutsche Frage für sie darin zu wissen, wie man zusammenleben kann: getrennt oder gemeinsam. Und seit die Geschichte die Gallier in den Westen Europas plaziert hat, bestand die deutsche Frage für sie darin zu wissen, wie sie mit ihren germanischen Nachbarn in den bestmöglichen Sicherheitskonditionen leben können.«[414]

Europapolitik war somit auch zugleich Deutschlandpolitik. Der deutschen Frage kommt dabei eine Schlüsselrolle zu. Als Leitthema

---

412 *Ebda.*

413 Vgl. den Bericht über die Folketingdebatte an das Auswärtige Amt aus Kopenhagen vom 19. 10. 1951 (*PAAA* Bonn Abt. 2/247).

414 Henri Fremont *Meurice*, Frankreich und die deutsche Frage seit 1949, in: *Timmermann*, Deutschland und Europa nach dem Zweiten Weltkrieg, S. 127–141, S. 127.

für die europäische und deutsche Nachkriegsgeschichte kann daher eine Bemerkung Barzinis angesehen werden, der 1983 feststellte: »Ohne Deutschland wäre eine europäische Einigung unmöglich und sinnlos, aber bei einer Einigung Europas unter Einschluß Deutschlands würden alle Mitglieder die deutsche Frage übernehmen müssen.«[415]

Der europäische Einigungsgedanke nach dem Zweiten Weltkrieg erhielt damit gleichermaßen eine in die Zukunft wie in die Vergangenheit weisende Dimension mit der deutschen Frage in der Rolle des Katalysators. Luigi Graf Ferraris hat auf diese Zusammenhänge aufmerksam gemacht, als er betonte:

»Die europäische Lösung der deutschen Frage, ja die europäische Vision selbst der Gründungsväter nahm ihren Ausgangspunkt in der Lehre, die man aus der deutschen Geschichte im europäischen Rahmen als Verneinung dieser Geschichte zog. Auf diese Weise war das Europa der Zukunft eine ›Antwort‹ auf die Geschichte. Doch neue, positive Entscheidungen mußten mutig getroffen werden: Um die Fehler der Vergangenheit zu vermeiden oder um den universellen und ewigen Frieden zu sichern, wurde... ein ›Vorschlag‹ für etwas in seinem tiefsten Innern Neues unterbreitet.«[416] Die in die Zukunft weisende Konsequenz war, daß europäische Strukturen geschaffen werden mußten, »durch welche hegemoniale Initiativen einzelner Völker unmöglich gemacht werden«.[417]

7.2. Die Bundesrepublik Deutschland und die DDR auf dem Wege zur »Souveränität«, 1949–1955

7.2.1. Die Bundesrepublik Deutschland 1949–1955

Die Frage nach der Wiederaufnahme von positiven Zügen aus früheren Traditionen deutscher Außenpolitik, nach möglichen Optionen in der europäischen und internationalen Politik bzw. nach der

---

415 Luigi *Barzini*, Auf die Deutschen kommt es an. Europa im Brennpunkt. München 1983, S. 317.

416 Luigi Vittorio Graf *Ferraris*, Betrachtungen zur deutschen Geschichte. Vortragsmanuskript. Berlin 2.10.1986, S. 16.

417 *Ebda.*

Stellung und Rolle im neugeschaffenen internationalen System der Nachkriegszeit stellte sich für die beiden deutschen Staaten zunächst nicht. Beide besaßen nicht die Kompetenz zu eigenem außenpolitischen Handeln. Beide Staaten suchten die traditionelle Machtpolitik überwindende Formen internationalen Zusammenlebens, beide sahen sich aber auch als die legitimen Sprecher für das gesamte deutsche Volk, das sie in Gestalt eines »demokratisch-förderativen« bzw. »sozialistisch-zentralistischen Deutschland« wiedervereinigen wollten. Voraussetzung für außenpolitische Handlungsfähigkeit war es, souveräner Staat zu werden, die Rolle des Objektes des Völkerrechtes gegen die eines Völkerrechtssubjektes einzutauschen.

Die Entscheidung für eine staatliche Existenz der Westzonen war aus der Notwendigkeit eines deutschen Beitrages für den wirtschaftlichen Wiederaufbau Westeuropas und dem westeuropäischen Streben nach Sicherheit gefallen. Sie stellte die Weichen für die Westintegration. Indirekt zeichnete sich damit auch die Blockintegration der DDR ab, selbst wenn über die Formen und die Intensität der Integration die Würfel noch nicht gefallen waren. Die sowjetische Politik in der Berlinkrise hatte bei den Westeuropäern Bedrohungsängste entstehen lassen und sie zum Verzicht auf Vorbehalte gegenüber Deutschland genötigt. Der »künstliche« deutsche Weststaat mußte nicht erst das »Gesicht nach Westen wenden«, denn realistisch betrachtet blieb ihm keine andere »politische Himmelsrichtung«. Die exponierte geographische Lage erlaubte nur eine Option für den Westen und seine Hegemonialmacht oder für den Osten und die Sowjetunion. Der damals – und bis heute immer wieder – beschworene neutrale Weg zwischen den Blöcken schied aus. Wegen der Stellung der Westmächte in Westdeutschland konnte an der Westorientierung kaum ein Zweifel bestehen.

Der Prozeß der Einbindung der Bundesrepublik in das westliche Bündnissystem, von der Kontrolle über die Kooperation zur Integration, war in hohem Maße der Einflußnahme einzelner deutscher Politiker und politischer Parteien entzogen. Dennoch haben in der Startphase der Bundesrepublik bis etwa Ende 1951 die drei großen politischen Lager (Konservative, Liberale und Sozialdemokraten) geschlossen die Westorientierung in der Verfassungs- und Außenpolitik getragen. Für Blockfreiheit, »Brückenfunktion« und Ostbindung gab es keine parlamentarische Mehrheit. Der »politische *Fundamentalkonsens*«[418] über das politische System (parlamentarische Demokratie nach westlichem Modell) und die Außenbeziehungen (Westorientierung) läßt sich vor allem auf vier Dinge zurückführen:

1. das Erlebnis des nationalsozialistischen Unrechtsstaates,
2. die sowjetische Besatzungspolitik (Reparationen, Gesellschaft, Wirtschaft, kommunistische Parteidiktatur),
3. die Erfahrungen von Flucht, Vertreibung und Zwangsaussiedlung von Millionen Deutschen aus den Ostgebieten und der sowjetischen Zone,
4. die angebotenen konstitutionellen, europapolitischen und ökonomischen Alternativen der Westmächte (Churchills Europareden, Marshallplan).

Für die Führer der beiden großen Parteien, Konrad Adenauer und Kurt Schumacher, war die Westoption, trotz ihrer unterschiedlichen gesellschafts- und nationalpolitischen Konzepte, nicht gleichzusetzen mit einem »Ja« für die Teilung Deutschlands. Trotz konzeptioneller Unterschiede glaubten beide, daß die Entscheidung für freie politische Institutionen, für eine leistungsfähige Wirtschaftsordnung und ein System sozialer Sicherheit die Wiederherstellung der Einheit der kleindeutschen Nation nicht vereiteln werde,[419] sondern daß die Bundesrepublik als »Kernstaat« magnetische Wirkung auf die Sowjetzone haben werde.[420] Ein grundlegender Unterschied in den national- und europapolitischen Konzepten der Führer der beiden großen Parteien wird erst sichtbar in der Frage des Vorgehens, beispielsweise hinsichtlich der Erlangung der vollen Gleichberechtigung der Bundesrepublik, und bei der Analyse der militärischen und politischen Ebenen der europäischen Integration. Für Schumacher hieß das: Erst Gleichberechtigung, dann Integration. Bei Schumacher standen in der Verfolgung nationaler Ziele einseitige Fixierungen nicht im Mittelpunkt. Zudem wollte er die Tür zum Osten nicht zuschlagen, eine Gefahr,

---

418 Josef *Becker*, Die deutsche Frage als Problem des internationalen Staatensystems, in: *Politische Studien* 252/1980, S. 279–412, S. 385.

419 Vgl. hierzu u. a. den Vergleich bei Ludolf *Herbst*, Option für den Westen. München 1989, S. 107ff.

420 Zur Magnet-Theorie und ihrer deutschlandpolitischen Bedeutung vgl. *Abelshauser*, Zur Entstehung der ›Magnet-Theorie‹.

die eine »Westblockpolitik« heraufbeschwören könnte. Während Adenauer für die Westintegration optierte, sah Schumacher den sinnvolleren Weg in einer Politik des Zuwartens, da man »niemals materielle Dinge preisgeben sollte«.[421]

Dem Weststaat, der sich als Rechtsnachfolger des Deutschen Reiches verstand, fehlte zunächst die Souveränität. Dies gehörte zu den Realitäten aus der Niederlage von 1945. Die am 20. September 1949 gebildete erste Bundesregierung hatte daher auch bis 1951 keinen Außenminister. Die »internationale Entmündigung«[422] wurde mit dem am 21. September 1949 in Kraft getretenen Besatzungsstatut vertraglich fixiert. Die politischen und wirtschaftlichen Außenbeziehungen des Weststaates nahm die Alliierte Hohe Kommission wahr. Von Anbeginn versuchte die Bundesregierung jedoch, ihren Entscheidungsspielraum zu vergrößern und dem »Drang zur Souveränität« höchste Priorität in ihrer Politik zu geben. So wurde beispielsweise im Zusammenhang mit Erörterungen über die Relation der DM zum Dollar und zum britischen Pfund bereits in einer der ersten Kabinettssitzungen die Auffassung vertreten, daß die Hohen Kommissare im Besatzungsstatut »sich nur die Überwachung unserer Maßnahmen vorbehalten« haben, d. h. die Alliierten könnten »nachher kommen und beanstanden. Wir stehen auf dem Standpunkt, daß wir vorher nicht fragen, es sei denn, daß eine solche Frage in unserem Interesse liegt.«[423]

Bei den Westmächten war das Kontroll- und Sicherheitsbedürfnis gegenüber dem Weststaat verständlicherweise ausgeprägt. Der Zeitpunkt freier politischer Handlungsfähigkeit für Deutschland schien noch in weiter Ferne zu liegen. Chancen, die Entmündigung zu durchbrechen, sollten zwei Entwicklungen eröffnen:

1. Das Wirtschaftspotential der Bundesrepublik konnte und mußte einen Beitrag zur wirtschaftlichen Erholung Westeuropas leisten;

---

421 Willy *Albrecht* (Hrsg.), Kurt Schumacher. Reden, Schriften, Korrespondenzen 1945–1952. Berlin 1985, S. 113.

422 Hermann *Graml*, Die Außenpolitik, in: Wolfgang *Benz* (Hrsg.), Die Geschichte der Bundesrepublik Deutschland. 4 Bände. Frankfurt a. M. 1989, Bd. 1: Politik, S. 220–277, S. 220.

423 Wortprotokoll der 4. Sitzung des Bundeskabinetts vom 23. 9. 1949, abgedruckt in: Ulrich *Enders*/Konrad *Reiser* (Bearb.), Die Kabinettsprotokolle der Bundesregierung. Bd. 1: 1949. Boppard 1982, S. 301–309, S. 306.

2. das Sicherheitsbedürfnis Westeuropas würde, sollte erst einmal die Furcht vor der Sowjetunion größer sein als vor Deutschland, die Frage eines westdeutschen militärischen Beitrages zur Verteidigung des Westens aufwerfen.

Die wirtschafts- und militärpolitischen Aspekte, verknüpft mit der europäischen Einigungsidee, konnten für die Bundesrepublik den Weg vom besetzten Feindstaat zum politischen Partner mit Souveränität und Gleichberechtigung ohne Großmachtanspruch ebnen. Anders als Schumacher glaubte Adenauer, diesen am ehesten durch ein überzeugendes Eintreten für die gemeinsame Verteidigung gegen die Bedrohung aus dem Osten zu erreichen. Die Sicherheitsfrage wurde zugleich Ziel und Mittel. Die westeuropäisch-atlantische »Sicherheits-Solidarität« besaß als Ziel Priorität gegenüber der »Solidarität der Nation«. »Sicherung der Freiheit und Wiederaufbau der Bundesrepublik«[424] erhielten Vorrang gegenüber dem »Drang nach einer Wiedervereinigung«. Auf dieser Grundlage »konnten dann auch die anderen Bestandteile der Wertetrias Freiheit-Friede-Einheit verwirklicht werden«.[425] Als Hauptziel seiner Außenpolitik hat Adenauer die Wiedervereinigung in »Frieden und Freiheit« angesehen. Der »Freiheitssicherung (und damit auch der Westintegration) und der Friedenssicherung« war sie aber klar nachgeordnet.[426]

Frankreich hatte einem Weststaat erst zugestimmt, als die USA ihm im Rahmen der Atlantischen Allianz durch den Abschluß des NATO-Vertrages Sicherheit garantierten. Der neue französische Außenminister Robert Schuman erklärte nach dem Ende der Vertragsverhandlungen zur NATO erleichtert im Radio:

»Heute haben wir erreicht, worauf wir zwischen den beiden Kriegen vergeblich gehofft hatten. Die Vereinigten Staaten erkennen an, daß es für Amerika keinen Frieden und keine Sicherheit geben

---

424 Klaus *Gotto*, Adenauers Ost- und Deutschlandpolitik 1954–1963, in: Klaus *Gotto*, Hans *Maier*, Rudolf *Morsey*, Hans-Peter *Schwarz*, Konrad Adenauer. Seine Deutschland- und Außenpolitik 1945–1963. München 1975, S. 156–286, S. 158.

425 *Ebda.*

426 Hans-Peter *Schwarz*, Das außenpolitische Konzept Konrad Adenauers, in: Adenauer-Studien I, hrsg. von Rudolf *Morsey*/Konrad *Repgen*. Mainz 1971, S. 71–108, S. 86.

kann, wenn Europa in Gefahr ist... Die passende Ergänzung zum Brüsseler Pakt«[427] vom 17. März 1948.

Die Franzosen hatten nicht vergessen, daß der trilaterale Garantievertrag nach dem Ersten Weltkrieg von den USA nicht ratifiziert worden war und die Briten nur eine kollektive Garantieverpflichtung hatten übernehmen wollen. Alle bündnispolitischen Maßnahmen und Verträge Frankreichs mit osteuropäischen Staaten konnten die britisch-amerikanische Garantie nicht ersetzen. Die rasche Rückkehr Deutschlands in die Weltpolitik, sein Gesamtpotential und die bittere französische Niederlage von 1940 gaben dem Sicherheitsbedürfnis Frankreichs – durch politische, territoriale, wirtschaftliche und militärische Maßnahmen Deutschland dauerhaft zu schwächen – leitmotivische Bedeutung. Der Pakt von Dünkirchen 1947, der Brüsseler Pakt von 1948 und schließlich die NATO schienen das französische Sicherheitstrauma gegenüber Deutschland und auch der UdSSR zu beenden.

Der NATO-Vertrag vom 4. April 1949 bezog nicht nur die algerischen Départements Frankreichs, sondern faktisch auch die Westzonen in seinen Schutz ein. Der Bündnisfall trat nämlich auch bei einem Angriff auf Streitkräfte eines Vertragsstaates ein, der »bei Inkrafttreten des Paktes eine Besatzung unterhält«.[428]

Bereits seit dem Spätherbst 1948 wurde ein deutscher Verteidigungsbeitrag diskutiert. Die Diskussion erreichte nach der Konstituierung der Bundesrepublik und insbesondere nach dem Beginn des Koreakrieges einen ersten Höhepunkt.[429] In verschiedenen Interviews erklärte Adenauer die Bereitschaft, »zur Verteidigung Europas in einer europäischen Armee unter dem Kommando höherer

---

427 Zit. nach: Alfred *Grosser*, Frankreich und seine Außenpolitik. 1944 bis heute. München 1989, S. 96.

428 NATO-Vertrag vom 4. 4. 1949, abgedruckt in: Curt *Gasteyger* (Hrsg.), Europa zwischen Spaltung und Einigung 1945–1990. Bonn ²1991, S. 116–119, S. 117 (Art. 6).

429 Vgl. hierzu u. a. Gerhard *Wettig*, Entmilitarisierung und Wiederbewaffnung in Deutschland 1943–1955. Internationale Auseinandersetzungen über die Rolle der Deutschen in Europa. München 1967 sowie Klaus *von Schubert* (Hrsg.), Sicherheitspolitik der Bundesrepublik Deutschland 1945–1977. 2 Bde. Köln 1978, Bd. 1.

europäischer Hauptquartiere« beizutragen.[430] Dies um so mehr, als die Deutschen über die Diskussion, ob Westeuropa am Rhein oder an der Elbe verteidigt werden solle, sehr beunruhigt seien. Für die Beteiligung der Bundesrepublik Deutschland an der kollektiven Verteidigung des Westens erwartete Adenauer politische Gegenleistungen. Er und sein Kabinett »unterwarfen ihr internationales Handeln bewußt den vom Sicherheitsbedürfnis gesetzten Orientierungspunkten«.[431] Sicherheit für Westdeutschland mußte auch im Interesse der Nachbarn liegen, denn nur so konnte der westdeutsche Staat seinen Beitrag zur Rekonstruktion Westeuropas leisten, d. h. »die Gesundung Deutschlands [ist] Voraussetzung für die Gesundung Europas und für echte Stabilität in Europa..., die ihrerseits den Frieden sichert«.[432] In einem Ende November 1948 abgefaßten Memorandum über die amerikanisch-französischen Schwierigkeiten in der Deutschlandpolitik bemerkte General Clay zudem, »daß möglicherweise ein Sicherheitspakt wesentlich dazu beitragen werde, die französischen Befürchtungen zu vermindern. Die französischen Ängste richteten sich jedoch nicht allein gegen eine physische Aggression [Deutschlands], sondern erwüchsen auch aus dem Wettbewerb, der als Ergebnis einer erholten deutschen Wirtschaft sich ergeben werde.«[433]

Aus dieser in ihrer Wirkung nicht zu unterschätzenden Ausgangslage ergab sich ein langwieriger deutsch-französischer Interessenkonflikt. Für Frankreich bedeuteten Kalter Krieg und Spannung wachsende Abhängigkeit von den USA, Verlust von Macht und Einfluß als Großmacht. Die Bundesrepublik hingegen mußte befürchten, durch die Entspannung wieder zu einem Objekt der internationalen Politik zurückgestuft zu werden.

Aufgrund dieser Konstellationen glaubte die Bundesrepublik zunächst, »Kurs auf Souveränität und Gleichberechtigung« nehmen zu müssen. »Es wird von uns mit aller Energie angestrebt werden, daß Deutschland so rasch wie möglich als gleichberechtigtes und

---

430 Interview mit dem *Cleveland Plain Dealer* vom 4. 12. 1949, zit. nach *Die Neue Zeitung* vom 6. 12. 1949.

431 *Graml*, Außenpolitik, S. 232.

432 Jean Edward *Smith* (Hrsg.), The Papers of General Lucius D. Clay. Germany 1945–1949. 2 Bde. Bloomington/Indiana 1974, Bd. 2, S. 936.

433 *Ebda*.

gleichverpflichtetes Mitglied in die europäische Föderation aufgenommen wird«, schrieb Adenauer im August 1949 in einem Privatbrief.[434] Er meinte damit die Aufnahme in den Europarat und die Organisation für Europäische Wirtschaftliche Zusammenarbeit (OEEC). Adenauer hob auch hervor, daß sich die Außenpolitik der Bundesregierung darauf richten werde, »ein enges Verhältnis zu den Nachbarstaaten der westlichen Welt, insbesondere auch zu den Vereinigten Staaten herzustellen«.[435] Die wirtschaftliche Verflechtung des Weststaates mit Westeuropa wurde vor allem durch äußere Ereignisse – wie dem Koreakrieg – forciert, die zu einer Integrationsbereitschaft der Westeuropäer führten. Der Außenhandel mit Westeuropa und den USA stieg stetig an, während der Warenverkehr mit Osteuropa und der Interzonenhandel abnahmen. Wichtig für die wirtschaftliche Westintegration wurde auch das Ruhrstatut vom 28. April 1949, das den Westmächten und den Beneluxstaaten das Aufsichtsrecht über die Schwerindustrie der Westzonen/Bundesrepublik gab. Es war innenpolitisch heftig umstritten und brachte Adenauer den Vorwurf ein, »Kanzler der Alliierten« (Kurt Schumacher) zu sein. Dennoch bereitete das Ruhrstatut den Weg für eine engere wirtschaftliche Integration Westeuropas durch die Montanunion von 1951 (Europäische Gemeinschaft für Kohle und Stahl).[436] Sicherlich verbanden sich mit dem Plan des französischen Außenministers Robert Schuman, die westeuropäische Schwerindustrie mit supranationaler Verwaltung zusammenzuführen, politische und ökonomische Ambitionen. Frankreich, nach der Verweigerung Großbritanniens berufener und auch aus national-

---

434 Adenauer – Helene Wessel vom 27. 8. 1949, abgedruckt in: Hans Peter *Mensing* (Bearb.), Adenauer. Briefe 1949–1951. Berlin 1985, S. 96 f., S. 97. Vgl. auch: Hans Peter *Schwarz* (Hrsg.), Die Ära Adenauer 1949–1957, in: *Geschichte der Bundesrepublik Deutschland* Bd. 2. Stuttgart, Wiesbaden 1981, S. 55 ff.

435 *Ebda.*

436 Vgl. hierzu als weiterführende und vertiefende Literatur u. a. Klaus *Schwabe* (Hrsg.), Die Anfänge des Schuman-Plans 1950/51. Baden-Baden 1988. Ludolf *Herbst*, Option für den Westen. München 1989. *Ders.* / Werner *Bührer* / Hannes *Sowade* (Hrsg.), Vom Marshallplan zur EWG. Die Eingliederung der Bundesrepublik in die westliche Welt. München 1990. Alan S. *Milward*, The Reconstruction of Western Europe 1945–1951. London 1984.

politischen Überlegungen selbsternannter Föderator Europas, vermochte über die Europäische Gemeinschaft für Kohle und Stahl (EGKS) das Potential der Bundesrepublik europäisch einzubinden. Der Bundesrepublik eröffnete sich jedoch die Chance, über die Montanunion die Gleichberechtigung zu verwirklichen. Als Grundstein einer ökonomischen Integration Westeuropas bot die Montanunion auch Perspektiven für eine politische Einigung, der Straßburger Europarat, ursprünglich als europäische Konstituante vorgesehen, hatte nicht die von den Föderalisten erhoffte Organisationsform angenommen. Er blieb, trotz aller Versuche, ihn zu einer handlungsfähigen supranationalen europäischen Organisation auszubauen und ihn alle Europa berührenden Fragen und Probleme behandeln zu lassen, zunächst nur von geringer Bedeutung. Der Europarat bot daher, wegen der Beschneidung der Kompetenzen der Beratenden Versammlung durch den Ministerrat, nicht das erhoffte Forum, um die politische, wirtschaftliche, kulturelle und militärische Integration (West-)Europas voranzutreiben.[437] Erst durch die Pläne für eine gemeinsame Verteidigung Westeuropas nahmen auch Überlegungen für eine politische Integration konkretere Formen an. Für eine integrierte Armee Westeuropas könnte auch Westdeutschland einen Beitrag leisten. Schon nach der NATO-Gründung hatte *Le Monde* festgestellt: »Die Wiederaufrüstung Deutschlands steckt im Atlantikpakt wie der Keim im Ei.«[438] Dem entgegnete Robert Schuman in der Ratifizierungsdebatte der Nationalversammlung für den Vertrag über den Nordatlantikpakt im Juli 1949:

»Deutschland hat noch keinen Friedensvertrag. Es hat keine Waffen und wird auch keine haben... Es ist für Frankreich und seine Verbündeten undenkbar, daß es Deutschland gestattet werden könnte, dem Atlantikpakt als eine Nation beizutreten, die fähig ist, sich selber zu verteidigen oder zur Verteidigung anderer Völker beizutragen.«[439]

Das Europaarmee-Projekt des französischen Ministerpräsiden-

---

437 Vgl. hierzu Wilfried *Loth*, Der Abschied vom Europarat. Europapolitische Entscheidungen im Kontext des Schuman-Plans, in: *Schwabe*, Schuman-Plan, S. 183–195.

438 Chefredakteur Hubert Beuve-Méry in: *Le Monde* vom 6. 4. 1949.

439 Rede vor der Assemblée nationale vom 28. 7. 1949, deutsch zit. nach

ten René Pleven vom 24. Oktober 1950 wollte Unvermeidliches und Wünschbares verbinden und Frankreich eine starke europäische Stellung geben. Pleven entwarf daher den Plan einer Europäischen Verteidigungsgemeinschaft (EVG), die supranationalen Charakter haben sollte. Er betonte, daß Deutschland, das dem kollektiven Sicherheitssystem des Atlantikpaktes nicht angehöre, »dennoch aufgerufen [sei], an dem sich daraus ergebenden Sicherheitssystem teilzunehmen. Es ist daher nur gerecht, wenn es seinen Beitrag zur Aufstellung der Verteidigung Westeuropas leistet.«[440] Pleven fuhr dann fort – und dies verdeutlicht, daß die militärische Komponente der europäischen Einigung erst später kommen sollte –, seine Regierung habe geglaubt, »daß die Verwirklichung der Montanunion es ermöglichen würde, sich an den Gedanken einer europäischen Gemeinschaft zu gewöhnen, ehe die so delikate Frage einer gemeinsamen Verteidigung in Angriff genommen würde. Die Ereignisse in der Welt lassen ihr keine Frist. Vertrauend auf die friedliche Bestimmung Europas und überzeugt von der Notwendigkeit, allen europäischen Völkern das Gefühl kollektiver Sicherheit zu geben, schlägt die französische Regierung vor, diese Frage auf dieselbe Weise und im gleichen Geiste zu regeln.«[441] Nach dem Abschluß des Vertrages über die Europäische Gemeinschaft für Kohle und Stahl (EGKS) sollte das »Problem des deutschen Beitrags zur Aufstellung einer europäischen Streitkraft (force européenne) in einer Weise gelöst [werden]..., die den grausamen Lehren der Vergangenheit und der Entwicklung, die viele Europäer in allen europäischen Ländern Europa geben wollen, Rechnung trägt. Sie schlägt für eine gemeinsame Verteidigung die Schaffung einer europäischen Armee vor, die den politischen Institutionen des vereinten Europa verbunden ist.«[442] Die vorgeschlagene Europäische Verteidigungsgemeinschaft sollte ähnlich der EGKS organisiert werden. Neben einer obersten militärischen Behörde mit einem europäischen Verteidi-

---

Alfred *Grosser*, Das Bündnis. Die westeuropäischen Länder und die USA seit dem Krieg. München 1978. S. 132.

440 Regierungserklärung von Ministerpräsident René Pleven vom 24. 10. 1950, abgedruckt in: *Auswärtiges Amt* (Hrsg.), Europa. Dokumente zur Frage der Europäischen Einigung. Bonn 1953, S. 341–345, S. 342.

441 *Ebda.*, S. 342 f.

442 *Ebda.*, S. 343.

gungsminister an der Spitze sollten ein Ministerrat, eine beratende Versammlung und ein integrierter europäischer Generalstab unter Leitung eines französischen Generals geschaffen werden.

Frankreich trug mit seiner Initiative den nach dem Ausbruch des Koreakrieges eingetretenen weltpolitischen Veränderungen und der politischen Stimmungslage Westeuropas Rechnung, denn »Kriegsangst wurde knapp fünf Jahre nach dem Ende des Zweiten Weltkrieges wieder zu einem ebenso wirksamen wie schwer kalkulierbaren Faktor der Politik«.[443] Die Angst vor den Sowjets übertraf die vor den Deutschen und einem möglichen Militärbeitrag Westdeutschlands. Die Notwendigkeit größerer Verteidigungsanstrengungen Westeuropas wurde nicht mehr angezweifelt. Die USA drängten nun auf einen aktiven westdeutschen Verteidigungsbeitrag und forderten die Wiederbewaffnung der Bundesrepublik ohne Diskriminierung. Der Plevenplan bedeutete jedoch aus der Sicht der Bundesrepublik eine Diskriminierung, da er »die Aufstellung deutscher Soldaten... ohne eine westdeutsche Nationalarmee zu schaffen« ermöglichte.[444] Der Plan schuf noch während der Verhandlungen über eine Montanunion unüberbrückbare deutsch-französische Meinungsverschiedenheiten. Das gleiche Team, das wenige Monate vorher den Schumanplan entworfen hatte, legte, um erneut einer Isolierung zu entgehen, innerhalb kürzester Zeit einen Plan vor. Dieser trug deutlicher als der Plan Schumans »Züge französischer Interessenpolitik. Er war der zweite Befreiungsschlag Frankreichs in der Deutschlandpolitik und sollte verhindern, daß der Schumanplan ergebnislos verpuffte und die gerade gewonnene Initiative erneut verlorenging.«[445] Die von Bonn angestrebte Gleichberechtigung war nach dem Vorschlag Plevens nicht zu erreichen. Zwar wollte die Bundesregierung in richtiger Einschätzung der europäischen Stimmungslage keine eigene Nationalarmee bilden, doch lehnte sie es ab, Söldner und Kanonenfutter für die europäische Verteidigung zu stellen, d. h. ein Beitrag im Rahmen einer Europäischen Verteidigungsgemeinschaft oder in der NATO setzte voraus, daß die Bundesrepublik als gleichberechtigter Partner aner-

---

443 Ludolf *Herbst*, Option für den Westen. Vom Marshallplan bis zum deutsch-französischen Vertrag. München 1989, S. 87.

444 *Ebda.*, S. 88.

445 *Ebda.*, S. 95.

kannt wurde. Die Bundesregierung sah in einem westdeutschen Verteidigungsbeitrag einen Hebel, um über die europäisch-militärische Integration die politische Gleichberechtigung und damit die staatliche Handlungsfähigkeit zu erreichen. Dieses Junktim verdeutlichte schließlich nach erfolgreichen Verhandlungen die gleichzeitige Unterzeichnung des Deutschlandvertrages (Generalvertrag) am 26. Mai in Bonn[456] und des EVG-Vertrags, der einen weiteren Schritt zur westeuropäischen Teilintegration ohne Diskriminierung Bonns bedeuten sollte, am 27. Mai 1952 in Paris.[457] Der Deutschlandvertrag löste das Besatzungsstatut ab und ließ die Bundesrepublik Deutschland zum souveränen Staat mit Einschränkungen (alliierten Vorbehaltsrechten) werden, d. h. sie erhielt durch den Vertrag, der mit dem EVG-Vertrag gekoppelt war, »ein Höchstmaß an faktischer Souveränität«,[458] auch wenn der Begriff »Souveränität« im Vertragstext bewußt nicht erscheint und durch »volle Macht über ihre inneren und äußeren Angelegenheiten« ersetzt wird.[459]

Die französische Nationalversammlung stimmte jedoch nach langen innenpolitischen Auseinandersetzungen im August 1954 nicht über den EVG-Vertrag ab. Damit konnte auch der gleichzeitig abgeschlossene Deutschlandvertrag nicht in Kraft treten. Die EVG-Entscheidung bedeutete einen schweren Schlag für den politischen Integrationsprozeß. Die auch in der Bundesrepublik heftig diskutierte Wiederbewaffnungsfrage lenkte sie lediglich in eine andere Form. Wegen des Junktims zwischen Deutschlandvertrag und EVG-Vertrag waren beide Verträge, trotz Ratifikation durch den Deutschen Bundestag, hinfällig. Innerhalb weniger Wochen wurden durch die Londoner Konferenzen und die Pariser Verträge im September und Oktober 1954 die Voraussetzungen für den NATO-Beitritt der Bundesrepublik geschaffen. In der Neufassung des Deutschlandvertra-

---

456 Der Vertrag über die Beziehungen zwischen der Bundesrepublik Deutschland und den Drei Mächten (»Deutschlandvertrag« oder »Generalvertrag«) vom 26.5.1952, abgedruckt in: Klaus *von Schubert* (Hrsg.), Sicherheitspolitik der Bundesrepublik Deutschland. Dokumentation 1945–1977. Teil 1. Köln 1978, S. 142–147.

457 Abgedruckt in: Europa. Dokumente zur Frage der europäischen Einigung, hrsg. vom *Auswärtigen Amt.* 3 Bde. Bonn 1962, Bd. 2, S. 836 bis 882.

458 *Vogelsang*, Teilung Deutschlands, S. 134.

459 Art. 1 Abs. 1, zit. nach *Schubert*, Sicherheitspolitik I, S. 142.

ges wird ausdrücklich die Souveränität der Bundesrepublik Deutschland festgestellt. Die Bundesrepublik wurde ebenso wie Italien aufgefordert, dem Brüsseler Pakt beizutreten, der zur Westeuropäischen Union (WEU) wurde. 1955 schließlich wurde die Bundesrepublik Deutschland in die NATO aufgenommen. Der Deutschlandvertrag trat in einer revidierten Fassung am 5. Mai 1955 in Kraft.

Mit der kompromißlosen Option für eine Westintegration formulierte der erste Bundeskanzler und Außenminister Konrad Adenauer eine neue außenpolitische Traditionslinie der Bundesrepublik, die die Mehrheit ihrer Bürger befürwortete und die ihnen ein bis dahin unbekanntes Maß an Sicherheit in einer demokratischen Staats- und Gesellschaftsordnung gab. Der antikommunistische Grundkonsens ermöglichte in der Bundesrepublik eine schnelle Identifikation mit einer freien, demokratischen Gesellschaftsordnung auf parlamentarischer Grundlage. Gegen die Logik der forcierten Westintegration auf wirtschaftlichem und militärischem Gebiet versuchte die Sowjetunion mit verschiedenen Deutschlandinitiativen vorzugehen. Sie berücksichtigte dabei auch die harten innenpolitischen Auseinandersetzungen in der westdeutschen Öffentlichkeit über die Frage der Wiederbewaffnung und die Westverträge. Die sowjetische Deutschlandnote an die Westmächte (10. März 1952), die von diesen abgelehnt wurde, wird in der Forschung unterschiedlich bewertet. War die Stalin-Note eine versäumte Chance für die Wiedervereinigung, oder hat es für die Bundesrepublik Deutschland eine »verpaßte Gelegenheit, die deutsche Einheit durch Neutralisierung Gesamtdeutschlands herzustellen ..., nie gegeben«?[450]

Neuere Forschungen[451] zeigen, daß der Einfluß der Bundesrepu-

---

450 Hagen *Schulze*, Europa und die deutsche Frage in historischer Perspektive, in: *Politik und Kultur* 10/1983, H. 5, S. 40–51, S. 48.

451 Vgl. hierzu u. a. Rudolf *Morsey*, Die Bundesrepublik Deutschland. Entstehung und Entwicklung bis 1969. München, Wien 1987, S. 161 ff. Knud *Dittmann*, Adenauer und die deutsche Wiedervereinigung. Die politische Diskussion des Jahres 1952. Düsseldorf 1981. Hermann *Graml*, Nationalstaat oder westdeutscher Teilstaat. Die sowjetischen Noten vom Jahre 1952 und die öffentliche Meinung in der Bundesrepublik Deutschland, in: *VZG* 25/1977, S. 821–864. *Ders.*, Die Legende von der verpaßten Gelegenheit. Zur sowjetischen Notenkampagne des Jahres 1952, in: *VZG* 29/1981, S. 307–341. Peter *März*, Die Bundesre-

blik auf die Formulierung der westlichen Antwort gering gewesen ist. Der Westen hat nicht getestet – wie es die SPD forderte –, wie ernst es den Russen mit ihrem Vorschlag war. Es gibt Anzeichen dafür, daß es seit dem Herbst 1951 Ansätze für eine »konstruktive Deutschlandpolitik« gab. Die Mehrheit des Politbüros der KPdSU schien eine Verhandlungslösung für Deutschland im Rahmen eines europäischen Sicherheitsabkommens anzustreben. Die Einheit Deutschlands sollte durch die »Annäherung der beiden Teile Deutschlands« erleichtert werden. Dabei dürfte bei Stalin eine Rolle gespielt haben, das zeigen neuere Materialien aus DDR-Archiven, daß ein neutralisiertes, wiedervereinigtes Deutschland für die UdSSR das vergleichsweise kleinere Übel sein würde, war doch zu befürchten, daß mit der politischen, wirtschaftlichen und militärischen Integration Westeuropas eine »dritte Kraft« entstehen würde, die im Konfliktfalle die USA unterstützen würde. Auf die »Locarno-Reden« Churchills vor dem britischen Unterhaus (20. April/11. Mai 1953), die eine Lösung der Deutschlandfrage unter gleichzeitiger Befriedigung der Sicherheitsbedürfnisse der UdSSR nach dem Vorbild des Locarno-Vertrages anregten, reagierte Moskau positiv. Es folgte ein west-östlicher Notenwechsel – die EVG-Verträge waren von Frankreich noch nicht ratifiziert, und damit blieb die Frage nach der militärischen Zukunft der Bundesrepublik und der Wirksamkeit des Deutschlandvertrages noch in der Schwebe. Im Jahre 1952 hatte die Bundesrepublik noch nicht den politischen Handlungsspielraum, um durch Eigeninitiative eine Lösung der deutschen Frage herbeizuführen, auch wenn Schumachers Einsicht, eine Verständigung zwischen Ost und West sei die günstigste Voraussetzung für ihre Regelung, zweifellos richtig war. Zu Beginn der fünfziger Jahre war die Wiedervereinigung das Nahziel sozialdemokratischer Deutschland- und Europapolitik. Die Westverträge, EGKS und EVG wurden daher als unvereinbar mit einer Politik der Überwin-

---

publik zwischen Westintegration und Stalin-Noten. Zur deutschlandpolitischen Diskussion 1952 in der Bundesrepublik vor dem Hintergrund der westlichen und sowjetischen Deutschlandpolitik. Frankfurt a. M., Bern 1982. Gerd *Meyer*, Die sowjetische Deutschlandpolitik im Jahre 1952. Tübingen 1970. Rolf *Steininger*, Eine Chance zur Wiedervereinigung. Die Stalin-Note vom 10. März 1952. Bonn 1985. Gerhard *Wettig*, Die sowjetische Note vom 10. März 1952 – Wiedervereinigungsangebot oder Propagandawerkzeug? Köln 1981.

dung der Teilung angesehen.[452] In der Bundestagsdebatte über die Westverträge im Februar 1952 warf Erich Ollenhauer die Frage auf, was geschehen werde, »wenn der Beitritt der Bundesrepublik zur europäischen Verteidigungsgemeinschaft staatsrechtliche Konsequenzen auf der anderen Seite des Eisernen Vorhangs auslöst, wenn die erste Folge dieses Schrittes die Verhärtung und Vertiefung der Spaltung Deutschlands ist? Die These: wenn wir den Westen stark machen, wird die Einheit Deutschlands leichter zu erzwingen sein, entspricht doch einem machtpolitischen und illusionären Denken, das sicher nicht im deutschen Interesse liegt.«[453] In der Aussprache des Bundestages vom 3./4. April 1952 unterstrich Carlo Schmid nochmals, daß es das oberste Ziel der Außenpolitik der Bundesrepublik sein müsse, »die Herstellung der Einheit Deutschlands zu betreiben«. Die Westpolitik als Grundlage für eine Politik der Stärke sei hierfür der falsche Weg, um eine politische Offensive zur Herstellung der Einheit Deutschlands zu starten.[454] Als es schließlich um die Ratifizierung von Deutschlandvertrag und EVG-Vertrag ging, warf Fritz Erler die Frage auf, ob denn wirklich die Welt unterginge, wenn die Deutschen beide Verträge ablehnten, denn der »Generalvertrag und die Europaarmee zusammen zerstören nahezu jede Hoffnung auf eine friedliche Wiederherstellung der deutschen Einheit. Sie legen ausdrücklich die Bundesrepublik auf eine Politik fest, die ein künftiges Gesamtdeutschland gleichfalls in das System der amerikanisch beherrschten Militärbündnisse einbringen muß ... Ohne Verzicht auf die Teilnahme der Deutschen an einer Armee unter amerikanischer Führung wird die Freiheit von 18 Millionen Menschen nicht zu haben sein. Das Vorrücken der Freiheit von Lübeck vorerst nach Stettin lohnt aber wahrhaftig diesen Preis.«[455]

---

452 Vgl. hierzu u. a. Kurt Thomas *Schmitz*, Deutsche Einheit und europäische Integration. Bonn 1978, S. 83 ff. sowie Rudolf *Hrbek*, Die SPD – Deutschland und Europa. Bonn 1972, S. 102 ff.

453 Rede Ollenhauers vor dem Deutschen Bundestag am 7.2.1952, abgedruckt in: *Schubert*, Sicherheitspolitik I, S. 123–127, S. 126.

454 Rede vom 3./4.4.1952, abgedruckt in: *Schubert*, Sicherheitspolitik I, S. 176 f., S. 176.

455 Fritz *Erler*, Zur Frage der Ratifizierung des Deutschland-Vertrages, in: *Norddeutsche Zeitung* Hannover vom 28.7.1952, zit. nach Manfred *Overesch*, Die Deutschen und die Deutsche Frage 1945–1955. Düsseldorf 1985, S. 170 f., S. 170.

Auch der FDP-Bundestagsabgeordnete Karl-Georg Pfleiderer sprach sich in Reden und Denkschriften gegen Wehrbeitrag und Westintegration aus, da diese die Wiedervereinigung verhindern würden.[456] Der SPD-Vorsitzende Kurt Schumacher brachte die Sorgen und Vorbehalte der Verträge, auch für die Verfassungsordnung, auf den Punkt, als er in einer Rede im Bayerischen Rundfunk am 11. Juni 1952 sagte:

»Beim Kampf um das Vertragssystem des Generalvertrages, der Zusatzverträge und der europäischen Verteidigungsgemeinschaft wird die wirkliche Verfassung der Bundesrepublik geschaffen, die viel stärker als das Grundgesetz die tatsächlichen Machtverhältnisse ausdrückt und auch ausnützt. Das Grundgesetz hat einen von den Alliierten im Londoner Abkommen betonten provisorischen Charakter. Dieser Charakter des Provisorischen geht jetzt durch das Vertragswerk verloren, und die definitiven Momente in den Verträgen sind gerade die Gefährdung der deutschen Einheit und der deutschen Entwicklung... Ein internationaler Vertrag, dem die Sozialdemokratie zustimmen könnte, ist nur möglich auf der Grundlage der tatsächlichen Gleichberechtigung und Gleichwertigkeit und der garantierten Möglichkeit für die Wiedervereinigung des deutschen Volkes.«[457]

Vor diesem innenpolitischen Hintergrund ist die sowjetische Notenkampagne des Frühjahrs und Sommers 1952 zu bewerten. Welche Chancen es 1952 für die Lösung der deutschen Frage gab, bleibt ungeklärt, solange die Moskauer Archive westlicher Forschung verschlossen bleiben. Bis dahin wird die Kontroverse über die Stalinnote »den Charakter eines Glaubensstreites«[458] behalten und die Begleitmusik zur Adenauerschen Westpolitik und ihren Prioritäten abgeben.

Adenauers Politik der Westintegration hatte vor allem zwei Ziele:

1. Sie sollte helfen, den nationalen Tiefpunkt der deutschen Geschichte von 1945 für die Deutschen in einem freien Staat zu über-

---

456 Vgl. Fritz Peter *Habel*/Helmut *Kistler*, Entscheidungen in Deutschland 1949–1955. Bonn [3]1987, S. 64f.

457 *Albrecht*, Kurt Schumacher, Reden, S. 905.

458 Hans Jürgen *Grabbe*, Unionsparteien, Sozialdemokratie und Vereinigte Staaten von Amerika 1945–1966. Düsseldorf 1983, S. 188.

winden und einer durch den Nationalismus mißbrauchten Generation mit der Idee der europäischen Einigung ein neues Ideal zu geben. Im Zeichen des Ost-West-Konfliktes bot die Europaidee darüber hinaus gute Ansatzpunkte für eine Verbindung mit großmachtpolitischen Traditionen, ohne das Mißtrauen der deutschen Nachbarn zu erregen, und konnte auch als taktisch-strategisches Mittel auf dem Wege zur Souveränität eingesetzt werden.
2. Sie sollte als Mittel der nationalstaatlichen Wiedervereinigung mit außenpolitischer Optionsfreiheit dienen.

Die deutschland- und europapolitische Konzeption Adenauers hat unterschiedliche Ausdeutung erfahren.[459] So wird der These, seine EVG-Politik sollte die Bundesrepublik mit der Niederlage versöhnen und sich als ideell und territorial saturierte Einheit etablieren, entgegengehalten, daß Adenauer die Wiedervereinigung *real* zu einem seiner drei Grundziele (Freiheit-Sicherheit-Einheit) gemacht habe und sie nicht nur »verbal-deklamatorisch« benutzte. Mit Recht ist darauf verwiesen worden, daß Primärziele der Adenauerschen Außenpolitik »Gleichberechtigung, Westintegration und Sicherheit«[460] waren und die Problematik der Lösung der deutschen Frage durch Wiedervereinigung »auf den zweiten Platz verwiesen, nicht dem Range, aber doch der Reihenfolge nach«,[461] d. h. es gab für ihn keine festen Prioritäten. Adenauer und die ihn tra-

---

459 Vgl. hierzu u. a. Arnulf *Baring*, Außenpolitik in Adenauers Kanzlerdemokratie. 2 Bde. München 1971. *Besson*, Außenpolitik der Bundesrepublik, S. 56ff. *Foschepoth*, Kalter Krieg und deutsche Frage. Andreas *Hillgruber*, Europa in der Weltpolitik der Nachkriegszeit 1945–1963. München, Wien ^{2}1981, S. 125ff. Paul *Noak*, Deutsche Außenpolitik seit 1945. Stuttgart 1972. Hans Peter *Schwarz*, Die außenpolitischen Grundlagen des westdeutschen Staates, in: Richard *Löwenthal*/Hans-Peter *Schwarz* (Hrsg.), Die Zweite Republik. Stuttgart 1974, S. 27–63. *Ders.*, Das außenpolitische Konzept Konrad Adenauers, in: Adenauer-Studien I, S. 71ff. *Ders.*, Politik der Westbindung oder die Staatsräson der Bundesrepublik, in: *Zeitschrift für Politik* 22/1975, S. 307–337. *Ders.*, Adenauer und Europa, in: *VZG* 27/1979, S. 471–523. Wilhelm *von Sternburg*, Adenauer. Eine deutsche Legende. Frankfurt a. M. 1990 (1987), S. 18ff. Thilo *Vogelsang*, Das geteilte Deutschland. München ^{11}1982.

460 *Grabbe*, Unionsparteien, Sozialdemokratie und Vereinigte Staaten, S. 184.

461 *Ebda.*

gende Regierungsmehrheit versuchten, eine flexible Politik zu betreiben und dabei die deutsche Frage politisch und rechtlich offenzuhalten. Im Zusammenhang mit der Rheinlandfrage nach dem Ersten Weltkrieg hat Karl Dietrich Erdmann versucht, die Politik Adenauers zu charakterisieren, und kam zu dem Ergebnis:

»Seine Politik ist experimentierend, induktiv. Sie geht nicht vom begrifflich gefaßten Ziel, sondern von der gegebenen Situation und den gegebenen Kräften aus.«[462]

Nicht nur aus dem »politischen Testament« des ersten Bundeskanzlers, seinen Erinnerungen,[463] wissen wir, daß diese Analyse zutreffend ist.

Die Westpolitik hatte Vorrang ohne Vernachlässigung der Ostpolitik. Der Deutschlandvertrag in seiner verbesserten Form von 1954 brachte der Bundesrepublik neben der Souveränität auch die westalliierte Zusicherung, keine deutschlandpolitischen Beschlüsse über den Kopf der Bundesrepublik hinweg zu fassen. Eine Wiedervereinigung um jeden Preis war damit ausgeschlossen. Wegen des NATO-Beitritts mußte jedoch befürchtet werden, daß dieses Ziel kurzfristig nicht erreichbar sein würde.

Der vorbehaltlose Internationalismus der Bundesrepublik, der sich als glaubwürdig erwies, erleichterte die Re-Integration des demokratischen Deutschland in die europäisch-regionale und internationale Staatengesellschaft. Er war Ausdruck einer tiefen politischen Bewußtseinsveränderung. Ihr lag die Erkenntnis zugrunde, daß jede deutsche Politik auch europäische Politik sein müsse.

7.2.2. Die DDR 1949–1955

Im sowjetisch besetzten Teil Deutschlands hatten sich bis zur Staatsgründung Perspektiven für eine künftige deutsche Außenpolitik entwickelt.[464] Allgemein läßt sich feststellen, daß die Außenpolitik

---

462 Karl Dietrich *Erdmann*, Adenauer in der Rheinlandpolitik nach dem Ersten Weltkrieg. Stuttgart 1966, S. 70.

463 Vgl. Konrad *Adenauer*, Erinnerungen. 4 Bde. Stuttgart 1965–1968, bes. Bd. I und II, die die Jahre 1945–1953, 1953–1955 behandeln.

464 Henry *Krisch*, Vorstellungen von künftiger außenpolitischer Orientierung in der SBZ bis 1947 und ihre Auswirkungen auf die spätere Außenpolitik der DDR, in: Hans-Adolf *Jacobsen*/Gert *Leptin*/Ulrich *Scheuner*/Eberhard *Schulz* (Hrsg.), Drei Jahrzehnte Außenpolitik der DDR.

der DDR[465] praktisch auf den ersten Jahren nach dem Kriege aufbaute, konzeptionell jedoch, mitbedingt durch die politischen Akteure, in der Zeit vor 1939 verankert ist.

Vor der Teilung Europas und Deutschlands im Kalten Krieg und im Zeichen der Bipolarität wurden verschiedene außenpolitische Vorstellungen in den Parteien der SBZ diskutiert, die durch die »Determinanten der deutschen nationalen Interessen«[466] bestimmt wurden. Dabei wurde davon ausgegangen, daß ein einheitliches Deutschland als Nationalstaat in der 1871 geschaffenen Form mit möglichen Grenzkorrekturen fortexistieren, daß die Beziehungen zur UdSSR wichtig, möglichst einvernehmlich und freundschaftlich sein würden, und schließlich, daß sich das neue Deutschland als »tragende Säule des Friedens« in eine Europäische Gemeinschaft integrieren und eine Ausgleichs- und Vermittlerrolle in Europa übernehmen werde. Zu den sich nicht unbedingt ausschließenden außenpolitischen Grundlinien gehörten u.a. die des »Brückenbaus« und die der »Ost-Orientierung«. In beiden Konzepten spielte die UdSSR eine zentrale Rolle. Die deutsche Brückenfunktion wurde vor allem in der CDU, in der LDPD und auch von Teilen der SPD vertreten. Exponent dieser Richtung war der christliche Gewerkschafter Jakob Kaiser. Die Strategie der Ostorientierung Deutschlands, die vornehmlich in der SPD ihre Anhänger hatte, befürwortete eine enge Zusammenarbeit mit der UdSSR in Fragen der deutschen und europäischen Politik, ohne sich in die Position einer weisungsgebundenen Abhängigkeit hineinzumanövrieren.

Bestimmungsfaktoren, Instrumente, Aktionsfelder. München, Wien 1979, S. 37–49, S. 37ff. Vgl. auch Gernot *Gutmann*/Maria *Haendcke-Hoppe* (Hrsg.), Die Außenbeziehungen der DDR. Jahrbuch 1980 der Gesellschaft für Deutschlandforschung. Heidelberg 1981.

465 Vgl. hierzu u. a. aus der Sicht der DDR: Otto *Winzer*, Deutsche Außenpolitik des Friedens und des Sozialismus. Berlin 1968. Werner *Hänisch*, Außenpolitik und internationale Beziehungen der DDR. Bd. 1: 1949–1955. Berlin 1972 sowie Peter *Florin*, Zur Außenpolitik der souveränen sozialistischen Deutschen Demokratischen Republik. Berlin 1967. Aus westdeutscher Perspektive sehr nützlich und informativ: *Jacobsen*/*Leptin*/*Scheuner*/*Schulz*, Drei Jahrzehnte Außenpolitik der DDR, S. 51ff.

466 *Krisch*, Außenpolitische Orientierung, in: *ebda.*, S. 38.

Alle außenpolitischen Leitvorstellungen berücksichtigten die sicherheitspolitischen Interessen der Sowjetunion. Sie unterschieden sich vor allem in dem Grad der Autonomie eines künftigen Nachkriegsdeutschland. Gemeinsam war diesen Konzeptionen die Erhaltung der Einheit Deutschlands und der Wunsch nach »einer konkreten, wenn auch bescheidenen Rolle Deutschlands in den internationalen Angelegenheiten«.[467] Mit der Doppelstaatsgründung verloren diese im Zeichen des Kalten Krieges jegliche Relevanz. Für die DDR behielten sie jedoch intellektuell und historisch Bedeutung als Vorläufer für nationale Sozialismusmodelle, wie sie sich im unabhängigen außenpolitischen Kurs Rumäniens, in der jugoslawischen Politik der Blockfreiheit oder in einem eigenständigen eurokommunistischen Weg finden. Der historische Weg der DDR sollte sich jedoch in der Konfrontation mit dem Westen, insbesondere mit der Bundesrepublik Deutschland, entwickeln und blieb somit ideologisch und politisch an die Ursprünge gebunden.

In seiner Regierungserklärung vor der Volkskammer am 12. Oktober 1949 hatte Otto Grotewohl auf den völlig neuen Weg hingewiesen, den die DDR im internationalen System beschreiten werde. Das imperialistische und das faschistische Deutschland der letzten fünf Jahrzehnte sei die Heimstatt des Krieges, der Aggression und der Expansion gewesen. Die DDR dagegen gehe den Weg »der Demokratie, des Friedens und der Freundschaft mit allen Völkern«.[468] Stalin sah in der DDR-Gründung einen »Wendepunkt in der Geschichte Europas« und bezeichnete den zweiten deutschen Staat als den »Grundstein für ein einheitliches demokratisches Deutschland«.[469] Wie schon bei der Formulierung der Verfassung wurde die DDR als Kern eines deutschen Einheitsstaates angesehen. Sie sei von den friedliebenden und demokratischen Kräften des deutschen

---

467 *Ebda.*, S. 49. Vgl. zum größeren Zusammenhang u. a. Dietrich *Staritz*, Die Gründung der DDR. Von der sowjetischen Besatzungsherrschaft zum sozialistischen Staat. München 1984 und Hermann *Weber*, Die DDR 1945–1986. München, Wien 1988, S. 19 ff., S. 121 ff.

468 Regierungserklärung von Ministerpräsident Grotewohl vom 12. 10. 1949, abgedruckt in: Dokumente zur Außenpolitik der DDR. Bd. 1. Berlin 1954, S. 24.

469 Telegramm Stalins vom 13. 10. 1949, abgedruckt in: Beziehungen DDR–UdSSR 1949–1955. Dokumentensammlung. 1. Halbband. Berlin 1975, S. 129.

Volkes gegründet worden. Mit der Gründung der DDR sei das Fundament für ein neues Deutschland des Friedens gelegt.[470]

Die DDR hatte eine Funktion in der Deutschlandpolitik der UdSSR zu erfüllen. Dies wurde vor allem in den Jahren zwischen der Staatsgründung und der offiziellen Souveränitätserklärung 1955 deutlich. Die DDR bewegte sich zwischen 1949/50 und 1957 im Spannungsfeld zwischen »Ostintegration« und einer möglichen alternativen Option außerhalb des Ostblocks – sei es in der Form einer Wiedervereinigung mit der Bundesrepublik Deutschland auf der Grundlage einer »Österreichlösung« oder möglicher Zwischenformen –, die erst mit dem Übergang zur Zweistaatentheorie aufgegeben wurde.

So proklamierte die DDR zunächst den Übergang zur Volksdemokratie nicht. Unmittelbar mit der Staatsgründung setzte auch eine Agitation ein, die forderte, die gesamtdeutschen Aufgaben nicht zu vernachlässigen. Bedeutete dies den »Kurs auf ganz Deutschland«?[471] Es spricht nach unserem heutigen Kenntnisstand viel dafür, daß die Initiativen zur Wiederherstellung der deutschen Einheit als Verhinderungsstrategie für die Westintegration der Bundesrepublik und eine Verzögerung der westeuropäischen Integration über die EGKS, die EVG und die Überlegungen zu einer Europäischen Politischen Gemeinschaft zu sehen sind, denn die deutsche Frage besaß eine Katalysatorfunktion für die Integration Westeuropas.

Bereits kurz nach der Staatsgründung hatte die von den Westmächten als nicht durch das Volk legitimiertes Gebilde charakterisierte DDR den »Kampf der Nationalen Front aller Deutschen um die Einheit Deutschlands und einen gerechten Friedensvertrag« eingeleitet.[472]

Angesichts der Bonner Vorschläge für gesamtdeutsche Wahlen (22. März 1950), der Unterstützung dieser Forderungen durch die Außenministerkonferenz der westlichen Siegermächte (13. Mai 1950) und des Beginns der westeuropäischen Integration durch den

---

470 Vgl. hierzu u. a. Alexander *Fischer*, Außenpolitische Aktivität bei ungewisser sowjetischer Deutschland-Politik (bis 1955), in: *Jacobsen/Leptin/Scheuner/Schulz*, Drei Jahrzehnte Außenpolitik der DDR, S. 51–84, S. 53ff.

471 Vgl. *Staritz*, Gründung der DDR, S. 174ff.

472 Dokumente zur Außenpolitik der DDR, Bd. I, S. 17.

Schuman-Plan, des Ausbruchs des Koreakrieges und der konkreten Überlegungen über einen Wehrbeitrag der Bundesrepublik im Rahmen der NATO oder einer von Pleven vorgeschlagenen Europaarmee und Europäischen Verteidigungsgemeinschaft 1950 schlug Grotewohl Ende November 1950 Adenauer die Bildung eines »Gesamtdeutschen Konstituierenden Rates« vor:

»Durch die Spaltung Deutschlands wurde ein nationaler Notstand herbeigeführt, der durch die Remilitarisierung und Einbeziehung Westdeutschlands in die Pläne der Kriegsvorbereitungen verschärft wurde. Das deutsche Volk ist tief beunruhigt über die Bedrohung seiner nationalen Interessen durch die imperialistischen Kräfte. Angesichts dieser Lage ist die Erhaltung des Friedens, der Abschluß eines Friedensvertrages sowie die Wiederherstellung der Einheit Deutschlands vor allem von der Verständigung der Deutschen selbst abhängig... Es würde den Wünschen aller friedliebenden Deutschen entsprechen, wenn ein Gesamtdeutscher Konstituierender Rat unter paritätischer Zusammensetzung aus Vertretern Ost- und Westdeutschlands gebildet würde, der die Bildung einer gesamtdeutschen souveränen demokratischen und friedliebenden provisorischen Regierung vorzubereiten hätte.«[473] Grotewohl führte mit seinem Brief den Beschluß der Prager Konferenz der Ostblockstaaten vom 20./21. Oktober 1950 aus. Die Konferenz hatte die Bildung eines Gesamtdeutschen Rates und den Abschluß eines Friedensvertrages mit Deutschland vorgeschlagen, wobei die Formulierungen der Konferenz in den Brief Grotewohls übernommen wurden. Wenige Tage nach dem Grotewohl-Brief richtete die UdSSR an die Westmächte eine Note, in der sie eine Viermächtekonferenz über Deutschland forderte.

Der Deutsche Bundestag reagierte im März 1951 mit einer Erklärung, in der festgestellt wurde, daß dauerhafter Frieden nur geschaffen werden könne, wenn die Ursache der Spannungen in der Welt, die Teilung Deutschlands, beseitigt werde. Die Überwindung der Spaltung werde dem Frieden dienen. Um freie nationale Selbstbestimmung, Rechtsstaatlichkeit und Freiheit zu verwirklichen, forderte er die vier Siegermächte auf, durch international überwachte freie Wahlen in allen Zonen die Voraussetzungen für das »drin-

---

473 Grotewohl–Adenauer vom 30. 11. 1950, abgedruckt in: *Longerich*, Was ist des Deutschen Vaterland?, Nr. 94, S. 185f., S. 185.

gende Anliegen des ganzen deutschen Volkes« zu schaffen.[474] Diese Erklärung war der erste Schritt zu einer Initiative, die zur Einsetzung einer UN-Kommission führte, die die Voraussetzungen für freie Wahlen in Deutschland prüfen sollte.

Am 15. September 1951 wandte sich die Volkskammer an den Deutschen Bundestag und schlug unter der Perspektive »Deutsche an einen Tisch« erneut gesamtdeutsche Beratungen von Vertretern aus Ost und West vor. Sie versuchte, auch die innenpolitische Stimmungslage in der Bundesrepublik auszunützen. Zu diesem Zeitpunkt hatte bereits die Diskussion über Remilitarisierung und Wehrbeitrag eingesetzt. Die Deutschen sollten sich dafür einsetzen, es angesichts der Vorschläge der Volkskammer und der demokratischen Parteien und Organisationen den Gegnern der Einheit unmöglich zu machen, »die Einheit und die Erringung eines dauerhaften Friedens für Deutschland zu hintertreiben«.[475] Im Februar 1952 forderte die DDR-Regierung die Siegermächte auf, den Abschluß eines Friedensvertrages zu beschleunigen. Die UdSSR reagierte positiv und legte am 10. März 1952 die »Stalinnote« vor, in der sie auf der Grundlage der Prager Erklärung Leitsätze vorlegte.

Die »östliche Notbremse gegen die Westintegration« (Pawelka) wurde von Bonn zurückgewiesen. Auch die Westmächte lehnten die Vorschläge ab.

Der DDR-Regierung war bei ihren Deutschlandinitiativen, die zur Flankierung der sowjetischen Politik dienten, nicht ganz wohl. Waren die Initiativen der UdSSR propagandistisch gemeint, um die EVG-Verhandlungen durch eine Deutschlandkonferenz zu blockieren, oder strebten die Sowjets ein neutralisiertes Deutschland als das kleinere Übel an? Dies könnte für die SED bedeuten, daß in einem wiedervereinigten Deutschland die SED zur Bedeutungslosigkeit absinken könnte. Die Verkündigung der Volksdemokratie und des »Sozialismus in einem halben Lande« (Staritz) dürfte mit durch die sowjetische Deutschland-Initiative ausgelöst worden sein. Der Aufbau des Sozialismus wurde als die grundlegende Aufgabe der DDR angesehen. Als deutlich wurde, daß die sowjetische

---

474 *Longerich*, S. 187–189, S. 188 (Erklärung des Bundestages vom 9.3. 1951).

475 Auszugsweise abgedruckt in: *Siegler*, Wiedervereinigung und Sicherheit Deutschlands, S. 31.

Notenoffensive die Unterzeichnung des EVG-Vertrages und des Generalvertrages im Mai 1952 nicht verhindern konnte, wartete die DDR-Führung mit dem Transformierungsprozeß zum Sozialismus nicht mehr länger. Unter sowjetischer Zurückhaltung beschloß die 2. Parteikonferenz der SED vom 9.–16. Juli 1952 die planmäßige Errichtung der Grundlagen des Sozialismus in der DDR. Die zunächst noch fortbestehenden Länder verlieren durch die Errichtung von 14 Bezirken am 23. Juli 1952 und die damit geschaffene neue zentralistische Struktur ihre Bedeutung.[476]

Ihre nationale Argumentation behielt die DDR jedoch bis in die 1960er Jahre bei. Fred Oelßner hat sie 1951 gut zusammengefaßt, als er schrieb:

Wenn »wir sagen, daß die deutsche Nation nicht mehr existiert, nehmen wir der Nationalen Front... den Boden, aus dem sie erwachsen ist... Man soll doch nicht glauben, daß eine Nation in fünf oder zehn Jahren einfach von der Erde verschwinden könne! Die Geschichte hat bewiesen, daß eine Nation nicht so schnell verschwinden kann.«[477]

Ähnlich wie im Falle der Bundesrepublik, wenn auch nicht so deutlich erkennbar, vollzog sich die Blockintegration der DDR auf der politischen, wirtschaftlichen und militärischen Ebene. Die politische Blockintegration zeigte sich in der Anerkennung der DDR durch die UdSSR (15. Oktober 1949) und die anderen Ostblockstaaten (17.–22. Oktober 1949) gleich nach ihrer Gründung, die Ablösung der SMAD durch die sowjetische Kontrollkommission (10. Oktober 1949) und den Abschluß von Freundschaftsverträgen und Kooperationsabkommen auf bilateraler Ebene. Erste Impulse für eine wirtschaftliche Zusammenarbeit gingen von der politischen Ebene aus.

Als Reaktion auf den Marshallplan wurde im Januar 1949 in Moskau der Rat für Gegenseitige Wirtschaftshilfe (RGW) gegründet. Ihm fehlten zunächst die »objektiven Möglichkeiten für eine abgestimmte Wirtschaftsplanung«[478] sowie auch die institutionellen Vor-

---

476 Vgl. zur DDR-Politik 1951/52 u. a. *Staritz*, Die Gründung der DDR, S. 176ff.

477 Fred *Oelßner*, Die heutige Bedeutung der nationalen Frage. Berlin ^{6}1954, zit. nach *Staritz*, Die Gründung der DDR, S. 178.

478 *Kleßmann*, Die doppelte Staatsgründung, S. 216.

aussetzungen. Erst nach 1954 verlor er den »fassadenhaften Charakter«. Diese Entwicklung wird gekennzeichnet durch eine verstärkte wirtschaftliche Koordination unter den Mitgliedsländern. Hatte Ostdeutschland 1947 den überwiegenden Teil seines Außenhandels mit dem Westen abgewickelt, so änderte sich das Bild zwischen 1948 und 1951, trotz Interzonenabkommen, ganz entscheidend. Die der politischen Ostorientierung folgende ökonomische wurde zudem durch Sanktionen der Westalliierten befördert, die Berlinblockade, die Koreakrise und schließlich die Entscheidung der UdSSR, die DDR in den Ostblock einzubinden. Die DDR war nach der Unterzeichnung des Görlitzer Vertrages am 29. September 1950 als »vollberechtigtes Mitglied« in den RGW aufgenommen worden, »was für die gesamte wirtschaftliche Entwicklung Deutschlands von großer Bedeutung ist«.[479]

Die forcierte Integration der DDR durch die Sowjetunion in ihrem Machtbereich stieß bei den anderen osteuropäischen Staaten auf Vorbehalte, die ähnlich oder noch stärker als in Westeuropa gewesen sein dürften. Der Krieg und die Erfahrungen mit dem NS-Regime belasteten das Verhältnis zum sozialistischen Staate deutscher Nation. Im Zusammenhang mit dem Versuch, Barrieren abzubauen, ist daher auch der Grenzvertrag zwischen der DDR und Polen vom 6. Juli 1950 zu sehen.[480] Hinzu kam, daß die DDR-Führung sich nur zögernd entschied, die deutschen Gebiete jenseits von Oder und Neiße preiszugeben. Polen verzögerte den Botschafteraustausch. Zur Stabilisierung seiner innenpolitischen Lage forderte Polen äußere Sicherheit. Hierzu gehörte die Klärung der Grenzfrage. Die DDR wollte aus der für sie schwierigen wirtschaftlichen und politischen Isolierung ausbrechen. Der Vertrag bot hierzu die Chance. Die DDR anerkannte die Oder-Neiße-Grenze als Friedensgrenze, denn nur die endgültige Regelung der Grenzfrage könne den Frieden sichern, langfristig ein freundschaftliches Verhältnis zum polnischen Nachbarn entwickeln und Ängste abbauen. Mit dem ersten politischen Vertrag der DDR, den sie für ganz Deutschland abschloß, wurde völkerrechtlich eine Entschei-

---

479 Abgedruckt bei: *Deuerlein*, DDR, S. 114.

480 Der »Görlitzer Vertrag«, abgedruckt in: Dokumente zur Außenpolitik der DDR I, S. 342f.

dung der Sowjetunion in ihrer Europa- und Deutschlandpolitik mit weitreichenden deutschlandpolitischen Folgen verfestigt.[481] Im Vertrag ist die Rede von der »Staatsgrenze zwischen Deutschland und Polen«. Beim Görlitzer Vertrag beanspruchte die DDR Handlungskompetenz für Gesamtdeutschland, den die Westmächte nicht anerkannten. Den »Bonner Alleinvertretungsanspruch« lehnte sie ab. Mit dem Görlitzer Vertrag war das »neue Konfliktdreieck« Bonn-Ostberlin-Warschau geschaffen worden, das bis zum Abschluß der Ostverträge Bestand haben sollte und bis in die Gegenwart unterschwellig weiterlebt, wie die Phase der Wiedervereinigung 1989/90 zeigen sollte. Für die DDR und die UdSSR bildete der Görlitzer Vertrag »eine unerläßliche Vorbedingung für den östlichen Integrationsprozeß«.[482] Das tiefe Mißtrauen und die Vorbehalte der Osteuropäer konnten jedoch nur langsam abgebaut werden.[483]

Abgeschlossen wurde der politische Integrationsprozeß der DDR in den Ostblock mit dem Vertrag über die Beziehungen zwischen der Sowjetunion und der DDR vom 20. September 1955.[484] Der DDR wurde völlige Gleichheit und Souveränität in ihrer Innenpolitik und in ihren Außenbeziehungen zugesichert. Dies schließe auch die »Beziehungen zur Deutschen Bundesrepublik« ein. Ähnlich den Pariser Deutschlandverträgen kennt auch dieser Vertrag einen Vorbehalt in Fragen, die Deutschland als Ganzes betreffen. Bei seinem Besuch in Ost-Berlin hatte Chruschtschow die Wendung der UdSSR hin zur »Zweistaatentheorie«, die mit dem Freundschaftsvertrag von 1955 umgesetzt wurde, angedeutet, als er meinte, daß man die deutsche Frage nicht auf Kosten der DDR lösen könne. »Wir sind davon überzeugt, daß die Werktätigen der Deutschen Demokratischen Republik sich nicht mit einem Standpunkt einverstanden erklären können, der nur die Interessen der westlichen Ländergrup-

---

481 Vgl. hierzu u. a. *Fischer*, Außenpolitische Aktivität, S. 69ff. sowie für den größeren Zusammenhang Franz *Sikora*, Sozialistische Solidarität und nationale Interessen: Polen, Tschechoslowakei, DDR. Köln 1977.

482 *Kleßmann*, Doppelte Staatsgründung, S. 216.

483 Vgl. hierzu die Beiträge zu Polen, der Tschechoslowakei und der UdSSR in: *Trautmann*, Die häßlichen Deutschen?

484 Vertrag über die Beziehungen zwischen der DDR und der UdSSR vom 20. 9. 1955, abgedruckt in: Dokumente zur Außenpolitik der DDR.

pierungen zuungunsten der Interessen der Deutschen Demokratischen Republik berücksichtigt.«[485]

Im Januar 1955 trat die DDR als militärisch gleichberechtigtes Mitglied dem Warschauer Pakt bei. Die Verbände der kasernierten Volkspolizei wurden in die Nationale Volksarmee (NVA) umgewandelt. Für die Sowjetunion gab es nun zwei Staaten in Deutschland, die auf eine gewisse Zeit bestehen würden. Die Frage der Wiedervereinigung könnten die Deutschen nun selbst lösen. Die UdSSR sei bereit, die Annäherung beider deutscher Staaten zu fördern. Aus dem Faktum von souverän westintegrierten und souverän ostintegrierten deutschen Staaten ergab sich:

1. Die Verträge von Paris und Warschau beendeten formell den Prozeß der Blockbildung mit der jeweiligen Blockintegration der deutschen Staaten.
2. Die De-facto-Festschreibung des als Ergebnis des Zweiten Weltkrieges geschaffenen *Status quo* eröffnete aber auch für eine europäische Entspannungspolitik grundsätzliche Perspektiven und damit auch für die deutsche Frage.

7.3. Auf der Suche nach praktikablen Lösungen: Positionen und Optionen in der Deutschlandfrage zwischen Sputnikschock und Raketenstationierung 1956–1983

Seit 1955 schien die Wiedervereinigung durch ein mechanisches Zusammenfügen der beiden deutschen Staaten nicht mehr möglich. Die UdSSR hatte sich »gegen eine Verhandlungslösung« und »für die nationale Teilung Deutschlands« entschieden. Vor 1955 hatte die DDR den angestrebten Status der Gleichrangigkeit mit der Bundesrepublik auf internationaler Ebene nicht erreicht. Auch bei den Bemühungen um die Wiederherstellung der deutschen Einheit war sie erfolglos geblieben, hatte keinen bestimmenden Einfluß erhalten können. Die sowjetische Zweistaatentheorie signalisierte, daß künftig eine Wiedervereinigung nur unter Absicherung der sozialistischen Errungenschaften der DDR möglich sein sollte und daß die

---

485 Zit. nach: Dokumente zur Deutschlandpolitik Bd. III/1 (1955), S. 234 (Rede vom 26. 7. 1955).

Übernahme der sowjetischen Koexistenz-Formel für die DDR-Außenpolitik und die deutsche Frage einen »tiefen Einschnitt« bedeutete. Auch Bonn mußte größere Flexibilität in seiner Deutschlandpolitik zeigen, wollte es die deutsche Frage offenhalten und zudem Fortschritte in der nationalen Frage erzielen. Das Konzept der »Wiedervereinigung durch Westintegration« war zunächst gescheitert. Die »Magnettheorie« hatte nicht funktioniert. Eine Überwindung der Teilung Deutschlands und Europas schien nur möglich, wenn das bipolare Blocksystem der Weltmächte friedlich überwunden werden konnte.

Im Gegensatz zu den USA, die Anfang der fünfziger Jahre für eine Strategie der Befreiung aus einer Position der Stärke eingetreten waren, hatte die Bundesregierung in der Deutschlandfrage von Anbeginn stärker rechtliche als moralische Aspekte hervorgehoben und jede »gewaltsame Revision« des europäischen *Status quo* abgelehnt. Mit der Herausbildung eines atomaren »Patt« der Weltmächte gegen Ende der fünfziger Jahre wurde zudem deutlich, daß eine Veränderung der politischen Landkarte Europas ohne die Gefahr eines Atomkrieges nicht verwirklicht werden konnte. Die Berlinkrise von 1958 und die Viermächteverhandlungen über einen deutschen Friedensvertrag verdeutlichen dies. Bei seinem Moskaubesuch 1955, zu dem er neben Außenminister von Brentano auch die Vorsitzenden der Auswärtigen Ausschüsse von Bundestag und Bundesrat, Kurt Georg Kiesinger und Ministerpräsident Karl Arnold, sowie den Sozialdemokraten Carlo Schmid mitnahm, war Adenauer auf die veränderten weltpolitischen Rahmenbedingungen und die am Frieden orientierte Politik der Bundesrepublik eingegangen. Er verwies auf die Leiden des Krieges, auf die inzwischen verfügbaren atomaren Vernichtungspotentiale und auf die im Falle eines militärischen Konfliktes besonders gefährdete geographische Lage Deutschlands. Kein Deutscher könne daher auch nur von Ferne mit dem Gedanken spielen, die großen politischen Probleme unserer Zeit militärisch zu lösen. Es müßten daher neue Wege der Konfliktregulierung gefunden werden, Wege, die die internationale Zusammenarbeit und ein internationales Solidaritätsgefühl zur Grundlage haben. Adenauer berührte auch die unerträgliche Lage des geteilten Deutschland und das Problem der Wiedervereinigung:

»Die Teilung Deutschlands ist abnorm, sie ist gegen göttliches und menschliches Recht und gegen die Natur. Ich kann es auch nicht nützlich finden, mit ihr als einer ›Realität‹ zu argumentieren, denn das Entscheidende, was daran real ist, ist die Überzeugung aller, daß sie nicht von Bestand bleiben kann und darf. Lassen Sie uns versuchen, in der Frage während unserer Gespräche einen Schritt weiterzukommen. Es besteht sonst die Gefahr, daß im Herzen Europas ein Spannungsherd erster Ordnung bestehen bleibt. Es gibt keine Sicherheit in Europa ohne die Wiederherstellung der deutschen Einheit.«[486]

In seiner Regierungserklärung vor dem Deutschen Bundestag vom 22. September 1955 über die Aufnahme diplomatischer Beziehungen zur Sowjetunion betonte Adenauer, daß dadurch die Rechtsposition und die »Linie unserer Außenpolitik« nicht verlassen worden sei. Es liege im deutschen Interesse, zur UdSSR als einer der vier Siegermächte direkte Gesprächskontakte herzustellen.[487] Um der Irritation der Westmächte über die Aufnahme diplomatischer Beziehungen und deren Furcht vor einer neuen deutschen Schaukelpolitik zu begegnen, betonte Adenauer in seiner Regierungserklärung:

»Die Verträge [von Moskau] sind ... eine in die Zukunft reichende Möglichkeit einer internationalen Entspannung, die für die Welt den Frieden, für Deutschland die staatliche Einheit in Freiheit bringen soll. An unserer Vertragstreue lassen wir nicht den geringsten Zweifel zu. Deutschlands Zugehörigkeit zum Westen liegt ja auch viel tiefer als in der politischen Konstellation, nämlich in seiner untrennbaren Zugehörigkeit zum christlich-abendländischen Kulturkreis begründet. Ich darf in aller Form für mich, für die Bundesregierung, für das ganze deutsche Volk in West und Ost erklären: Deutschland ist ein Teil des Westens, seiner geistigen und sozialen Struktur, seiner geschichtlichen Tradition und nach dem Willen seiner Bevölkerung.«[488]

Damals hoffte Adenauer noch, daß die Wiedervereinigung im Rahmen einer Globalbereinigung der Gegensätze zwischen dem

---

486 Zit. nach: Dokumente zur Deutschlandpolitik Bd. III/1 (1955): Erklärung Adenauers vom 9. 9. 1955, S. 305–309, S. 308.

487 Zur Bundestagserklärung Adenauers vgl. *Stenographische Berichte des Deutschen Bundestages* (Sten. Ber. D. BT), 2. Wahlperiode, 101. Sitzung vom 22. 9. 1955, S. 5643 ff. Vgl. hierzu u. a. *Schwarz*, Die Ära Adenauer 1949–1957, S. 273 ff.

488 *Sten. Ber. D. BT*, 2. Wahlperiode, Bd. 26, S. 5643 A ff., gedruckt auch Dokumente zur Deutschlandpolitik III/1 (1955), S. 382–391, S. 385.

Osten und Westen erreicht werden könnte. Es waren Veränderungen eingetreten, die auf die internationalen Beziehungen und die deutsche Frage voll durchschlagen mußten. Die UdSSR war in der Lage, Wasserstoffbomben herzustellen und durch Interkontinentalraketen direkt das Territorium der USA zu erreichen. Das sich abzeichnende »Gleichgewicht des Schreckens« ließ Hoffnungen aufkeimen, daß nun Abrüstung und friedliches Mit- und Nebeneinander der internationalen Staatengesellschaft möglich werden würde, daß ein grundlegender Wandel in der Politik der Sowjetunion eingetreten sei.

Im Vorfeld der Genfer Außenministerkonferenz von 1959 über Deutschland wurden im In- und Ausland zahlreiche Vorschläge zur deutschen Frage entwickelt. Dabei wird das Deutschlandproblem im Zusammenhang mit der europäischen Sicherheitsfrage und den Möglichkeiten eines »Disengagements« diskutiert.[489] Es handelte sich dabei sowohl um private wie amtliche Stellungnahmen. Die Notwendigkeit der Wiedervereinigung wurde vielfach damit begründet, daß ein geteiltes Deutschland sonst, wie der demokratische US-Senator Hubert Humphrey meinte, »ein potentielles Schlachtfeld für einen neuen, dritten Weltkrieg darstelle«.[490] Zehn Jahre Verhandlungen zur Wiedervereinigung hätten verdeutlicht, daß andere Mittel und Wege zur Lösung gefunden werden müßten. Er schlug die Bildung von »Pufferzonen« vor. Bedingung war allerdings, daß den europäischen Staaten Sicherheit vor Aggressionen garantiert werden sollte und daß in ein Abkommen über eine Pufferzone ein wiedervereinigtes Deutschland in Freiheit eingeschlossen werden mußte.

Immer wieder wird die Schaffung einer Pufferzone in Mitteleuropa, eines großen neutralen Gebietes in Ost- und Mitteleuropa mit Sicherheitsgarantien für dieses neutrale Gebiet[491] angeregt, so vom republikanischen Fraktionsführer des US-Senates, William F. Knowland, oder dem britischen Oppositionsführer Hugh Gaitskell und seinem Parteifreund Aneurin Bevan. Die Sowjetunion schlug

---

489 Vgl. u. a. *Siegler*, Wiedervereinigung und Sicherheit Deutschlands I: 1944–1963, S. 313 ff., S. 375 ff. Vgl. auch *Schubert*, Sicherheitspolitik der Bundesrepublik I.

490 *Siegler*, Wiedervereinigung und Sicherheit Deutschlands, S. 289.

491 Vgl. hierzu *ebda.* S. 290 (Knowland, Hugh Gaitskell, Aneurin Bevan).

einen europäischen Sicherheitspakt vor. Vor der UN-Vollversammlung forderte der polnische Außenminister Adam Rapacki 1957 die deutschen Staaten auf, im »Interesse der Sicherheit Polens und der Entspannung in Europa«[492] einer atomwaffenfreien Zone in Europa zuzustimmen. Auch die SPD und die FDP legten mit der europäischen Sicherheitsfrage gekoppelte Überlegungen vor. Der Deutschland-Plan der SPD vom 18. März 1959 sah »Europäische Sicherheit und deutsche Einheit« als einen gemeinsamen Komplex an und berief sich bei seinen Überlegungen auf die des Abrüstungsausschusses des US-Senates, des amerikanischen Diplomaten George Kennan, des britischen Oppositionsführers Hugh Gaitskell, des früheren belgischen Premierministers van Zeeland und des polnischen Außenministers Rapacki. Die SPD-Bundestagsfraktion forderte ein militärisches »Disengagement« in Mitteleuropa, eine Ungarn, Polen, die Tschechoslowakei und beide Teile Deutschlands umfassende »Entspannungszone«, kollektive Sicherheitsabkommen unter Einschluß von USA und UdSSR und Austritt der Mitglieder der »Entspannungszone« aus den jeweiligen Militärbündnissen. Der Prozeß der politischen und wirtschaftlichen Zusammenführung Deutschlands sollte in drei Stufen erfolgen, denn die langjährige Teilung habe zu strukturellen Unterschieden in der Entwicklung geführt:

»Hieraus ergibt sich zwangsläufig, daß die Wiederherstellung der staatlichen Einheit Deutschlands durch eine frei gewählte Nationalversammlung eine allmähliche Annäherung in Stufen voraussetzt. Es sind Organe zur schrittweisen Zusammenführung zu bilden, ohne daß in der Übergangszeit die derzeitigen Zuständigkeiten in den beiden Teilen Deutschlands berührt werden.«[493]

In Viermächteverhandlungen unter Einbeziehung der Deutschen sollte die staatliche Einheit Deutschlands wiederhergestellt werden. Dies hatte bereits der Ollenhauer-Plan von 1957 gefordert. Das europäische Sicherheitssystem sollte »das wiedervereinigte Deutschland und seine Nachbarn im Osten und Westen umfassen«.[494]

---

492 Zit. nach: *Schubert*, Sicherheitspolitik der Bundesrepublik I, S. 199–205 (Rede Rapackis vom 2. 10. 1957 vor der UN-Vollversammlung).

493 Dokumente zur Deutschlandpolitik IV/1, S. 1207ff. sowie *Siegler*, Wiedervereinigung und Sicherheit Deutschlands, S. 298–301, S. 299.

494 »Ollenhauer-Plan« vom 23. 5. 1957 in: Dokumente zur Deutschlandpolitik III/3.2, S. 1066–1072, auch: *Siegler*, Wiedervereinigung und Sicherheit Deutschlands, S. 290–292.

Grundidee aller Vorschläge zur Lösung der deutschen Frage als einer europäischen Sicherheitsfrage war es, das wiedervereinigte Deutschland in ein europäisches Sicherheitssystem unter Berücksichtigung der Interessen der Siegermächte einzugliedern.

In vielbeachteten Rundfunkvorträgen der BBC zu aktuellen politischen Fragen argumentierte 1957 George Kennan, daß es wohl nicht »richtig und realistisch gedacht ist, wenn man darauf besteht, daß eine künftige gesamtdeutsche Regierung vollkommen freie Hand hat«.[495] Er warnte vor einer Ausrüstung der kontinentaleuropäischen NATO-Staaten mit taktischen Atomwaffen, würde dies doch eine spätere Abrüstung erschweren. Kennan verurteilte die Haltung des Westens, »daß eine künftige gesamtdeutsche Regierung in keiner Weise die Hände gebunden haben darf, was die militärischen Verpflichtungen Deutschlands betrifft«.[496] Ein Beharren auf dieser Position werde die Spaltung Deutschlands und Europas auf lange Sicht festschreiben. Die Bundesregierung lehnte alle Vorschläge für einen Sonderstatus und eine Neutralisierung ab, desgleichen einen Konföderationsplan zwischen beiden deutschen Staaten.[497]

In der europäischen Sicherheits- und Wiedervereinigungsdebatte dieser Jahre war Adenauer um eine Balance zwischen den deutschen Interessen und den Möglichkeiten souveräner westdeutscher Politik einerseits und den Wünschen des Westens nach Arrangement und Abrüstung sowie den Bestrebungen der UdSSR nach einem Sicherheitsabkommen auf der Grundlage des *Status quo* andererseits bemüht. Hieraus ergaben sich für Adenauers Politik als Konsequenzen:

1. Das gemeinschaftliche ostpolitische Handeln des Westens mußte erhalten bzw. wiederhergestellt werden, sei es »durch Lavieren oder durch Torpedieren vorschneller Vorstöße«.
2. Lösungen der deutschen Frage auf der Basis des *Status quo* durften nicht präjudiziert werden.
3. Zur gleichen Zeit mußten alle Ansatzpunkte für Verhandlungen

---

495 *Siegler*, Wiedervereinigung und Sicherheit Deutschlands, S. 292.

496 George F. *Kennan*, Rußland, der Westen und die Atomwaffe. Frankfurt/M. 1982, S. 54.

497 *Siegler*, Wiedervereinigung und Sicherheit Deutschlands I, S. 97 f.

mit der UdSSR über Wiedervereinigung und Friedenssicherung getestet werden.

Adenauer war sich sehr wohl bewußt, daß Fortschritte in der Wiedervereinigungspolitik ohne einen substantiellen Beitrag der Bundesrepublik nicht möglich sein würden. Er machte daher im März 1958 in Gesprächen mit Smirnow und Mikojan den Vorschlag einer »Österreich-Lösung« für die DDR. Adenauer ging auf sowjetische Überlegungen und Sicherheitsvorstellungen ein und verknüpfte sie mit deutschen Zielen. Bei einem Arrangement konnten beide Seiten ihre Interessen in einem Kompromiß wahren. Mit dem ost-westlichen Klimasturz im Sommer 1958 und dem sowjetischen Berlin-Ultimatum war Adenauers Vorstoß jedoch endgültig gescheitert.

Im Zusammenhang mit möglichen Zugeständnissen des Westens in der Berlin- und Deutschlandfrage entstand um die Jahreswende 1958/59 der Globke-Plan.[498] Er dürfte der bislang interessanteste bekannte Vorschlag zur Wiedervereinigung in der Ära Adenauer sein.

In der ersten Fassung sind beide deutsche Staaten vom Zeitpunkt des Vertragsabschlusses »getrennte souveräne Staaten«, die innerhalb von sechs Monaten zueinander diplomatische Beziehungen aufnehmen. Dieser Zustand bleibt erhalten, sollte eine Volksabstimmung in der Bundesrepublik *und* in der DDR keine Mehrheit für eine Wiedervereinigung bringen. Ein wiedervereinigtes Deutschland sollte Optionsfreiheit haben, ob es sich dem Osten oder Westen anschließt. Tritt Gesamtdeutschland der NATO bei, so »bleibt das Gebiet der bisherigen Deutschen Demokratischen Republik von allen militärischen Verbänden, Einrichtungen und Anlagen frei«. Optiert es für den Warschauer Pakt, so bleibt das frühere Territorium der Bundesrepublik entmilitarisiert. In seiner zweiten, ergänzten Fassung vom 17. November 1960 erhalten beide Staaten erst völkerrechtliche Qualität, wenn bei der Volksabstimmung in einem der Teilstaaten die Wiedervereinigung abgelehnt wird. Für die Zeit vom Vertragsabschluß bis zur Volksabstimmung, die innerhalb von fünf Jahren erfolgen solle, nehmen beide Staaten »amtliche Beziehungen zueinander auf«. Neutralität schied für die dama-

---

498 Rudolf *Morsey*/Konrad *Repgen* (Hrsg.), Adenauerstudien III. Mainz 1974, S. 202–209.

lige Bundesregierung aus. Mit ihr verband sich die Befürchtung, Deutschland könnte dann in absehbarer Zeit in die sowjetische Machtsphäre einbezogen werden. Die vorgeschlagene Lösung bot hier Sicherungen. Gleichzeitig aber berücksichtigte sie durch teilweisen äußeren Souveränitätsverlust das Sicherheitsbedürfnis der UdSSR.

Warum war die Sowjetunion, der der Globke-Plan zumindest in den Grundzügen mitgeteilt worden war, nicht mehr an einem wiedervereinigten Deutschland mit sicherheitspolitischen Garantien für die UdSSR interessiert? Sie war etablierte Atommacht und versetzte dem Westen den »Sputnikschock«. Sie besaß Überlegenheit im Bereich der konventionellen Rüstung und ein »militärisches Potential von apokalyptischem Ausmaß« (Wolfgang Marienfeld). Die UdSSR war nun in der Lage, an jedem beliebigen Punkt der Erde ihre Militärmacht einzusetzen. Sie war de facto »unangreifbar« geworden. Ein Krieg würde keiner Seite den Sieg bringen, »sondern nur noch die Gemeinschaft des Todes«.[499]

Die drastisch veränderten weltpolitischen Rahmenbedingungen hatten weitreichende Wirkungen für die deutsche Frage. Sie rückte aus dem Zentrum weltpolitischen Interesses und wurde zur Nebenfrage. Sicherheitspolitisch konnte ein neutralisiertes Deutschland der UdSSR keinen Gewinn bringen. Mit oder ohne Deutschland bedeutete die NATO für die Sowjetunion keine Bedrohung mehr. Schon 1959 bekundete Chruschtschow in Moskau gegenüber Fritz Erler und Carlo Schmid sein Desinteresse am SPD-Vorschlag Wiedervereinigung gegen Neutralisierung. Beide Politiker waren mit großen Hoffnungen nach Moskau gefahren, hatte doch Chruschtschow bei einem Gespräch mit Erich Ollenhauer den Eindruck vermittelt, daß er bereit sei, über alles zu sprechen, auch über einen Friedensvertrag und die Wiedervereinigung. Bei ihren Gesprächen im Kreml wurde den sozialdemokratischen Politikern erklärt, daß es heute nur noch darum gehen könne, den bestehenden »De-facto-Zustand« in einen »De-jure-Zustand« zu verwandeln. Chruschtschow erklärte seinen Besuchern, daß er nichts von der deut-

---

499 Wolfgang *Marienfeld*, Das Deutschlandproblem in seiner geschichtlichen Entwicklung, in: *Niedersächsische Landeszentrale für Politische Bildung* (Hrsg.), Die deutsche Frage. Materialien zur Politischen Bildung. Hannover [2]1982, S. 9–60, S. 36.

schen These halte, »die Ursachen der politischen Spannungen, unter denen die Welt leide und die den Frieden gefährden könnten, würden erst dann gegenstandslos, wenn den Deutschen gestattet worden sei, die Spaltung ihres Landes auf die eine oder andere Weise rückgängig zu machen«.[500] Moskau komme es darauf an, »mit den beiden deutschen Staaten so rasch wie möglich einen Friedensvertrag abzuschließen, der die durch den Krieg geschaffene Lage festschreibe. Die Zeit dafür sei überreif.«[501] In seinem mehrstündigen Monolog – die Argumente seiner deutschen Gesprächspartner vermochten »in ihm nichts zu bewegen« – betonte Chruschtschow auch, daß er überzeugt davon sei, »daß man im Westen kein Interesse an einem Deutschland mit siebzig oder achtzig Millionen Menschen habe. Zudem gebe es ökonomische Gründe, die die Wiedervereinigung Deutschlands den westlichen Nachbarn Deutschlands nicht wünschenswert erscheinen lassen. Vor allem aber wolle der Westen die Wiedervereinigung nicht, weil Westdeutschland für den Zusammenhalt der NATO unerläßlich sei und der Westen glaube, daß er die NATO brauche. Ein wiedervereinigtes Deutschland aber würde die NATO sprengen.«[502]

Als Ergebnis des Moskaubesuches drängte sich Erler und Schmid die Erkenntnis auf, »daß seit 1949 unverrückbare Realitäten entstanden waren, die jede Wahrscheinlichkeit ausschlossen, in absehbarer Zeit auf internationalen und nationalen Wegen zur Wiedervereinigung Deutschlands zu gelangen«.[503]

Der Moskaubesuch leitete in der SPD einen Prozeß des Umdenkens ein. Die »Pragmatik der Wiedervereinigung rückte ... aus dem Zentrum der *aktuellen* politischen Aufgaben an den Horizont des Aktionsfeldes«.[504] An ihre Stelle trat eine Politik, die sich schwerpunktmäßig mit der Stellung und Einbindung der Bundesrepublik in das westlich-atlantische System befaßte. Die SPD vollzog den außenpolitischen Schwenk in der deutschen Frage und ihrer West- und Europapolitik 1960. Sie schuf die Basis für Gemeinsamkeiten der kommenden Jahre in den »Schicksalsfragen der Nation«. Mit Recht

---

500 *Schmid*, Erinnerungen, S. 651.
501 *Ebda.*
502 *Ebda.*, S. 654.
503 *Ebda.*, S. 655.
504 *Ebda.*, S. 656.

hat Klaus Hildebrand diese Neuorientierung der Sozialdemokratie dahingehend kommentiert, daß die SPD helfend einsprang, um den Kurs zu halten, als »das Schiff ins Schlingern geriet... Eben in dem historischen Augenblick, als die Deckungsgleichheit aus atlantischen, europäischen und deutschen Interessen in Adenauers außenpolitischer Architektur zu zerbersten drohte, bekannte sich die SPD zum westlichen Bündnissystem und akzeptierte den Vorrang der Westbindung gegenüber der Wiedervereinigung.«[505] In einer eindrucksvollen Rede vor dem Bundestag am 30. Juni 1960 setzte Herbert Wehner die neuen Schwerpunkte der sozialdemokratischen Deutschland- und Europapolitik und verwies auf die Berührungspunkte der demokratischen Parteien. Er betonte die »Essentials« für die außenpolitische Bestandsaufnahme:

1. Berlin müsse beim Bund bleiben. Einer Zweiteilung dürfe keine Dreiteilung folgen.
2. »Das deutsche Volk in der Bundesrepublik habe sich gegen jede Diktatur und für die westliche Gemeinschaft entschieden, d.h. eine enge Zusammenarbeit mit den westlichen Nachbarn und der freien Welt.«[506]
3. Die »verantwortungsbewußten Kräfte« in Deutschland hätten sich gegen den Kommunismus und die sowjetische Deutschlandpolitik entschieden.
4. »Es muß alles getan werden, um das Leben und das Los der 17 Millionen Landsleute im sowjetisch besetzten Teil Deutschlands zu erleichtern. Wir dürfen den Willen zur Selbstbestimmung in unserem Volk nicht erlahmen lassen und müssen uns ständig um neue Ansätze zur Lösung der deutschen Frage bemühen.«[507]
5. Nachdem Europa schon durch die Kommunisten gespalten wurde, darf »nicht dazu beigetragen werden, Europa noch einmal zu spalten. Vielmehr muß, soweit wir etwas dazu tun können, alles in die Wege geleitet werden, damit es in einer breiten Gemeinschaft zusammenarbeiten kann.«[508]

---

505 Klaus *Hildebrand*, Integration und Souveränität. Die Außenpolitik der Bundesrepublik Deutschland 1949–1982. Bonn 1991, S. 53f.

506 Zit. nach: *Schubert*, Sicherheitspolitik der Bundesrepublik I, S. 218 bis 222 (Rede des Abg. Wehner vom 30.6.1960), S. 219.

507 *Ebda.*

508 *Ebda.*

6. »Bei aller Notwendigkeit, den Fragen der militärischen Sicherheit gerecht zu werden, muß die Bundesrepublik jede Anstrengung machen, um zur Sicherung des Friedens in der Welt beizutragen.«[509] Mit Blick auf diese Elemente der Außen- und Deutschlandpolitik formulierte Wehner, daß SPD und CDU anerkennen müßten, »daß die europäische Einheit und die atlantische Allianz Voraussetzungen für die Erhaltung der Freiheit und der Erlangung der deutschen Wiedervereinigung sind«.[510] Für seine eigene Partei forderte er, alle Disengagement-Pläne aufzugeben, gemeinsam in der Opposition oder in der Regierungsverantwortung mit den Unionsparteien die »Lasten und Bürden der Landesverteidigung zu tragen«,[511] sich von der These zu distanzieren, daß die Wiedervereinigung nur durch Ausscheiden der Bundesrepublik »aus der NATO und den westlichen Bündnissystemen« möglich sei und uneingeschränkt für die Wiedervereinigung den Begriff des Selbstbestimmungsrechtes nach freien Wahlen anzuerkennen.

Mit der Neuorientierung der Deutschland- und Europapolitik der SPD war auch der Vorwurf Schumachers an die Bundesregierung und die sie tragenden Parteien vom Tisch, daß, wer den EVG-Verträgen zustimme, aufhöre, ein Deutscher zu sein.

An der Deutschland- und Rüstungspolitik der UdSSR änderte sich auch zu Beginn der sechziger Jahre nichts. Mit dem Mauerbau vom 13. August 1961 zementierte die UdSSR den *Status quo* auch optisch. Umdenken tat not, denn die Zeit schien gegen die Einheit der Nation zu arbeiten.

Seit 1960 entstanden neue weltpolitische Konfliktherde. Die weltpolitischen Gewichte verschoben sich in außereuropäische Bereiche. Vor allem auch die westliche Führungsmacht verlor wegen ihrer Verstrickungen in den Vietnamkrieg zunehmend Interesse an der deutschen Frage. Fortschritte in der deutschen Frage waren nicht mehr nötig, um mit der UdSSR über militärtechnische Probleme zu verhandeln. Beide Weltmächte waren an Sicherheitsvereinbarungen wie dem am 25. Juli 1963 geschlossenen Moskauer Test-Stopp-Abkommen oder dem schließlich 1968 unterzeichneten

---

509 *Ebda.*
510 *Ebda.*
511 *Ebda.*, S. 220.

Atomwaffen-Nichtverbreitungsvertrag (»Nonproliferation Treaty«) interessiert. Mit dem Ausgang der Raketenkrise in Kuba hatten die USA gezeigt, daß sie macht- und sicherheitspolitische Veränderungen zu ihren ungunsten in ihrer Hemisphäre nicht dulden würden. Mit der Reaktion auf den Berliner Mauerbau signalisierte der Westen, daß er den *Status quo* respektierte. Der Mauerbau wurde somit in gewisser Weise auch zu einem Lehrstück gegen einen nuklearen Schlagaustausch. Washington und Moskau wußten, daß sie die andere Seite durch eigene militärische Überlegenheit und Drohungen nicht zur Aufgabe politischer Positionen zwingen konnten. Anerkennung der jeweiligen Einflußsphären und Abgrenzung waren daher naheliegend. Insbesondere galt dies für Europa. Dort war die Demarkationslinie klar erkennbar. Verschiebungen durch »Befreiungsbewegungen« oder bürgerkriegsähnliche Situationen waren nicht zu erwarten.

Die westliche Reaktion auf den Mauerbau verdeutlichte der UdSSR das Verhalten der Westmächte im Konfliktfall. Mit der Festsetzung der zentralen Bedingungen für die Existenz West-Berlins hatten die Westmächte einen Rahmen gesetzt, der nicht verletzt werden durfte. Sie zeigten den Russen die Toleranzgrenze für die geplante Absicherung der DDR und zwangen sie zur Rücknahme weitergehender Ziele. Wie 1968 das sowjetische Vorgehen gegen die ČSSR, nahm der Westen 1961 die gewaltsame Trennung Ost-Berlins vom Westteil der Stadt zur Kenntnis. Sie wurde als interner Vorgang im Sowjetblock verstanden.

Für die nüchtern-distanzierte Haltung der Westmächte in der Berlinfrage zeigten Politiker und Öffentlichkeit in der Bundesrepublik wenig Verständnis. Der Regierende Bürgermeister von Berlin, Willy Brandt, bewertete noch am 13. August 1961 vor dem Berliner Abgeordnetenhaus die Maßnahmen zur Abriegelung des Sowjetsektors und der Sowjetzone als ein »empörendes Unrecht. Sie bedeuten, daß mitten durch Berlin nicht nur eine Art Staatsgrenze, sondern die Sperrwand eines Konzentrationslagers gezogen wird.«[512]

In einem Brief an Kennedy vom 16. August 1961, der durch eine Indiskretion in der Öffentlichkeit bekannt wurde, äußerte Brandt

---

512 Erklärung des Regierenden Bürgermeisters von Berlin vom 13.8.1961, abgedruckt in: *Longerich*, Was ist des Deutschen Vaterland, S. 225.

Zweifel an der Reaktionsfähigkeit und Entschlossenheit der Westmächte und warnte vor den Folgen. Wenn Berlin kein neues München werden solle, müsse der Westen offensiv werden. Angesichts »der vielen Tragödien, die sich heute in Ostberlin und in der Sowjetzone abspielen, wird uns allen das Risiko letzter Entschlossenheit nicht erspart bleiben. Es wäre zu begrüßen, wenn die amerikanische Garnison demonstrativ eine gewisse Verstärkung erfahren könnte.«[513]

Die Beziehungen zu den USA kühlten ab. Antiamerikanische Ressentiments wurden laut. Gegenmaßnahmen wurden gefordert. Die Deutschen wollten nicht einsehen, daß mit steigendem Machtpotential die Weltmächte bewegungsunfähiger geworden waren. Es war für Bonn schwer, die »Spielregeln des atomaren Patts«[514] zu begreifen. Dies um so mehr, als zu Beginn der sechziger Jahre das bipolare Grundmuster der internationalen Beziehungen, trotz des Wandels der weltpolitischen Perspektive der USA, noch erhalten blieb. Bonn glaubte daher, an den Maximen der fünfziger Jahre hartnäckig festhalten zu können. Damit geriet die Bundesrepublik »ganz unübersehbar in außenpolitische Schwierigkeiten«.[515]

Noch etwas hatte sich verändert und die Bundesrepublik unvorbereitet getroffen. Die weltmächtliche Garantie für den weltpolitischen *Status quo* eröffnete für minder mächtige Staaten (Mittel- und Kleinstaaten) je nach geographischer Lage und geopolitischer Bedeutung Handlungsspielräume für die Verfolgung eigener nationaler Interessen. Mit wachsender Entspannungsbereitschaft der Supermächte verstärkte sich auch bei den mindermächtigen Akteuren in der internationalen Ordnung der Wille zu uneingeschränkter Politik. Unter amerikanischem Atomschutz koppelte sich so de Gaulles Frankreich immer mehr von der »Idee der Supranationalität« in Europa ab und blockierte die Fortschreibung der EWG zum euro-

---

513 *Siegler*, Wiedervereinigung und Sicherheit Deutschlands I, S. 234f., S. 235.

514 *Besson*, Die Außenpolitik der Bundesrepublik Deutschland, S. 264.

515 *Hildebrand*, Integration und Souveränität, S. 53. Eingehender zur deutschen Ost-, Europa- und Deutschlandpolitik sowie zu den Beziehungen zu den USA vgl. u. a. Klaus *Hildebrand*, Von Erhard zur Großen Koalition 1963–1969. (Geschichte der Bundesrepublik Deutschland Bd. 4) Stuttgart, Wiesbaden 1984, S. 19ff.

päischen Bundesstaat, den Adenauer von Anbeginn anvisiert hatte. Die Integrationsidee wurde über Bord geworfen, das »Europa der Vaterländer« propagiert, das vom Atlantik zum Ural reichen sollte. Wo aber war der Deutschen Vaterland? Wie viele Deutschlands sollte das Europa der Vaterländer haben?

Seit dem Bau der Berliner Mauer vollzog sich in der Bundesrepublik Deutschland wie in der DDR ein Stimmungsumschwung. Die westdeutsche Politik der Wiedervereinigung in Frieden und Freiheit als Grundlage der Konzeption Adenauers schien angesichts der weltpolitischen Rahmenbedingungen zu Beginn der 1960er Jahre gescheitert. Die Westmächte gaben praktisch die seit den Pariser Verträgen gültige Formel, daß eine globale Entspannung allein durch die Wiedervereinigung Deutschlands in Frieden und Freiheit erreicht werden könne und dann auch die Teilung Europas beendet sein würde, auf. Seit 1961 spätestens verschwand somit die deutsche Frage von der weltpolitischen Agenda. Daran änderte auch Adenauers »Burgfriedensangebot« von 1962 an die UdSSR nichts, in dem er vorschlug, die deutsche Frage zehn Jahre ruhen zu lassen und dann weiterzusehen. Der Empörung über die »Mauer« folgte in der Öffentlichkeit bald Ernüchterung über die eigenen Illusionen. Alle Versuche von Bundeskanzler Erhard, die deutsche Frage auf die weltpolitische Ebene zurückzubringen, sie wieder zu einem Gesprächsthema der Weltmächte werden zu lassen, wurden enttäuscht. Neue Initiativen des Westens in der Deutschlandfrage waren nicht zu erwarten. Das Drängen der Bundesregierung war ihm lästig, und er versuchte, sich dem zu entziehen.[516] Die Deutschland-Erklärung des NATO-Rates vom 12. Mai 1965 verdeutlichte dies:

Die drei Regierungen »haben kürzlich zusammen mit der Regierung der Bundesrepublik Deutschland das deutsche Problem und die Aussichten für eine Wiederaufnahme diesbezüglicher Erörterungen mit der Regierung der Sowjetunion erneut geprüft. Sie haben dies auf Grund der Verpflichtungen und Verantwortlichkeiten getan, die ihnen seit dem II. Weltkrieg hinsichtlich Deutschlands einschließlich Berlins und der Zugänge dorthin obliegen. Die Möglichkeiten, in dieser Frage an die sowjetische Regierung heranzu-

---

516 Vgl. hierzu u. a. *Hildebrand*, Von Erhard zur Großen Koalition, S. 88 ff.

treten, werden unter Berücksichtigung der Aussichten, dabei zu nützlichen Ergebnissen zu gelangen, weiterhin geprüft.«[517] Bedeutete dies ein »Begräbnis dritter Klasse« für die deutsche Frage? Zwischen seinem Regierungsantritt und 1965 verfolgte Erhard mit Regierungserklärungen, Memoranden, öffentlichen Erklärungen und Gesprächen mit den westlichen Siegermächten die Vereinbarkeit von Wiedervereinigungs- und Entspannungspolitik. Für ihn blieb die deutsche Frage der Kern der Ost-West-Beziehungen. Sicherlich könne die Wiedervereinigung Deutschlands nicht frontal und ohne Berücksichtigung der Abrüstungs- und Sicherheitsproblematik angegangen werden. An eine »Wiedervereinigung durch Entspannung« konnte er nicht glauben.

Mit der vom »Atlantiker« Gerhard Schröder unter Widerständen eingeleiteten Politik der »selektiven Normalisierung der Beziehungen mit dem Osten«, die die Formel »Entspannung durch Wiedervereinigung« ablöste, kam es seit 1962 zu einer etappenweisen Neuorientierung in der westdeutschen Ost- und Deutschlandpolitik, die außerdem einen Beitrag zur Entspannung und zugleich zur europäischen Integration leisten sollte. Unter Ausgrenzung der DDR, die auf der europäischen Landkarte wie ein politischer »Anachronismus« wirken sollte,[518] wurden 1963/64 Handelsverträge mit Rumänien, Polen, Ungarn und Bulgarien abgeschlossen, ohne Rechtspositionen aufzugeben.

Die Bundesregierung mußte dem Entspannungswunsch ihrer Verbündeten Tribut zollen. Am 25. März 1966 übermittelte Bonn an die Regierungen der Welt eine »Friedensnote«, die Vorschläge für Friedenssicherung und Abrüstung in Europa enthielt.[519] In einer Regierungserklärung vor dem Deutschen Bundestag, in der er die Friedensnote ankündigte, hatte Bundeskanzler Erhard den Zusammenhang zwischen Deutschland-, Europa- und Entspannungspolitik hervorgehoben, als er meinte:

---

517 *Siegler*, Wiedervereinigung und Sicherheit Deutschlands II, S. 75.

518 Vgl. hierzu Zbigniew K. *Brzezinski*, Deutsche Einheit durch europäische Verflechtung, in: Theo *Sommer*, Denken an Deutschland. Zum Problem der Wiedervereinigung – Ansichten und Einsichten. Hamburg 1966, S. 99.

519 Vgl. *Siegler*, Wiedervereinigung und Sicherheit Deutschlands II, S. 120–123.

»Die Bundesregierung geht davon aus, daß die alte nationalstaatliche Ordnung unseres Erdteils den großen politischen, geistigen und wirtschaftlichen Aufgaben der Zukunft nicht mehr gewachsen sein wird. Diese Aufgaben lassen sich nur gemeinsam lösen. Aus diesem Grunde wird sich die Bundesregierung wie in der Vergangenheit an allen Vorhaben beteiligen, die auf einen europäischen Zusammenschlug gerichtet sind. Diese Arbeit dient dem Frieden. Deutschland und Europa brauchen den Frieden, wenn sie ihr Ziel erreichen wollen.«[520] Hier klingt deutlich, wie in Erklärungen anderer deutscher Politiker dieser Jahre, die Europäisierung der deutschen Frage an.

Die Bundesregierung sei überzeugt, so fuhr Erhard fort, daß »alle Bemühungen um Sicherheit und Abrüstung nur dann entscheidenden und dauerhaften Erfolg haben können, wenn zugleich auch die Ursachen der Spannungen beseitigt werden. Das heißt, in Europa muß vor allem die Deutschlandfrage in gerechter Weise dadurch gelöst werden, daß dem deutschen Volk das Recht gewährt wird, frei über seine politische und gesellschaftliche Lebensform ... zu bestimmen.«[521] Die Bundesrepublik mußte einen Beitrag zur Entspannung leisten, zumal auch im Verhältnis der beiden Supermächte ein Wandel eingetreten war. Diese neuen Rahmenbedingungen versuchte der Bericht des belgischen Außenministers Pierre Harmel zu berücksichtigen, den er im Auftrag des NATO-Rates verfaßte und im Dezember 1967 vorlegte. Bei seinen Überlegungen zur künftigen Aufgabe der Allianz strich er die Doppelfunktion des Nordatlantikpaktes heraus, zur Abwehr von Aggressionen auf einen Mitgliedsstaat oder die Gesamtorganisation »eine ausreichende militärische Stärke und politische Solidarität aufrechtzuerhalten« und zugleich zu versuchen, Fortschritte in Richtung auf dauerhafte Beziehungen zu erreichen, »mit deren Hilfe die grundlegenden politischen Fragen gelöst werden können. Militärische Sicherheit und eine Politik der Entspannung stellen keinen Widerspruch, sondern eine gegenseitige Ergänzung dar.«[522] Zur Entspannung und zur Verhinderung

---

520 *Sten. Ber. D. BT,* 5. Wahlperiode, Bd. 61 (1966), S. 1607 (Regierungserklärung vom 25.3.1966), abgedruckt auch bei: *Siegler*, Wiedervereinigung und Sicherheit Deutschlands II, S. 120.

521 *Ebda.*

522 Der Harmel-Bericht vom Dezember 1967, auszugsweise abgedruckt in:

von Krisen in Europa gehöre als zentrale politische Frage »zunächst und zuerst die Deutschlandfrage«.[523]

Die seit 1962/63 initiierte Deutschlandpolitik der Bundesregierung unterwarf sich, nach einigen Unsicherheiten, der Forderung nach »dem konstruktiven Einsatz der Allianz im Interesse der Entspannung«. Die Auflockerung der Fronten in der Deutschlandfrage sollte durch Aufnahme von handelspolitischen Beziehungen zu den osteuropäischen Staaten unter Auskreisung der DDR versucht werden. Schröders außenpolitische Linie verstand sich als konkurrierendes Konzept zu de Gaulles Vision eines »Europa vom Atlantik zum Ural« und verschärfte die Auseinandersetzungen zwischen den »Atlantikern« und den »Gaullisten« in der Bundesrepublik. Die von Schröder betriebene Ostpolitik geriet 1967 in eine Sackgasse, denn ihr Erfolg hing ganz entscheidend von der Interessenlage der UdSSR ab, d. h. inwieweit die Sowjetunion bereit war zu einer »freiwilligen Beschränkung ihres bisherigen Hegemonieanspruchs«. Dies zeigte sich 1968, als die UdSSR rücksichtslos von ihrem Hegemonieanspruch bei der Intervention in der Tschechoslowakei Gebrauch machte.

Seit 1967 wurden im Auswärtigen Amt alternative ost- und deutschlandpolitische Strategien entwickelt, die an ihre Vorgänger anknüpften. Die Große Koalition war ostpolitisch beweglicher und wurde mit ihren Initiativen von der DDR, die ihre eigene »Hallstein-Doktrin« entwickelt hatte, als gefährlich empfunden. Neue Strategien waren bereits durch den Berliner Senat bei den Passierscheinverhandlungen 1963/64 als »Politik der kleinen Schritte« erprobt worden. Ihre Grundgedanken orientierten sich an der Überlegung, daß die Verbesserung menschlicher Kontakte in beiden Teilen Deutschlands Vorrang vor »juristischen Positionen« haben müsse. Das Konzept des Wandels durch Annäherung, ein mitbestimmender Gedanke der Entspannungsstrategie John F. Kennedys, fand in die deutschlandpolitische Diskussion durch einen Vortrag Egon Bahrs vor der Evangelischen Akademie in Tutzing am 15. Juli 1963 Eingang. Voraussetzung einer derartigen Politik sei es, die antiquierte Politik des Alles oder Nichts aufzugeben:

Die deutsche Frage. Materialien zur politischen Bildung, S. 182f., S. 183.

523 *Ebda.*

»Ich komme zu dem Ergebnis, daß sich unterhalb der juristischen Anerkennung, unterhalb der bestätigten Legitimität dieses Zwangsregimes bei uns so viel eingebürgert hat, daß es möglich sein muß, diese Formen auch gegebenenfalls in einem für uns günstigen Sinne zu benutzen.«[524]

Die Spaltung Deutschlands und Europas müsse durch eine Annäherung beider Teile aufgehoben werden. Dies sei ein dornenreicher Weg mit vielen Schritten und vielen Stationen. Die Hoffnungen, das Regime in der DDR durch wirtschaftliche Sanktionen beseitigen zu können, seien Illusion. Die Wiedervereinigung werde nicht ein einmaliger Akt sein, der »durch einen historischen Beschluß an einem historischen Tag auf einer historischen Konferenz ins Werk gesetzt wird«.[525] Die Zone müsse in »homöopathischen Dosen« mit sowjetischer Zustimmung transformiert werden. Eine realistische Deutschlandpolitik passe sich auch »nahtlos in das westliche Konzept der Strategie des Friedens« ein. Sonst »müßten wir auf Wunder warten, und das ist keine Politik«. Die Hoffnung, die Teilung »in einer neuen politisch-sozialen Synthese« zu überwinden, wurde durch die Niederschlagung des »Prager Frühlings« drastisch dementiert.

Ein deutschlandpolitischer Umschwung in der Öffentlichkeit trat erst 1964/65 ein und wurde vor allem von der Jugend getragen. An der meinungsbildenden kritischen Bestandsaufnahme, die meistens die Einheitsfrage mit der europäischen Sicherheitsfrage verknüpfte, beteiligten sich Politiker unterschiedlicher parteipolitischer Orientierung, Publizisten und auch das Kuratorium Unteilbares Deutschland. Zahlreiche Deutschlandpläne wurden vorgelegt. Immer wieder wurde ein »Deutscher Bund«, der über den Charakter einer Konföderation hinausgehen würde, als das neu zu knüpfende Band für die deutsche Nation vorgeschlagen.[526]

---

524 Vortrag Egon Bahrs vom 15.7.1963 vor der Evangelischen Akademie Tutzing, auszugsweise abgedruckt in: *Longerich*, Was ist des Deutschen Vaterland, S. 230–233, S. 231.

525 *Ebda.*, S. 232, abgedruckt auch in: *Siegler*, Wiedervereinigung und Sicherheit Deutschlands I, S. 335–337, S. 336.

526 Vgl. hierzu u. a. Wolf D. *Gruner*, Die Verfassungsordnung des Deutschen Bundes – Modell für die Wiedervereinigung?, in: *Politik und Kultur* 13/1986 (H. 4), S. 64–92 und *Ders.*, Deutschland mitten in Europa, S. 48ff.

Schon 1965 forderte der geschäftsführende Vorsitzende des Kuratoriums Unteilbares Deutschland, Johann Baptist Gradl, daß die deutsche Frage offenzuhalten nicht heißen könne, bloß abzuwarten. Die deutsche Politik müsse daher »Anregungen erörtern und beitragen«.[527] Hier und später vertrat Gradl die Meinung, daß eine »gute Lösung der deutschen Frage... sich nur in dem magischen Dreieck Selbstbestimmungsrecht – Sicherheit – Friedensregelung finden« läßt.[528] In einer deutschlandpolitischen Grundsatzerklärung vom 1. September 1965 vertrat er die Auffassung, daß eine nationalpolitische Grundsatzerklärung zweckmäßig sein könnte und deutlich machen würde, »daß bei uns die Bereitschaft und für die Sowjetunion die Chance besteht,

1. zu einer mitteleuropäischen Friedensordnung,
2. zu einer militärischen Entspannung, die auch legitime sowjetische Sicherheitsinteressen respektiert, und
3. zu einem großangelegten wirtschaftlichen Aufbauwerk zu gelangen«.[529]

Die deutsche Erklärung müsse zudem verdeutlichen, daß »ungelöstes Vorsichherschieben zwar scheinbar die einfachste, in Wahrheit aber die gefährlichste Handhabung der deutschen Frage ist«.[530] Im November 1967 regte Wilhelm Wolfgang Schütz, der sich seit dem Beginn der fünfziger Jahre politisch und publizistisch immer wieder zur deutschen Frage geäußert hatte, in einem umfassenden Memorandum »Was ist Deutschland?« neue Wege zur Lösung der deutschen Frage an.[531] Er forderte eine realistische Deutschlandpolitik, arbeitete den Unterschied zwischen staatsrechtlichen und völkerrechtlichen Beziehungen heraus, deutete die Unmöglichkeit einer nationalstaatlichen Lösung an und verwies auf den europäischen Zusammenhang der deutschen Frage. Die »Antwort auf die friedliche Wiederherstellung der deutschen Einheit macht es uner-

527 Johann Baptist *Gradl*, Im Interesse der Einheit. Stuttgart 1971, S. 229–240, S. 234 (Rede vom 28. 5. 1965 vor dem Saarbrücker Parteitag der Exil-CDU).

528 *Ebda.*

529 *Ebda.*, S. 240 (Deutschlandpolitische Grundsatzerklärung).

530 *Ebda.*, S. 240.

531 Wilhelm Wolfgang *Schütz*, Deutschland-Memorandum. Eine Denkschrift und ihre Folgen. Frankfurt a. M. 1968, S. 9–20.

läßlich, die Friedensfrage in Europa und in der Welt, so konkret wie möglich zu beantworten«.[532]

Aus der Erkenntnis, den *Status quo* kann nur ändern, wer zuvor durch ihn hindurchgeht, forderte Waldemar Besson in einem Leitartikel des *Südkurier* am 22. Juni 1968 von der Bundesregierung Eigeninitiative, wenn sie irgend etwas in Mitteleuropa ändern wolle, denn »die Viermächte-Verantwortung steht auf dem Papier, solange Ulbricht West-Berlin nicht militärisch angreift, was er wohlweislich unterlassen wird«,[533] und fragte: »Warum gehen wir als die Stärkeren in Deutschland nicht endlich in die Offensive? Gewännen wir nicht einen neuen weltpolitischen Spielraum, wenn wir uns auf die neue Situation nach 1945 endlich einzustellen und den *Status quo* zu verändern begännen, indem wir durch ihn hindurchgehen?«[534] In der internationalen Politik zähle nicht die bessere Jurisprudenz, sondern die Durchsetzung von Interessen. Als Deutsche sollten wir uns endlich selbstkritisch und illusionslos fragen, »ob es nicht deutsche Modelle gibt, die uns neue Wege weisen, damit die westdeutsche Schwäche in Deutschland und Berlin nicht ein tödliches Geschwür werde«.[535]

Im Bundestagswahlkampf 1969 spielte die Diskussion über den künftigen ost- und deutschlandpolitischen Kurs der Bundesrepublik Deutschland eine zentrale Rolle. Anfang 1969 hatte die FDP einen Entwurf für einen Vertrag zwischen der Bundesrepublik Deutschland und der DDR vorgelegt. Gefordert wurde, die »nationale Frage friedlich zu lösen«,[536] ständige Beauftragte auszutauschen, sich auf »Gewaltverzicht« zu verständigen, gesamtdeutsche Kommissionen einzurichten und zu einem friedlichen und geregelten »Nebeneinander« zu gelangen. Die Freien Demokraten forderten in der Öffentlichkeit und im Parlament den »Durchbruch zu einer offensiven

---

532 *Ebda.*, S. 20.

533 Waldemar *Besson*, Für eine deutsche Offensive (22. 6. 1968), in: *Ders.*, Erlebte Zeitgeschichte kritisch beobachtet. Konstanz 1970, S. 103–106, S. 104.

534 *Ebda.*, S. 106.

535 *Ebda.*

536 FDP-Entwurf eines Vertrages zwischen der Bundesrepublik Deutschland und der DDR vom 12. 2. 1969, abgedruckt in: Texte DP I/III, S. 143–145, S. 143.

Deutschlandpolitik«.[537] Im Wahlkampf ergab sich dabei eine gemeinsame Basis mit der SPD, die von der Politik eines »Wandels durch Annäherung« zu einer der »Sicherheit durch Normalisierung« fand. Der »Machtwechsel« in Bonn, die Ablösung der CDU in der Regierungsverantwortung durch die sozialliberale Koalition im Herbst 1969, »war in erster Linie das Produkt der Auseinandersetzungen um die Ostpolitik«.[538] Im öffentlichen Bewußtsein wurde die »Neue Ostpolitik« als »Teil der Reformpolitik« empfunden. Im Vorentwurf für die Regierungserklärung des neuen Bundeskanzlers Brandt hieß es daher auch: »Reformfreudig sein, heißt entscheidungsfreudig sein, in der inneren wie auch in der auswärtigen Politik.«[539] Gerade die Ostpolitik sollte in den folgenden Jahren das entscheidende Streitthema zwischen der Union und den Sozialliberalen werden. Aus der Rückschau läßt sich heute sagen, daß die »ostpolitische Wende« die deutsche Politik nach Westen und Osten Bewegungsfreiheit zurückgewinnen ließ und die drohende Isolierung verhindern konnte, denn Ende der sechziger Jahre standen die Zeichen auf Entspannung, und die Bundesrepublik konnte sich diesem Trend nicht entziehen. In seiner Regierungserklärung von 1969 deutete Bundeskanzler Brandt daher die Bereitschaft der Bundesrepublik zu einem aktiven Entspannungsbeitrag an. Der Weg über ein »geregeltes Nebeneinander zu einem Miteinander« zwischen den bestehenden »zwei Staaten in Deutschland« läge nicht allein im deutschen Interesse, da es ein weiteres Auseinanderleben der deutschen Nation verhindern könne, sondern wäre auch von zentraler Bedeutung für das Ost-West-Verhältnis und den Frieden in Eu-

537 Vgl. hierzu auch die Antwort des Bundesministers für Gesamtdeutsche Fragen, Herbert Wehner, auf die große Anfrage der FDP vom 21.4.1969 (*ebda.*, S. 167–182) und die Antragsbegründung durch den FDP-Abgeordneten Rudolf Schultz vom 15.4.1969 (*ebda.*, S. 183–190) sowie die Stellungnahmen Wehners und Kiesingers (*ebda.*, S. 191–205, S. 206–214).

538 Richard *Löwenthal*, Vom Kalten Krieg zur Ostpolitik, in: Richard *Löwenthal*/Hans Peter *Schwarz* (Hrsg.), Die Zweite Republik. 25 Jahre Bundesrepublik Deutschland. Eine Bilanz. Stuttgart 1974, S. 604–699, S. 681.

539 Arnulf *Baring*, Machtwechsel. Die Ära Brandt–Scheel. Stuttgart 1982, S. 199.

ropa:[540] Es sei Aufgabe der praktischen Politik, »die Einheit der Nation dadurch zu wahren, daß das Verhältnis zwischen den Teilen Deutschlands aus der gegenwärtigen Verkrampfung gelöst wird. Die Deutschen sind nicht nur durch ihre Sprache und ihre Geschichte... verbunden; wir sind alle in Deutschland zu Haus. Wir haben auch noch gemeinsame Aufgaben und gemeinsame Verantwortung: für den Frieden unter uns und in Europa. 20 Jahre nach Gründung der Bundesrepublik Deutschland und der DDR müssen wir ein weiteres Auseinanderleben der deutschen Nation verhindern, also versuchen, über ein geregeltes Nebeneinander zu einem Miteinander zu kommen. Dies ist nicht nur ein deutsches Interesse, denn es hat seine Bedeutung auch für den Frieden in Europa und für das Ost-West-Verhältnis.«[541] Bundeskanzler Brandt hob aber auch hervor: »Auch wenn zwei Staaten in Deutschland existieren, sind sie doch füreinander nicht Ausland; ihre Beziehungen zueinander können nur von besonderer Art sein.«[542]

In seinem ersten Bericht zur Lage der Nation betonte Bundeskanzler Brandt am 14. Januar 1970 vor dem Deutschen Bundestag, daß auch 25 Jahre nach der bedingungslosen Kapitulation des Hitler-Reiches »der Begriff der Nation das Band um das gespaltene Deutschland [bildet]. Im Begriff der Nation sind geschichtliche Wirklichkeit und politischer Wille vereint. Nation umfaßt und bedeutet mehr als gemeinsame Sprache und Kultur, als Staat und Gesellschaftsordnung. Die Nation gründet sich auf das fortdauernde Zusammengehörigkeitsgefühl der Menschen eines Volkes. Niemand kann leugnen, daß es in diesem Sinne eine deutsche Nation gibt und geben wird, soweit wir vorauszudenken vermögen. Im übrigen: auch oder, wenn man so will, selbst die DDR bekennt sich in ihrer Verfassung als Teil dieser deutschen Nation.«[543] Brandt unterschied zwischen der historischen und der politischen Perspektive, »wenn über die Lage der Nation gesprochen wird«.[544] Wenn der politische Wille vorhanden sei, könnten »spätere Generationen in

---

540 Zit. nach: Texte DP IV, S. 12.
541 *Ebda.*, S. 11 f.
542 *Ebda.*, S. 12.
543 Zit. nach: Texte DP IV (Bundeskanzler Brandt: Bericht zur Lage der Nation vom 14. 1. 1970), S. 201–221, S. 203.
544 *Ebda.*, S. 203.

einem Deutschland leben..., an dessen politischer Ordnung die Deutschen in ihrer Gesamtheit mitwirken können«.[545] Zwar bestehe die Einheit der Nation noch, doch hänge sie von vielen Faktoren ab. Schon 1955 habe der Historiker Hermann Heimpel »mit der Distanz des Historikers« die deutsche Öffentlichkeit darauf aufmerksam gemacht, »daß es kein ein für allemal gegebenes Recht auf Wiedervereinigung gebe und daß wir einem Prozeß gegenüberstünden, dessen Chancen auch verspielt werden könnten. Die Einheit der Deutschen ist eine Chance, mehr nicht, aber auch nicht weniger.«[546] In seinem Bericht zur Lage der Nation 1971 verwies Brandt zusammenfassend darauf hin, daß die »deutsche Nation auch dann eine Realität [bleibt], wenn sie in unterschiedliche staatliche und gesellschaftliche Ordnungen aufgeteilt ist«.[547]

Das umfassende diplomatische Programm der neuen sozial-liberalen Bundesregierung, das in der Regierungserklärung vom 28. Oktober 1969 bereits angekündigt worden war – Einleitung von Verhandlungen mit Moskau, Warschau und Ostberlin sowie der Berlin-Verhandlungen –, »setzte vor allem Klarheit über die zeitliche und sachliche Verschränkung der geplanten Verhandlungen voraus«.[548] Der Schlüssel zum Erfolg mußte der Vertrag mit der Sowjetunion sein. Er sollte in seinem Kern bereits Vorentscheidungen über die angestrebten Verträge mit Polen und der DDR enthalten. Die Verwirklichung des »Programms« war wegen der Verflechtungen und Wechselwirkungen äußerst schwierig und komplex:

1. Vor einer Viermächtevereinbarung über Berlin durfte keine »Freigabe der internationalen Anerkennung der DDR« erfolgen, sollte der Status von Berlin nicht gefährdet werden;
2. Moskau würde zu Berlin-Garantien jedoch nur bereit sein, wenn die internationale Anerkennung der DDR gesichert sein würde, lag der UdSSR doch an einer gleichberechtigten Teilnahme der DDR an der europäischen Sicherheitskonferenz (KSZE) in Helsinki. Die Bundesrepublik mußte daher daran interessiert sein,

---

545 *Ebda.*

546 *Ebda.*, S. 210.

547 *Bundesminister für Innerdeutsche Beziehungen* (Hrsg.), Bericht der Bundesregierung und Materialien zur Lage der Nation 1971. Bonn 1971, S. 3–10, S. 9.

548 *Löwenthal*, Ostpolitik, S. 682.

die europäische Sicherheitskonferenz so lange hinauszuzögern, bis vertraglich fixierte Grundlagen für Berlin und die innerdeutschen Beziehungen erreicht sein würden. Daher spielten bei den ostpolitischen Verhandlungen Absichtserklärungen und Junktims eine so gewichtige Rolle. Zu den Leistungen der westdeutschen Diplomatie gehörte es, daß ihr »die Sicherung der geplanten Reihenfolge in allen Punkten gelang«.[549]

Die Ostpolitik der Bundesrepublik fand die grundsätzliche Unterstützung der Verbündeten, die den Gang der Verhandlungen aufmerksam verfolgten. So billigte der französische Präsident Pompidou die Brandtsche Ostpolitik, fürchtete aber gleichzeitig die Bereitschaft der Bundesrepublik, zu schnell Verträge mit den Staaten Osteuropas schließen zu wollen. Die USA tolerierten sie, argwöhnten aber bei einer direkten Verständigung zwischen Bonn und Moskau, »aus der Lösung eines wichtigen europäischen Problems ausgeschlossen« zu werden. Dies hätte einen Präzedenzfall geschaffen, der »andere europäische Staaten veranlassen konnte, künftig mehr nach Moskau als nach Washington zu blicken. Mit der Zeit mußte das den Zusammenhalt der NATO schwächen.«[550] Die USA wollten daher »dem Unvermeidlichen eine konstruktive Richtung weisen«, eingebettet »in einen weiteren Rahmen... als nur in den deutschen Nationalismus«.[551] Die Verhandlungen um Berlin wurden für die USA zum »Schlüssel«. Sie konnten vereiteln, daß die USA durch die Sowjetunion »mit Hilfe der deutschen Ostpolitik« von ihren europäischen Verbündeten getrennt würden.

Am 12. August 1970 schloß die Bundesrepublik den Moskauer Vertrag.[552] Wenige Monate später wurde in Warschau am 7. Dezem-

---

549 *Löwenthal*, Ostpolitik, S. 682.

550 Henry A. *Kissinger*, Memoiren 1968–1973. München 1979, S. 565.

551 *Ebda.*

552 *Presse- und Informationsamt der Bundesregierung* (Hrsg.), Die Verträge der Bundesrepublik Deutschland mit der Union der Sozialistischen Sowjetrepubliken vom 12. August 1970 und mit der Volksrepublik Polen vom 7. Dezember 1970. Bonn 1971, S. 9–11, S. 12 (Brief zur deutschen Einheit). Zur Bewertung vgl. u. a. Benno *Zündorf*, Die Ostverträge. Die Verträge von Moskau, Warschau, Prag, das Berlin-Abkommen und die Verträge mit der DDR dargestellt und erläutert. München 1979, S. 51 ff. sowie Werner *Link*, Die Außen- und Deutschland-

ber 1970 der Vertrag mit Polen unterzeichnet.[553] Es folgte das Viermächteabkommen über Berlin am 3. September 1971,[554] das die Lebensfähigkeit Westberlins vertraglich sicherte. Damit waren die Voraussetzungen für »die Freigabe der internationalen Anerkennung der DDR«[555] geschaffen. Am 21. Dezember 1972 wurde der »Vertrag über die Grundlagen der Beziehungen zwischen der Bundesrepublik Deutschland und der Deutschen Demokratischen Republik« unterzeichnet.[556] Er war sicherlich »im ganzen wohl das für beide Seiten am wenigsten befriedigende Ergebnis der neuen Politik des Ausgleichs im Herzen Europas«.[557] Als letzter Ostvertrag folgte schließlich der Vertrag über Gewaltverzicht und Normalisierung mit der ČSSR, der am 20. Juni 1973 paraphiert und am 11. Dezember 1973 in Prag unterzeichnet wurde.[558]

Die Ostverträge anerkannten faktisch die DDR als zweiten deutschen Staat. Die DDR wurde als 133., die Bundesrepublik als 134. Staat in die Vereinten Nationen aufgenommen. Mit den Ostverträgen akzeptierte die Bundesrepublik Deutschland für sich die durch den Zweiten Weltkrieg entstandenen Nachkriegsgrenzen in Europa.

Mit dem »Grundlagenvertrag« erhielt die deutsche Frage als natio-

---

politik in der Ära Brandt 1969–1974, in: Geschichte der Bundesrepublik Deutschland Bd. 5/I. Stuttgart, Wiesbaden 1986, S. 163–282.

553 Verträge der Bundesrepublik Deutschland mit der Volksrepublik Polen vom 7. Dezember 1970. S. 155–157.

554 *Presse- und Informationsamt der Bundesregierung* (Hrsg.), Die Berlin-Regelung. Das Viermächteabkommen über Berlin und die ergänzenden Vereinbarungen. Bonn 1971, S. 157–160, S. 161–165 (Anlage 1–3).

555 *Löwenthal*, Ostpolitik, S. 682.

556 *Presse- und Informationsamt der Bundesregierung* (Hrsg.), Verträge, Abkommen und Vereinbarungen zwischen der Bundesrepublik und der Deutschen Demokratischen Republik. Bonn 1973, S. 17–21 (Vertrag über die Grundlagen der Beziehungen zwischen der Bundesrepublik Deutschland und der Deutschen Demokratischen Republik vom 21. 12. 1972), S. 22 (Brief zur deutschen Einheit). Vgl. hierzu u. a. Ingo *von Münch* (Hrsg.), Dokumente des geteilten Deutschland. Bd. II: seit 1968. Stuttgart 1974, bes. S. XXIII ff. (Einführung in die Rechtslage seit 1968).

557 *Löwenthal*, Ostpolitik, S. 690.

558 Bundesgesetzblatt 1974, Teil II, S. 989–993. Vgl. auch *Zündorf*, Ostverträge, S. 96 ff.

nale Frage eine neue Dimension. Trotz juristischer Vorbehalte, trotz der Entschließung des Bundestages zur Deutschland- und Außenpolitik, trotz der Begleitdokumente der Bundesregierung zu den Verträgen und trotz des Urteils des Bundesverfassungsgerichtes über die Verfassungsmäßigkeit des Grundlagenvertrages vom 31. Juli 1973, die alle den nicht völkerrechtlichen Charakter der deutsch-deutschen Beziehungen hervorheben und auf den Friedensvertragsvorbehalt bezüglich der deutschen Ostgebiete hinweisen, darf die »reale politische Bedeutung« und der völkerrechtliche Rang der Verträge nicht übersehen werden. Dies verdeutlichen die westlichen Reaktionen, beispielsweise auf den Grundlagenvertrag. So sahen französische Beobachter in den Ostverträgen die Festschreibung des *Status quo* und bewerteten den Grundlagenvertrag als den zweiten »Grabstein auf der deutschen Einheit« (Henri Ménudier). Als ersten bewerten sie den NATO-Beitritt und die Gründung der Bundeswehr. Für Briten und Franzosen bedeutete der Grundlagenvertrag das Ende der gefürchteten »deutschen Befreiungspolitik«.

Die DDR wurde durch die Verträge mit der Bundesrepublik Deutschland und die Ostpolitik insgesamt in eine erzwungene Öffnung gedrängt, ohne ihr Ziel, die völkerrechtliche Anerkennung, vollständig zu erreichen; dennoch hatte sie es im Verlauf der ostpolitischen Verhandlungen verstanden, ihren Handlungsspielraum zu erweitern. Zu den Grundproblemen des »sozialistischen Staates deutscher Nation« gehörte es, eigene Traditionen zu entwickeln und internationale Anerkennung zu erhalten. Sie waren wichtige Voraussetzungen für die innere Konsolidierung. Der Alleinvertretungsanspruch der Bundesrepublik Deutschland und die »Hallstein-Doktrin« seit 1955 verhinderten zunächst erfolgreich die »internationale Freigabe der DDR zur Anerkennung«. Als Instrument für Fortschritte in der Einheitsfrage und bei der Lösung der deutschen Frage überhaupt hat sie versagt. Im weltpolitischen Klima seit Beginn der sechziger Jahre wurde sie zum Hemmschuh, verdammte die Deutschlandpolitik zur Bewegungsunfähigkeit. Die Mitte der sechziger Jahre eingeleitete westdeutsche Kurskorrektur in der Deutschlandpolitik bewirkte auf seiten der DDR zunächst Unsicherheit. Wie sollte sie auf die veränderte Bonner Ostpolitik reagieren?

Der Bau der Berliner Mauer am 13. August 1961, der international symbolisch die Teilung Deutschlands besiegelte, brachte der

DDR durch die Verhinderung der Abwanderung und des intellektuellen Substanzverlustes eine Steigerung der Produktivität und eine Verbesserung des Lebensstandards. Die Deutschlandpolitik trat zugunsten einer Politik der innergesellschaftlichen Reformen durch die Einführung des »Neuen Ökonomischen Systems der Planung und Leitung der Volkswirtschaft« (NÖSPL) zurück. Es stellte den Versuch dar, »die Unzulänglichkeiten einer bis ins einzelne reglementierten Planwirtschaft zu beseitigen, die Grundsätze der volkswirtschaftlichen Ausrichtung als Leitlinien jedoch beizubehalten«.[559] Damit waren Führung und Apparat der DDR weitestgehend auf das innenpolitische Geschehen ihres Staates fixiert. In den Jahren nach dem Mauerbau läßt sich auch eine Konsolidierung des Systems feststellen. Diese förderte ein wachsendes Selbstbewußtsein in der jüngeren Generation, die nun in der DDR *ihren* Staat erblickte.

Die Wiedervereinigung als Fernziel hatte die DDR nach 1961 nicht aufgegeben. Vielmehr verstand sie sich als »Kernstaat«, der im Vergleich zu Westdeutschland schon eine höhere gesellschaftliche Entwicklungsstufe erreicht hatte. Der Sozialismus in der DDR stimme mit den »Lebensinteressen des deutschen Volkes« überein. Er liege also, wie es im »Nationalen Dokument« über die geschichtliche Aufgabe der DDR und die Zukunft Deutschlands vom 17. Juni 1962 heißt, »im nationalen Interesse des ganzen deutschen Volkes und ist entscheidende Voraussetzung für die Lösung unserer nationalen Frage. Der Sieg des Sozialismus in der Deutschen Demokratischen Republik und später auch in der westdeutschen Bundesrepublik befreit unser Volk von dem unheilvollen Kreislauf Konjunktur, Krise, Krieg, befreit es für immer von kapitalistischer Ausbeutung, sichert die Einheit des Vaterlandes und ein glückliches Leben in Frieden und Sozialismus.«[560] Ausdruck dieses Selbstverständnisses war 1965 die Errichtung eines »Staatssekretariats für gesamtdeutsche Fragen«. Der unter Außenminister Schröder eingeleiteten »Ostpolitik der selektiven Normalisierung« versuchte die DDR entgegenzuwirken und ihre eigene »Hallstein-Doktrin« aufzustellen. Sie forderte mit großem propagandistischem Aufwand die »Normalisierung der Beziehungen«, den Austritt der Bundesrepublik aus

---

559 Ernst *Deuerlein*, Deutschland 1963–1970. Hannover 1972, S. 166.
560 *Deuerlein*, DDR Dokumente, S. 251 f.

der NATO sowie den Verzicht auf Kernwaffen. Ihre Deutschlandpolitik zu diesem Zeitpunkt und auch später ist zutreffend als »›Stop-and-Go‹-Politik in der deutschen Frage« (Johannes Kuppe) bezeichnet worden. Als Ergebnis einer unter Staats- und Völkerrechtlern in der DDR über die Frage des Selbstbestimmungsrechtes geführten Diskussion sprach die DDR seit 1964 offiziell von »zwei Staatsvölkern« sowie von den »beiden deutschen Nationalstaaten«. Die Forderung nach einer deutschen Konföderation – bis zu Beginn der sechziger Jahre mit konkreten Vorschlägen angestrebt – wurde nun durch das vage Konzept der »Normalisierung der Beziehungen« ersetzt, obwohl auch in der zweiten Hälfte der sechziger Jahre die Konföderationsidee immer wieder ins Spiel gebracht wurde, so im Konföderationsangebot Ulbrichts vom 21. April 1966.[561] In diesem Dokument, wie auch in ähnlichen Äußerungen der DDR-Führung, wird eine Wiedervereinigung zu DDR-Bedingungen als unabdingbare Voraussetzung angesehen. So heißt es beispielsweise im Konföderationsangebot, daß in der »westdeutschen Bundesrepublik ... zweifellos vieles verändert werden [müsse], bevor der Prozeß des Zusammenschlusses der beiden deutschen Staaten und Westberlins beginnen könne. Zunächst sei es erforderlich, daß diejenigen patriotischen Kräfte in Westdeutschland an politischem Einfluß gewinnen, die ein echtes Interesse an der friedlichen Lösung der deutschen Frage haben.«[562] Voraussetzung sei allerdings nicht, daß auf dem »Territorium der BRD« zunächst eine »zweite DDR« geschaffen werde. Die DDR erreiche dieses Ziel vielmehr dadurch, daß sie ihren sozialistischen Aufbau und ihre Friedenspolitik unbeirrt weiterführe, »damit die Anziehungskraft ihrer Idee noch stärker auf die Werktätigen und alle friedliebenden Kräfte im anderen deutschen Staat einwirke«.[563]

Ziel der DDR war die völkerrechtliche Anerkennung »ohne staatsrechtliche Zwischenschritte«. Faktisch bewirkte dies jedoch einen deutschlandpolitischen Stillstand. Die Theorie von den zwei Staatsvölkern wurde gesetzlich durch das Staatsbürgerschaftsgesetz

---

561 *Siegler*, Wiedervereinigung und Sicherheit Deutschlands II, S. 134–136.

562 *Ebda.*, S. 135.

563 *Ebda.*

der DDR vom 20. Februar 1967 untermauert.[564] Die DDR-Staatsbürgerschaft wurde als Ausdruck der Souveränität des ersten sozialistischen Staates angesehen, dem »ersten friedliebenden, demokratischen und sozialistischen deutschen Staat, in dem die Arbeiterklasse die politische Macht im Bündnis mit der Klasse der Genossenschaftsbauern, der sozialistischen Intelligenz und den anderen werktätigen Schichten ausübt«.[565]

Die DDR-Verfassung vom 9. April 1968 paßte sich den neuen Zielsetzungen an. Die DDR verstand sich jedoch weiterhin als ein »sozialistischer Staat deutscher Nation«, der »die Überwindung der vom Imperialismus der deutschen Nation aufgezwungenen Spaltung Deutschlands« anstrebte.[566] Die Wiedervereinigung wurde allerdings als ein »langer Prozeß« angesehen. »Die Wiedervereinigung, richtiger gesagt, die Vereinigung der beiden deutschen Staaten, ist abhängig von der durchgreifenden demokratischen Umwälzung in Westdeutschland.«[567]

Im Gegensatz zur Sowjetunion versuchte die DDR, die deutschlandpolitische Initiative der sozialliberalen Koalition durch eine Politik der Maximalforderungen zu torpedieren. Die Verhärtung des deutschlandpolitischen Standpunktes der DDR zeigte sich auch bei den Treffen zwischen Willy Brandt und Willi Stoph in Erfurt und Kassel im März und Mai 1970.[568] In Erfurt begrüßte Stoph Brandt mit den Worten: »Unsere Begegnung ist zweifellos ein Ereignis von politischer Tragweite. Zum ersten Mal seit Bestehen der DDR und der BRD kommen ihre Regierungschefs zusammen, um Grundfragen der Normalisierung der Beziehungen zwischen den beiden unabhängigen souveränen Staaten zu erörtern. Die Bürger der DDR und der BRD, alle Völker Europas verfolgen dieses Treffen mit verständlicher Aufmerksamkeit. Angesichts der Spannungen in Europa erwarten sie einen konstruktiven Beitrag zur Sicherung des Friedens im Herzen unseres Kontinents.«[569] Immer wieder forderte

---

564 *Deuerlein*, DDR Dokumente, S. 286–288.
565 *Ebda.*, S. 286.
566 *Ebda.*, S. 298–306 (Auszüge), S. 298.
567 *Siegler*, Wiedervereinigung und Sicherheit Deutschlands II, S. 212f. (10 Schritte als erste Etappe des Weges zu einer Konföderation), S. 212.
568 Vgl. u. a. Peter *Bender*, Neue Ostpolitik. Vom Mauerbau bis zum Moskauer Vertrag. München 1986, S. 179ff.
569 Zit. nach: Texte DP IV, S. 327–349 (Der Ministerratsvorsitzende

Stoph »friedliche Koexistenz auf der Grundlage des Völkerrechts zwischen der DDR und der BRD« und wies der Bundesrepublik die Verantwortung für die Spaltung zu. Zudem forderte Stoph die Zahlung von 100 Milliarden Mark von der Bundesrepublik als Wiedergutmachung.

Beim Kasseler Treffen am 21. Mai 1970 wiederholte Stoph die Forderungen der DDR.[570] Die Bundesrepublik mit ihrer Alleinvertretungsanmaßung nannte er den »Störenfried Europas«.[571] Er bekräftigte abschließend die feste Entschlossenheit der DDR, »alles Notwendige für Frieden und Sicherheit in Europa zu tun«.[572] Voraussetzung seien allerdings völkerrechtliche Beziehungen zwischen »der DDR und der BRD«.[573] Beide Seiten vereinbarten in Kassel eine »Denkpause«.

Wie der Abschluß der Gewaltverzichtsabkommen mit Moskau und Warschau verdeutlichte, war die UdSSR entschlossen, auch gegen den Willen der DDR-Führung zu Vereinbarungen mit der Bundesrepublik Deutschland zu kommen. In beiden Verträgen mußte die Bundesrepublik keinerlei Zugeständnisse für eine völkerrechtliche Anerkennung der DDR machen. Wie auch die parallel verlaufenden Berlinverhandlungen der Kriegsalliierten zeigten, wollte die Sowjetunion vor dem Zusammentritt der KSZE-Konferenz die Berlin- und Deutschlandfrage entschärfen. Auf diese Entwicklung war die SED-Führung offensichtlich nicht vorbereitet. Das Konzept der Maximalforderungen hatte die DDR außenpolitisch in eine Sackgasse manövriert. Neue deutschlandpolitische Strategien waren noch nicht erarbeitet worden, zumal Ulbricht nicht geneigt schien, den von der UdSSR vorgegebenen Rahmen für die Entspannungspolitik zu akzeptieren und vor diesem Hintergrund DDR-Interessen zu verfolgen. Mit dem Abschluß des Grundlagenvertrages unter Ulbrichts Nachfolger, Erich Honecker, trat die DDR aus ihrer außenpolitischen Isolierung heraus. Sie verfolgte nun eine verstärkte

---

Stoph: Grundsätzliche Ausführungen anläßlich des Erfurter Treffens am 19. 3. 1970), S. 327.

570 Texte DP V, S. 108–124 (DDR-Ministerratsvorsitzender Stoph: Grundsätzliche Ausführungen in der Vormittagssitzung des Kasseler Treffens vom 21. 5. 1970).

571 *Ebda.*, S. 116.

572 *Ebda.*, S. 123.

573 *Ebda.*, S. 123f.

Politik des »sozialistischen Internationalismus« und der Abgrenzung nach Westen. Ausdruck erhielt diese neue Konzeption durch die DDR-Verfassung von 1974, in der die »sozialistische deutsche Nation« durch die Klassennation ersetzt wird (Art. 1) und vom Bündnis mit der Sowjetunion »für immer und unwiderruflich« (Art. 6) die Rede ist. Ausdruck dieses gewandelten »Sonderverhältnisses« war der Freundschafts- und Beistandsvertrag mit der UdSSR von 1975. Dieser wird zum politisch entscheidenden Hintergrund für die Politik der DDR in der deutschen Frage.[574]

Bundeskanzler Kurt Georg Kiesinger hatte in seiner Rede zum 17. Juni 1967 darauf hingewiesen, daß die nationale Einigung der Deutschen nicht im Alleingang erreicht werden könne, sondern daß sie in einen gesamteuropäischen Prozeß eingebunden werden müsse. Er verwies auf die »kritische Größenordnung« eines vereinten Deutschland, als er sagte:

»Deutschland, ein wiedervereinigtes Deutschland, hat eine kritische Größenordnung. Es ist zu groß, um in der Balance der Kräfte keine Rolle zu spielen, und zu klein, um die Kräfte um sich herum im Gleichgewicht zu halten. Es ist daher in der Tat schwer vorstellbar, daß sich ganz Deutschland bei der Fortdauer der gegenwärtigen Struktur in Europa der einen oder anderen Seite ohne weiteres zugesellen könnte.«[575]

Die Europäisierung der deutschen Frage tritt hier deutlich zutage. Ihre Lösung, für die neue Konzepte gesucht wurden, konnte nur erfolgen, wenn es gelang, die Teilung Europas zu überwinden. »Zielperspektive wurde«, wie jüngst festgestellt, »eine europäische Friedensordnung, die durch Entspannungspolitik erreicht werden sollte. Darüber hinaus sollte die Entspannungspolitik die Vertiefung der Teilung Deutschlands und Europas verhindern.«[576]

Nach dem Abschluß der Ostverträge wurde die Konferenz über Sicherheit und Zusammenarbeit in Europa, die 1975 mit der Schlußakte von Helsinki einen Minimalkonsens zwischen den westlichen

---

574 Vgl. hierzu u. a. *Jacobsen* u. a., Drei Jahrzehnte Außenpolitik der DDR, S. 175 ff.

575 Zit. nach: Texte DP I/1, S. 77–83, S. 81.

576 Matthias *Zimmer*, Das gesamte deutsche Volk bleibt aufgefordert... Die Deutschlandpolitik der Bundesrepublik 1949–1990. Melle 1991, S. 30.

und osteuropäischen Staaten herbeiführte, zum Instrument dieser Politik. Inwieweit vor allem die Schlußakte von Helsinki und die KSZE-Folgekonferenzen in den sozialistischen Ländern einen »Sprengsatz« installierten, der seine Langzeitwirkung hatte und die friedliche Revolution im Osteuropa der späten 1980er Jahre vorbereitete, läßt sich heute noch nicht abschließend bewerten. Nach dem von der UdSSR durch die Schlußakte von Helsinki erreichten Ziel gerieten die internationalen und die Ost-West-Beziehungen in eine Phase der Stagnation. Die Euphorie der Entspannung war verflogen. An ihre Stelle trat eine erneute Konfrontation, als der Westen die massive Aufrüstung der UdSSR im Schatten der Entspannung und der Helsinki-Akte registrierte. Die erneute Frostperiode in den Ost-West-Beziehungen mußte auch Rückwirkungen auf die deutsche Frage haben. Bundeskanzler Helmut Schmidt versuchte zunächst, an der Entspannungspolitik – auch aus deutschlandpolitischen Überlegungen – festzuhalten, und geriet damit zunehmend in Gegensatz zur amerikanischen Politik. Anders als frühere Bundeskanzler trat Helmut Schmidt selbstbewußt auf. Außenpolitik verstand er nicht mehr allein »historisch-demütig oder moralisch durch Aussöhnung begründet, sondern pragmatisch und wirtschaftlich orientiert«.[577] Christian Hacke hat die Außenpolitik und Leistung Schmidts treffend charakterisiert, als er feststellte:

»Schmidt repräsentierte ein neues Deutschland, von dem man in der ersten Hälfte des 20. Jahrhunderts nur hätte träumen können: eine im Innern gefestigte und nach außen selbstbewußte Bundesrepublik. Helmut Schmidt mußte nicht mehr politische Anerkennung moralisch erarbeiten. Das hatten vor ihm Konrad Adenauer im Westen und Willy Brandt im Osten getan. Er mußte das außenpolitische Erbe in Zeiten der Krise zusammenhalten und, wenn möglich, vergrößern... [Schmidt wollte] die ostpolitische Flanke der Bundesrepublik vor Supermachtkonfrontation oder sowjetischem Machtgewinn schützen... [Sein] Blick über die europäischen Grenzen hinaus blieb im deutschen Interesse ökonomisch orientiert. Den amerikanischen Anspruch auf weltweite Unteilbarkeit der Entspannung beobachtete er mit Skepsis, fürchtete er doch, daß bei amerikanisch-sowjetischen Turbulenzen die Westeuropäer und West-

---

577 *Hacke*, Weltmacht wider Willen, S. 306.

deutschen in den Sog globaler Spannungen geraten könnten.«[578] Zusammen mit dem französischen Präsidenten Giscard d'Estaing versuchte er, die entspannungspolitische Kontinuität und Stabilität in Europa zu retten. Die sowjetische »Vorrüstung« und ihr globales Ausgreifen, beispielsweise in Afrika und Afghanistan, ließen sich jedoch politisch, vor allem bei dem Sicherheitspolitiker Helmut Schmidt, nicht verdrängen. Eine westeuropäische Reaktion war auch deswegen vonnöten, weil die amerikanische Administration unter Carter wachsende außenpolitische Schwäche offenbarte. Um eine weitere Disparität in Europa zwischen Ost und West zu verhindern und die Sowjetunion von einem Angriff abzuhalten, mußten Maßnahmen der Verstärkung des konventionellen Potentials und der Instrumente der Abschreckung in Form von Mittelstreckenraketen ergriffen werden. Vor diesem Hintergrund entstand die Idee für den NATO-Doppelbeschluß vom Dezember 1979, der den Ernstfall verhindern sollte. Der NATO-Doppelbeschluß war auch psychologisch wichtig. Durch Festigkeit und Verhandlungsbereitschaft sollte die UdSSR gezwungen werden, ihr Raketenpotential abzubauen, wobei eine »Null-Lösung« zunächst nicht angestrebt wurde. Die Mehrheit der SPD folgte Helmut Schmidt in seiner Politik der Nachrüstung nicht und stellte ein Junktim zwischen der Ratifikation des SALT II-Abkommens und dem NATO-Doppelbeschluß her. Mit der massiven Kritik am Doppelbeschluß innerhalb der SPD und unter den Linksintellektuellen wie Walter Jens wurde suggeriert, daß nicht die Amerikaner, sondern die Russen die Freunde der Deutschen seien. Erster Höhepunkt der öffentlichen Debatte um Nachrüstung, Stationierung und eine mögliche Neutralisierung Deutschlands war das Scheitern der Regierung Schmidt/Genscher und ihre Ablösung am 1. Oktober 1982 durch das Kabinett Kohl/Genscher.

578 *Ebda.*, S. 308.

7.4. Auf dem Wege zur überraschenden Einheit: Die deutschen Staaten 1983–1990

Der sowjetische Überfall auf Afghanistan im Dezember 1979, nur zwei Wochen nach dem »NATO-Doppelbeschluß«, leitete von der Détente zur neuen Konfrontation der Weltmächte über. Wie würde, wie konnte die Bundesrepublik reagieren, welche Auswirkungen mußte die mögliche Einengung des außen- und sicherheitspolitischen Handlungsraumes haben? Würde Helmut Schmidt zu einer Anpassung der Außenpolitik der Bundesrepublik an die Strategie der USA gezwungen sein, oder würde der Kanzler »in vernünftig begrenzter Distanz an dem inzwischen so Vertrauten festhalten können«?[579]

Im Laufe des Jahres 1979 war der »NATO-Doppelbeschluß« auf westlicher Seite vorbereitet und dem sowjetischen Generalsekretär vom deutschen Bundeskanzler in seinen beiden Elementen – Verhandlungen über Abbau der Mittelstreckenraketen SS 20 oder Stationierung amerikanischer Mittelstreckenraketen in Deutschland und Europa – signalisiert worden. Die Sowjets hofften jedoch, daß der Beschluß aufgrund des massiven Widerstandes in der Öffentlichkeit der NATO-Staaten, insbesondere auch der Bundesrepublik Deutschland, nicht durchsetzbar sein würde. Bei seinem zu Hause und vor allem auch in den USA kritisch begleiteten Moskaubesuch im Sommer 1980 ließ Schmidt keinen Zweifel daran, daß die Bundesregierung ihre vertraglichen Verpflichtungen mit der UdSSR einhalten werde, daß aber an der »deutschen Bündnistreue gegenüber der westlichen Allianz, gegenüber der Europäischen Gemeinschaft und gegenüber Frankreich [kein Zweifel aufkommen könne]... Jede deutsche Bundesregierung werde am Grundsatz des militärischen Gleichgewichts festhalten.«[580] In seinen Erinnerungen bemerkte Helmut Schmidt zur Position der Bundesrepublik ergänzend: »Wir würden weiterhin unseren militärischen Beitrag dazu leisten; aber wir seien auch weiterhin bemüht, das Gleichgewicht durch beiderseitige Rüstungsbegrenzungen auf niedrigeren Ebenen herzustellen. Das Problem der Mittelstreckenraketen gehöre in die-

579 *Hildebrand*, Integration und Souveränität, S. 81.
580 Helmut *Schmidt*, Menschen und Mächte. Berlin 1987, S. 108.

sen Rahmen.«[581] In seiner Tischrede hatte der Kanzler auch unmißverständlich den Sowjets die Verantwortung für die Situation gegeben, die zum Beschluß der NATO geführt habe; er signalisierte jedoch auch Verhandlungsbereitschaft ohne Vorbedingungen, betonte den deutschen Willen nach Frieden und Zusammenarbeit, fügte aber hinzu: »Jetzt kommt es darauf an, neue gefährliche Ungleichgewichte zu verhindern, die auch das zwischen uns Erreichte in Frage stellen könnten.«[582]

Der Pragmatiker Schmidt war kein Freund von sicherheitspolitischen Gedankenspielen, die zu Beginn der achtziger Jahre Hochkonjunktur hatten und auch die deutsche Frage einbezogen. Gerade die Erfahrungen mit den wirtschaftlichen und sozialen Problemen der siebziger Jahre im Gefolge des Nahostkrieges, des Ölschocks und der weltwirtschaftlichen Rezession ließen ihn die Idee eines komplexen, über das Militärische hinausgreifenden Gleichgewichtes verfolgen. Statt sicherheitspolitischer Gedankenspiele plädierte er für die Schaffung einer westeuropäischen Verteidigungsgemeinschaft. Für die Bundesregierung ging es zu Beginn der achtziger Jahre um die »Konsolidierung des Erreichten« (Klaus Hildebrand). Hierzu gehörten die feste, auch emotionale Verankerung im Westen mit der Integration in der EG und der selbstbewußten Einbindung in die atlantische Gemeinschaft, die Bewahrung des Standes der innerdeutschen Beziehungen und deren Verbesserung sowie die Stabilisierung der Kontakte mit dem Osten. Für das Politikverständnis Helmut Schmidts stand der Begriff des Gleichgewichtes im Zentrum. Er mußte für alle Politikbereiche gelten, d. h. der Kanzler war von der Notwendigkeit eines Gleichgewichtes innerhalb der EG ebenso überzeugt wie von einer Balance im strategisch-militärischen Bereich, das, um zu funktionieren, von einer »balance of reason«[583] flankiert werden müsse. »Entspannung ohne Gleichgewicht ist Unterwerfung«[584] – ohne entsprechende Gegenmacht des Westens sind alle Abkommen mit dem Osten sinnlos, war die Botschaft

---

581 *Ebda.*, S. 108f.

582 *Ebda.*, S. 116.

583 Vgl. hierzu Robert A. *Monson*, Arms Balance in Post-Reykjavik German-American Relations, in: *Gruner*, Gleichgewicht, S. 144–166.

584 Zit. nach: *Link*, Außen- und Deutschlandpolitik in der Ära Schmidt, S. 324.

an seine Partei. Neben dieser über jeden Neutralismusverdacht erhabenen klaren und unumkehrbaren Westoption versuchte die Bundesrepublik, den Dialog mit der Sowjetunion, Osteuropa und der DDR nicht abreißen zu lassen. Ein schwieriges Unterfangen, da sich die Bundesrepublik mit dem Versuch, eine »Brückenfunktion«, eine Quasi-Vermittlerrolle zu Osteuropa zu übernehmen, dem Verdacht aussetzte, aus der westlichen Phalanx ausscheren zu wollen, auf die »russische Karte« zu setzen und zu Lasten westlicher Interessen und westlicher Ostpolitik zur früheren traditionellen außenpolitischen Schaukelpolitik Deutschlands zurückzukehren. Die durch die deutsche Frage und ihre europäische Dimension bedingte und von der Bundesrepublik Deutschland beanspruchte Sonderrolle stieß bei den Partnern auf Mißtrauen. Erneut befand sich die Bundesrepublik, wie schon zu Beginn der sechziger Jahre, in einer Position, in der sie gegen den weltpolitischen Strom zu schwimmen versuchte, um die deutsche Frage offen und im Gespräch zu halten. Es galt, die Politik der *Détente* zu bewahren:

»Allein ihre Existenz verschaffte nämlich den erforderlichen Spielraum, um über die Gegebenheiten der westdeutschen Grenzlage hinaus die Möglichkeiten jener traditionellen Mittellage der Deutschen zu nutzen, die seit den Tagen von Außenminister Schröder und Bundeskanzler Kiesinger wieder zu einem Thema der westdeutschen Außenpolitik geworden war.«[585]

Allerdings kam im Vergleich zum relativ eigenständigen Charakter der Außenpolitik Gustav Stresemanns ein entscheidender qualitativer Unterschied hinzu. Diese alte Traditionen mit der neuen Staatsräson verknüpfende Außenpolitik aus der »Brückenlage« heraus verstand sich »in einem von der westlichen Integration buchstäblich abgeleiteten Sinne, und vor allen Dingen im engen Benehmen mit Frankreich, das es nicht zuletzt auf diese Weise an die Bundesrepublik zu binden und von einer Verbindung mit der Sowjetunion abzuhalten galt«.[586]

Gerade die Sonderbeziehungen zwischen der Bundesrepublik Deutschland und Frankreich, die »privilegierte Partnerschaft in der

---

585 *Hildebrand*, Integration und Souveränität, S. 86.
586 *Ebda.*

EG«,[587] erreichten zu Beginn der achtziger Jahre einen neben den Beziehungen zu den USA gleichwertigen Charakter. Sie wurden zu einer »Entente élémentaire«, die sich seit dem deutsch-französischen Vertrag von 1963, trotz aller Rückschläge, entwickelt hatte.[588] Angesichts der sich verschlechternden Ost-West-Beziehungen, der Krise der Weltwirtschaft und der Probleme einer integrationspolitisch auf der Stelle tretenden EG bildete die Partnerschaft mit Frankreich, zusätzlich gestützt durch die freundschaftlichen Kontakte zwischen den französischen Staatspräsidenten und den Bundeskanzlern, eine wichtige politische Basis. So erklärten Helmut Schmidt und François Mitterrand am 25. Februar 1982 ihre Entschlossenheit, »das Gewicht Europas in der Welt zu vergrößern«, zu diesem Zwecke die Stagnation der EG im Geiste der Solidarität zu überwinden, ihre Funktionsfähigkeit wiederherzustellen, die europäische politische Zusammenarbeit zu intensivieren »und echte Fortschritte in Richtung auf die Europäische Union zu erzielen«.[589] Beide Regierungen hielten an beiden Teilen des NATO-Doppelbeschlusses fest, da »in den Ost-West-Beziehungen das strikte Gleichgewicht der beiderseitigen Vorteile das ausschlaggebende Kriterium bleiben« müsse.[590] Sie legten Wert darauf, daß die Abrüstungsbemühungen, die Rüstungskontrolle und der KSZE-Prozeß fortgeführt würden. Daher »werden sie in dem oben gekennzeichneten Geiste den Dialog mit den Ländern des Ostens fortsetzen«,[591] ohne Lockerung der lebenswichtigen Bindungen innerhalb der Atlantischen Gemeinschaft. In diesem Sinne knüpfte auch die neue Bundesregierung unter Bundeskanzler Helmut Kohl an die Politik ihrer Vorgängerin an. In der Pressekonferenz nach dem deutsch-französischen Gipfel am 22. Oktober 1982 betonte der Kanzler die Entschlossenheit, »den Dialog mit den Ländern des Ostens trotz der schweren Rückschläge in jüngster Vergangenheit fortzusetzen« und den KSZE-Prozeß fort-

---

587 Vgl. Haig *Simonian*, The Privileged Partnership. Franco-German Relations in the European Community 1969–1984. Oxford 1985.

588 Vgl. hierzu u. a. Hans-Peter *Schwarz*, Eine Entente Elémentaire. Das deutsch-französische Verhältnis im 25. Jahr des Élysée-Vertrages. Bonn 1988, S. 6ff.

589 Gemeinsame Erklärung vom 25. 2. 1982, abgedruckt in: *Europa-Archiv* 1982/H. 7, S. D 193f., S. D 193.

590 *Ebda.*

591 *Ebda.*

zuführen.[592] Die Regierung Kohl/Genscher fuhr somit 1982 dort fort, wo die Regierung Schmidt/Genscher aufgehört hatte. Sie mußte versuchen, die »Kontinuität und Berechenbarkeit« der bundesdeutschen Außenpolitik zu dokumentieren und trotzdem eigene Akzente in der Deutschland- und Friedenspolitik zu setzen.[593] Die Jahre seit dem Regierungswechsel in Bonn verdeutlichen, daß es trotz der Klimaverschlechterung in der internationalen Politik bis in die zweite Hälfte der achtziger Jahre gelang, Fortschritte in der Deutschlandpolitik zu erreichen, das Gewicht der Bundesrepublik im westlichen Bündnis zu vergrößern, die Entspannungsbemühungen zusammen mit den europäischen Partnern unter erschwerten Bedingungen fortzuführen und das Gespräch mit der UdSSR, den osteuropäischen Staaten und auch der DDR nicht abreißen zu lassen. Neue Impulse konnten auch schon deswegen von der christlich-liberalen Koalition ausgehen, weil sie im Parlament, anders als Helmut Schmidt in der Schlußphase seiner Kanzlerschaft, auf eine gesicherte Mehrheit auch für die Umsetzung des NATO-Doppelbeschlusses rechnen konnte, aus dem »Nachrüstungswahlkampf« 1983 gestärkt hervorging und aus einer starken Westbindung heraus eine durch Verhandlungen und Gespräche gekennzeichnete operative Deutschland- und Ostpolitik verfolgen konnte. Die Regierung setzte auf die Berechenbarkeit ihrer Politik und betonte, daß sie zu den abgeschlossenen Verträgen stehe und sie »als Instrumente aktiver Friedenspolitik« nutzen werde.[594] Sie betonte stärker den rechtlichen Fortbestand Deutschlands und hob hervor, daß die deutschlandpolitische Kontinuität »das Bekenntnis zur Präambel des Grundgesetzes [bedeute], die das ganze deutsche Volk aufruft, seine Einheit in Freiheit zu vollenden«.[595] Die DDR wurde aufgefordert, zu den übernommenen Verpflichtungen und zum Geist der Verträge zu stehen:

»Das heißt, den Frieden in der Mitte Europas auch dadurch zu

---

592 Erklärung von Bundeskanzler Helmut Kohl am 22.10.1982, *Europa-Archiv* 1982/H. 24, S. D 627f., S. D 627.

593 Vgl. hierzu ausführlicher *Hacke*, Weltmacht wider Willen, S. 323ff.

594 Regierungserklärung von Bundeskanzler Kohl am 13.10.1982 vor dem Deutschen Bundestag, abgedruckt in: Texte DP III/1, S. 9–11, S. 10.

595 Rainer Barzel am 15.11.1982 zur Deutschlandpolitik der Bundesregierung, abgedruckt in: Texte DP III/1, S. 12–21, S. 13.

festigen, daß Gewalt bei der Verfolgung politischer Ziele ausgeschlossen und die Lage der voneinander getrennten Menschen verbessert wird.«[596]

Den Forderungen der SED u. a. nach völkerrechtlicher Anerkennung der DDR, »einer einvernehmlichen Regelung der Elbgrenze nach internationalem Recht« und der vollen Respektierung einer eigenen Staatsbürgerschaft der DDR und der Aufhebung der Erfassungsstelle in Salzgitter[597] widersetzte sich die Bundesregierung, obwohl in der Publizistik, in der öffentlichen Diskussion und auch in den Parteien der Ruf nach völkerrechtlicher Anerkennung der DDR lauter wurde. In diesen Zusammenhang gehört auch die Debatte über die Änderung der Präambel des Grundgesetzes und die »Beendigung der deutschen Frage«.

Auch der Frage einer Einladung des Generalsekretärs der SED, Erich Honecker, zu einem Gegenbesuch in die Bundesrepublik stellte sich die Regierung Kohl. Allerdings müsse »das politische Klima der Gesamtbeziehungen zwischen den beiden Staaten in Ordnung sein«.[598] Der Bundeskanzler und Honecker trafen sich verschiedentlich anläßlich von Begräbnisfeierlichkeiten in Belgrad und Moskau. Auch die DDR war an einer Fortsetzung des Ost-West-Dialogs interessiert, forderte ein Gleichgewicht auf immer niedrigerem Niveau der Waffen und sprach von einer deutschen »Verantwortungsgemeinschaft« und »Sicherheitspartnerschaft«; sie bezweifelte die Notwendigkeit einer Stationierung sowjetischer Mittelstreckenraketen auf dem Territorium der DDR und wurde für ihr Ausscheren von der Sowjetunion in Leitartikeln der *Prawda* heftig angegriffen.[599]

---

596 Regierungserklärung Bundeskanzler Kohls vom 13.10.1982, abgedruckt: *ebda.*, S. 10.

597 Abgedruckt in: *Neues Deutschland*: Erklärung gegen die Realität und Vernunft, vom 11.2.1984, Texte DP III/2, S. 48–50, S. 48.

598 Stellungnahme des Ministers für Innerdeutsche Beziehungen Rainer Barzel zur Deutschlandpolitik der Bundesregierung vom 15.11.1982 (Texte DP III/1, S. 12–21, S. 19), der eine Passage aus Helmut Schmidts Bericht zur Lage der Nation vom 9.9.1982 zitiert (Texte DP II/8, S. 526–543, S. 527).

599 Vgl. hierzu Texte DP III/2, S. 51–55 (Rede Honeckers vor der Bezirksdelegiertenkonferenz in Berlin am 12.2.1984), *ebda.*, S. 311–317 (Interview mit Honecker zu aktuellen Fragen der Innen- und Außenpolitik

Bei seinem Besuch bei Honecker am Werbellinsee hatte Bundeskanzler Schmidt versucht, für Europa und Deutschland an Entspannungspolitik zu retten, was noch zu retten war, und die besondere Verantwortung der Deutschen zu betonen. Eine »antizyklische Politik« ließ sich jedoch von den Deutschen nicht mehr durchhalten, wollten sie sich nicht in eine gefährliche Situation der Isolierung manövrieren. Dies zumal zu einem Zeitpunkt, als die deutsche Frage unvermutet in das weltpolitische Rampenlicht zurückkehrte und die Nachbarn Befürchtungen und Ängste über die romantischen, machtvergessenen, nicht mehr machtversessenen Deutschen hegten. Der NATO-Doppelbeschluß hatte eine heftige innenpolitische Diskussion ausgelöst, die Friedensbewegung enormen Zulauf erhalten. Die Themen (und nachgedruckten Texte) der Remilitarisierungsdiskussion der fünfziger Jahre kehrten wieder. Würden die pazifistischen Strömungen in der Bundesrepublik die Oberhand gewinnen, die Bundesrepublik aus dem westlichen Bündnis herausbrechen und eine »Selbstfinnlandisierung« der Bundesrepublik einleiten?

Den deutschen Nachbarn wurde plötzlich bewußt, daß die deutsche Frage kein überholtes Thema, keine »dead issue«, war.[600] Die Anhänger der Friedensbewegung wurden nicht müde, darauf hinzuweisen, daß Atomwaffen und ihre Zerstörungskraft weder Grenzkontrollen noch Mauern respektieren. Der unkalkulierbare Einsatz der auf beiden Seiten der Demarkationslinie in Europa angehäuften atomaren und konventionellen Waffenarsenale bei einem Schlagabtausch der Supermächte in Mitteleuropa wurde zur Horrorvision. In einem Atomkrieg würde dann die deutsche Wiedervereinigung im nuklearen Massengrab stattfinden. Die Nachrüstungsdebatte leitete engagierte Diskussionen über die Deutschlandfrage ein. In der Öffentlichkeit der Bundesrepublik kamen im linken und rechten politischen Spektrum nationale Zungenschläge mit antiamerikanischem Einschlag hoch. Es erklang von neuem, wie es Klaus Bölling formulierte, »die alte häßliche Melodie von den negativen, womög-

---

der DDR vom 18.8.1984) sowie »Pan-Germanisches Fieber« – bis in die DDR, in: *DER SPIEGEL* 33/1984, S. 19–27.

600 Ausführlicher zu diesem Komplex Helena *Page*, Reunification and the Successor Generation in Germany, in: *The Washington Quarterly* 7/1 (Winter 1984), S. 60–67.

lich zersetzenden Einflüssen des Westens aufs deutsche Gemüt«.[601] Der »neue Patriotismus« forderte von der Bundesregierung ein entschiedenes Eintreten für die nationalen Interessen. Als nationales Interesse wurde der Austritt beider deutscher Staaten aus den jeweiligen Bündnissystemen sowie die Herstellung einer gesamtdeutschen oder mitteleuropäischen Neutralität gesehen. Ein Wort Richard von Weizsäckers aufgreifend, daß die Mitte nicht Grenze sein könne, wurde gefordert, das europäische Zentrum zwischen der Sowjetunion und Frankreich allmählich aus den Blöcken herauszulösen und neue Grundlagen für eine politisch-militärische Struktur Mitteleuropas zu finden. Trotz aller politischen und ideologischen Gegensätze seien die Gemeinsamkeiten der Mitteleuropäer und die Entwicklungsmöglichkeiten für eine gemeinsame Zukunft größer als die Gegensätze. Immer stärkere gemeinsame Interessen werden sie befähigen, »in einer Konföderation Mitteleuropa als einer neutralen Gemeinschaft souveräner Staaten ihr Zusammenleben selbstverantwortlich zu gestalten«.[602] Mit dem Anspruch, die passive deutsche »Schweigemauer« zu durchbrechen, und angesichts des »patriotischen Aufschreis« der Friedensbewegung, »die Lebensinteressen der Deutschen in Ost und West nicht zu mißachten«,[603] müsse Deutschland mit seiner »Selbstbefreiung beginnen, nicht wegen des Traumes von der deutschen Einheit, sondern deshalb, weil wohl dadurch Europa und Deutschland davor bewahrt werden könnten, Schlachtfeld der Supermächte zu werden«.[604]

In einer Denkschrift zur deutschen Frage, die den neuen politischen Willen außerhalb der etablierten Politik zu repräsentieren beanspruchte, forderten die Autoren die Bundesregierung auf, die »Verantwortungsgemeinschaft« mit der DDR ernst zu nehmen und eine friedenspolitische Initiative zu ergreifen. Ziel sollte die Bildung einer Konföderation zwischen beiden deutschen Staaten sein, die

---

601 Zit. nach: *Gruner*, Die Verfassungsordnung des Deutschen Bundes, S. 37.

602 Jochen *Löser*/Ulrike *Schilling*, Neutralität für Mitteleuropa. Das Ende der Blöcke. München 1984, S. 9.

603 Herbert *Ammon*/Theodor *Schweisfurth*, Friedensvertrag, Deutsche Konföderation, Europäisches Sicherheitssystem. Denkschrift zur Verwirklichung einer europäischen Friedensordnung. Starnberg 1985, S. 7 (Vorwort Alfred Mechtersheimer).

604 *Ebda.*, S. 8 (Vorwort Mechtersheimer).

»Deutscher Bund« heißen sollte. Der Deutsche Bund würde Teil einer atomwaffenfreien Zone in Mitteleuropa und würde als Teil eines kollektiven Europäischen Sicherheitssystems aus der NATO bzw. dem Warschauer Pakt austreten.[605] Als linke Patrioten forderten Peter Brandt und Herbert Ammon, die durch die Friedensbewegung wieder in Bewegung gekommene deutsche Frage als Beitrag zum europäischen Frieden zu lösen:

»Als Etappe auf dem Weg zur nationalen Einheit wäre eine Konföderation zwischen den beiden deutschen Staaten denkbar, welche aller Voraussicht nach die auf demokratische und sozialistische Reformen in beiden Teilstaaten drängenden Kräfte stärkte... Zudem käme ein Abbau der Berliner Mauer und der Grenze durch Deutschland in Sicht.«[606]

Es müsse im Interesse Europas liegen, im Zentrum des Kontinents ein friedliches Land zu haben, »als Mittler zwischen Ost und West, dessen Bewohner befreit sind vom Trauma ihrer NS-Vergangenheit und deren Folgen, der deutschen Teilung«.[607] Eine »militärische Neutralität ganz Deutschlands« müsse unstreitbar im Interesse der anderen europäischen Völker liegen, da sie auch »eine Zurückdrängung der USA und der UdSSR als Hegemonialmächte und Hauptfaktoren der Kriegsgefahr in Europa« mit sich bringe.[608]

Ähnlich wie bei der Linken wurde auch auf der äußersten Rechten von »Patrioten« der waffenklirrende »Hegemonismus der beiden Supermächte« als Bedrohung für den Frieden und die Unabhängigkeit der Völker ausgemacht. Wenn die Deutschen ihr Schicksal nicht in die Hand nähmen, »dann kann es ihnen geschehen, daß die beiden hegemonistischen Mächte ein *neues* Jalta über Deutschland miteinander schließen, diesmal ein atomares. Dagegen gibt es nur ein einziges Mittel: die Vereinigung beider deutscher Staaten, die Mitglieder *beider* Bündnissysteme, des Ostens wie Westens,

---

605 *Ebda.*, S. 37ff.

606 Peter *Brandt*/Herbert *Ammon*, Patriotismus von links. Rückblick und Zustandsbeschreibung, in: Wolfgang *Venohr* (Hrsg.), Die Deutsche Einheit kommt bestimmt. Bergisch-Gladbach 1982, S. 118–159, S. 159.

607 *Ebda.*

608 Peter *Brandt*/Herbert *Ammon* (Hrsg.), Die Linke und die nationale Frage. Dokumente zur deutschen Einheit seit 1945. Reinbek 1981, S. 57.

sind.«[609] Aus Verantwortung vor der Geschichte müßten die Deutschen »den Superholocaust an den Völkern Mitteleuropas« verhindern.[610] In seinem programmatischen Band »Die Deutsche Einheit kommt bestimmt« schlug Wolfgang Venohr die Begründung einer Konföderation Deutschland, »eines Staatenbundes beider deutscher Teilrepubliken« vor, die »unbeschadet ihres föderativen Zusammenschlusses Mitglieder der NATO und des Warschauer Paktes, der EG und des RGW bleiben, solange sie das wollen. Ein wirtschafts- oder militärpolitischer Erdrutsch findet nicht statt.«[611]

Quasi als Patentrezept für die Institutionalisierung einer Welt des Friedens wurde von zahlreichen Publizisten und auch Politikern ein wiedervereinigtes Deutschland mit dem Status einer bewaffneten Neutralität ohne Blick für die Realitäten und historischen Zusammenhänge angepriesen.[612] Verdrängt wurde dabei die historische und europäische Dimension der deutschen Frage mit den sie bestimmenden Einflußgrößen, wie Sicherheit, Form deutscher Staatlichkeit und Deutschlandbild. Spätestens zum Zeitpunkt der Nachrüstungsdebatte in der Bundesrepublik müßte der Öffentlichkeit in den beiden Staaten in Deutschland an den Reaktionen ihrer Nachbarn in Ost und West, Süd und Nord deutlich geworden sein, daß die deutsche Frage ein europäisches Thema war und ist, das auch die Enkel, nicht nur die Großväter angeht, und daß die Deutschen nicht auf einer einsamen Insel mitten in Europa leben, daß auch für die Deutschen bestimmte Spielregeln und Rahmenbedingungen für das Zusammenleben mit ihren Nachbarn existieren und daß schließlich die ernstzunehmenden und tief verwurzelten historischen Erfahrungen der Europäer mit dem Volk der Mitte seit der zweiten Hälfte des vorigen Jahrhunderts berücksichtigt werden sollten. Das Aufkommen der Grünen und die Friedensbewegung ließen bei den Nachbarn, vor allem in den Medien, das reaktivierbare Bild vom irrationalen, romantischen Deutschen wiedererstehen, dem die Freiheit nichts bedeutet. Hatte man früher die deutsche »Nibelungentreue«

---

609 *Venohr*, Die Deutsche Einheit kommt bestimmt, S. 14.

610 *Ebda.*, S. 15.

611 Wolfgang *Venohr*, Konföderation Deutschland, in: *Ders.*, Die Deutsche Einheit kommt bestimmt, S. 180–192, S. 186.

612 Vgl. zur Auseinandersetzung hiermit neuerdings *Hacker*, Deutsche Irrtümer, S. 228ff., S. 358ff. passim.

zu den USA kritisiert, wurde nun der Antiamerikanismus in der Bundesrepublik angeprangert und als Abdriften aus der westlichen Gemeinschaft bewertet. Der »grüne Pazifismus« wurde in die Kontinuität deutscher Irrtümer von der Jugendbewegung über die Hitlerjugend in das »Deutschland ohne Seele« gestellt.[613] Auch wenn diese Klischees und Zerrbilder oft von der Mehrheit der Gesellschaft nicht übernommen werden, hatten und haben sie doch ihre Wirkung. Als charakteristisch kann eine Glosse in *Le Monde* vom 18. Oktober 1983 gelten. Dort lesen wir:

»Als die Deutschen vor 50 Jahren demonstrierten, waren sie gestiefelt, ihre Gesänge waren kriegerisch und rachsüchtig. Im Westen meinten die großen Geister, man müsse sich nicht beunruhigen. Die Demokratien schlummerten und sahen nicht, was kam. Heute sehen die Demonstranten in Deutschland anders aus. Sie sind gegen den Krieg und laufen in Leinenschuhen herum. Der Westen ist von panischer Angst erfaßt. Ob braun, rot oder grün – Deutschland läßt uns immer ins Leere laufen.«[614]

Diese Bewertungen stellen jedoch nicht »das Deutschlandbild« der Nachbarn dar. Es gab auch in der politischen Elite Ausnahmen, die Verständnis für die verzwickte Lage der Deutschen im Herzen Europas zeigten. So bemerkte der italienische Staatspräsident Sandro Pertini 1985 in seiner Ansprache vor dem Europaparlament:

»Das geteilte Deutschland ist das geteilte Europa. Sein Drama ist auch unseres. Doch Liebe für das verlorene Vaterland steht nicht im Gegensatz zum deutschen Traum vom Frieden, ebenso wie unsere Sorge über die Trennung eines Teiles von Europa uns nicht dazu veranlaßt, an Krieg zu denken.«[615]

War aus Machtversessenheit wirklich Machtvergessenheit geworden? Hans-Peter Schwarz erinnerte seine Landsleute in einem engagierten und pointierten Plädoyer 1985 daran, daß Friedenserhaltung nicht ohne »verantwortliche Machtpolitik« gewährleistet werden

---

613 Vgl. hierzu z. B. Ingo *Kolboom*, Deutschlandbilder der Franzosen: Der Tod des ›Dauerdeutschen‹, in: *Trautmann*, Die häßlichen Deutschen?, S. 212–243, S. 227 ff.

614 *Le Monde* vom 18. 10. 1983, deutsch zitiert nach *Kolboom*, Deutschlandbilder der Franzosen, S. 233.

615 Zit. nach: *Verhandlungen des Europäischen Parlamentes* vom 11. 6. 1985 Nr. 2–327, S. 99–104, S. 103.

könne und daß die »Maximen der Bergpredigt« kein adäquates Mittel seien, um dem »Teufelsspiel nuklearer Machtpolitik« beizukommen, denn der Macht könne man nicht entrinnen: »Sie läßt weder die Völker noch Einzelne entkommen, die dem Gegner allein mit dem sympathischen Appell zur Herzenserneuerung entgegentreten. Inmitten der technologischen Absurditäten globaler Machtpolitik ist der Versuch empathiebewegten Aussteigens aus der Machtpolitik leider die denkbar absurdeste Antwort. Diejenigen, denen nichts anderes einfällt, mögen allenfalls ihren Seelenfrieden retten, ihre Haut aber nicht, falls der Ernstfall wirklich eintritt.«[616]

Die Nachbarn befürchteten jedoch seit dem Zweiten Weltkrieg immer wieder, daß die Deutschen lieber rot als tot sein wollten und daß sie nicht bereit sein könnten, den Luxusdampfer »ihrer schwimmenden Wohlstandswelt« im Bedarfsfall in ein waffenstarrendes Schlachtschiff zu verwandeln, um ihre Existenz und Freiheit und die ihrer Nachbarn zu verteidigen, sondern daß sie sich vielmehr mit einem Beiboot davonmachen könnten, um sich mit dem Feind zu arrangieren.

Als schließlich im September 1987 der Besuch Honeckers in der Bundesrepublik Deutschland bevorstand, kamen, wie ein Blick in die internationale Pressevorschau verdeutlicht, erneut die mit der deutschen Frage verbundenen Ängste hoch. Europäer und Amerikaner spürten angesichts der »historischen Reise Honeckers nach Hause«[617] einen »Schauer des Unbehagens«. Zwar galt zu diesem Zeitpunkt die Wiedervereinigung nicht als direkte Chance oder als Gefahr, doch löste die »deutsch-deutsche Annäherung« Sorgen aus. Würde die Bundesrepublik die Wiedervereinigung von den Sowjets kaufen? Beabsichtigte Moskau, einen Keil zwischen die Deutschen und ihre europäischen und transatlantischen Verbündeten zu treiben und die »deutsche Karte« zu ziehen? Standen ein neues Rapallo oder ein Tauroggen II vor der Tür? Um diesen ernst zu nehmenden Ängsten zu begegnen, empfahl Robert Leicht in einem Artikel der *ZEIT* vom 11. September 1987:

---

616 Hans-Peter *Schwarz*, Die gezähmten Deutschen. Von der Machtversessenheit zur Machtvergessenheit. Stuttgart 1985, S. 9.

617 *US News and World Report* September 1987, S. 40f. (Honecker's Historic Journey Home). Vgl. auch: The German Question, in: *TIME* vom 7.9. 1987, S. 4–11.

»Jeder Gedanke an eine Zusammenfassung ihres territorialen, politischen und wirtschaftlichen Potentials [d. h. die Vereinigung von Bundesrepublik und DDR] wäre für die Nachbarn besorgniserregend. Eine Wiedervereinigung müßte in europäischen, also auch in unseren Augen zurückführen in den Zustand, der letztlich die Teilung nach sich gezogen hat: zu einer Macht in der Mitte Europas, die alle angrenzenden Länder zu Randstaaten machen würde.«[618] Leicht plädierte daher dafür, daß für die Deutschen Europa wichtiger bleiben müsse »als die staatliche Gestalt der deutschen Nation«.[619]

Die Haltung der Bundesregierung blieb, trotz des protokollarischen Aufwandes, der militärischen Ehrenformationen und der Abspielung der Hymnen beider Staaten in Deutschland vor dem Bonner Kanzleramt, in der Sache selbst deutlich. So verwies Bundeskanzler Kohl in seiner Tischrede darauf, daß zum angestrebten Frieden in Deutschland auch die Einhaltung der Menschenrechte gehöre, »daß an der Grenze Waffen auf Dauer zum Schweigen gebracht werden. Gerade Gewalt, die den Wehrlosen trifft, schädigt den Frieden. Versäumen Sie es nicht, Maßnahmen zu treffen, die auch von Mensch zu Mensch ein Stück Frieden stiften... Die Menschen in Deutschland leiden unter der Trennung. Sie leiden an einer Mauer, die ihnen buchstäblich im Wege steht und die sie abstößt. Wenn wir abbauen, was Menschen trennt, tragen wir dem unüberhörbaren Verlangen der Deutschen Rechnung: Sie wollen zueinander kommen können, weil sie zusammen gehören.«[620]

Die DDR wiederholte ihre bekannten Positionen, wie die Erwiderung Honeckers zeigt:

»Ausgangspunkt für eine konstruktive, nicht nur beiden Staaten nützliche Politik können nur die Realitäten sein, die Existenz von zwei voneinander unabhängigen souveränen Staaten mit unterschiedlicher sozialer Ordnung und Bündniszugehörigkeit.«[621] Er

---

618 Robert *Leicht*, Können wir gute Deutsche und gute Europäer sein?, in: *DIE ZEIT* vom 11.9.1987.

619 *Ebda.*

620 *Bundesministerium für Innerdeutsche Beziehungen* (Hrsg.), Der Besuch von Generalsekretär Honecker in der Bundesrepublik Deutschland. Dokumentation. Bonn 1988, S. 26–31 (Tischrede Kohls vom 7.9.1987), S. 29f.

621 *Ebda.*, S. 32–35, S. 35 (Ansprache Honeckers vom 7.9.1987).

strich heraus, daß die DDR »den humanitären Fragen und den Menschenrechten« große Bedeutung beimesse und diese »in der Deutschen Demokratischen Republik im praktischen Leben ihre tägliche Verwirklichung finden«.[622]

Als im Frühsommer 1989 Michail Gorbatschow Deutschland besuchte und eine »Gorbimania« die Deutschen befiel, kehrten die alten Sorgen von der deutschen Karte der Sowjetunion und dem Abdriften der Deutschen in das östliche Lager erneut in die Schlagzeilen zurück. Als Bundespräsident von Weizsäcker im Vorfeld des Gorbatschow-Besuches vom Nachrichtenmagazin *TIME* zu Fragen der deutschen Einheit interviewt wurde, nahm er auch zu einer neuen deutsch-sowjetischen Allianz und zur Wiedervereinigung Stellung. Er betonte die feste Verankerung der Bundesrepublik Deutschland in den Traditionen des Westens und unterstrich, daß es in Europa westlich der UdSSR keine Super- und Großmacht gebe:

»Zu glauben, daß es möglich sein werde, in die Zeit Bismarcks zurückzukehren und ein neues europäisches Dominium, bestehend aus einem imperialen Gorbatschowschen Rußland und einem wiedervereinigten Deutschland zu begründen, heißt die Lehren der Geschichte zu mißachten. Wir können und wollen Teil des Westens bleiben.«[623]

Weizsäcker verwies auch auf die föderativen Traditionen in der deutschen Geschichte und die Vorzüge eines die Vielfalt bewahrenden föderativen Systems. Dieses könne im Zeichen wachsender europäischer Integration auch für Europa annehmbar sein. In einem föderativen Europa sei auch »eine Art Föderalisierung der Beziehungen zwischen den beiden deutschen Staaten denkbar«.[624]

Die Europäisierung und langfristige Regelung der deutschen Frage im Rahmen einer neuen europäischen Friedensordnung wurde zum Ziel der Bonner Politik und fand in zahlreichen Schriften und Reden ihren Niederschlag. Die »Art Föderalisierung der Beziehungen« zwischen der DDR und der Bundesrepublik Deutschland wurde sehr viel schneller Realität, als dies zum Zeitpunkt von Weizsäckers Interview vorstellbar war. Im Sommer 1989 kam es zu

---

622 *Ebda.*, S. 34.
623 Interview: »Questions of Unity«, in: *TIME* vom 5.6.1989, S. 26–28, S. 27 (Übersetzung WDG).
624 *Ebda.*, S. 28.

Botschaftsbesetzungen bundesdeutscher Vertretungen in den osteuropäischen Ländern und in Ost-Berlin durch Bewohner der DDR. Im September setzte eine Ausreisewelle und Flucht über Ungarn ein, nachdem Ungarn am 11. September 1989 seine Grenzen nach dem Westen geöffnet hatte. Trotz der Zuspitzung der innenpolitischen Situation in der DDR verkündete Erich Honecker, daß weder Ochs noch Esel den Sozialismus in seinem Lauf aufhalten würden, und bewertete Reformvorschläge als Versuche, den Sozialismus zu beseitigen. Der 40. Jahrestag der DDR geriet bereits zu einem Requiem für den sozialistischen Staat deutscher Nation. Seit dem Herbst 1989 wurden wir Zeuge einer atemberaubenden Entwicklung in Deutschland und Europa, die von einer eindrucksvollen Eigengesetzlichkeit und Eigendynamik gekennzeichnet war. Alle Modelle und Überlegungen, die zu Beginn des »Herbstes der DDR«, der friedlichen Revolution im Osten Deutschlands, diskutiert wurden, wurden durch das Tempo, mit dem der Zug zur Vereinigung der beiden Staaten in Deutschland rollte, überholt. Dies galt für den Stufenplan von Bundeskanzler Kohl ebenso wie für Überlegungen, die DDR als reformierten sozialistischen Staat in die Zukunft hinüberzuretten. Die Übergangsregierung Modrow wurde durch die ersten freien Wahlen vom 18. März 1990 in der DDR abgelöst. Am 1. Juli 1990 wurde die Wirtschafts- und Währungsunion vollzogen. Diese wurde ergänzt durch den »Einigungsvertrag« vom 31. August 1990.[625] Mit dem Beitritt der DDR nach Artikel 23 des Grundgesetzes wurde am 3. Oktober 1990 die Einheit Deutschlands vollzogen.

Begleitet wurde der nationale Prozeß durch die internationale Absicherung der Wiedervereinigung durch die »Zwei-Plus-Vier«-Verhandlungen, die am 12. September 1990 in Moskau abgeschlossen und am 18. November 1990 durch die Charta von Paris völkerrechtlich sanktioniert wurden.

Der Vereinigungsprozeß und seine Dynamik stießen bei den Nachbarn und den vier Siegermächten zunächst auf Reserven, auch wenn prinzipiell der Anspruch der Deutschen auf Ausübung ihres

---

625 *Presse- und Informationsamt der Bundesregierung*, Bulletin Nr. 104 vom 6.9.1990: »Vertrag zwischen der Bundesrepublik Deutschland und der Deutschen Demokratischen Republik über die Herstellung der Einheit Deutschlands«, S. 877–1120. Vgl. zu den Verhandlungen: Wolfgang *Schäuble*, Der Vertrag. Stuttgart 1991.

Selbstbestimmungsrechtes anerkannt wurde. Dies galt insbesondere für Mitterrand und Margaret Thatcher. Präsident Mitterrand, irritiert über die »Zehn-Punkte-Erklärung« Kohls vor dem Deutschen Bundestag, über die er im Vorfeld nicht konsultiert und informiert worden war, forderte, daß vor einer deutschen Vereinigung die Europäische Integration vollzogen werden müsse. Die britische Premierministerin hatte aus ihrem historisch begründeten Vorurteil gegenüber Deutschland nie ein Hehl gemacht und besorgt das »Aufleben von Wiedervereinigungshoffnungen in Deutschland« registriert.[626] Nach dem Fall der Mauer am 9. November 1989 und der einsetzenden Dynamik in Richtung auf eine Wiedervereinigung Deutschlands war die Premierministerin bemüht, den Prozeß zu blockieren bzw. zumindest zu verlangsamen. Der Vereinigung der beiden Deutschlands müsse eine »umfassende Konsultation« (massive consultation) mit anderen Staaten vorausgehen.[627] Beim Besuch des polnischen Premierministers Mazowiecki in London wurde sie noch deutlicher und verwies auf die Lehren der Geschichte in diesem Jahrhundert, die sich nicht wiederholen dürften.[628] Ihr wäre es angenehmer gewesen, die Wiedervereinigung Deutschlands an das Ende eines längeren Prozesses der Demokratisierung in Osteuropa zu setzen.

Nicht nur die Sowjets, sondern auch die USA knüpften an die Wiedervereinigung Deutschlands Bedingungen. Die Wiedervereinigung müsse schrittweise im Rahmen der NATO und der EG erfolgen und die Prinzipien der KSZE-Schlußakte anerkennen.

Wichtige Weichen wurden jedoch bereits auf dem Straßburger EG-Gipfel im Dezember 1989 gestellt. Die schnelle »EG-isierung« der deutschen Einigungsfrage war mit ein Verdienst des Kommissionspräsidenten Jacques Delors, der eine schnelle Öffnung der EG für die DDR vorschlug, und schließlich wurde auf dem EG-Sondergipfel im April 1990 in Dublin die »Vereinigung Deutschlands

---

626 Peter B. *Johnson*, Margaret Thatchers Bild von den Deutschen und ihrer Kultur. Nützliche Wissenschaft, in: *Rheinischer Merkur* vom 27. 10. 1989, S. 4.

627 *The Times* vom 12. 2. 1990, S. 10: »Thatcher toughens her line on alteration of frontiers«.

628 *The Times* vom 14. 2. 1990: »Tough Thatcher line on lesson of German history«. Ähnlich *The Guardian* vom 19. 2. 1990: »PM voices fears of German unity«.

wärmstens« begrüßt. Die Mitgliedsstaaten gaben der Hoffnung Ausdruck, »daß die Vereinigung Deutschlands – als Ergebnis des frei geäußerten Wunsches des deutschen Volkes – ein positiver Faktor in der Entwicklung Europas im allgemeinen und der Gemeinschaft im besonderen sein wird«.[629]

Welche Rolle kann, welche Rolle will das vereinte Deutschland in einem künftigen Europa übernehmen? Ist mit der Herstellung der deutschen Einheit die deutsche Frage abgeschlossen, oder hat sie lediglich eine neue, noch nicht bestimmbare Qualität erhalten? Die Hauptelemente der deutschen Frage, die eingangs erörtert wurden und die in unterschiedlichen Zusammenhängen seit dem ausgehenden 18. Jahrhundert immer wieder auftauchten, begleiteten auch den Prozeß der Wiedervereinigung: so das Deutschlandbild, wie es uns im Chequers-Memorandum, im Ridley-Interview und in Kommentaren und Karikaturen der Jahre 1989/90 begegnet, so die Frage nach der europäischen Sicherheit und der Einbindung Deutschlands in eine europäische Sicherheitsstruktur (Sicherheit vor Deutschland und Sicherheit für Deutschland), nach der Wirtschaftskraft des vereinten Deutschland, das zu einer wirklichen »économie dominante« zu werden droht, nach den »80 Millionen Deutschen« sowie nach dem politisch-sozialen System und der europäischen Einbindung der neuen Bundesrepublik. Ein weiterer Faktor tritt hinzu. Die jetzt völkerrechtlich voll souveräne Bundesrepublik muß in ihrer Außen- und Europapolitik zu einem neuen Selbstverständnis finden. Dies ist mit einer Orientierungs- und Anpassungskrise verbunden. Das gilt aber auch für die Nachbarn in Europa. Das Ende der Nachkriegszeit, die als Ende der Friedensordnung von Versailles empfundene Lage in Europa bedarf neuer Impulse und neuer Ideen. Ein Deutschland, das sich auf seine europäische Aufgabe besinnt und sich als europäisches Deutschland versteht, kann in diesem Prozeß einen wichtigen Beitrag leisten.

Beim Rückblick auf drei Jahrzehnte bundesrepublikanischer Außenpolitik wurde jüngst festgestellt, daß diese sich, wenn auch oft mit Verschiebungen und Verzögerungen, den Zyklen der Weltpolitik angepaßt und auf diese Weise längere antizyklische Isolierungen vermieden hat. Sie muß heute ihren Weg zwischen »Größen-

---

629 *Bulletin* Nr. 51 vom 4.5.1990: »Europäischer Rat in Dublin« vom 28.4.1990, S. 401–404, S. 401.

wahn«[630] und »Machtvergessenheit« finden, weil sie sich nicht nur mehr an neue Konstellationen und Situationen anpassen können wird, sondern von ihr Impulse und konstruktive, Verantwortung übernehmende Politiken erwartet werden. Bis heute hat die Bundesrepublik Deutschland den heterogenen Erfordernissen der Weltpolitik »mit Umsicht Rechnung getragen; sie hat dabei Augenmaß für ihre Möglichkeiten und Grenzen bewiesen und hat es stets vorgezogen, lieber behutsam als riskant zu handeln«.[631] Die offene deutsche Frage war dabei handlungsleitend und stilprägend, denn gerade »weil der Bonner Staat für die in Unfreiheit lebenden Deutschen mithandeln mußte und das Ziel der nationalen Zusammengehörigkeit nicht aus den Augen verlieren konnte – sei es im Sinne der traditionellen Wiedervereinigung unter westlichem Vorzeichen, sei es im supranationalen Rahmen Europas, sei es in Form einer Selbstbestimmung für Landsleute im anderen Teil der gespaltenen Nation... –, durchgehend hat die Bundesrepublik Deutschland darauf geachtet, daß ihre politischen und geistigen, ihre militärischen, wirtschaftlichen und kulturellen Prioritäten im Westen liegen«.[632]

Eine Politik des selbstbewußten Augenmaßes und einer »verantwortlichen Machtpolitik« ohne Arroganz in allen Politikfeldern könnte die Gewähr dafür bieten, daß die Akte über die deutsche Frage im Buch der Weltgeschichte mit einem guten Ausgang geschlossen werden könnte.

---

630 Arnulf *Baring*, Unser neuer Größenwahn. Deutschland zwischen Ost und West. Stuttgart 1988.

631 *Hildebrand*, Integration und Souveränität, S. 95.

632 *Ebda.*, S. 95f.

8. Deutschlands doppelte Integration in Europa: Reflexionen und Perspektiven

Der verengte Blick auf den 1945 völkerrechtlich handlungsunfähig gewordenen deutschen Nationalstaat hatte bei einer Mehrheit der Deutschen dazu geführt, zwei gewichtige Tatsachen zu verdrängen bzw. zu übersehen, die aber für das Verständnis der politischen und historischen Dimension der deutschen Frage seit Jahrhunderten von grundlegender Bedeutung sind:

1. Die historische deutsche Frage und die Bedingungen ihrer Lösbarkeit waren nie allein deutschen Einflüssen und Interessen unterworfen, sondern ganz entscheidend auch europäisch-globalen.
2. Das »deutsche Problem« besitzt im ausgeprägten historischen Bewußtsein unserer Nachbarn noch immer einen hohen Stellenwert.

Von zentraler Bedeutung sind dabei die Haupteinflußfaktoren, die in ihrem Zusammenspiel auf der nationalen und europäisch-internationalen Ebene das Wesen der deutschen Frage ausmachen. Eine Analyse des Deutschlandbildes, der Faktoren Bevölkerung und Wirtschaft, der Sicherheitsproblematik und der politisch-sozialen und verfassungsmäßigen Ordnung für das Zusammenleben der Deutschen in unterschiedlichen historischen Situationen und Zusammenhängen seit gut zweihundert Jahren unterstreicht dies nachhaltig. Somit ist die deutsche Frage nicht erst als Ergebnis des Zweiten Weltkrieges entstanden. Vielmehr war sie in der Geschichte des 19. und 20. Jahrhunderts stets ein Kernproblem Europas, das nicht allein die Deutschen berührte.

Die deutsche Frage, die Frage nach dem Band der deutschen Nation, nach dem gemeinsamen Verfassungsdach für Deutschland, stand immer in unauflöslichem Zusammenhang mit dem internationalen System, mit der europäischen Gleichgewichtsordnung und mit der europäischen Sicherheit. Daran hat sich bis heute – auch unter veränderten historischen Rahmenbedingungen – kaum etwas geändert. In diesem Sinne sollte Deutschland als Herzstück Europas eine ausgleichend-stabilisierende Rolle für die europäische Ordnung übernehmen und nicht zu ihrem Totengräber werden. Diese europäische Aufgabe haben die im föderativ organisierten Deutschen Bund vereinigten deutschen Staaten mehr als ein halbes Jahrhundert erfüllt. Diese Aufgabe für das europäische Regionalsystem hat sich im Zeitalter der Weltmächte und der globalen Verflechtungen internationaler Politik wenig verändert und wird für die Weltregion Europa bedeutsam bleiben. Das von dem Historiker Heeren 1816 formulierte Grundproblem der deutschen und europäischen Geschichte, daß der »Centralstaat von Europa« in einer einheitsstaatlichen Organisationsform und mit dem ihm verfügbaren Gesamtpotential hegemoniale, systemzerstörerische Tendenzen entwickeln und so zu einer kritischen Größenordnung für Europa werden könnte, gilt bis heute, nach zwei Weltkriegen, bei unseren Nachbarn in Ost und West noch immer, begleitete den atemberaubenden, dynamischen Prozeß der deutschen Vereinigung 1989/90 und wird zum Maßstab für die Bewertung deutscher Politik am Ausgang des 20. Jahrhunderts werden. Was können die Deutschen tun, damit die mit der Wiedervereinigung von DDR und Bundesrepublik Deutschland scheinbar auf Dauer gelöste deutsche Frage nicht zum Trauma Europas wird?

Helmut Schmidt hatte 1990 in seinem Buch über die Deutschen und ihre Nachbarn bemerkt:

»Im Jahre 1990 erscheint die Zukunft Europas offener als jemals seit dem Ende des Zweiten Weltkrieges.«[633]

Er schildert damit zutreffend die historische Umbruchsituation Europas am Ende einer Epoche. Sie birgt in sich Risiken, aber auch Chancen. Dies gilt, mit gewissen Einschränkungen, auch heute, und dabei zeichnen sich positive, aber auch negative Entwicklungen ab. Für das Europa an der Schwelle zum 21. Jahrhundert wären zwei Entwicklungen denkbar:

1. Im östlichen Europa führen die tiefgreifenden Veränderungsprozesse und Einschnitte am Ende der kommunistischen Herrschaft zu einer Renationalisierung, verbunden mit Abspaltungsprozessen. Das nationalstaatliche Europa, das vielfach schon als überwunden galt, kehrt in neuem Gewande zurück. Ein derartiger Prozeß müßte Rückwirkungen auf die Entwicklungen in Osteu-

---

633 Helmut *Schmidt*, Die Deutschen und ihre Nachbarn. Berlin 1990, S. 12.

ropa und auf den Prozeß der europäischen Integration insgesamt haben, die für die EG und alle Europäer gleichermaßen bedeutsam sein dürften. Der tschechoslowakische Präsident Václav Havel beschwor auf dem KSZE-Treffen in Helsinki den Westen, Osteuropa in die Arme der Demokratie aufzunehmen. Heute gehe in Europa nicht, wie vor 150 Jahren, das Gespenst des Kommunismus, sondern das des »Postkommunismus« um:

»Nach dem Ende der sozialistischen Regime treten alte Konflikte, Ungerechtigkeiten und Feindseligkeiten wieder zutage. Die Welt in Europa ist wie ein übergroßer Kessel mit hochexplosiven Gemischen. Die neue Ära kann gefährlicher werden als der Kalte Krieg.«[639] Europa müsse sich der »historischen Herausforderung« stellen und die Arme weit »für den postkommunistischen Teil der Welt« öffnen, um schnell »die Dämonen des Hasses, der Gewalt und des ethnischen Fanatismus« loszuwerden.[640]

2. Der Wandel in Osteuropa hin zu Demokratie und marktwirtschaftlichen Strukturen zusammen mit der Vereinigung Deutschlands als »Brücke« bewirken einen europäischen Integrationsschub, der das neue Deutschland politisch, wirtschaftlich und militärisch europäisch vernetzt und einbindet, den Prozeß der west- und gesamteuropäischen Einigung beschleunigt und schließlich abschließt. Alle europäischen Staaten würden ihren politischen Handlungsspielraum zugunsten einer gesamteuropäischen Autorität aufgeben bzw. beschneiden, d. h. sie würden dem Dogma der Souveränität – die sie sowieso nicht mehr ungeteilt besitzen – abschwören und im Sinne des Prinzips der Subsidiarität durch Teilsouveränitäten auf der jeweiligen Handlungsebene ersetzen. Am Ende dieses Prozesses könnte die Verwirklichung des jahrhundertealten Traums des Vereinten Europas stehen. Der Weg dorthin ist gegenwärtig, trotz aller Beschwörungen und Entwicklungen, noch mit riesigen Felsbrocken versperrt, die es beiseitezuräumen gilt. Das vereinte Deutschland sollte nach der Herstellung der Einheit Deutschlands nicht allein wegen des Verfassungsauftrages zum Motor der europäischen Einigung werden.

---

639 Václav Havel in Helsinki, zit. nach: *Hamburger Abendblatt* vom 10. 7. 1992, S. 1.

640 *Ebda.*

Das zweite Szenario, Fortschritte im Prozeß der europäischen Integration, wäre sicherlich das zu bevorzugende, zumal die Europäer wahrscheinlich gar keine andere Wahl haben, als diesen Weg trotz aller Fährnisse zu beschreiten. Allerdings müssen wir in Südosteuropa und in Osteuropa, aber auch in unserem eigenen Land und in anderen westeuropäischen Ländern erleben, daß ein emotionalisierter Nationalismus wieder an die Oberfläche geschwemmt wird, von dem wir zumindest in Westeuropa gehofft hatten, ihn überwunden zu haben. Die Warnung Havels in Helsinki müssen wir ernst nehmen und versuchen, das Schiff Europa auf gesamteuropäischen Integrationskurs zu bringen.

Auf dem Wege zur doppelten Integration Deutschlands in Europa und den dabei zu bewältigenden Herausforderungen sind verschiedene Probleme von grundlegender Bedeutung; sie haben auch etwas mit der deutschen Frage und den Bedingungen ihrer Beendigung zu tun.

1. Welchen politisch-sozialen Verfassungsrahmen wird das zu schaffende Europa annehmen? Wird es lediglich zu einer verrechtlichten Staatengemeinschaft, entwickelt es sich zum europäischen Bundesstaat, zu einer Europäischen Föderation, zu einer Europäischen Politischen Union, zu einem Europa der Staaten, zu einem Europa der Staatengruppen? Wird es ein Europa der Nationen oder ein Europa der Regionen sein?
2. Sind die Völker Europas überhaupt in der Lage – und gerade hier geben uns die neu aufbrechenden ethnischen Fanatismen und Nationalismen mit ihrem tiefen Haß zu denken –, aus den Schatten der Vergangenheit herauszutreten, die Hypotheken der Geschichte Europas abzuwerfen und die europäische Vereinigung zu vollenden? Sind alle Versuche, die Bedingungen für die europäische Einheit »vom Geschichtlichen her zu motivieren«, sinnlos, wie argumentiert wird, da das historische, das wirkliche Europa integrationsfeindlich ist?[636]
3. Wird die deutsche Frage, die immer auch eine europäische Frage gewesen ist, spätestens seit der »Geburt der politischen Nation« im ausgehenden 18. Jahrhundert, mit der Vereinigung Deutschlands zu den Akten gelegt, oder wird sie, gerade wegen ihrer

---

636 Vgl. hierzu die Argumentation bei Rolf Wilhelm *Foerster*, Europa. Geschichte einer politischen Idee. München 1967, S. 156ff.

historischen Dimension und der sie bestimmenden Einflußgrößen, eine neue, veränderte Qualität annehmen und zu einem massiven Hindernis für die Vollendung der europäischen Einigung werden?

Gerade aus dem historischen Verständnis des deutschen Problems bei den Nachbarn könnten sich Vorbehalte gegen Europa ergeben, wenn die Deutschen im Prozeß der deutschen Integration nicht behutsam und verständnisvoll miteinander umgehen. Vielfach ist im Ausland die Meinung zu hören: So wie die Deutschen im Vereinigungsprozeß miteinander umgehen, werden sie auch auf europäischer Ebene mit ihren Partnern umgehen. Auch dies müssen die Deutschen bedenken.

Im anstehenden Prozeß der europäischen Integration, soll er erfolgreich verlaufen, müssen die Deutschen daher Augenmaß und Einfühlungsvermögen zeigen, mag dies auch gelegentlich schwerfallen. Das wiedervereinigte Deutschland ist mit der Aufgabe der doppelten Integration doppelt gefordert. Gerade als dem früher östlichsten Außenposten des Westens und dem westlichsten Teil des Ostens bietet sich dem neuen deutschen Bundesstaat eine große, verantwortungsvolle und vertrauensichernde Chance, die ohne Großmachtgebaren wahrgenommen werden sollte, um den Einigungsprozeß jenseits des überlebten klassischen Nationalstaatsideals des 19. Jahrhunderts voranzutreiben. Deutschland hat, was in der Geschichte normalerweise nicht eintritt, in diesem Jahrhundert eine zweite Chance erhalten, an einer positiven Gestaltung Europas federführend mitzuwirken. Werden die Deutschen diese Chance und Aufgabe annehmen? Wir wissen es heute noch nicht. Es wird aber viel davon abhängen, ob das Ziel deutscher Politik ein deutsches Europa oder ein europäisches Deutschland in einem europäischen Europa sein wird.

Im ersteren Fall würde Deutschland erneut den Griff nach der europäischen Hegemonie unternehmen und sich zur europäischen Ordnungsmacht aufschwingen. Die aus den historischen Erfahrungen mit dem europäischen Volk der Mitte gewonnenen Einsichten und Befürchtungen würden dann bestätigt. Die Deutschen würden sich zum Herren Europas machen und die heutigen Partner in eine nachgeordnete Junior-Rolle verbannen. Die Geschichte würde sich wiederholen, auch wenn die Errichtung des »Vierten Reiches« nicht mit Panzern, sondern mit dem »Scheckbuch« durchgesetzt würde. Die wiedererlangte Einheit Deutschlands würde zum Fluch für Europa. Unsere Nachbarn würden dann die Frage »Ist der Teufel deutsch?« noch einmal bejahen.

Soll das vereinte Deutschland zum Segen für Europa, die Herstellung der deutschen Einheit zum Katalysator für die Einigung des Kontinents werden, so muß Deutschland die zweite Chance nutzen, um aktiv, engagiert und verantwortungsbewußt seinen traditionellen »europäischen Beruf«, nämlich Europa zu einen und nicht zu spalten, wahrzunehmen. Hierzu gehört auch, daß wir uns nicht auf uns zurückziehen und nur nach innen blicken, obwohl dies auch wichtig ist, sondern daß wir einen deutschen Provinzialismus abschütteln und konsequent und selbstbewußt den Weg zum Europäismus, von Deutschland nach Europa gehen.

Voraussetzung hierfür ist sicherlich, daß sich die Binnenintegration Deutschlands ohne zu große Irritationen und Friktionen vollzieht. In diesen Zusammenhang gehört wohl auch, die neue Bundesrepublik föderativer zu machen, die Rechte und Pflichten der Länder, wie dies für die europäische Ebene derzeit bei der Ausarbeitung eines neuen Art. 23 GG geschieht, zu erweitern. Wird im Zuge einer Überarbeitung und zeitgemäßen Anpassung des Grundgesetzes zur Idee eines Bundes deutscher Länder zurückgekehrt, die auf dem Herrenchiemseer Verfassungskonvent erörtert worden war und nun neu aufgegriffen wurde,[637] oder erweitert der Bund seine Kompetenzen? Von Bedeutung wird es auch sein, wie die neuen demokratischen Verfassungen in den neuen Bundesländern gestaltet und von der Bevölkerung angenommen werden.

Wird die Errichtung eines europäischen Bundesstaates zu einem Staatsziel, wie in einem Verfassungsentwurf vorgeschlagen wurde,[638] oder reicht der Auftrag des Grundgesetzes und des Vereinigungsvertrages aus?

Es ist sicherlich richtig, daß das neue Deutschland, an der Nahtstelle zwischen Ost und West gelegen, auch neue Erfahrungen auf europäischer Ebene einbringen kann. Es ist der einzige europäische Staat, der »Erfahrungen und Elemente beider Hemisphären« in sich

---

637 Bernd *Guggenberger u. a.*, Eine Verfassung für Deutschland. Manifest. Text. Plädoyers. München 1991 (»Verfassungsentwurf des Kuratoriums für einen demokratisch verfaßten Bund deutscher Länder« vom 21.6.1991, S. 99–299).

638 Vgl. *ebda.*, S. 132 (Art. 19a Abs. 2).

vereint und daher mehr als nur eine Brückenfunktion bei der Zusammenführung der seit dem Zweiten Weltkrieg auseinandergedrifteten Teile Europas übernehmen kann. Ihre Lage prädestiniert die Bundesrepublik Deutschland zur Übernahme einer Scharnierfunktion im europäischen Einigungsprozeß.

Auf europäischer Ebene muß Deutschland sein Potential einbringen und es in den Dienst des europäischen »Gemeinwohls« stellen. Die anderen Europäer hoffen hierauf, wäre dies doch ein versöhnlicher und für alle erfreulicher Schlußpunkt der deutschen Frage.

Für den Weg zum vereinten Europa bietet sich, ähnlich wie für Deutschland, der Weg über föderative Organisationsformen an. Wegen der begrifflichen Mißverständnisse, die der Terminus »Föderalismus« bei vielen anderen Europäern hervorruft – die Bundesrepublik Deutschland ist, solange Österreich und die Schweiz der EG nicht angehören, der einzige Bundesstaat im Europa der Zwölf –, wurde aus dem Entwurf für den Vertrag von Maastricht das »föderale Ziel« der Europäischen Politischen Union gestrichen und durch den Begriff der »Subsidiarität« ersetzt. Der entsprechende neue Artikel 3b lautet:

»Die Gemeinschaft wird innerhalb der Grenzen der ihr in diesem Vertrag zugewiesenen Befugnisse und Ziele tätig. In den Bereichen, die nicht in ihre ausschließliche Zuständigkeit fallen, wird die Gemeinschaft nach dem Subsidiaritätsprinzip nur tätig, sofern und soweit die Ziele der in Betracht gezogenen Maßnahmen auf Ebene der Mitgliedsstaaten nicht ausreichend erreicht werden können und daher wegen ihres Umfangs oder ihrer Wirkungen besser auf Gemeinschaftsebene erreicht werden können.«[639]

Der Vertrag von Maastricht verspricht den Bürgern der Europäischen Union mehr Bürgernähe. Hierzu soll das Subsidiaritätsprinzip als politisches Gestaltungsprinzip auf den jeweiligen Handlungsebenen seinen Beitrag leisten. Mit dem Rat der Regionen Europas wird eine neue Ebene eingezogen. Auf der deutschen wie auf der europäischen Ebene wird es ganz entscheidend darauf ankommen, ob der einzelne sich durch die einzelnen Ebenen von der Gemeinde über den Kreis, den Bezirk, das Land, den Regionalausschuß und den nationalen Staat repräsentiert fühlt.

---

639 *Bulletin* Nr. 16 vom 12.2.1992, S. 113–184, S. 116: »Vertrag über die Europäische Union«.

Im Zusammenhang mit der künftigen politisch-sozialen und verfassungsrechtlichen Struktur Gesamteuropas könnte das in der deutschen Verfassungsgeschichte im 19. Jahrhundert, aber auch nach dem Zweiten Weltkrieg diskutierte Modell eines »engeren« und »weiteren« Bundes anregend sein. Gerade in einer notwendigen Übergangsphase für das Zusammenwachsen Europas wird unter der Perspektive des »Europas der zwei Geschwindigkeiten« neben einer in Maastricht vorgeschlagenen »immer engeren Union der europäischen Völker« die Bildung weiterer Föderationen auf dem Wege des gesamteuropäischen Vereinigungsprozesses erforderlich werden. Sie könnten in einen weiteren europäischen Bund eingebracht werden.

Noch 1989 wurde das Modell eines engeren und weiteren Bundes zeitweilig als gangbarer Weg für den Prozeß der Wiedervereinigung diskutiert. Heute könnte es eine Perspektive für die Integration ganz Europas ohne zu große Verwerfungen und Schockerlebnisse bieten.

Gerade wegen der historischen und europäischen Dimension der deutschen Frage muß das vergrößerte, demokratische Deutschland zu einem stabilisierenden Element in Europa werden. Es muß in einem zunächst vorwiegend westeuropäischen, aber zunehmend gesamteuropäischen Integrationsprozeß positive Akzente setzen und auf dem Wege dorthin »Katalysatorfunktionen« übernehmen. Hierzu gehört vordringlich auch eine neue gesamteuropäische Garantie- und Sicherheitsordnung, die durch eine transatlantische Brücke ergänzt werden muß. Ein politisches Zusammenwachsen Europas allein reicht ebensowenig aus wie ein mechanisches Zusammenfügen der beiden Teile Deutschlands ohne einen echten Integrationsprozeß. Für das erfolgreiche Zusammenwachsen Deutschlands wie Europas brauchen wir die Ausbildung eines Gemeinschaftsbewußtseins, denn allein eine gemeinsame Identität auf den jeweiligen Ebenen kann einem Gemeinwesen die notwendige Stabilität geben.

9. Quellen- und Literaturverzeichnis

Die Literatur zu den in diesem Band berührten Themen und Problemen ist höchst umfangreich. Ich beschränke mich daher im wesentlichen auf den Nachweis der zitierten Literatur. Diese wird durch grundlegende Beiträge und Standardwerke ergänzt. Um das Literaturverzeichnis nicht noch umfangreicher werden zu lassen, sind zahlreiche herangezogene Arbeiten, vor allem Aufsätze, nur über die Anmerkungen zu erschließen. Das ausgewertete Archivmaterial wird hier nicht detailliert aufgeführt. Die genauen Fundstellen lassen sich über die Anmerkungen erschließen. Fremdsprachliche Zitate wurden vom Verfasser übersetzt.

Auf wichtige Arbeiten, die gute weiterführende Literatur enthalten, wird mit einem Sternchen (*) hingewiesen.

9.1. Ungedruckte Quellen

Archiv des Französischen Außenministeriums, Paris (AMAE)
Archiv des Instituts für Zeitgeschichte, München (IFZ-ED)
Bayerisches Hauptstaatsarchiv, München (BHStA)
British Library, Department of Manuscripts, London (BM)
Bundesarchiv, Außenstelle, Frankfurt a. M. (BAF)
Haus-, Hof- und Staatsarchiv, Wien (HHStA)
Niedersächsisches Hauptstaatsarchiv, Hannover (NHStA)
Politisches Archiv des Auswärtigen Amtes, Bonn (PAAA)
Public Record Office, London (PRO)
Staatsarchiv Bremen (StHB)
Staatsarchiv Hamburg (StAHH)
Staatsarchiv Luxemburg (AEL)

9.2. Gedruckte Quellen, Zeitungen, Memoiren und zeitgenössisches Schrifttum

Auswärtiges Amt (Hrsg.), Europa. Dokumente zur Frage der europäischen Einigung. Bonn 1953.

Auswärtiges Amt (Hrsg.), Abrüstung und Rüstungskontrolle. Dokumente zur Haltung der Bundesrepublik Deutschland. Bonn ^{4}1980.

Auswärtiges Amt (Hrsg.), Die auswärtige Politik der Bundesrepublik Deutschland. Bonn 1972.

Bayerische Staatskanzlei (Hrsg.), Dokumentation der Bayerischen Staatsregierung zur Prüfung der Verfassungsmäßigkeit des Grundvertrages durch das BVG. München 1973.

Benz, Wolfgang et al., Einheit der Nation. Diskussion und Konzeption zur Deutschlandpolitik der großen Parteien seit 1945. Stuttgart 1978.

Brandt, Peter/*Ammon*, Herbert, Die Linke und die nationale Frage. Dokumente zur deutschen Einheit seit 1945. Reinbek 1981.

Buchstab, Günter (Bearb.), Adenauer: ›Es muß alles neu gemacht werden‹. Die Protokolle des CDU-Bundesvorstandes 1950–1953. Stuttgart 1986.

Bundesarchiv/Institut für Zeitgeschichte (Hrsg.), Akten zur Vorgeschichte der Bundesrepublik Deutschland 1945–1949. 5 Bde. München 1976ff.

Bundesministerium für (Gesamtdeutsche Fragen) Innerdeutsche Beziehungen (Hrsg.), Dokumente zur Deutschlandpolitik. Reihe I (1939–1945), II (1945–1955), III (1955–1958), IV (1958–1966), V 1966. Frankfurt a.M. 1961ff.

Bundesministerium für (Gesamtdeutsche Fragen) Innderdeutsche Beziehungen (Hrsg.), Texte zur Deutschlandpolitik, Reihe I–IV (1966–1989). Bonn, Berlin 1967ff.

Butler, Rohan et al. (Hrsg.), Documents on British Overseas. Series I, vol. 1: The Conference at Potsdam 1945. London 1984.

Department of State (Hrsg.), Foreign Relations of the United States. Diplomatic Papers. The Conference of Berlin (The Potsdam Conference) 1945. 2 Bde. Washington, D.C. 1960.

DER SPIEGEL, 1946ff.

Deuerlein, Ernst (Hrsg.), DDR 1945–1970. München 1971 (=dtv).*

Deutsche Gesellschaft für Auswärtige Politik (Hrsg.), Europa. Dokumente zur Frage der Europäischen Einigung. 3 Bde. München 1962.

Deutscher Bundestag (Hrsg.), Deutscher Bundestag. Stenographische Berichte. 1.–12. Wahlperiode. Bonn 1949ff.

Deutscher Bundestag (Hrsg.), Berlin–Bonn. Die Debatte. Alle Bundestagsreden vom 20. Juni 1991. Köln 1991.

Deutscher Bundestag/Presse- und Informationsamt der Bundesregierung (Hrsg.), Zur Sache. Themen parlamentarischer Beratung. Bonn 1969ff.

– Auf dem Weg zur deutschen Einheit. 5 Bde. Bonn 1990 (=Zur Sache. Themen parlamentarischer Beratung. 8/90, 9/90, 12/90, 14/90, 15/90).

– Deutsche Geschichte und politische Bildung. Bonn [2]1982 (=Zur Sache. Themen parlamentarischer Beratung 2/81).
– Die deutsche Frage in der politischen Bildung. Bonn 1978 (=Zur Sache. Themen parlamentarischer Beratung 2/78).
– Deutschlandpolitik. Öffentliche Anhörung des Ausschusses für Innerdeutsche Beziehungen 1977. Bonn 1977 (=Zur Sache. Themen parlamentarischer Beratung 4/77).

DIE ZEIT, 1946ff.

Dietze, Anita u. Walter (Hrsg.), Ewiger Friede? Dokumente einer deutschen Diskussion um 1800. Leipzig, Weimar 1989.

Erdmann, Karl Dietrich, Kurt Riezler. Tagebücher, Aufsätze, Dokumente. Göttingen 1972.

EUROPA-ARCHIV, 1946ff. (Dokumente, Aufsätze, Berichte).

Europäisches Parlament (Hrsg.), Europäisches Parlament und deutsche Einheit. Straßburg 1990.

Europarat, Consultative Assembly. Official Report of Debates, Bd. 1ff., Straßburg 1949ff.

Foerster, Rolf Helmut (Hrsg.), Die Idee Europa 1300–1946. Quellen zur Geschichte der politischen Einigung. München 1963 (dtv-TB 134).

FRANKFURTER ALLGEMEINE ZEITUNG, 1949ff.

Gasteyger, Curt (Hrsg.), Europa zwischen Spaltung und Einigung 1945–1990. Bonn [2]1991.*

Gasteyger, Curt (Hrsg.), Einigung und Spaltung Europas. 1942–1965. Eine Darstellung und Dokumentation über die Zweiteilung Europas. Frankfurt a. M. 1966 (Fischer TB 741).

Hirsch, Kurt (Hrsg.), Deutschlandpläne. Dokumente und Materialien zur deutschen Frage. München 1967.

Hubatsch, Walter (Hrsg.), Freiherr vom Stein. Briefe und amtliche Schriften. Bd. III–V. Stuttgart 1961–1964.

Huber, Ernst Rudolf (Hrsg.), Dokumente zur deutschen Verfassungsgeschichte. 3 Bde. Stuttgart, Mainz, Berlin 1961ff. (mehrere Auflagen).

Jacobsen, Hans Adolf/*Mallmann*, Wolfgang/*Meier*, Christian (Hrsg.), Sicherheit und Zusammenarbeit in Europa (KSZE). Analyse und Dokumentation. Köln 1973.

Keesing's Archiv der Gegenwart, 1931ff.

Kissinger, Henry A., Memoiren 1968–1973. München 1979.

L'Express, 1980ff.

LE MONDE, 1949ff.

Lipgens, Walter, Europaföderationspläne der Widerstandsbewegungen 1940–1945. Eine Dokumentation. München, Wien 1968.

Lipgens, Walter (Hrsg.), 45 Jahre Ringen um die europäische Verfassung. Dokumente 1939–1984. Bonn 1986.

Lipgens, Walter/*Loth*, Wilfried (Hrsg.), Documents on the History of European Integration. 4 Bde. Berlin, New York 1985–1991.* (Den Bänden beigegeben sind Microfiches, die die Originaltexte in der Originalsprache enthalten.)

Longerich, Peter (Hrsg.), ›Was ist des Deutschen Vaterland?‹ Dokumente zur Frage der deutschen Einheit 1800–1990. München 1990 (= Piper Aktuell 1269).

Mensing, Hans Peter (Bearb.), Adenauer. Rhöndorfer Ausgabe. Briefe 1947–1949. Berlin 1984.

Mensing, Hans Peter (Bearb.), Adenauer. Rhöndorfer Ausgabe. Briefe 1949–1951. Berlin 1985.

Meyer, Guido Philipp Anton von/*Zöpfl*, Heinrich (Hrsg.), Corpus Iuris Confoederationis Germanicae oder Staatsakten für Geschichte und Öffentliches Recht des Deutschen Bundes. 3 Bde. Frankfurt a. M. 1858–1869 (Neudruck Aalen 1978).

Ministerium für Auswärtige Angelegenheiten der UdSSR (Hrsg.), Die Sowjetunion auf internationalen Konferenzen während des Großen Vaterländischen Krieges 1941–1945. Bd. 2: Die Krim (Jalta) Konferenz 1945. Bd. 6: Die Potsdamer (Berliner) Konferenz 1945. Moskau, Berlin 1986.

Müller, Heiner, Zur Lage der Nation. Berlin 1990.

NEWSWEEK, 1980 ff.

Presse- und Informationsamt der Bundesregierung (Hrsg.), Bulletin 1949 ff.

Presse- und Informationsamt der Bundesregierung (Hrsg.), Pressemitteilungen.

Reich, Jens, Rückkehr nach Europa. Zur neuen Lage der deutschen Nation. München 1991.

Schubert, Klaus von (Hrsg.), Die Sicherheitspolitik der Bundesrepublik. Dokumentation 1945–1977. Köln [2]1980. *

Schüddekopf, Charles (Hrsg.), Wir sind das Volk. Flugschriften, Aufrufe und Texte einer deutschen Revolution. Reinbek 1990 (rororo TB 8741).

Schweitzer, Carl Christoph (Hrsg.), Die deutsche Nation. Aussagen von Bismarck bis Honecker. Dokumentation. Köln [2]1979.

Stammen, Theo (Hrsg.), Einigkeit und Recht und Freiheit. Westdeutsche Innenpolitik 1945–1955. München 1965 (Dtv 286).

SÜDDEUTSCHE ZEITUNG, 1947 ff.

THE ECONOMIST, 1980 ff.

THE GUARDIAN, 1980 ff.

THE HERALD TRIBUNE, 1969 ff.

THE NEW YORK TIMES, 1969 ff.

THE TIMES, 1945 ff.

TIME, 1980 ff.

Webster, Charles Kingsley (Hrsg.), British Diplomacy 1813 – 1815. London 1921.

Zanetti, Benno, Der Weg zur deutschen Einheit. 9. November 1989 bis 3. Oktober 1990 mit den wichtigsten Reden. München 1991.

9.3. Monographien, Aufsätze und Sammelbände

Albert, Michel, Herausforderung Europa. Die Europäische Gemeinschaft als Chance. (dt.). München, Zürich 1985 (Serie Piper 384).

Albertz, Heinrich/*Goldschmidt*, Dietrich (Hrsg.), Konsequenzen oder Thesen, Analysen und Dokumente zur Deutschlandpolitik. Reinbek 1969 (rororo 1280/81).

Albrecht, Ulrich, European Security and the German Question (= *World Policy Journal* 1984/Spring, S. 575–602).

Altmann, Rüdiger, Das deutsche Risiko. Außenpolitische Perspektiven. Stuttgart 1962.

American Institute for Contemporary German Studies (Hrsg.), West Germany, East Germany and the German Question. Five Lectures. Washington, D. C. 1986.

Ammon, Herbert, Plädoyer für deutsche Einheit durch Blockfreiheit (= *Deutschland Archiv* 16/1983, S. 820–833).

Anderson, Benedict, Die Erfindung der Nation. Zur Karriere eines erfolgreichen Konzepts (Orig. Imagined Communities. Reflections on the Origin and Spread of Nationalism. London 1983.) Frankfurt a. M., New York 1988. *

Apel, Hans et al., Sicherheitspolitik contra Frieden? Ein Forum zur Friedensbewegung. Berlin, Bonn 1981.

Aretin, Karl Otmar Freiherr von, Das Reich. Friedensordnung und europäisches Gleichgewicht 1648–1806. Stuttgart 1986.

Aretin, Karl Otmar Freiherr von, Vom Deutschen Reich zum Deutschen Bund. Göttingen 1980 (Kleine Vandenhoeck Reihe 1455). *

Aron, Raymond, Die imperiale Republik. Stuttgart, Zürich 1975.

Asmus, Ronald, The GDR and the German Nation: sole heir or socialist sibling? (= *International Affairs* 60/Summer 1984, S. 403–418).

Augstein, Rudolf/*Grass*, Günter, Deutschland, einig Vaterland? Ein Streitgespräch. München 1990.

Austensen, Roy A., Einheit oder Einigkeit? Another Look at Metternich's View of the German Dilemma (= *German Studies Review* VI/I (1983), S. 41–57).

Austensen, Roy A., Metternich, Austria and the German Question 1848–1851 (= *The International History Review* XIII/1 (1991), S. 21 bis 37).

Backer, John H., Die Entscheidung zur Teilung Deutschlands. Amerikas Deutschlandpolitik 1943–1948. München 1981.

Backer, John H., Die deutschen Jahre des Generals Clay. München 1983.

Badstübner, Rolf et al., DDR. Werden und Wachsen. Frankfurt a. M. 1974.

Badstübner, Rolf/*Thomas*, Siegfried, Restauration und Spaltung. Entstehung und Entwicklung der BRD 1945–1955. Köln 1975.

Baerns, Barbara (Hrsg.), Die DDR in Deutschland. Köln 1986. *

Bariéty, Jacques et al. (Hrsg.), La France et l'Allemagne entre les deux guerres mondiales. Paris 1988. *

Bariéty, Jacques/*Poidevin*, Raymond, Frankreich und Deutschland. Die Geschichte ihrer Beziehungen 1815–1975. München 1982.

Baring, Arnulf, Außenpolitik in Adenauers Kanzlerdemokratie. Westdeutsche Innenpolitik im Zeichen der Europäischen Verteidigungsgemeinschaft. 2 Bde. München (dtv) 1971.

Baring, Arnulf, Machtwechsel. Die Ära Brandt–Scheel. Stuttgart 1982 (auch dtv 1984).

Barraclough, Geoffrey, Das Ende einer Illusionspolitik (= *Blätter für deutsche und internationale Politik* VI/1961, S. 811–817).

Baumgart, Wilfried, Vom Europäischen Konzert zum Völkerbund. Darmstadt 1974. *

Becker, Joseph (Hrsg.), Dreißig Jahre Bundesrepublik. München 1979. *

Becker, Joseph, Die Deutsche Frage als Problem des internationalen Staatensystems (= *Politische Studien* 252/1980, S. 379–412).

Becker, Joseph, Deutsche und Polen vor der Hypothek der Geschichte (= *Politische Studien* 30/1979, S. 25–38).

Becker, Joseph et al. (Hrsg.), Vorgeschichte der Bundesrepublik Deutschland. Zwischen Kapitulation und Grundgesetz. München 1979.

Becker, Joseph/*Hildebrand*, Klaus (Hrsg.), Internationale Beziehungen in der Weltwirtschaftskrise 1929–1933. München 1980. *

Becker, Joseph/*Hillgruber*, Andreas (Hrsg.), Die deutsche Frage im 19. und 20. Jahrhundert. München 1983. *

Bender, Peter, Die Ostpolitik Willy Brandts oder die Kunst des Selbstverständlichen. Reinbek 1972.

Bender, Peter, Neue Ostpolitik. Vom Mauerbau bis zum Moskauer Vertrag. München 1986 (dtv 4528).

Benz, Wolfgang (Hrsg.), Die Geschichte der Bundesrepublik Deutschland. 4 Bde. Frankfurt a. M. 1989 (Fischer TB 4420–4423). *

Berdahl, Robert M., New Thoughts on German Nationalism (= *American Historical Review* 77/1972, S. 65–80).

Berding, Helmut (Hrsg.), Wirtschaftliche und Politische Integration in Europa im 19. und 20. Jahrhundert. Göttingen 1984. *

Berding, Helmut/*François*, Etienne/*Ullmann*, Hans Peter (Hrsg.), Deutschland und Frankreich im Zeitalter der Französischen Revolution. Frankfurt a. M. 1989 (= Edition Suhrkamp NF 521). *

Berghahn, Volker, Rüstung und Machtpolitik. Düsseldorf 1973.

Berschin, Helmut, Deutschland – ein Name im Wandel. Die deutsche Frage im Spiegel der Sprache. München, Wien 1979.

Besson, Waldemar, Die Frage nach Deutschland. Aspekte der nationalen Selbstidentifikation der Bundesrepublik (= *Moderne Welt* 8/1967, S. 209–221).

Besson, Waldemar, Die Außenpolitik der Bundesrepublik Deutschland. Erfahrungen und Maßstäbe. München 1970.
Besson, Waldemar, Erlebte Zeitgeschichte kritisch beobachtet. Konstanz 1970.
Besson, Waldemar, Der Streit der Traditionen. Über die historischen Grundlagen der westdeutschen Außenpolitik (= Strukturwandlungen der Außenpolitik in Großbritannien und der Bundesrepublik, hrsg. von Karl *Kaiser* und Roger *Morgan*. München, Wien 1970, S. 94–109).
Billinger, Robert D., Metternich and the German Question. States' Rights and Federal Duties, 1820–1834. London, Toronto 1991. *
Binoche, Jacques, L'Allemagne et le général de Gaulle (1940–1945) (= *Revue d'histoire de la deuxième guerre mondiale* 94/1974, S. 1–27).
Birke, Adolf M., Nation ohne Haus. Deutschland 1945–1961. Berlin 1989. *
Birke, Adolf M./*Heydemann*, Günter (Hrsg.), Die Herausforderung des europäischen Staatensystems. Göttingen 1989. *
Birnbaum, Karl E., Das westliche Bündnis und die europäische Sicherheit. Zwei Wege zur europäischen Sicherheit (= *Europaarchiv* 1968 [7], S. 225–234).
Bölling, Klaus, Die fernen Nachbarn. Erfahrungen in der DDR. Hamburg 1983.
Boldt, Hans, Deutsche Staatslehre im Vormärz. Düsseldorf 1975.
Bondy, François, Der Nachkrieg muß kein Vorkrieg sein. Europäische Orientierungen. Zürich, Köln 1985.
Boockmann, Hartmut, Die Gegenwart des Mittelalters. Berlin 1988.
Boockmann, Hartmut et al., Mitten in Europa. Deutsche Geschichte. Berlin 1984.
Boogman, Johannes C., Nederland en de Duitse Bond 1815–1855. 2 Bde. Groningen 1955.
Boogman, Johannes C. (Hrsg.), Federalism. History and Significance. Den Haag 1980.
Borchardt, Knut, Grundriß der deutschen Wirtschaftsgeschichte. Göttingen 1978.
Borowsky, Peter, Deutschland 1963–1969. Hannover 1983. *
Borowsky, Peter, Deutschland 1970–1976. Hannover ^{4}1983. *
Borowsky, Peter, Deutschland 1969–1982. Hannover 1987. *
Bosl, Karl, Das ›dritte Deutschland‹ und die Lösung der deutschen Frage im 19. Jahrhundert (= *Bohemia-Jahrbuch* 11/1970, S. 20–33).
Bossuat, Gérard, L'Europe occidentale à l'heure américaine, 1945–1952. Paris 1992. *
Botzenhart, Manfred, Reform, Restauration, Krise. Deutschland 1789–1847. Frankfurt a. M. 1985 (= Edition Suhrkamp NF 252). *
Bracher, Karl Dietrich, Die Krise Europas 1917–1975. Berlin 1979. *
Bracher, Karl Dietrich et al. (Hrsg.), Geschichte der Bundesrepublik Deutschland. 5 Bde. Stuttgart, Wiesbaden 1983 ff. *

Braubach, Max, Der Westfälische Friede. Münster 1948.
Braudel, Fernand (Hrsg.), Europa: Bausteine seiner Geschichte (Orig. L'Europe. Paris 1987). Frankfurt a. M. 1989.
Brecht, Arnold, Federalism and Regionalism in Germany: The division of Prussia. London, Toronto 1945.
Breitling, Petra/*Reese-Schäfer*, Walter (Hrsg.), Universalismus, Nationalismus und die Einheit der Deutschen. Frankfurt a. M. 1991 (Fischer TB 10963).
Breuilly, John, Nation and Nationalism in Modern German History (= *The Historical Journal* 33/3 [1990], S. 659–675).
Breuilly, John, Nationalism and the State. Manchester 1985 (1982). *
Breuilly, John, Reflections on Nationalism (= *Philosophy of the Social Sciences* 15/1985, S. 65–75).
Breuilly, John (Hrsg.), The State of Germany. The National Idea in the Making, Unmaking and Remaking of a Modern Nation-State. London 1992.*
Broszat, Martin (Hrsg.), Zäsuren nach 1945. Essays zur Periodisierung der deutschen Nachkriegsgeschichte. München, Wien 1990.
Broszat, Martin/*Schwabe* Klaus (Hrsg.), Die deutschen Eliten und der Weg in den Krieg. München 1989.
Brugmans, Hendrik, Europa: Der Sprung ins Ungewisse. Bonn 1985.
Brugmans, Hendrik, L'idée européenne 1920–1970. Brügge 1970.
Brunet, A., La civilisation occidentale. Les faits, les idées, les hommes, les œuvres d'Homère à Picasso. Paris 1985.
Bruns, Wilhelm, Deutsch-deutsche Beziehungen. Prämissen – Probleme – Perspektiven. Opladen ^{2}1979.
Brzezinski, Zbigniew, America and Europe (= *Foreign Affairs*, October 1970, S. 11–30).
Büsch, Otto/*Sheehan*, James J. (Hrsg.), Die Rolle der Nation in der deutschen Geschichte und Gegenwart. Berlin 1985.
Bull, Hedley (Hrsg.), The Challenge of the Third Reich. The Adam von Trott Memorial Lectures. Oxford 1986.
Bundeszentrale für Politische Bildung (Hrsg.), Völker und Nationen im Spiegel der Medien. Bonn 1989. *
Bundeszentrale für Politische Bildung (Hrsg.), Bundesrepublik Deutschland. Geschichte, Bewußtsein. Bonn 1989. *
Burg, Peter, Die Deutsche Trias in Idee und Wirklichkeit. Vom alten Reich zum Deutschen Zollverein. Stuttgart 1989. *
Burg, Peter, Der Wiener Kongreß. Der Deutsche Bund im europäischen Staatensystem. München 1984. (= dtv).
Burgess, Michael, Federalism and European Union. London 1990 (1989).
Burmeister, Hans Peter, Mitteleuropa. Traum oder Trauma. Bremen 1988.
Bußmann, Walter (Hrsg.), Europa von der französischen Revolution zu den nationalstaatlichen Bewegungen des 19. Jahrhunderts. Stuttgart 1985

(= Theodor *Schieder* [Hrsg.], Handbuch der europäischen Geschichte Bd. 5).
Calleo, David P., Legende und Wirklichkeit der deutschen Gefahr. Neue Aspekte zur Rolle Deutschlands in der Weltgeschichte von Bismarck bis heute. Bonn 1980.
Calleo, David P. et al., Geteiltes Land, halbes Land? Essays über Deutschland. Frankfurt a. M., Berlin 1986.
Caportori, Francesco et al., Der Vertrag zur Gründung der Europäischen Union. Kommentar zum Entwurf des Europäischen Parlaments. Baden-Baden 1986.
Carr, William, The Origins of the German Wars of Unification. New York 1991.
Carr, William, A History of Germany 1815–1985. London ³1989.
Centre d'Etudes de Politique Etrangère, Sicherheitsmodelle für Europa (= *Europaarchiv* 1968 [2], S. 51–64).
Conze, Werner, Die deutsche Nation. Ergebnis der Geschichte. Göttingen 1963.
Conze, Werner / *Hentschel*, Volker (Hrsg.), Ploetz. Deutsche Geschichte. Epochen und Daten. Freiburg i. Br., Würzburg ⁵1991.
Craig, Gordon A., Die Chequers-Affäre von 1990 (= *Vierteljahrshefte für Zeitgeschichte* 39/1991, S. 611–623).
Craig, Gordon A., The Germans. With a new Afterword by the Author. Harmondsworth 1991 (die erste Ausgabe ist auch in Deutsch erschienen: Über die Deutschen. München 1982).
Craig, Gordon A., Germany and the West: The Ambivalent Relationship (German Historical Institute London. The 1982 Annual Lecture). London 1982.
Craig, Gordon A., Geschichte Europas 1815–1980. München 1984.
Cromme, Franz, Verfassungsvertrag der Gemeinschaft der Vereinigten Europäischen Staaten. Ein realistischer Entwurf. Delmenhorst 1987.
Czempiel, Ernst-Otto, Das Trauma Europas? Die deutsche Frage in der internationalen Politik (= *Materialien zur Politischen Bildung* 4/1989 [4], S. 98–103).
Czempiel, Ernst-Otto, Die Bundesrepublik – eine unheimliche Großmacht? (= *Aus Politik und Zeitgeschichte* B 26/79 vom 30. 6. 1979, S. 3–19).
Dahrendorf, Ralf, Gesellschaft und Demokratie in Deutschland. München 1965.
Dahrendorf, Ralf, Betrachtungen über die Revolution in Europa. Stuttgart 1990.
Dahrendorf, Ralf, Plädoyer für die Europäische Union. München, Zürich 1973.
Dahrendorf, Ralf, et al., Whose Europe? Competing Visions for 1992. London 1989.
Decker, Peter / *Held*, Karl, Abweichende Meinungen zur »deutschen

Frage«. DDR kaputt. Deutschland ganz. Eine Abrechnung mit dem »realen Sozialismus« und dem Imperialismus der deutschen Nation. München 1989.

Dehio, Ludwig, Gleichgewicht oder Hegemonie. Betrachtungen über ein Grundproblem der neueren Staatengeschichte. Krefeld 1948.

Delannoi, Gil/*Taguieff*, Pierre-André (Hrsg.), Théories du nationalisme. Nation, nationalité, ethnicité. Paris 1991.

Deuerlein, Ernst, Hitler. Eine politische Biographie. München 1969.

Deuerlein, Ernst, Deutschland 1963–1970. Hannover 1972.*

Deuerlein, Ernst, Die Einheit Deutschlands. Frankfurt 1961.*

Deuerlein, Ernst, Föderalismus. Die historischen und philosophischen Grundlagen des föderativen Prinzips. München 1972.*

Deuerlein, Ernst, Potsdam 1945. Ende und Anfang. Köln 1970.

Deuerlein, Ernst/*Gruner*, Wolf D., Politische Geschichte Bayerns 1945–1972. München (1974) 1978 (=*Handbuch der Bayerischen Geschichte* Bd. IV.1, S. 538–644).*

Dichgans, Hans, Europa von Spanien bis Polen (=*Europaarchiv* 1968 [7], S. 235–240).

Dietze, Deutschland wo bist Du? Suchende Gedanken aus Washington. München, Wien 1980.

Dockrill, Saki, Britain's Policy for West German Rearmament 1950–1955. Cambridge 1991.*

Dohse, Ralph, Der dritte Weg. Hamburg 1974.

Donat, Helmut/*Holl*, Karl (Hrsg.), Die Friedensbewegung. Organisierter Pazifismus in Deutschland, Österreich und der Schweiz. Düsseldorf 1983.

Dreyfus, François-Georges, L'Allemagne contemporaine 1815–1990. Paris 1991.*

Droz, Jacques, L'Europe Centrale. Evolution historique de l'idée de »Mitteleuropa«. Paris 1960.

Duchhardt, Heinz, Deutsche Verfassungsgeschichte 1495–1806. Stuttgart, Berlin, Mainz 1991.*

Duchhardt, Heinz, Gleichgewicht der Kräfte, Convenance, Europäisches Konzert. Darmstadt 1976.*

Duchhardt, Heinz (Hrsg.), In Europas Mitte. Deutschland und seine Nachbarn. Bonn 1988.

Duchhardt, Heinz, Das Zeitalter des Absolutismus. München, Wien 1989.*

Dülffer, Jost, Regeln gegen den Krieg? Die Haager Friedenskonferenzen 1899 und 1907 in der internationalen Politik. Frankfurt, Berlin, Wien 1978.*

Dumoulin, Michel (Hrsg.), La Belgique et les débuts de la construction européenne. De la guerre aux traités de Rome. Louvain-la-Neuve 1987.

Duroselle, Jean-Baptiste, Europa. Eine Geschichte seiner Völker. München 1990 (gleichzeitig erschienen in Französisch, Spanisch, Portugiesisch, Italienisch, Englisch, Deutsch, Niederländisch und Dänisch).

Duroselle, Jean-Baptiste, L'idée d'Europe dans l'histoire. Paris 1965.

Dyserinck, Hugo (Hrsg.), Europa und das nationale Selbstverständnis. Imagologische Probleme in Literatur, Kunst und Kultur des 19. und 20. Jahrhunderts. Bonn 1988.
Eich, Hermann, Die mißhandelte Geschichte. Historische Schuld- und Freisprüche. München 1986 (dtv-TB 10526).
Elazar, Daniel I., Exploring Federalism. Tuscaloosa 1991.*
Elias, Norbert, Studien über die Deutschen. Frankfurt a. M. 1989.
End, Heinrich, Zwei Mal deutsche Außenpolitik. Köln 1973.
Engelberg, Ernst, Bismarck. Urpreuße und Reichsgründer. Berlin 1985.
Engelberg, Ernst, Bismarck. Das Reich in der Mitte Europas. Berlin 1990.
Eppler, Erhard, Die tödliche Utopie der Sicherheit. Reinbek 1983.
Erbe, Günter et al., Politik, Wirtschaft und Gesellschaft in der DDR. Opladen ^{2}1980.
Erdmann, Karl Dietrich, Die Nation im geteilten Deutschland (= *Geschichte in Wissenschaft und Unterricht* 28/1977, S. 739–749).
Erdmann, Karl Dietrich, Drei Staaten – zwei Nationen – ein Volk? Überlegungen zu einer deutschen Geschichte seit der Teilung. Kiel 1985.
Erdmann, Karl Dietrich/*Schulze*, Hagen (Hrsg.), Weimar. Selbstpreisgabe einer Demokratie. Eine Bilanz heute. Düsseldorf 1980. *
Eschenburg, Theodor, Jahre der Besatzung. Stuttgart, Wiesbaden 1983 (= Geschichte der Bundesrepublik Deutschland, Bd. 1).
Faber, Karl Georg, Deutsche Geschichte im 19. Jahrhundert. Restauration und Revolution von 1815–1851. Wiesbaden 1979 (= *Leo Just* [Hrsg.], Handbuch der Deutschen Geschichte Bd. 3/I, Teil 2).
Fehrenbach, Elisabeth, Vom Ancien Regime zum Wiener Kongreß. München ^{2}1987. *
Fellner, Fritz, Die Friedensordnung von Paris 1919/20. Machtdiktat oder Rechtsfriede? (= Isabella *Ackerl* et al., Politik und Gesellschaft im alten und neuen Österreich. Festschrift Rudolf Neck Bd. 2. Wien 1981, S. 39–54).
Ferraris, Luigi Vittorio Graf, Wenn schon denn schon – aber ohne Hysterie. An meine deutschen Freunde. München 1988.
Fink, Humbert, Land der Deutschen. Reportagen aus einem sonderbaren Land. Innsbruck, Frankfurt a. M. 1985.
Fischer, Fritz, Bündnis der Eliten. Düsseldorf 1979.
Fischer, Fritz, Griff nach der Weltmacht. Kronberg 1979 (= AD-TB).
Fischer, Fritz, Hitler war kein Betriebsunfall. München 1992 (Beck'sche Reihe 459)*.
Fischer, Wolfram, Germany in the World Economy during the Nineteenth Century (= The German Historical Institute. The 1983 Annual Lecture) London 1983.
Fleury, Antoine, La question allemande et les autorités suisses 1945–1951 (= *Relations internationales* 52/1987, S. 379–398).

Foeltz-Schroeter, Marie-Elise, Föderalistische Politik und nationale Repräsentation 1945–1947. Stuttgart 1974.

Frei, Daniel, Sicherheit. Grundfragen der Weltpolitik. Stuttgart 1977.

Friedrich, Wolfgang-Uwe, Die Deutsche Frage zwischen Ost und West (= *Außenpolitik* 1987, S. 241–255). *

Friedrich, Wolfgang-Uwe (Hrsg.), Die USA und die deutsche Frage 1945–1990. Frankfurt a. M. 1991.

Friedrich, Wolfgang-Uwe, DDR. Deutschland zwischen Elbe und Oder. Stuttgart, Mainz 1989. *

Fritsch-Bournazel, Renate, Die Sowjetunion und die deutsche Teilung. Die sowjetische Deutschlandpolitik 1945–1979. Opladen 1979.

Fritsch-Bournazel, Renate, L'Allemagne un enjeu pour l'Europe. Paris 1987.

Fritsch-Bournazel, Renate, Les Allemands au cœur de l'Europe. Paris 1983.

Fritsch-Bournazel, Renate, Das Land in der Mitte. Die Deutschen im europäischen Kräftefeld. München 1986.

Fritsch-Bournazel, Renate, Germany's Role in Europe: Historical and Psychological Dimensions. The Wilson Center. Washington, D. C. 1982.

Frohn, Axel, Neutralisierung als Alternative zur Westintegration. Die Deutschlandpolitik der Vereinigten Staaten 1945–1949. Frankfurt a. M. 1985. *

Füllenbach, Josef / *Schulz*, Eberhard (Hrsg.), Entspannung am Ende? München 1980. *

Fulbrook, Mary, The Two Germanies 1945–1990. Problems of Interpretation. Atlantic Highlands 1992.

Funke, Manfred (Hrsg.), Hitler, Deutschland und die Mächte. Kronberg 1978 (= AD-TB). *

Funke, Manfred, Der Verfall politischer Vernunft in Monarchie, Republik und Diktatur. Eine geschichtspsychologische Ergänzung zur »Holocaust«-Diskussion (= *Aus Politik und Zeitgeschichte* B 2/80 vom 12. 1. 1980, S. 3–13).

Gall, Lothar, Bismarck. Der weiße Revolutionär. Frankfurt a. M., Berlin, Wien 1980 (auch als Ullstein-TB). *

Gall, Lothar, Liberalismus und »bürgerliche Gesellschaft«. Zu Charakter und Entwicklung der liberalen Bewegung in Deutschland (= *Historische Zeitschrift* 220/1975, S. 324–356).

Gall, Lothar, Die ›Deutsche Frage‹ im 19. Jahrhundert (= 1871 – Fragen an die deutsche Geschichte. Berlin, Bonn 1971, S. 19–52).

Gall, Lothar, Europa auf dem Weg in die Moderne 1850–1890. München ^{2}1989. *

Gall, Lothar, Der Liberalismus als regierende Partei. Das Großherzogtum Baden zwischen Restauration und Reichsgründung. Wiesbaden 1968.

Gall, Lothar, Bürgertum in Deutschland. München (1989) 1991. *

Garnett, James Clark Maxwell, A Lasting Peace, with some Chapters on the

Basis of German Co-Operation by H. F. Koeppler. London, New York 1940.
Garton Ash, Timothy, Ein Jahrhundert wird abgewählt. Aus den Zentren Mitteleuropas 1980–1990. München, Wien 1990.
Gasteyger, Curt, Die beiden deutschen Staaten in der Weltpolitik. München 1976.
Gaus, Günter, Wo Deutschland liegt. Eine Ortsbestimmung. Hamburg 1983.
Gaus, Günter, Zur Person. Von Adenauer bis Wehner. Portraits in Frage und Antwort. München 1990 (dtv 11287).
Gellner, Ernest, Nations and Nationalism. Oxford 1988.
Gerbet, Pierre, La construction de l'Europe. Paris 1983.
Gerhard, Dietrich, Das Abendland 800–1800. Ursprung und Gegenbild unserer Zeit (Orig. Old Europe: A Study of Continuity, 1000–1800. New York 1981). Freiburg i. Br., Würzburg 1985.
Geyer, Dietrich (Hrsg.), Osteuropahandbuch: Sowjetunion. Außenpolitik I: 1917–1955. Köln 1972. *
Gillingham, John, Coal, Steel and Rebirth of Europe 1945–1955. The Germans and French from Ruhr Conflict to Economic Community. Cambridge 1991.
Girault, René / *Frank*, Robert, Turbulante Europe et nouveaux mondes 1914–1941. Paris 1983.
Glaser, Herrmann, Spießer-Ideologie. Von der Zerstörung des deutschen Geistes im 19. und 20. Jahrhundert und dem Aufstieg des Nationalsozialismus. Frankfurt a. M. (1964) 1985 (Fischer TB 4351).
Glotz, Peter, Der Irrweg des Nationalstaats. Stuttgart 1990.
Görtemaker, Manfred, Die unheilige Allianz. Die Geschichte der Entspannungspolitik 1943–1979. München 1979. *
Gollwitzer, Heinz, Europabild und Europagedanke. München 1964. *
Gotto, Klaus, Realist und Visionär. Der Deutschland- und Ostpolitiker Konrad Adenauer (= *Politik und Kultur* 1975 [3/4], S. 99–118).
Gotto, Klaus / *Maier*, Hans / *Morsey*, Rudolf (Hrsg.), Konrad Adenauer. Seine Deutschland- und Außenpolitik 1945–1963. München 1975 (dtv). *
Grabbe, Hans-Jürgen, Unionsparteien, Sozialdemokratie und Vereinigte Staaten von Amerika 1945–1966. Düsseldorf 1983. *
Grabbe, Hans-Jürgen, Die deutsch-alliierte Kontroverse um den Grundgesetzentwurf im Frühjahr 1949, in: *Vierteljahrshefte für Zeitgeschichte* 26/1978, S. 393–418.
Gradl, Johann Baptist, Mut zur Einheit. Festschrift für Johann Baptist Gradl. Bonn 1984.
Gradl, Johann Baptist, Deutschland als Ganzes gehört dazu (= *Deutschland Archiv* 8/1983, S. 815–820).
Graml, Hermann, Europa zwischen den Kriegen. München 1969 (= dtv-Weltgeschichte des 20. Jahrhunderts Bd. 5). *
Graubard, Stephen R. (Hrsg.), A New Europe? Boston 1964.

Grewe, Wilhelm G., Deutsche Außenpolitik der Nachkriegszeit. Stuttgart 1960.
Grewe, Wilhelm G., Die deutsche Frage in der Ost-West-Spannung. Zeitgeschichtliche Kontroversen der achtziger Jahre. Stuttgart 1986.
Griewank, Karl, Der Wiener Kongreß. Leipzig 1942, ²1954.
Griewank, Karl, Preußische Neuordnungspläne für Mitteleuropa aus dem Jahre 1814 (= *Deutsches Archiv für Landes- und Volksforschung* 6/1942, S. 342–360).
Griffith, William E., Die Ostpolitik der Bundesrepublik. Stuttgart 1981.
Griffith, William E. (Hrsg.), Central and Eastern Europe: The Opening Curtain? Boulder 1989.
Grimm, Dieter, Deutsche Verfassungsgeschichte 1776–1866. Frankfurt a. M. 1988 (Edition Suhrkamp NF 271). *
Grimm, Dieter, Recht und Staat der bürgerlichen Gesellschaft. Frankfurt a. M. 1987.
Groeben, Hans von der/*Möller*, Hans (Hrsg.), Möglichkeiten und Grenzen einer Europäischen Union. Bd. I: Die Europäische Union als Prozeß. Baden-Baden 1980.
Grosser, Alfred, Das Bündnis. Die Westeuropäischen Länder und die USA seit dem Krieg (Orig. Les Occidentaux. Les pays d'Europe et les Etats-Unis depuis la guerre. Paris 1978) München 1978.
Grosser, Alfred, Germany: A European and World Power (= David S. *Landes* [Hrsg.], Western Europe: The Trials of Partnership. Critical Choices for Americans. vol. VIII. Lexington, Toronto 1976), S. 174 bis 207.
Grosser, Alfred, Deutschlandbilanz. Geschichte Deutschlands seit 1945. München 1970. *
Grosser, Alfred, Versuchte Beeinflussung. Zur Kritik und Ermunterung der Deutschen. München 1981.
Grosser, Alfred, Frankreich und seine Außenpolitik. 1944 bis heute. München 1989 (dtv 11022).
Grosser, Alfred, Was ist deutsche Außenpolitik. Konstanz 1975.
Gruner, Wolf D., Die belgisch-luxemburgische Frage im Spannungsfeld europäischer Politik 1830–1839 (= *Francia* 5/1978, S. 299–398). *
Gruner, Wolf D., Bündische Formen deutscher Staatlichkeit in Geschichte und Gegenwart: Die Deutsche Hanse, das Alte Reich, der Deutsche Bund, der Norddeutsche Bund, die Bundesrepublik Deutschland, die Europäische Gemeinschaft. Ausstellungskatalog. Duderstadt 1990. *
Gruner, Wolf D., Der Deutsche Bund als ›Centralstaat von Europa‹ (= Lothar *Kettenacker*, Hellmut *Seier*, Manfred *Schlenke*, Studien zur Geschichte Englands und der deutsch-britischen Beziehungen. Festschrift für Paul Kluke. München 1981, S. 79–102).
Gruner, Wolf D., Deutschland mitten in Europa. Hamburg 1992 (= Beiträge zur Deutschen und Europäischen Geschichte Bd. 5). *

Gruner, Wolf D., Deutschland zwischen Revolution, Reform und Restauration 1770–1830 (= *Tijdschrift voor geschiedenis*. Sonderband »Revolutie en Contrarevolutie« 102 [3/4] 1989, S. 368–400). *

Gruner, Wolf D., Die deutschen Einzelstaaten und der deutsche Bund (= Andreas *Kraus*, Land und Reich, Stamm und Nation. Festschrift für Max Spindler Bd. III: Vom Vormärz bis zur Gegenwart. München 1969, S. 19–36).

Gruner, Wolf D., Europäischer Friede als nationales Interesse (= *Bohemia Jahrbuch* 18/1977, S. 96–128).

Gruner, Wolf D. (Hrsg.), Gleichgewicht in Geschichte und Gegenwart. Hamburg 1989. (= Beiträge zur Deutschen und Europäischen Geschichte Bd. 1). *

Gruner, Wolf D., Großbritannien, der Deutsche Bund und die Struktur des Europäischen Friedens im frühen 19. Jahrhundert. 2 Bde. Habilitations-Schrift. München 1979. *

Gruner, Wolf D., Großbritannien und die Julirevolution von 1830 (= *Francia* 9/1982, S. 369–410).

Gruner, Wolf D., Die USA und das neue Europa: Voraussetzungen, Entwicklungen, Perspektiven (= Wolfgang-Uwe *Friedrich* [Hrsg.], Die USA und die deutsche Frage 1945–1990. Frankfurt a. M. 1991, S. 283 bis 322). *

Gruner, Wolf D., L'image de l'autre: Das Deutschlandbild als zentrales Element der europäischen Dimension der deutschen Frage in Geschichte und Gegenwart (= Günter *Trautmann* [Hrsg.], Die häßlichen Deutschen? Deutschland im Spiegel der westlichen und östlichen Nachbarn. Darmstadt 1991, S. 29–59). *

Gruner, Wolf D., Der Deutsche Bund und die deutsche Verfassungsfrage 1815–1820 (= Heiner *Timmermann* [Hrsg.], Repräsentation. Aspekte historischer Entwicklung in Deutschland und Polen. Saarbrücken 1992, S. 79–101). *

Gruner, Wolf D., Was there a Reformed Balance of Power System or Cooperative Great Power Hegemony? (= *American Historical Review* 97/3 June 1992, S. 725–732).

Günther, Horst, Versuche, europäisch zu denken. Deutschland und Frankreich. Frankfurt a. M. 1990.

Guiomar, Jean-Yves, La nation entre l'histoire et la raison. Paris 1990.

Gutsche, Willibald, Der gewollte Krieg. Der deutsche Imperialismus und der 1. Weltkrieg. Berlin, Köln 1984.

Hacke, Christian, Weltmacht wider Willen. Die Außenpolitik der Bundesrepublik Deutschland. Stuttgart 1988. *

Hacke, Christian, Die Ost- und Deutschlandpolitik der CDU/CSU. Wege und Irrwege der Opposition seit 1969. Köln 1975. *

Hacke, Christian, Jakob Kaiser, ein Patriot im Gegenstrom der Nachkriegspolitik (= *Politik und Kultur* 15/1988 (H. 4), S. 3–13).

Hacker, Jens, Der Ostblock. Entstehung, Entwicklung und Struktur 1939–1980. Baden-Baden 1980.

Hacker, Jens, Die deutsche Frage aus der Sicht der SPD (= Die deutsche Frage im Spiegel der Parteien, hrsg. von Dieter *Blumenwitz* und Gottfried *Zieger*. Köln 1989, S. 39–65).

Hacker, Jens, Deutsche Irrtümer 1949–1989. Berlin 1992. *

Hacker, Jens, Deutsche unter sich. Politik mit dem Grundvertrag. Stuttgart 1977.

Hacker, Jens, Der Rechtsstatus Deutschlands aus der Sicht der DDR. Köln 1974.

Hacker, Jens (Hrsg.), Die Nationale Volksarmee der DDR im Rahmen des Warschauer Paktes. München 1982.

Haffner, Sebastian, Im Schatten der Geschichte. Historisch-politische Variationen aus zwanzig Jahren. München 1987 (dtv 10805).

Haftendorn, Helga, Sicherheit und Entspannung. Zur Außenpolitik der Bundesrepublik Deutschland 1955–1982. Baden-Baden 1983. *

Haftendorn, Helga, Sicherheit und Stabilität. Außenbeziehungen der Bundesrepublik zwischen Ölkrise und NATO-Doppelbeschluß. München 1983 (dtv 4525).

Haftendorn, Helga, Abrüstungs- und Entspannungspolitik zwischen Sicherheitsbefriedigung und Friedenssicherung. Zur Außenpolitik der BRD 1955–1973. Düsseldorf 1974.

Haftendorn, Helga (Hrsg.), Verwaltete Außenpolitik. Sicherheitspolitische Entscheidungsprozesse in Bonn. Köln 1978.

Hahn, Hans-Werner, Wirtschaftliche Integration im 19. Jahrhundert. Die hessischen Staaten und der deutsche Zollverein. Göttingen 1982. *

Hahn, Hans-Werner, Geschichte des Zollvereins. Göttingen 1984 (Kleine Vandenhoeck Reihe 1502).

Hamm-Brücher, Hildegard, Europäische Integration und Deutschlandpolitik (= *Politik und Kultur* 1987 [4], S. 3–6).

Handzik, Helmut, Der »Deutsche Bund«. Ein Modell für die Regelung der innerdeutschen Beziehungen? (= *Europaarchiv* 1968 [2], S. 793–802).

Hanhardt, Arthur M. jr., The German Democratic Republic. Baltimore, London 1971.

Hanrieder, Wolfram, Deutschland, Europa, Amerika. Die Außenpolitik der Bundesrepublik Deutschland 1949–1989, überarbeitet (Orig. Germany, America, Europe: Forty Years of German Foreign Policy. New Haven 1989). Paderborn 1991. *

Hanrieder, Wolfram, Die stabile Krise. Ziele und Entscheidungen der bundesrepublikanischen Außenpolitik 1949–1969. Düsseldorf 1971.

Hansen, Georg, Die exekutierte Einheit. Vom deutschen Reich zur Nation Europa. Frankfurt a. M, New York 1991.

Harbecke, Ulrich, Abenteuer Deutschland. Von der Teilung zur Einheit. Bergisch-Gladbach 1991.

Hardtwig, Wolfgang, Vormärz. Der monarchische Staat und das Bürgertum. München 1985.

Hardtwig, Wolfgang, Von Preußens Aufgabe in Deutschland zu Deutschlands Aufgabe in der Welt (= *Historische Zeitschrift* 231/1980, S. 265–324).

Hattenhauer, Hans, Geschichte der deutschen Nationalsymbole. Zeichen und Bedeutung. München ²1990. *

Hauck, Christian W., Endlösung Deutschland. München 1963.

Hecker, Hans (Hrsg.), Europa – Begriff und Idee. Historische Streiflichter. Bonn 1991.

Heer, Friedrich, Postnationale Elemente in der heutigen Wirklichkeit (= *Politik und Kultur* 1974[4], S. 3–23).

Heeren, Arnold Ludwig Herrmann, Der deutsche Bund in seinen Verhältnissen zu dem europäischen Staatensystem. Göttingen 1816.

Heigert, Deutschlands falsche Träume oder: die verführte Nation. Frankfurt a. M. 1967.

Helbig, Louis Ferdinand, The ›New Germans‹ and the Old Image of Germany in Contemporary American Fiction (= *German Comments*. Review of Politics and Culture 10/1987, S. 61–71).

Heller, Francis H. / *Gillingham*, John R. (Hrsg.), Nato. The Founding of the Atlantic Alliance and the Integration of Europe. New York 1992.

Henderson, William Otto, The Zollverein, London 1968.

Henderson, William Otto, The Genesis of the Common Market. London 1962.

Henning, Friedrich Wilhelm, Die Industrialisierung in Deutschland 1800 bis 1914. Paderborn ²1976 (= UTB).

Herbst, Ludolf, Option für den Westen. Vom Marshallplan bis zum deutsch-französischen Vertrag. München 1989 (dtv).

Herbst, Ludolf, Die zeitgenössische Integrationstheorie und die Anfänge der europäischen Einigung (= *Vierteljahrshefte für Zeitgeschichte* 34/1986, S. 161–205).

Herbst, Ludolf (Hrsg.), Westdeutschland 1945–1955. Unterwerfung, Kontrolle, Integration. München 1986. *

Herbst, Ludolf et al. (Hrsg.), Vom Marshallplan zur EWG. Die Eingliederung der Bundesrepublik Deutschland in die westliche Welt. München 1990. *

Herz, John H., Staatenwelt und Weltpolitik. Hamburg 1974.

Herzstein, Robert Edwin, When Nazi Dreams come true. The Third Reich's Internal Struggle over the Future of Europe after German Victory. London 1982. *

Hess, Jürgen, Die Bundesrepublik Deutschland auf dem Weg zur Nation? (= *Neue Politische Literatur* 26/1981, S. 292–324).

Hess, Jürgen, Westdeutsche Suche nach nationaler Identität (= Wolfgang *Michalka* [Hrsg.], Die deutsche Frage in der Weltpolitik. Stuttgart 1986, S. 9–50).

Hess, Jürgen, »Machtlos inmitten des Mächtespiels der anderen...«. Theodor Heuss und die deutsche Frage 1945–1949 (= *Vierteljahrshefte für Zeitgeschichte* 33/1985, S. 88–135).
Heuss, Theodor, Die deutsche Nationalidee im Wandel der Geschichte. Stuttgart 1946.
Hildebrand, Klaus, Deutsche Außenpolitik 1871–1918. München, Wien 1989.*
Hildebrand, Klaus, Deutsche Außenpolitik 1933–1945. Kalkül oder Dogma? Stuttgart, Berlin, Mainz 1976.*
Hildebrand, Klaus, Integration und Souveränität. Die Außenpolitik der Bundesrepublik Deutschland 1949–1982. Bonn 1991.
Hildebrand, Klaus, Das Dritte Reich. München, Wien ³1987.*
Hildebrand, Klaus, Saturiertheit und Prestige. Das Deutsche Reich als Staat im Staatensystem (= *Geschichte in Wissenschaft und Unterricht* 40/1989, S. 193–202).
Hildebrand, Klaus, Staatskunst oder Systemzwang? Die ›Deutsche Frage‹ als Problem der Weltpolitik (= *Historische Zeitschrift* 228/1979, S. 624–644).
Hillgruber, Andreas, Otto von Bismarck. Göttingen 1978.
Hillgruber, Andreas, Bismarcks Außenpolitik. Freiburg i. Br. 1972.
Hillgruber, Andreas, Europa in der Weltpolitik der Nachkriegszeit 1945–1963. München, Wien ²1981.*
Hillgruber, Andreas, Deutsche Geschichte 1945–1972. Frankfurt a. M. 1974.
Hillgruber, Andreas, Die gescheiterte Großmacht. Düsseldorf 1980 (Droste-TB 900).*
Hillgruber, Andreas, Die Last der Nation. Fünf Beiträge über Deutschland und die Deutschen. Düsseldorf 1984.
Hillgruber, Andreas, Ein Pfad und drei Holzwege. Was Amerika in der deutschen Frage falsch gemacht hat (= *Deutschland Archiv* 17/1984, S. 368–373; ursprünglich erschienen in DIE WELT vom 7. 1. 1984).
Hillgruber, Andreas, ›Revisionismus‹ – Kontinuität und Wandel in der Außenpolitik der Weimarer Republik (= *Historische Zeitschrift* 237/1983, S. 597–621).
Hillgruber, Andreas, Die Zerstörung Europas. Beiträge zur Weltkriegsepoche 1914 bis 1945. Frankfurt a. M., Berlin 1988.
Hillgruber, Andreas/*Dülffer*, Jost (Hrsg.), Geschichte der Weltkriege. Mächte – Ereignisse – Entwicklungen. Freiburg i. Br., Würzburg 1981.*
Hinsley, Francis Harry, The Fall and Rise of the Modern International System. The Arthur Yencken Memorial Lecture for 1980. Canberra 1981.
Hinsley, Francis Harry, Power and the Pursuit of Peace. Theory and Practice in the History of International Relations. Cambridge 1967.
Hobsbawm, Eric J., Nations and Nationalism since 1780. Programme, Myth, Reality. Cambridge 1990.
Hofer, Walter (Hrsg.), Europa und die Einheit Deutschlands. Köln 1970.*

Hoffmann, Stanley, Die Idee eines »europäischen Europa«. Vorschläge für die Zukunft der atlantischen Zusammenarbeit (= *Europaarchiv* 1968 [8], S. 275–285).

Hogan, Michael J., The Search for a ›Creative Peace‹: The United States, European Unity, and the Origins of the Marshall Plan, in: *Diplomatic History* 6/1982, S. 267–285.

Hogan, Michael J., The Marshall Plan. America, Britain, and the Reconstruction of Western Europe, 1947–1952. Cambridge 1987.

Helborn, Hajo, Germany and Europe. Historical Essays. Garden City 1971.
Holl, Karl, Pazifismus in Deutschland. Frankfurt a.M. 1988 (Edition Suhrkamp NF 533). *

Holl, Karl, Pazifismus in Deutschland. Frankfurt a. M. 1988 (Edition Suhrkamp NF 533). *

Hommes, P. M. (Hrsg.), Nederland en de Europese eenwording (Beiträge in Niederländisch, Englisch und Französisch). Den Haag 1980.

Hubatsch, Walter, Die Deutsche Frage. Würzburg ²1962. *

Huber, Ernst Rudolf, Deutsche Verfassungsgeschichte seit 1798. 7 Bde. Stuttgart, Mainz, Berlin 1957 ff. (mehrere Auflagen). *

Hughes, Michael, Nationalism and Society. Germany 1800–1945. London 1989 (1988).

Institut für Zeitgeschichte (IfZ) (Hrsg.), Westdeutschlands Weg zur Bundesrepublik 1945–1949. München 1976. *

Jacobsen, Hans-Adolf (Hrsg.), Von der Strategie der Gegenwart zur Politik der Friedenssicherung. Düsseldorf 1977.

Jacobsen, Hans-Adolf, Der Weg zur Teilung der Welt. Koblenz, Bonn 1977.

Jacobsen, Hans-Adolf et al. (Hrsg.), Drei Jahrzehnte Außenpolitik der DDR. München 1979. *

Jäckel, Eberhard, Geschichtliche Grundlagen des gegenwärtigen Deutschland. Stuttgart 1974 (= Wirtschaft, Gesellschaft, Geschichte).

Jäckel, Eberhard, Hitlers Weltanschauung. Stuttgart 1981.

Jaeger, Hans, Geschichte der Wirtschaftsordnung in Deutschland. Frankfurt a. M. 1988 (Edition Suhrkamp NF 529).

Jäger, Thomas, Neue Wege in der Deutschlandpolitik? Darstellung und Analyse alternativer deutschland-, europa- und weltpolitischer Strategien. Erlangen 1986.

Jahn, Egbert/*Rittberger*, Volker (Hrsg.), Die Ostpolitik der BRD. Triebkräfte, Widerstände, Konsequenzen. Opladen 1974.

James, Harold, A German Identity 1770–1990. London 1989 (in deutsch: Deutsche Identität 1970–1990. München 1991).

Jerchow, Friedrich, Deutschland in der Weltwirtschaft 1944–1947. Düsseldorf 1978.

Jesse, Eckhard, Die deutsche Frage rediviva (= *Deutschland Archiv* 17/1984, S. 397–414).

Joll, James Bysse, The Course of German History (= *History Today*, vol. 3

[1953], S. 603–609; wieder abgedruckt in: R. F. *Hopwood* [Hrsg.], Germany: People and Politics 1750–1945. London 1968).

Joll, James Bysse, Europe. A Historian's View. Leeds 1969.

Joll, James Bysse, Europe since 1870. An International History. London 1973.

Joll, James Bysse, National Histories and National Historians: Some German and English Views of the Past (The German Historical Institute London Annual Lecture 1984). London 1984.

Jüttner, Alfred, Die deutsche Frage. Eine Bestandsaufnahme. Köln 1971.*

Junker, Detlef (Hrsg.), Deutschland und die USA 1890–1985 (= Heidelberg American Studies Background Paper No. 2) Heidelberg 1986.

Junker, Detlef, Kampf um die Weltmacht. Die USA und das Dritte Reich 1933–1945. Düsseldorf 1988.

Kaelble, Hartmut, Auf dem Weg zu einer europäischen Gesellschaft. Eine Sozialgeschichte Westeuropas 1880–1980. München 1987 (in mehrere europäische Sprachen übersetzt).

Kaelble, Hartmut, L'émergence d'une société européenne (= *Futuribles* 138, Décembre 1989, S. 19–27).

Kaiser, Karl/*Morgan*, Roger (Hrsg.), Strukturwandlungen der Außenpolitik in Großbritannien und der Bundesrepublik. München, Wien 1970.

Kaiser, Karl/*Schwarz*, Hans-Peter (Hrsg.), Amerika und Westeuropa. Stuttgart 1977.

Katzenstein, Peter J., Disjoined Partners. Austria and Germany since 1815. Berkeley, Los Angeles, London 1976.

Katzenstein, Peter J., Die Stellung der Bundesrepublik Deutschland in der amerikanischen Außenpolitik. Drehscheibe, Anker oder Makler? (= *Europaarchiv* 31/1976, S. 347–356).

Kennan, George F., After the Cold War. American Foreign Policy in the 1970s (= *Foreign Affairs* 51/Winter 1972, S. 210–227).

Kennan, George F., Bismarcks Europäisches System in der Auflösung. Die französisch-russische Annäherung. Frankfurt a. M., Berlin 1981.

Kennan, George F., Rußland, der Westen und die Atomwaffe. Frankfurt a. M. 1982 (Fischer TB).

Kennedy, Paul, Aufstieg und Fall der großen Mächte. Ökonomischer Wandel und militärischer Konflikt von 1500 bis 2000 (Orig. The Rise and Fall of the Great Powers. New York 1988). Frankfurt a. M. 1989.*

Kettenacker, Lothar/*Seier*, Hellmut/*Schlenke*, Manfred (Hrsg.), Studien zur Geschichte Englands und der deutsch-britischen Beziehungen. Festschrift für Paul Kluke. München 1981.*

Kiesewetter, Hubert, Industrielle Revolution in Deutschland. Frankfurt a. M. 1989 (Edition Suhrkamp NF 539).

Kimminich, Otto, Die deutsche Frage in der europäischen Ordnung des 19. Jahrhunderts. Eine verfassungshistorische Betrachtung (= *Politische Studien* 27/1976, S. 17–26).

Kissinger, Henry A., Der weiße Revolutionär. Reflexionen über Bismarck (= Lothar *Gall* [Hrsg.], Das Bismarck-Problem in der Geschichtsschreibung nach 1945. Köln, Berlin 1971, S. 392–428).

Klein, Fritz / *Aretin*, Karl Otmar Frhr. von (Hrsg.), Europa um 1900. Texte eines Kolloquiums. Berlin 1989.

Kleßmann, Christoph, Die doppelte Staatsgründung. Deutsche Geschichte 1945-1955. Bonn [4]1986. *

Kleßmann, Christoph, Zwei Staaten, eine Nation. Deutsche Geschichte 1955–1970. Bonn 1988. *

Knipping, Franz, Deutschland, Frankreich und das Ende der Locarno-Ära 1928–1931. München 1987. *

Knipping, Franz / *Weisenfeld*, Ernst (Hrsg.), Die ungewöhnliche Geschichte. Deutschland–Frankreich seit 1870. Bonn 1988.

Knopp, Guido / *Kuhn*, Eckehard, Die deutsche Einheit – Traum und Wirklichkeit. Erlangen 1990.

Koch-Hillebrecht, Manfred, Das Deutschlandlied. Gegenwart, Geschichte, Psychologie. München 1977 (Beck'sche Schwarze Reihe 162).

Kocka, Jürgen (Hrsg.), Bürgertum im 19. Jahrhundert. Deutschland im europäischen Vergleich. 3 Bde. München 1988 (dtv-TB 4482–4484).

Kocka, Jürgen, Nation und Gesellschaft. Historische Überlegungen zur ›deutschen‹ Frage, in: *Politik und Kultur* 8 / 1981 (H. 1), S. 3–25.

Kocka, Jürgen, Revolution und Nation 1989. Zur historischen Einordnung der gegenwärtigen Verhältnisse, in: *Tel Aviver Jahrbuch für deutsche Geschichte* XIX / 1990, S. 479–499.

Koerber-Stiftung (Hrsg.), Wie geht es weiter mit den Deutschen in Europa? (= Bergedorfer Protokolle 90) Hamburg 1990.

Koerber-Stiftung (Hrsg.), Europa im Aufbruch – auf dem Wege zu einer neuen Friedensordnung (= Bergedorfer Protokolle 91) Hamburg 1990.

Kohler-Koch, Beate, Deutsche Vereinigung im Spannungsfeld internationaler Umbrüche (= *Politische Vierteljahresschrift* 32 / 1991, S. 605 bis 620). *

Kolb, Eberhard, Der Weg aus dem Krieg. Bismarcks Politik im Krieg und die Friedensanbahnung. München, Wien 1989. *

Kolb, Eberhard, Die Weimarer Republik. München [2]1988. *

Kolb, Eberhard (Hrsg.), Europa und die Reichsgründung. München 1980 (= *Historische Zeitschrift*, Beiheft 6 N. F.). *

Kolb, Eberhard (Hrsg.), Europa vor dem Krieg von 1870. Mächtekonstellation – Konfliktfelder – Kriegsausbruch. München, Wien 1987. *

Kolb, Eberhard, Probleme einer modernen Stresemann-Biographie (= Otmar *Franz* [Hrsg.], Am Wendepunkt der europäischen Geschichte. Göttingen, Zürich 1981, S. 101–134).

Kolinsky, Eva (Hrsg.), The Federal Republic of Germany. The End of an Era. New York, Oxford 1991.

Korte, Karl Rudolf, Der Standort der Deutschen. Köln 1990.

Korte, Karl Rudolf, Wohin gehören wir? Die Deutschen suchen ihren Standort (= *Politik und Kultur* 1989 [1], S. 27–33).
Koselleck, Reinhard, Preußen zwischen Reform und Revolution. Allgemeines Landrecht, Verwaltung und soziale Bewegung von 1791 bis 1848. München ^{3}1989 (1967) (dtv 4496). *
Koselleck, Reinhard, Vergangene Zukunft. Zur Semantik geschichtlicher Zeiten. Frankfurt a. M. 1989.
Koselleck, Reinhard, Bund, Bündnis, Föderalismus (= Otto *Brunner*, Werner *Conze*, Reinhard *Koselleck*, Geschichtliche Grundbegriffe Bd. I. Stuttgart 1972, S. 583–671).
Kosthorst, Erich, Die Frage der deutschen Einheit im Spannungsfeld politischer Optionen und historischer Traditionen (= *Jeismann*, Karl Ernst [Hrsg.], Einheit – Freiheit – Selbstbestimmung. Die deutsche Frage im historisch-politischen Bewußtsein. Bonn 1987, S. 19–42). *
Kraehe, Enno E., Austria and the Problem of Reform in the German Confederation 1851–1863 (= *American Historical Review* 56/1951, S. 276–294).
Kraehe, Enno E., Metternich's German Policy. I: The Contest with Napoleon 1799–1814; II: The Congress of Vienna. Princeton 1963/1983. *
Kraehe, Enno E., Practical Politics in the German Confederation. Bismarck and the Commercial Code (= *Journal of Modern History* 25/1953, S. 13–24).
Kreile, Michael, Die Bundesrepublik Deutschland – eine »économie dominante« in Westeuropa? (= *Aus Politik und Zeitgeschichte* B 26/78 1. Juli 1978, S. 3–17).
Krockow, Christian Graf von, Die Deutschen in ihrem Jahrhundert, 1890–1990. Reinbek 1990.
Krockow, Christian Graf von, Nationalismus als deutsches Problem. München ^{2}1974. *
Krockow, Christian Graf von, Nation als Problem – Die Deutschen vor ihrer Geschichte (= *Politik und Kultur* 1974 [4], S. 24–42).
Krüger, Peter, Versailles. Deutsche Außenpolitik zwischen Revisionismus und Friedenssicherung. München 1986 (dtv-TB 4513).
Krüger, Peter, Die Außenpolitik der Republik von Weimar. Darmstadt 1985. *
Krüger, Peter, Deutscher Nationalismus und europäische Verständigung: Das Verhältnis Deutschlands zu Frankreich während der Weimarer Republik (= *Francia* 11/1983, S. 509–525).
Krüger, Peter, European Ideology and European Reality: European Unity and German Foreign Policy in the 1920s (= European Unity in Context. The Interwar Period, hrsg. v. Peter M. R. *Stirk*, London 1989, S. 84–98).
Krüger, Peter (Hrsg.), Kontinuität und Wandel in der Staatenordnung der Neuzeit. Beiträge zur Geschichte des internationalen Systems. Marburg 1991.

Küsters, Hans Jürgen, Wiedervereinigung durch Konföderation? Die informellen Unterredungen zwischen Bundesminister Fritz Schäffer, NVA-General Vincenz Müller und Sowjetbotschafter Georgij Maksimowitsch Puschkin 1955/56. Dokumentation (= *Vierteljahrshefte für Zeitgeschichte* 40/1992, S. 107–153).

Kunisch, Johannes, Absolutismus. Europäische Geschichte vom Westfälischen Frieden bis zur Krise des Ancien Régime. Göttingen 1986 (UTB 1426).

Lademacher, Horst, Zwei ungleiche Nachbarn. Wege und Wandlungen der deutsch-niederländischen Beziehungen im 19. und 20. Jahrhundert. Darmstadt 1989. *

Langewiesche, Dieter, Liberalismus in Deutschland. Frankfurt a. M. 1988 (Edition Suhrkamp NF 286). *

Langewiesche, Dieter, Liberalismus und Demokratie in Württemberg zwischen Revolution und Reichsgründung. Düsseldorf 1974. *

Langewiesche, Dieter, Europa zwischen Restauration und Revolution 1815–1849. München, Wien ^{2}1989. *

Langewiesche, Dieter (Hrsg.), Die Revolution von 1848/49. Darmstadt 1983.

Langewiesche, Dieter (Hrsg.), Das deutsche Kaiserreich. Bilanz einer Epoche. Freiburg i. Br., Würzburg 1984. *

Laqueur, Walter, Europa aus der Asche. München, Zürich, Wien 1970.

Laqueur, Walter, Was ist los mit den Deutschen? Berlin 1988.

Laqueur, Walter, Europe in our Time. A History 1945–1992. New York 1992. *

Laufer, Heinz, Das föderative System der Bundesrepublik Deutschland. München, Bonn 1991.

Lecerf, Jean, Histoire de l'unité européenne. Paris 1965.

Lecerf, Jean, Histoire de l'unité européenne 2: la communauté en péril. Paris 1975.

Lehmann, Hans Georg, Der Oder-Neiße-Konflikt. München 1979. *

Lehmann, Hans Georg, Chronik der Bundesrepublik Deutschland 1945/49–1981. München 1981.

Lehmann, Hans Georg, Chronik der DDR 1945/49 bis heute. München 1987 (Beck'sche Schwarze Reihe 314). *

Lehmbruch, Gerhard, Die deutsche Vereinigung: Strukturen und Strategien (= *Politische Vierteljahresschrift* 32/1991, S. 585–604).

Lemke, Michael, ›Doppelte Alleinvertretung‹. Die nationalen Wiedervereinigungskonzepte der beiden deutschen Regierungen und die Grundzüge ihrer politischen Realisierung in der DDR (1949–1952/53) (= *Zeitschrift für Geschichtswissenschaft* 1992/H. 6, S. 531–543).

Lewis, Flora, Europe. Road to Unity. New York 1992.

Link, Werner, Der Ost-West-Konflikt. Die Organisation der internationalen Beziehungen im 20. Jahrhundert. Stuttgart, Mainz, Berlin 1980 (Urban 329). *

Lipgens, Walter, Die Anfänge der europäischen Einigungspolitik 1945–1950. Teil I: 1945–1947. Stuttgart 1977. (Mehr nicht erschienen.)

Löser, Jochen / *Schilling*, Ulrike, Neutralität für Mitteleuropa. Das Ende der Blöcke. Gütersloh 1984.

Löwenthal, Richard, Vom Kalten Krieg zur Ostpolitik. Stuttgart 1974. *

Löwenthal, Richard et al., Geteiltes Land – halbes Land? Essays über Deutschland eingeleitet von Richard Löwenthal. Frankfurt a. M., Berlin 1986.

Löwenthal, Richard / *Schwarz*, Hans-Peter (Hrsg.), Die Zweite Republik. Stuttgart 1974. *

Loth, Wilfried (Hrsg.), Die Anfänge der europäischen Integration 1945–1950. Bonn 1990.

Loth, Wilfried, Ost-West-Konflikt und deutsche Frage. München 1989 (dtv-TB 11074).

Loth, Wilfried, Die Teilung der Welt 1941–1955. München [3]1983 (= dtv-Weltgeschichte des 20. Jahrhunderts Bd. 12). *

Loth, Wilfried, Der Weg nach Europa. Göttingen [2]1991 (= Kleine Vandenhoeck Reihe 1551).

Ludz, Peter Christian, Die DDR zwischen Ost und West von 1961 bis 1976. München 1977.

Ludz, Peter Christian (Wiss. Leitung), DDR-Handbuch. 2 Bde. Köln [3]1985. *

Lutz, Heinrich, Zwischen Habsburg und Preußen. Deutschland 1815–1866. Berlin 1985. *

Lutz, Heinrich, Österreich-Ungarn und die Gründung des Deutschen Reiches. Europäische Entscheidungen 1867–1871. Berlin 1979.

Lutz, Heinrich / *Rumpler*, Helmut (Hrsg.), Österreich und die Deutsche Frage im 19. und 20. Jahrhundert. München, Wien 1982. *

Maaz, Hans-Joachim, Das gestürzte Volk. Die unglückliche Einheit. Berlin 1991.

Maaz, Hans-Joachim, Der Gefühlsstau. Ein Psychogramm der DDR. Berlin 1990.

Maks, Herbert, Das Großherzogtum Luxemburg im Kräftespiel der europäischen Politik 1839–1872. Phil. Diss. Utrecht 1991.

Mechtersheimer, Alfred, Rüstung und Frieden. Argumente für eine neue Sicherheitspolitik. Reinbek 1984.

Meier, Helmut / *Schmidt*, Walter (Hrsg.), Erbe und Tradition in der DDR. Die Diskussion der Historiker. Berlin 1988. *

Meinecke, Friedrich, Weltbürgertum und Nationalstaat. München 1908.

Meinecke, Friedrich, Die deutsche Katastrophe. Betrachtungen und Erinnerungen. Wiesbaden [2]1946.

Meissner, Boris (Hrsg.), Die deutsche Ostpolitik 1961–1970. Köln 1970.

Ménudier, Henri, Das Deutschlandproblem aus französischer Sicht (= *Politik und Kultur* 1983 [10], S. 20–37).

Ménudier, Henri (Hrsg.), La République Fédérale d'Allemagne dans les Relations Internationales. En l'honneur d'Alfred Grosser. Brüssel 1990. *

Meyer-Landrut, Nikolaus, Frankreich und die deutsche Einheit. Die Haltung der französischen Regierung und Öffentlichkeit zu den Stalin-Noten 1952. München 1988.

Michalka, Wolfgang (Hrsg.), Nationalsozialistische Außenpolitik. Darmstadt 1978. *

Michalka, Wolfgang (Hrsg.), Der Zweite Weltkrieg. Analysen – Grundzüge – Forschungsbilanz. München 1989 (Serie Piper 811). *

Michalka, Wolfgang/*Lee*, Marshall M. (Hrsg.), Gustav Stresemann. Darmstadt 1982. *

Miller, Susanne/*Ristau*, Malte (Hrsg.), Erben deutscher Geschichte. DDR–BRD: Protokolle einer historischen Begegnung. Reinbek 1988.

Möller, Dietrich, Zwei deutsche Wege. Berlin 1988.

Möller, Horst, Weimar. Eine unvollendete Demokratie. München 1989 (dtv-TB 4512).

Möller, Horst, Fürstenstaat oder Bürgernation? Deutschland 1763–1815. Berlin 1989. *

Moersch, Karl, Kursrevision. Deutsche Politik nach Adenauer. Frankfurt a. M. 1978.

Mommsen, Wilhelm, Europa und Weltpolitik (= *Archiv für Politik und Geschichte* 3[8]/1925 Heft 1, S. 37–50).

Mommsen, Wolfgang J., Das deutsche Kaiserreich als System umgangener Entscheidungen (= Helmut *Berding* et al. [Hrsg.], Vom Staat des Ancien Régime zum modernen Parteienstaat. Festschrift für Theodor Schieder. München, Wien 1978, S. 239–265).

Mommsen, Wolfgang J., Die latente Krise des Deutschen Reiches 1909–1914 (= *Just*, Handbuch der deutschen Geschichte Bd. IV. Teil 1 Abschnitt a, Frankfurt a. M. 1973, S. 3–122).

Mommsen, Wolfgang J., Nation und Geschichte. Über die Deutschen und die deutsche Frage. München 1990 (= Serie Piper 1115).

Mommsen, Wolfgang J., Das Zeitalter des Imperialismus (= Fischer Weltgeschichte Bd. 28). Frankfurt a. M. 1969.

Mommsen, Wolfgang J., Nation und Nationalbewußtsein in der Gegenwart (= *Politik und Kultur* 1974 [2], S. 16–28).

Mommsen, Wolfgang J., Die deutsche Frage als nationales und als europäisches Problem (= *Politik und Kultur* 1977 [1], S. 3–23).

Mommsen, Wolfgang J., Auf der Suche nach nationaler Identität: zur Diskontinuität deutscher Staatlichkeit (= Das Bündnis im Bündnis. Deutsch-französische Beziehungen im internationalen Spannungsfeld, hrsg. von Robert *Picht*. Berlin 1982, S. 40–66).

Morsey, Rudolf, Die Bundesrepublik Deutschland. Entstehung und Entwicklung bis 1969. München, Wien 1987. *

Morsey, Rudolf, Die Deutschlandpolitik Adenauers. Alte Thesen und neue Fakten. Opladen 1991.

Morsey, Rudolf/*Repgen*, Konrad (Hrsg.), Adenauerstudien III. Untersuchungen und Dokumente zur Ostpolitik und Biographie. Mainz 1974. (= Veröffentlichungen der Kommission für Zeitgeschichte, hrsg. von Konrad *Repgen* et al., Reihe B: Forschungen Bd. 15).

Müller-Roschach, Herbert, Die deutsche Europapolitik. Baden-Baden 1974.

Näf, Werner, Die Friedensschlüsse von 1919/20 und die Begründung des Völkerbundes (= Werner *Näf*, Staat und Staatsgedanke. Bern 1935).

Naumann, Friedrich, Mitteleuropa. Berlin 1915.

Nickel, Erich, Die BRD. Ein historischer Überblick. Berlin 1988.

Niclauß, Karlheinz, Kontroverse Deutschlandpolitik. Frankfurt a. M. 1977.

Niedersächsische Landeszentrale für politische Bildung (Hrsg.), Die Deutsche Frage. Hannover 1982.

Niedhart, Gottfried, Internationale Beziehungen im 19. und 20. Jahrhundert. Düsseldorf 1978.

Niedhart, Gottfried (Hrsg.), Kriegsbeginn 1939. Darmstadt 1976.

Nipperdey, Thomas, Der deutsche Föderalismus zwischen 1815 und 1866 im Rückblick (= Festschrift Spindler Bd. III. München 1984, S. 1–18).

Nipperdey, Thomas, Deutsche Geschichte 1800–1866. Bürgerwelt und starker Staat. München [4]1987 (1983).

Nipperdey, Thomas, Deutsche Geschichte 1866–1918. 2 Bde. München 1990/92.

Nipperdey, Thomas, Nachdenken über die deutsche Geschichte. Essays. München 1986. *

Nipperdey, Thomas, Probleme der Modernisierung in Deutschland (= *Saeculum* 39/1979, S. 292–303).

Nipperdey, Thomas, Der lange Weg zum Einheitsstaat: Zur Vergangenheit der deutschen Frage. München 1979 (= Manuskript der Sendung des Bayerischen Rundfunks vom 15. 11. 1979, Funkskript).

Nitti, Francesco, Das friedlose Europa. Frankfurt a. M. 1921.

Nitti, Francesco, Der Niedergang Europas. Frankfurt a. M. 1922.

Noelle-Neumann, Elisabeth, Demoskopische Geschichtsstunde. Vom Wartesaal der Geschichte zur Deutschen Einheit. Zürich 1991.

Nolte, Ernst, Der Weltkonflikt in Deutschland. München 1981.

Nolte, Ernst, Deutschland und der Kalte Krieg. München, Zürich 1974.

Northedge, Frederic S., The International Political System. London 1976.

Northedge, Frederic S., The League of Nations, its Life and Times 1920–1946. Leicester 1986.

Nübel, Otto, Die amerikanische Reparationspolitik gegenüber Deutschland 1941–1945. Frankfurt a. M. 1980.

Page, Helena, Reunification and the Successor Generation in Germany (= *The Washington Quarterly* 7/1984 Heft 1 Winter, S. 60–67).

Papcke, Sven/*Weidenfeld*, Werner (Hrsg.), Traumland Mitteleuropa. Beiträge zu einer aktuellen Diskussion. Darmstadt 1988.
Peisl, Anton/*Mohler*, Armin (Hrsg.), Die deutsche Neurose. Frankfurt a. M. 1980.
Petersen, Nikolaj, Tysklands enhed – Europas sikkerhed (Deutschlands Einheit – Europas Sicherheit). Kopenhagen 1991.
Pfeil, Alfred, Der Völkerbund. Darmstadt 1976. *
Pflanze, Otto (Hrsg.), Innenpolitische Probleme des Bismarck-Reiches. München 1983. *
Picaper, Jean-Paul u. a. (Hrsg.), Ist die deutsche Frage aktuell? Berlin 1985.
Picaper, Jean-Paul, Les constantes de la politique extérieure de la République Fédérale (= *Politique Etrangère* 40/1976 [1], S. 19–42).
Picht, Robert, Das Bündnis im Bündnis. Deutsch-französische Beziehungen im Spannungsfeld. Berlin 1982.
Picht, Robert (Hrsg.), Deutschland, Frankreich, Europa. München 1978.
Picht, Robert/*Wessels*, Wolfgang (Hrsg.), Motor für Europa? Deutsch-französischer Bilateralismus und europäische Integration. Bonn 1990.
Pistone, Sergio, La Germania e l'unità europea. Neapel 1978.
Planck, Christian, Sicherheit in Europa. Die Vorschläge für Rüstungsbegrenzung und Abrüstung 1955–1965. München, Wien 1968.
Poidevin, Raymond, Die unruhige Großmacht. Deutschland und die Welt im 20. Jahrhundert (Orig. L'Allemagne et le monde aux XXe siècle. Paris 1983). Freiburg i. Br., Würzburg 1985. *
Poidevin, Raymond, Robert Schuman – homme d'Etat 1886–1963, Paris 1986.
Poidevin, Raymond (Hrsg.), Histoire des débuts de la construction européenne (mars 1948–mai 1950). Paris 1986. *
Poidevin, Raymond/*Bariéty*, Jacques, Frankreich und Deutschland. Die Geschichte ihrer Beziehungen 1815–1975. München 1982.
Pollock, James Kerr, What shall be done with Germany? Carlton College. Northfield/Minnesota 1944.
Press, Volker, Das römisch-deutsche Reich – ein politisches System in verfassungs- und sozialgeschichtlicher Fragestellung (= Spezialforschung und ›Gesamtgeschichte‹, hrsg. von Grete *Klingenstein* und Heinrich *Lutz*. Wien 1981, S. 221–242).
Presse- und Informationsamt der Bundesregierung (Hrsg.), Politische Zeittafel 1949–1975. München 1982. *
Priewe, Jan/*Hickel*, Rudolf, Der Preis der Einheit. Bilanz und Perspektiven der deutschen Vereinigung. Frankfurt a. M. 1991 (Fischer TB 11272).
Raumer, Kurt von, Ewiger Friede. Friedensrufe und Friedenspläne seit der Renaissance. Freiburg i. Br. 1953.
Recker, Marie-Luise, Die Außenpolitik des Dritten Reiches. München 1990. *

Reich, Jens, Rückkehr nach Europa. München 1991.
Reißmüller, Johann Georg, Die vergessene Hälfte. Osteuropa und wir. Frankfurt a. M., Berlin 1988 (Ullstein TB 33093).
Rexhäuser, Rex/*Ruffmann*, Karl Heinz, Rußland und die staatliche Einheit Deutschlands im 19. und 20. Jahrhundert (= *Aus Politik und Zeitgeschichte* B 9/82 vom 6.3.1982, S. 12–19 sowie = *Becker/Hillgruber*, Deutsche Frage, S. 421–434).
Rheinischer Merkur (Hrsg.), Zurück zu Deutschland. Umsturz und demokratischer Aufbruch in der DDR. Bonn 1990.
Ritter, Gerhard, Europa und die Deutsche Frage. München 1948.
Ritter, Gerhard, Das deutsche Problem. Grundfragen deutschen Staatslebens gestern und heute. München 1962.
Ritter, Gerhard A. (Hrsg.), Gesellschaft, Parlament und Regierung. Zur Geschichte des Parlamentarismus in Deutschland. Düsseldorf 1974. *
Roggemann, Herwig, Die DDR-Verfassungen. Entstehung, Analyse, Vergleich, Text. (ursprünglicher Titel 1970: Die sozialistische Verfassung der DDR) Berlin 1976.
Rogosch, Detlef, Hamburg im Deutschen Bund 1859–1866. Hamburg 1990 (= Beiträge zur Deutschen und Europäischen Geschichte Bd. 2).
Rohe, Karl (Hrsg.), Die Westmächte und das Dritte Reich. Paderborn 1982. *
Rosenberg, Hans, Große Depression und Bismarckzeit. Berlin 1967.
Rosenberg, Hans, Die Weltwirtschaftskrise 1857–1859. Göttingen 1974.
Rougemont, Denis de, Europa. Vom Mythos zur Wirklichkeit. München 1962.
Royal Institute of International Affairs (Hrsg.), The Problem of Germany. An Interim Report by a Chatham House Study Group. London 1943.
Rürup, Reinhard, Deutschland im 19. Jahrhundert. Göttingen 1984.
Ruffmann, Karl-Heinz, Die deutsche Frage im Kräftefeld und als Funktion der internationalen Politik vom Beginn des 19. Jahrhunderts bis zum Ende des Zweiten Weltkrieges (= Gotthard *Jasper* (Hrsg.), Tradition und Reform in der deutschen Politik. Gedenkschrift für Waldemar Besson. Berlin 1973, S. 54–69).
Rumpler, Helmut (Hrsg.), Deutscher Bund und deutsche Frage. Europäische Ordnung, deutsche Politik und gesellschaftlicher Wandel im Zeitalter der bürgerlich-nationalen Emanzipation. München, Wien 1990. *
Rumpler, Helmut, Föderalismus als Problem der deutschen Verfassungsgeschichte des 19. Jahrhunderts (1815–1871) (= *Der Staat* 16/1977, S. 215–228).
Salewski, Michael, Das Weimarer Revisionssyndrom (= *Aus Politik und Zeitgeschichte* 2/1980 vom 12.1.1980, S. 14–25).
Salewski, Michael, Vom deutschen Bund zur deutschen Katastrophe (1815–1945) (= *Landeszentrale für Politische Bildung Schleswig-Holstein* [Hrsg.], Deutschland in Europa 4. Kiel 1991).

Saña, Heleneo, Die verklemmte Nation. Zur Seelenfrage der Deutschen. München 1989.
Saña, Heleneo, Das vierte Reich: Deutschlands später Sieg. Hamburg 1990.
Scheel, Walter (Hrsg.), Nach Dreißig Jahren. Die Bundesrepublik Deutschland – Vergangenheit – Gegenwart – Zukunft. Stuttgart 1979. *
Scheel, Walter (Hrsg.), Zur Teilung Deutschlands und Europas. Zusammenhänge, Perspektiven, Aufgaben. Bonn 1986.
Schenk, Ernst von, Europa vor der deutschen Frage. Frankfurt a. M. 1947.
Scheuch, Erwin K., Wie deutsch sind die Deutschen? Eine Nation wandelt ihr Gesicht. Bergisch-Gladbach 1991.
Schieder, Theodor, Die deutsche Frage (= *Meyers Enzyklopädisches Lexikon*, Band 6. Mannheim 1972, S. 521–527).
Schieder, Theodor, Der Nationalstaat in Europa als historisches Phänomen (= *Arbeitsgemeinschaft für Forschungen des Landes Nordrhein-Westfalen* H. 119, 13–33). Köln 1964.
Schieder, Theodor, Staat und Gesellschaft im Wandel unserer Zeit. Studien zur Geschichte des 19. und 20. Jahrhunderts. München ^{3}1974.
Schieder, Theodor, Die mittleren Staaten im System der großen Mächte (= *Historische Zeitschrift* 232/1981, S. 583–604).
Schieder, Theodor, Staatensystem als Vormacht der Welt (= *Propyläen Geschichte Europas* Band 5. Berlin 1977). *
Schieder, Theodor (Hrsg.), Handbuch der Europäischen Geschichte. 7 Bde. Stuttgart 1968 ff. *
Schieder, Theodor/*Deuerlein*, Ernst (Hrsg.), Reichsgründung 1870/71. Stuttgart 1970. *
Schilling, Heinz, Höfe und Allianzen. Deutschland 1648–1763. Berlin 1989.*
Schlögel, Karl, Die Mitte liegt ostwärts. Die Deutschen, der verlorene Osten und Mitteleuropa. Berlin 1986.
Schmid, Carlo u. a., Europa. Was wir sind – wo wir stehen – wohin wir gehen. Zürich, Stuttgart 1960.
Schmid, Carlo, Politik als geistige Aufgabe. München, Zürich 1976.
Schmidt, Gustav (Hrsg.), Großbritannien und Europa – Großbritannien in Europa. Sicherheitsbelange und Wirtschaftsfragen in der britischen Europapolitik nach dem Zweiten Weltkrieg. Bochum 1989. *
Schmidt, Hans, Verfall und Untergang des Alten Reiches (= Peter *Rassow* [Begr.], Deutsche Geschichte, hrsg. von Martin *Vogt*. Stuttgart 1987, S. 218–297).
Schmidt, Helmut, Die Deutschen und ihre Nachbarn. Berlin 1990.
Schmidt, Helmut, Einfügen in die Gemeinschaft der Völker. Frankfurt a. M. 1990.
Schmidt, Wilhelm Adolf, Geschichte der deutschen Verfassungsfrage während der Befreiungskriege und des Wiener Kongresses. 1812–1815. Stuttgart 1890.

Schmitt, Hans A., Germany without Prussia: A closer look at the Confederation of the Rhine (= *German Studies Review* VI/1 1983, S. 9–40).
Schmuck, Otto, Vierzig Jahre Europarat – Renaissance in gesamteuropäischer Perspektive. Bonn 1990.
Schnabel, Franz, L'Allemagne et l'Europe (= L'Europe du XIXe et XXe Siècle III). Mailand 1958.
Schnabel, Franz, Deutsche Geschichte im 19. Jahrhundert. Mit einer Einleitung von Eberhard Weis. 4 Bde. München 1987 (Freiburg i. Br. 1929, 1947) (dtv-TB 4461–4464).
Schnabel, Franz, Deutschland in den weltgeschichtlichen Wandlungen des letzten Jahrhunderts. (Berlin 1925) Leipzig 1927.
Schoch, Bruno (Red.), Deutschlands Einheit und Europas Zukunft. Frankfurt a. M. 1992.
Schöllgen, Gregor (Hrsg.), Flucht in den Krieg? Die Außenpolitik des kaiserlichen Deutschland. Darmstadt 1991.
Schöllgen, Gregor, Das Zeitalter des Imperialismus. München, Wien ²1991.
Schöllgen, Gregor, Imperialismus und Gleichgewicht. Deutschland, England und die Orientalische Frage 1871–1914. München 1984.
Schomaker, Astrid et al. (Hrsg.), Plädoyer für Europa. Beiträge zur europäischen Einigung. Hamburg 1989.
Schröder, Hans Jürgen, Marshallplan, amerikanische Deutschlandpolitik und europäische Integration (= *Aus Politik und Zeitgeschichte* B 18/87 vom 2. 5. 1987, S. 3–17).
Schroeder, Paul W., The Lost Intermediaries: The Impact of 1870 on the European System (= *The International History Review* VI/1 1984, S. 1–27). *
Schubert, Klaus von (Hrsg.), Heidelberger Friedensmemorandum. Aus der Evangelischen Studiengemeinschaft. Reinbek 1983.
Schütz, Wilhelm Wolfgang, Deutschland-Memorandum. Eine Denkschrift und ihre Folgen. Frankfurt a. M. 1968 (= Fischer TB 903).
Schütz, Wilhelm Wolfgang, Reform der Deutschlandpolitik. Köln, Berlin 1965.
Schütz, Wilhelm Wolfgang, Die Stunde Deutschlands. Wie kann Deutschland wiedervereinigt werden? Stuttgart 1954.
Schütz, Wilhelm Wolfgang, Der deutsche Herbst (= *Politik und Kultur* 1990 [5], S. 3–5).
Schuller, Wolfgang, Elbgrenze, nicht Mainlinie (= *Der Staat* 24/1985, S. 75–90).
Schulz, Eberhard, Die deutsche Frage und die Nachbarn im Osten. München 1990.
Schulz, Eberhard, Moskau und die europäische Integration. München 1977. *
Schulz, Eberhard, Die deutsche Nation in Europa. Bonn 1982. *
Schulz, Eberhard/*Danylow*, Peter, Bewegung in der deutschen Frage? Bonn 1984.

Schulz, Gerhard, Deutsche Geschichte 1918–1945. Göttingen 1976. *
Schulze, Hagen, Europa und die deutsche Frage in historischer Perspektive (= *Politik und Kultur* 10/1983 Heft 5, S. 40–51).
Schulze, Hagen, Gibt es überhaupt eine deutsche Geschichte? Berlin 1989.
Schulze, Hagen (Hrsg.), Nation-Building in Central Europe. Leamington, Spa, Hamburg, New York 1987.
Schulze, Hagen, Die Wiederkehr Europas. Berlin 1990.
Schulze, Hagen, Der Weg zum Nationalstaat. Die deutsche Nationalbewegung vom 18. Jahrhundert bis zur Reichsgründung. München 1984 u. ö. (dtv-TB 4503).
Schulze, Hagen, Weimar. Deutschland 1917–1933. Berlin 1982. *
Schuster, Rudolf, Deutschlands staatliche Existenz im Widerstreit politischer und rechtlicher Gesichtspunkte 1945–1963. Wien 1963. *
Schwabe, Klaus (Hrsg.), Die Anfänge des Schumanplans 1950/51. Baden-Baden 1988. *
Schwarz, Hans-Peter, Adenauer. Der Aufstieg: 1876–1952. Stuttgart 1986.
Schwarz, Hans-Peter, Die Ära Adenauer 1949–1957. Stuttgart, Wiesbaden 1981 (= *Geschichte der Bundesrepublik Deutschland* Bd. 2). *
Schwarz, Hans-Peter, Europa föderieren – aber wie? (= Demokratisches System und politische Praxis der Bundesrepublik. Festschrift für Theodor Eschenburg, hrsg. von Gerhard *Lehmbruch* et al. München 1971, S. 377–443).
Schwarz, Hans-Peter, Die europäische Integration als Aufgabe der Zeitgeschichtsforschung (= *Vierteljahrshefte für Zeitgeschichte* 31/1983, S. 555–571).
Schwarz, Hans-Peter, Die gezähmten Deutschen. Von der Machtbesessenheit zur Machtvergessenheit. Stuttgart 1985.
Schwarz, Hans-Peter, Vom Reich zur Bundesrepublik. Stuttgart ^{2}1980. *
Schwarz, Hans-Peter (Hrsg.), Handbuch der deutschen Außenpolitik. München 1975. *
Schwarz, Hans-Peter (Hrsg.), Adenauer und Frankreich. Die deutsch-französischen Beziehungen 1958–1969. Bonn 1985.
Schwarz, Jürgen, Nationalstaat versus internationale Föderation: Divergenzen und Konvergenzen in der deutschen und französischen Europapolitik (= Deutschland, Frankreich, Europa. Bilanz einer schwierigen Partnerschaft, hrsg. von Robert *Picht*. München, Zürich 1978, S. 139–187).
Schwarz, Klaus Dieter (Hrsg.), Sicherheitspolitik. Bad Honnef ^{3}1978.
Schweitzer, Carl-Christoph/*Karsten*, Detlev (Hrsg.), Federal Republic of Germany and EC Membership Evaluated. London 1990.
Seebacher-Brandt, Brigitte, Die Linke und die Einheit. Berlin 1991.
Seeber, Gustav (Hrsg.), Bismarckzeit. Streiflichter einer Epoche 1871–1895. Berlin 1991.
Seiffert, Wolfgang, Das ganze Deutschland. Perspektiven der Wiedervereinigung. München, Zürich 1986 (Serie Piper 683).

Sempf, Thomas, Die deutsche Frage unter besonderer Berücksichtigung der Konföderationsmodelle. Köln 1987.
Senghaas, Dieter, Friedensprojekt Europa. Frankfurt a. M. 1992.
Serra, Enrico (Hrsg.), Il rilancio dell'Europa e i Trattati di Roma. Milano 1989. *
Sheehan, James J., German History 1770–1866. Oxford 1989. *
Sheehan, James J., What is German History? Reflections on the Role of the Nation in German History (= *Journal of Modern History* 53/1981, S. 1–23).
Sheehan, James J., Der deutsche Liberalismus. Von den Anfängen im 19. Jahrhundert bis zum Ersten Weltkrieg 1770–1914. München 1983.
Shennan, Joseph Hugh, Liberty and Order in Early Modern Europe. The Subject and the State 1600–1800. London, New York 1986. *
Shennan, Joseph Hugh, The Origins of the Modern European State 1450–1725. London 1974.
Siegler, Heinrich von, Wiedervereinigung und Sicherheit Deutschlands. I: 1944–1963, II: 1964–1968. Bonn, Wien, Zürich 1967f.
Siemann, Wolfram, Die Frankfurter Nationalversammlung 1848/49 zwischen demokratischem Liberalismus und konservativer Reform. Bern, Frankfurt a. M. 1976. *
Siemann, Wolfram, Die Revolution 1848/49. Frankfurt a. M. 1988.
Sked, Alan (Hrsg.), Europe's Balance of Power 1815–1848. London 1979.
Smith, Anthony D., National Identity. Harmondsworth 1991.
Sommer, Theo (Hrsg.), Denken an Deutschland. Zum Problem der Wiedervereinigung. Hamburg 1966.
Sommer, Theo, Le Système bi-polaire (= *Politique Etrangère* 42/1977 [1], S. 261–271).
Sontheimer, Kurt, Die Adenauer-Ära. Grundlegung der Bundesrepublik. München 1991 (dtv 4525).
Sontheimer, Kurt, Deutschlands politische Kultur. München 1990 (Serie Piper 1289).
Sontheimer, Kurt/*Bleek*, Wilhelm (Hrsg.), Die DDR. Politik, Gesellschaft, Wirtschaft. Hamburg ^{5}1979.
Sontheimer, Kurt et al., Sehnsucht nach der Nation? Drei Plädoyers. München 1966.
Sowden, John K., The German Question 1945–1973. London 1975.
Spencer, Robert, Thoughts on the German Confederation 1815–1866 (= *Canadian Historical Association Report* 1962, S. 68–81). *
Spencer, Robert (Hrsg.), Perceptions of the Federal Republic of Germany. Toronto 1986.
Steinbach, Peter, Die Deutschen. Gedanken zur politischen Kultur und historisch geprägten Identität der deutschen Nation (= *Politische Vierteljahresschrift* 24/1983, S. 123–135).

Steinert, Marlies G., Hitlers Krieg und die Deutschen. Düsseldorf 1970.
Steininger, Rolf, Deutsche Geschichte 1945–1961. 2 Bde. Frankfurt a. M. 1983 (Fischer TB). *
Steininger, Rolf, Eine vertane Chance? Die Stalin-Note vom 10. März 1952 und die Wiedervereinigung. Berlin, Bonn [2]1986.
Stern, Carola/*Winkler*, Heinrich August (Hrsg.), Wendepunkte deutscher Geschichte 1848–1945. Frankfurt a. M. 1979 (Fischer TB).
Stern, Fritz, Der Traum vom Frieden und die Versuchung der Macht. Deutsche Geschichte im 20. Jahrhundert. München 1990.
Sternburg, Wilhelm von, Adenauer. Eine deutsche Legende. Frankfurt a. M. (1987) 1990.
Stolpe, Manfred (Hrsg.), Die Zukunft der Deutschen in Europa. Potsdamer Dialog 1990. Berlin 1990.
Stürmer, Michael (Hrsg.), Das kaiserliche Deutschland. Politik und Gesellschaft 1870–1918. Düsseldorf 1970. *
Stürmer, Michael, Das ruhelose Reich. Berlin 1983. *
Stürmer, Michael, Deutsche Fragen oder die Suche nach der Staatsräson. München 1988.
Stürmer, Michael, Jenseits des Nationalstaats (= *Politik und Kultur* 1975 H. 3/4, S. 119–138).
Stürmer, Michael, Nationalstaat und Massendemokratie im Mächtesystem 1848 oder die Geburt eines Dilemmas (= *Becker/Hillgruber*, Deutsche Frage, S. 37–50).
Stürmer, Michael (Hrsg.), Die Weimarer Republik. Königstein 1980.
Stürmer, Michael, Machträson und Massenmarkt – zum Verhältnis von Innen- und Außenpolitik in Mitteleuropa 1848–1914 (= *Politik und Kultur* 1976 H. 5, S. 46–77).
Sywottek, Arnold, Zeitgeschichtsschreibung in der DDR vor der Wende im Herbst 1989 (= *Deutsche Studien* 28/1990, Sonderband: Deutsche und Europäische Einigung, S. 190–204).
Sywottek, Arnold, Über die Anfänge der DDR-Forschung (= *Deutsche Studien* 28/1990, Sonderband: Deutsche und Europäische Einigung, S. 222–235).
Sywottek, Arnold, Von der SBZ zur Deutschen Demokratischen Republik (= Deutschland. Porträt einer Nation. Gütersloh 1985, Bd. 1, S. 367–390).
Sywottek, Arnold, Der Staat in der DDR (= Deutschland. Porträt einer Nation, Bd. 2, S. 348–356).
Sywottek, Arnold, Die unruhigen Deutschen: Konsum und Mobilität in der Bundesrepublik der 50er Jahre (= Vierzig Jahre Bundesrepublik Deutschland 1949–1989. Mitteilungen. Gesellschaft der Freunde der Universität Mannheim. April 1990, S. 29–37).
Szabo, Stephen F., Brandt's Children: The West German Successor Generation (= *The Washington Quarterly* 7/1984 [1], S. 50–59).

Tamse, Coenraad/*Trausch*, Gilbert (Hrsg.), Die Beziehungen zwischen den Niederlanden und Luxemburg im 19. und 20. Jahrhundert. Den Haag 1991. *

Taylor, Alan John Percivale, The Course of German History. London 1971 (1945).

Thamer, Hans Ulrich, Verführung und Gewalt. Deutschland 1933–1945. Berlin 1986. *

Tilly, Charles (Hrsg.), The Formation of National States in Western Europe. Princeton 1975. *

Timmermann, Heinz, Bundesrepublik – DDR. Grundzüge im Vergleich. Opladen 1984. *

Trausch, Gilbert, Robert Schuman, le Luxembourg et l'Europe (= Robert Schuman. Les racines et l'œuvre d'un grand Européen. Ausstellungskatalog Luxembourg 1986, S. 24–83).

Trautmann, Günter (Hrsg.), Die häßlichen Deutschen? Deutschland im Spiegel der westlichen und östlichen Nachbarn. Darmstadt 1991. *

Treitschke, Heinrich von, Bundesstaat und Einheitsstaat (= Historische und politische Aufsätze Bd. 2: Die Einheitsbestrebungen zertheilter Völker. Leipzig ^{5}1886, S. 77–241).

Treitschke, Heinrich von, Deutsche Geschichte im 19. Jahrhundert. Leipzig 1879 ff.

Turner, Henry Ashby jr., Geschichte der beiden deutschen Staaten seit 1945 (The Two Germanies since 1945. New Haven, London 1987) München, Zürich 1989 (Serie Piper 883).

Uffelmann, Uwe, Internationale Politik und deutsche Frage. Düsseldorf 1976.

Ullman, Richard H., Securing Europe. Princeton 1991.

Unwin, Derek U., The Community of Europe. A History of European Integration since 1945. London, New York 1991. *

Vansittart, Sir Robert, Black Record: Germans Past and Present. London 1941.

Vehlen, Thomas, Imperial Germany and Industrial Revolution. Ann Arbor 1968 (1915).

Venohr, Wolfgang (Hrsg.), Die deutsche Einheit kommt bestimmt. Bergisch-Gladbach 1982.

Vercauteren, Fernand, L'Europe. Histoire et culture. Brüssel 1972.

Verheyen, Dirk, The German Question. A Cultural, Historical, and Geopolitical Exploration. Boulder, Oxford 1991.

Vermeil, Edmond J., Germany's three Reichs; their History and Culture. (engl.) London 1944.

Vierhaus, Rudolf, Der gescheiterte Kompromiß. Goslar 1969.

Vierhaus, Rudolf, Deutschland im Zeitalter des Absolutismus. Göttingen 1978. *

Vierhaus, Rudolf, Überstaat und Staatenbund. Wirklichkeit und Ideen in-

ternationaler Ordnung im Zeitalter der Französischen Revolution und Napoleons (= *Archiv für Kulturgeschichte* 43/1961, S. 329–354).
Vogel, Barbara, Allgemeine Gewerbefreiheit. Die Reformpolitik des preußischen Staatskanzlers Hardenberg (1810–1820). Göttingen 1983.
Vogel, Barbara (Hrsg.), Preußische Reformen 1807–1820. Königstein 1980.
Vogelsang, Thilo, Das geteilte Deutschland. München ^{11}1982 (dtv TB).
Walker, Mack, German Home Towns. Community, State and General Estate 1648–1871. Ithaca, London 1971.
Wallace, Helen (Hrsg.), The Wider Western Europe. Reshaping the EC/EFTA Relationship. London 1991.
Wallace, William (Hrsg.), The Dynamics of European Integration. New York 1991.
Waller, Bruce (Hrsg.), Themes in Modern European History. London 1990.
Watt, Donald Cameron, Every War must end: War-time Planning for Post-War Security in Britain and America in the Wars of 1914–1918 and 1939–1945 (= *Transactions of the Royal Historical Society*, 5. ser., vol. 28, 1978, S. 159–173).
Weber, Hermann, Die Sozialistische Einheitspartei Deutschlands 1946–1971. Hannover 1971.
Weber, Hermann, DDR – Grundriß der Geschichte 1945–1976 (81). Hannover 1976–1981.
Weber, Werner/*Jahn*, Werner (Bearb.), Synopse zur Deutschlandpolitik 1941–1973. Göttingen 1973.
Webster, Charles Kingsley, The Foreign Policy of Castlereagh 1812–1815, 1815–1822. London 1931.
Webster, Charles Kingsley, The Congress of Vienna 1814–1815, London (1919) 1969.
Wehler, Hans-Ulrich, Deutsche Gesellschaftsgeschichte. I: Vom Feudalismus des Alten Reiches bis zur defensiven Modernisierung der Reformära 1700–1815. II: Von der Reformära bis zur industriellen und politischen ›Deutschen Doppelrevolution‹ 1815–1845/49. München 1987. *
Wehler, Hans-Ulrich, Das deutsche Kaiserreich 1871–1918. Göttingen (1973) 1983.
Wehler, Hans-Ulrich, Vom Unsinn geostrategischer Konstanten oder »Deutschland verkeilt in der Mittellage« (= *Der Monat* 284/1982, S. 64–67).
Wehling, Hans Georg (Red.), Regionen und Regionalismus in Westeuropa. Stuttgart, Mainz, Berlin 1987.
Weidenfeld, Werner, Ratloses Nationalgefühl? Fragen an die Deutsche Frage (= *Deutschland Archiv* 17/1984, S. 586–590).
Weidenfeld, Werner, Der deutsche Weg. Berlin ^{2}1991.
Weidenfeld, Werner (Hrsg.), Die Identität Europas. Fragen, Positionen, Perspektiven. München 1985. *

Weidenfeld, Werner (Hrsg.), Geschichtsbewußtsein der Deutschen. Materialien zur Spurensuche einer Nation. Köln 1987. *
Weidenfeld, Werner (Hrsg.), Die Identität der Deutschen. Bonn 1983.
Weidenfeld, Werner (Hrsg.), Die Deutschen und die Architektur des Europäischen Hauses. Köln 1990. *
Weidenfeld, Werner, Konrad Adenauer und Europa. Bonn 1976.
Weidenfeld, Werner, 30 Jahre EG. Bilanz der Europäischen Integration. Bonn 1987.
Weidenfeld, Werner/*Korte*, Karl-Rudolf (Hrsg.), Handwörterbuch zur deutschen Einheit. Bonn 1991.
Weidenfeld, Werner/*Stützle*, Walther (Hrsg.), Abschied von der alten Ordnung – Europas neue Sicherheit. Gütersloh 1990.
Weidenfeld, Werner/*Weger*, Hans Dieter (Hrsg.), Europäische Kultur. Das Zukunftsgut des Kontinents. Gütersloh 1990.
Weidenfeld, Werner/*Wessels*, Wolfgang (Hrsg.), Wege zur Europäischen Union. Vom Vertrag zur Verfassung? Bonn 1986.
Weidenfeld, Werner/*Wessels*, Wolfgang (Hrsg.), Jahrbuch der Europäischen Integration 1981 ff.
Weidenfeld, Werner/*Zimmermann*, Hartmut (Hrsg.), Deutschland-Handbuch. Eine doppelte Bilanz 1949–1989. Bonn 1989. *
Weis, Eberhard, Deutschland und Frankreich um 1800. Aufklärung, Revolution, Reform. München 1990. *
Weis, Eberhard, Der Durchbruch des Bürgertums 1770–1847 (= Propyläen Geschichte Europas Bd. 4. Berlin 1978, Ullstein TB 1982). *
Weis, Eberhard, Gesellschaftsstrukturen und Gesellschaftsentwicklung in der frühen Neuzeit (= Karl *Bosl*/Eberhard *Weis*, Gesellschaft in Deutschland I. München 1976, S. 131–287). *
Weis, Eberhard (Hrsg.), Reformen im Rheinbündischen Deutschland. München 1984. *
Weisenfeld, Ernst, Welches Deutschland soll es sein. Frankreich und die deutsche Einheit seit 1945. München 1986.
Weisenfeld, Ernst, Charles de Gaulle – der Magier im Elysée. München 1990.
Weizsäcker, Richard von, Von Deutschland aus. Berlin 1985.
Weizsäcker, Richard von, Die deutsche Geschichte geht weiter. München 1985 (dtv 10482).
Weizsäcker, Richard von, Die politische Kraft der Kultur. Reinbek 1987.
Wels, Cornelis B., Aloofness and Neutrality. Studies on Dutch Foreign Relations and Policy Making Institutions. Utrecht 1982.
Wendt, Bernd Jürgen, Deutschland in der Mitte Europas. Grundkonstellationen der Geschichte (= *Deutsche Studien* 1981, S. 220–275).
Wendt, Bernd Jürgen, Großdeutschland. Außenpolitik und Kriegsvorbereitung des Hitler-Regimes. München 1987 (dtv 4518).
Wendt, Bernd Jürgen (Hrsg.), Das britische Deutschlandbild im Wandel des 19. und 20. Jahrhunderts. Bochum 1984. *

Wendt, Bernd Jürgen, Durch das »strategische Fenster« in den Zweiten Weltkrieg. Die Motive Hitlers (= Die Schatten der Vergangenheit. Impulse zur Historisierung des Nationalsozialismus, hrsg. von Uwe *Backes*, Eckhard *Jesse*, Rainer *Zitelmann*. Berlin 1991, S. 344–374).

Wettig, Gerhard, Die Sowjetunion, die DDR und die Deutschlandfrage 1965–1976. Stuttgart 1976.

Wickert, Ulrich (Hrsg.), Angst vor Deutschland. Hamburg 1990.

Williams, Ernest Neville, The Ancien Régime in Europe. Government and Society in Major States 1648–1789. Harmondsworth 1970. *

Willms, Bernhard, Die Deutsche Nation. Köln 1982.

Willms, Johannes, Nationalismus ohne Nation. Deutsche Geschichte 1789–1914. Frankfurt a. M. 1985. *

Windelen, Heinrich, Beiträge zur Deutschlandpolitik. Bonn 1983.

Windsor, Philip, Germany and the Management of Détente. London 1971.

Winkler, Preußischer Liberalismus und deutscher Nationalstaat. Tübingen 1964.

Wördehoff, Bernhard, Flaggenwechsel. Ein Land und viele Fahnen. Berlin 1990.

Wollstein, Günter, Das ›Großdeutschland‹ der Paulskirche. Nationale Ziele in der bürgerlichen Revolution 1848/49. Düsseldorf 1977. *

Wollstein, Günter, Mitteleuropa und Großdeutschland – Visionen der Revolution 1848/49 (= Dieter *Langewiesche* (Hrsg.), Die Deutsche Revolution von 1848/49. Darmstadt 1983, S. 237–257).

Woolf, Stuart, Europe and the Nation-State. (European University Institute Working Papers in History 91/11) Badia Fiesolana 1991. *

Wucher, Albert (Hrsg.), Wie kam es zur Bundesrepublik? Politische Gespräche mit Männern der ersten Stunde. Freiburg, Basel, Wien 1968.

Ziebura, Gilbert (Hrsg.), Grundfragen der deutschen Außenpolitik seit 1871. Darmstadt 1975.

Zieger, Gottfried/*Meißner*, Boris/*Blumenwitz*, Dieter (Hrsg.), Deutschland als Ganzes. Rechtliche und historische Überlegungen. Köln 1985.

Zündorf, Benno, Die Ostverträge. München 1979.

10. Personenregister